BIBLIOTHÈQUE MORALE

DE

LA JEUNESSE

PUBLIÉE

AVEC APPROBATION

—

1re SÉRIE GR. IN-8° JÉSUS.

LE JOURNAL

D'UNE

JEUNE FILLE

PAR

EUGÈNE ROSARY

ROUEN

MÉGARD ET Cie, LIBRAIRES-ÉDITEURS

1877

APPROBATION.

—

Les Ouvrages composant la **Bibliothèque morale de la Jeunesse** ont été revus et **admis** par un Comité d'Ecclésiastiques nommé par Son Éminence Monseigneur le Cardinal-Archevêque de Rouen.

AVIS DES ÉDITEURS.

Les Éditeurs de la **Bibliothèque morale de la Jeunesse** ont pris tout à fait au sérieux le titre qu'ils ont choisi pour le donner à cette collection de bons livres. Ils regardent comme une obligation rigoureuse de ne rien négliger pour le justifier dans toute sa signification et toute son étendue.

Aucun livre ne sortira de leurs presses, pour entrer dans cette collection, qu'il n'ait été au préalable lu et examiné attentivement non-seulement par les Éditeurs, mais encore par les personnes les plus compétentes et les plus éclairées. Pour cet examen, ils auront recours particulièrement à des Ecclésiastiques. C'est à eux, avant tout, qu'est confié le salut de l'Enfance, et, plus que qui que ce soit, ils sont capables de découvrir ce qui, le moins du monde, pourrait offrir quelque danger dans les publications destinées spécialement à la Jeunesse chrétienne.

Aussi tous les Ouvrages composant la **Bibliothèque morale de la Jeunesse** sont-ils revus et approuvés par un Comité d'Ecclésiastiques nommé à cet effet par Son Eminence Monseigneur le Cardinal-Archevêque de Rouen. C'est assez dire que les écoles et les familles chrétiennes trouveront dans notre collection toutes les garanties désirables et que nous ferons tout pour justifier et accroître la confiance dont elle est déjà l'objet.

INTRODUCTION.

Quelques années après la révolution de 1789, mon grand-père avait acheté à fonds perdu la maison d'une vieille demoiselle, de très-haute noblesse, dont la fortune ne consistait plus guère qu'en glorieux souvenirs. Cette maison, presque aussi vaste qu'une cathédrale, devait avoir été fort belle. Malgré son délabrement, elle avait encore grand air, avec ses balcons de pierre ornés de larges écussons, avec sa rampe d'escalier en fer ouvragé, son vestibule dallé de noir et de blanc, ses jardins descendant en terrasses jusque dans les anciens fossés de la ville, et son colombier, surmonté d'une girouette qui tournait en criant.

Elle a disparu dans les travaux d'embellissement que chaque cité fait exécuter à l'envi; mais je la vois encore et je l'aime toujours; car c'est là que mon enfance s'est écoulée. Je ne sais si quelque artiste y avait jadis reçu l'hospitalité et y avait laissé, pour s'acquitter envers ses hôtes, une profusion de peintures; mais toutes les portes étaient couvertes de figures indiquant la destination des pièces dans lesquelles ces portes donnaient accès. Ainsi, sur celle qui conduisait au grenier, un paysan tenait une gerbe, et sa femme versait d'une main dans l'autre une poignée de blé; sur celle de l'écurie, un valet pansait un cheval magnifique; sur celle de la cave, un sommelier aux joues rebondies regardait avec complaisance les bouteilles pleines qu'il portait dans ses bras. Sur le volet même du colombier, deux tourterelles se becquetaient; et sur les deux battants de la porte du salon, deux belles dames se faisaient la révérence, pendant qu'un élégant cavalier s'effaçait pour les laisser passer. Il faut dire toutefois que ces deux battants, objets de mon admiration, avaient été remplacés par d'autres beaucoup plus simples, et relégués dans un galetas, en compagnie d'un certain nombre de portraits de famille, devenus la propriété de mon aïeul, après la mort de Mlle Jacqueline de Trémonts.

Parmi ces portraits, quelques-uns sans doute avaient

de la valeur; mais personne n'y songeait, et ils gisaient pêle-mêle avec des meubles de rebut, de vieilles étoffes, des livres en mauvais état, des coffres, des malles, des ustensiles de toutes sortes, débris sans nom qui s'accumulent, on ne sait comment, dans un des recoins de chaque maison où l'espace ne manque pas.

Je me plaisais beaucoup au milieu de ce magasin, quand trois ou quatre de mes amis venaient y jouer avec moi; mais quand j'étais seul, je me gardais bien d'y entrer. Les portraits me faisaient peur. Il y avait surtout un de ces MM. de Trémonts dont la robe noire doublée d'hermine et la physionomie austère me causaient un insurmontable effroi. Ses grands yeux noirs, toujours fixés sur moi, semblaient me poursuivre d'un bout à l'autre de la chambre, et souvent même la présence de mes compagnons ne suffisait pas à me rassurer contre ce terrible regard. Il est inutile d'ajouter que moins j'avais été studieux et obéissant, plus ma frayeur augmentait. Mais les enfants savent, comme les hommes, imposer silence à leur conscience, quand sa voix les importune. Un jour que les yeux du portrait me paraissaient plus menaçants qu'à l'ordinaire, je m'armai de courage, et, avec l'aide d'un de mes amis, je parvins à déplacer ce grand cadre et à tourner la peinture du côté de la muraille. Je m'applaudis beaucoup de cet exploit; cependant, par une étrange illusion, il m'arriva plus d'une fois de voir encore sur la toile nue la sombre figure du président de Trémonts.

Il y avait encore un vieux seigneur, tout bardé de fer, dont la vue ne m'était pas agréable; puis des dames au maintien rigide, à la physionomie sévère; mais il y avait aussi un portrait que je ne retrouvais jamais sans plaisir : c'était celui d'une jeune fille de dix-huit à vingt ans. Ses traits fins et réguliers étaient encore embellis par un sourire plein de douceur et par l'expression un peu craintive de ses yeux bleus. Elle tenait d'une main un livre entr'ouvert et de l'autre un bouquet de marguerites. Sa taille mince était emprisonnée dans un corsage de brocart bleu, garni de riches dentelles, et son cou était entouré d'un rang de grosses perles. Elle ne portait pas d'autres bijoux, et n'avait pas d'autre coiffure que ses cheveux blonds, tombant en boucles de chaque côté de son visage.

Nous désirions vivement, mes amis et moi, connaître l'histoire de cette belle demoiselle, ou tout au moins savoir qui elle était; mais n'ayant pu obtenir aucuns renseignements là-dessus, nous la nommions la Dame aux marguerites, et nous nous plaisions à faire de sa vie un roman semé d'aventures, où les voleurs et les revenants jouaient un grand rôle.

J'avais dix ans lorsqu'on me mit en pension. Mon grand-père, sa vieille maison, son jardin plein de fruits et la Dame aux marguerites se partagèrent mes regrets. C'était avec des transports de joie que je les revoyais aux vacances; mais au moment où je devais sortir de pension pour n'y plus rentrer, mon grand-père mourut, et je perdis, avec lui, tout le bonheur dont j'avais joui jusque-là. Mon père et ma mère m'avaient été enlevés sitôt, que je les avais à peine pleurés; la mort de mon aïeul fut mon premier chagrin; j'en restai longtemps accablé, et je passai sans transition d'une enfance joyeuse et turbulente à une jeunesse inquiète et rêveuse.

Je n'avais plus pour toute famille qu'un oncle, que je connaissais peu; je demandai de passer encore quelques années en pension, et il y consentit. La maison que j'aimais tant changea de maître, sans que je fusse consulté; mais quand vint le moment de régler la succession de mon grand-père, je songeai à réclamer le portrait de la Dame aux marguerites, et je le plaçai dans ma chambre, comme un de mes plus chers souvenirs.

Il y a quelques mois, un vent d'orage s'étant levé

tout à coup, je montai promptement pour fermer ma fenêtre; mais au moment où j'entrais, le portrait, soulevé par un courant d'air, se détacha de la muraille et tomba sur le parquet. Le cadre vermoulu se brisa, et ma chambre fut aussitôt remplie d'une multitude de feuilles de papier qui s'en échappèrent en tourbillonnant. Ma surprise fut grande, et elle s'accrut encore, quand je découvris dans ces feuillets jaunis l'histoire de la Dame aux marguerites. Il me fallut beaucoup de patience pour les classer et les déchiffrer; mais la curiosité est un puissant attrait, et peu à peu je pris tant de goût à ce travail, que je résolus de transcrire ces pages presque illisibles et de les offrir à la jeunesse, qui y trouvera, je l'espère, d'utiles leçons et d'intéressants souvenirs.

LE JOURNAL

D'UNE

JEUNE FILLE.

I.

Marguerite de Trémonts. — Souvenirs d'enfance. — Départ du couvent. — Mlle de Fierval.

Hier, 20 mai 1644, j'ai été présentée à la reine. Je n'oublierai jamais cette date. Depuis plus de huit jours, je songeais à cette présentation, et je tâchais de m'enhardir; tous mes efforts ont été inutiles. En descendant de voiture, j'ai commencé à trembler; mon cœur battait si fort, que j'en entendais le bruit; et quand je suis entrée dans la salle où se tenait la reine, entourée d'une foule de dames et de seigneurs, une rougeur ardente m'a monté au visage et mes yeux se sont troublés. Mme la Princesse me tenait par la main, heureusement pour moi; car sans cela je me serais sauvée, sans même faire la révérence à Sa Majesté.

Il paraît que personne ne s'est aperçu de mon trouble; je

m'attendais à recevoir des reproches de M⁽ᵐᵉ⁾ la Princesse et à subir quelques railleries de la part de M⁽ᵐᵉ⁾ de Longueville; mais elles me firent l'une et l'autre des compliments, et m'assurèrent que j'avais été charmante.

Je suis donc bien fière et bien joyeuse, bien fière surtout…. J'ai passé presque toute la nuit sans dormir; et quand je m'assoupissais un moment, je faisais des rêves à devenir folle. Je me retrouvais au milieu de la foule brillante qui m'avait éblouie, mais je ne tremblais plus; car c'était à moi que s'adressaient les hommages de la cour; M⁽ᵐᵉ⁾ la Princesse et la reine elle-même s'inclinaient devant moi, et le petit roi se levait pour me céder sa place.

Une fois bien éveillée, j'ai été quelque peu honteuse de mon orgueil, car il faut que ce soit l'orgueil qui me donne de telles idées, et j'ai reconnu que notre bonne mère Marie des Anges avait bien raison de me dire que c'est là mon principal défaut. Aussi, comme elle m'a recommandé de me mettre en garde contre cet ennemi de mon repos et de mon salut, je ferai tous mes efforts pour ne pas suivre les conseils qu'il pourrait me dicter.

D'abord, je sais fort bien que si j'ai été présentée à la reine, et que si elle s'est montrée gracieuse pour moi, ce n'est ni à cause de mon mérite ni à cause de ma naissance, mais seulement par égard pour M⁽ᵐᵉ⁾ la princesse de Condé, dont tout le monde admire les hautes vertus, et pour M. le duc d'Enghien, qui daigne m'honorer de sa protection. Mais si bien que je le sache, je pourrais l'oublier, et finir par me croire issue de l'illustre maison de Condé, tout comme la charmante duchesse de Longueville, qui a quelquefois la bonté de m'appeler sa petite sœur. Il faut donc que je me raconte mon histoire à moi-même, afin que cette illusion ne me soit jamais possible.

Je me nomme Marguerite de Trémonts; et si je descends d'une bonne famille, mon père n'avait pour toute fortune que son épée.

On dit qu'autrefois les Trémonts étaient de puissants seigneurs, qu'ils possédaient trois châteaux, situés sur trois hauteurs ou trois monts, qui dominaient une vaste et fertile plaine ; mais je n'ai vu sur ces trois monts que des murailles en ruines, et j'ai été élevée, non pas dans un château, mais dans une maison de modeste apparence, entourée d'un jardin, que mon père cultivait lui-même, quand la paix lui permettait de demeurer avec nous. Ma mère y mettait aussi la main, quoique ce fût une noble demoiselle ; mais tous les biens de sa famille étaient en Lorraine, et ce pays avait été si cruellement ravagé par la guerre, que les terres y restaient sans culture et que le peuple y mourait de faim.

Ma mère avait trois frères, qui servaient le duc Charles IV, et qui l'aimaient, malgré ses torts. Elle recevait d'eux des lettres qui la plongeaient dans une tristesse dont la présence de mon père parvenait seule à la tirer. Le duc et mes oncles combattaient avec les Espagnols et les Impériaux contre la France ; mon père, au contraire, était un fidèle défenseur du roi, et ma pauvre mère, sentant d'un côté son mari, de l'autre ses frères, auxquels elle était très-attachée, n'osait former des vœux ni pour lui ni pour eux. Je ne comprenais pas très-bien la cause de ses chagrins, mais je les partageais ; et quand elle me racontait en pleurant comment son pays avait été traité, je pleurais avec elle. Il me semblait entendre les cris sauvages des Suédois, appelés par le cardinal de Richelieu pour dévaster la Lorraine ; je croyais les voir, le fer et la flamme à la main, envahir les campagnes, détruire les récoltes, réduire en cendres les maisons et les églises, chasser devant eux, au fond des bois, la population consternée. Je songeais à ces pauvres paysans réduits à manger les racines et l'écorce des arbres, et je frissonnais de tous mes membres, en pensant qu'on avait vu des mères se nourrir de la chair de leurs enfants.

Je ne regrette pas d'être Française, maintenant que j'ai été si bien accueillie par la reine de France ; je crois que la vicomtesse de Trémonts ne regrettait pas non plus d'avoir épousé mon père ; mais elle n'aimait pas les Français ; et comme ils étaient plus forts que les Lorrains, il me paraissait juste de ne pas non plus les aimer beaucoup. Aujourd'hui je trouve que je serais ingrate, si je ne les aimais pas : tous ceux que je connais sont si aimables et si bons....

Ma mère avait toujours été d'une santé très-délicate ; les inquiétudes qui l'agitaient sans cesse et le soin qu'elle prenait de les cacher à mon père, usèrent bientôt ses forces ; elle languit pendant quelques années et elle mourut, me laissant bien petite encore à la mère Marie des Anges, notre cousine, alors prieure d'un couvent où l'on s'occupait de l'éducation des demoiselles.

C'est une sainte que notre chère et bonne cousine. Elle se prit d'une grande pitié pour moi, en me voyant orpheline, et Dieu permit que cette pitié se changeât en une tendresse toute maternelle. Seulement la mère Marie des Anges voyait mes défauts mieux que ne les avait vus la vicomtesse de Trémonts ; et si elle ne m'en a pas tout à fait corrigée, je puis dire que ce n'est pas sa faute. Elle me reprenait avec tant de douceur et de bonté, elle savait si bien me faire comprendre mes torts et m'inspirer le désir de devenir meilleure....

Oh ! ma chère mère Marie des Anges, combien vous me manquez ! Je vous cherche à chaque instant, vous qui m'avez si longtemps conduite, comme par la main, dans le chemin de la vie. C'est maintenant surtout que j'aurais besoin de vos sages conseils et de vos douces réprimandes. Je vous l'ai dit avant de vous quitter, et vous m'avez répondu que quand je ne vous aurais plus, Dieu me resterait ; que si je le priais de tout mon cœur, il serait mon guide et mon appui. Vous avez dit vrai, j'en suis sûre, mais je souffre de ne plus vous voir, et je préfère encore à toutes les splendeurs qui m'entourent la petite cellule où vous me receviez, quand j'avais à vous parler.

Cependant, je ne voudrais pas vous tromper, ma bonne cousine, si jamais vous venez à lire ces pages, et je ne voudrais pas me tromper moi-même, si c'est pour moi seule que je les écris. Les premières semaines de mon séjour ici ont été un enivrement continuel, et il y a encore bien des instants où j'ai peine à contenir la joie que me fait éprouver ma position inespérée. C'est seulement quand je me rappelle l'affection que j'ai trouvée dans votre couvent, ma chère et vénérée cousine, quand je cherche votre bon sourire, vos regards si tendres, qu'il me semble que rien ne pourra jamais vous remplacer dans mon cœur.

J'ai passé sous vos yeux la moitié de ma vie; car j'avais huit ans quand on m'amena près de vous, dans mes habits de deuil, et j'ai eu seize ans il y a deux mois. Vous avez su rendre cette seconde moitié aussi heureuse que la première; et quand vous reverrez dans le ciel la vicomtesse de Trémonts, votre amie, vous pourrez lui dire que vous avez dignement rempli la promesse que vous lui aviez faite de me servir de mère.

Vous m'avez raconté comment eut lieu cette adoption. De toutes les parties de la Lorraine, désolée et ravagée, on se rendait en foule à Notre-Dame-de-Benoîte-Vaux, le plus célèbre pèlerinage du duché. Les princes, les prélats, les gentilshommes, les magistrats, s'y rencontraient pour pleurer sur les maux de leur pays, et pour implorer l'auguste protectrice qui paraissait les avoir abandonnés. Ma mère, qui sentait que ses jours étaient comptés, voulut me conduire elle-même dans ce sanctuaire béni, pour supplier la vierge Marie de veiller sur moi, quand elle ne serait plus. Elle fit le voyage à petites journées; car elle était bien faible. J'allais à pied auprès d'elle, tantôt répétant les prières qu'elle m'avait apprises, tantôt riant, chantant, cueillant des fleurs le long du chemin, avec toute l'insouciance de mon âge. J'arrivais sans fatigue au gîte qu'on nous avait préparé; mais ma mère était exténuée, et chaque soir elle craignait de ne pouvoir continuer sa route le lendemain.

Un jour enfin, au moment où l'*Angelus* sonnait, elle me prit dans ses bras débiles, et me fit voir, à travers les derniers

2

arbres de la forêt que nous traversions, le clocher d'une petite église.

— C'est là, dit-elle, ma fille. Mettez-vous à genoux, et remerciez Dieu de nous avoir fait la grâce d'achever notre voyage.

Elle s'agenouilla aussi, et elle pria longtemps, en versant d'abondantes larmes. Je voulais la consoler ; elle couvrit mon front de baisers, en me disant :

— C'est de joie que je pleure, mon enfant. Je craignais tant de ne pouvoir arriver jusqu'ici.... C'est pour vous, Marguerite, que j'y suis venue ; et depuis que j'en ai eu l'idée, je me suis dit que si j'accomplissais ce pèlerinage, Notre-Dame vous prendrait en sa sainte garde. Me voici donc tranquille sur votre sort. Si Dieu me rappelle à lui, la vierge Marie sera votre mère

J'écoutai ces paroles avec respect ; mais elles me touchèrent beaucoup moins que si j'en avais compris toute la portée. A la sortie du bois, je vis de belles marguerites, et je demandai la permission d'en cueillir un bouquet pour la sainte Vierge. Ma mère me répondit d'un signe de tête ; elle récitait son chapelet ; mais je compris à l'expression de sa physionomie que ma demande lui faisait plaisir.

Depuis que nous étions hors du bois, nous voyions s'avancer vers la chapelle un certain nombre de pèlerins, les uns marchant par groupes, les autres isolés, tous les yeux baissés et la prière aux lèvres. On se saluait en passant, mais on gardait le silence. Une procession parut bientôt, bannières en tête ; tous ceux qui en faisaient partie marchaient pieds nus, en chantant le *Miserere* sur un ton si triste, que mon cœur se serra. Ma mère ôta ses souliers et se joignit à la procession. A la porte de l'église, chacun se prosterna, puis on y entra lentement et en bon ordre. Mme de Trémonts se tint à l'écart pour laisser passer tous ces pèlerins ; elle voulait, par cet acte d'humilité, rendre sa démarche plus agréable à Dieu. Moi, je les regardais les uns après les autres. Cela m'amusa d'abord ; puis je commençai à trouver que le défilé durait trop longtemps, et je tirai ma mère par la robe pour qu'elle se décidât à entrer.

— Passez, madame, lui dit une religieuse, témoin de mon impatience.

A cette voix, ma mère leva les yeux ; une rougeur soudaine envahit ses joues, et, malgré les chants religieux qui continuaient de se faire entendre, elle s'écria :

— Vous ici, ma cousine ! Ah ! que la sainte Vierge soit bénie !

C'était la sœur Marie des Anges, qui, avec deux autres religieuses, représentait sa communauté dans ce pèlerinage, solennellement organisé par la ville de Nancy. Ma mère et ma cousine entrèrent dans l'église, en se tenant par la main : ma mère semblait avoir retrouvé toute son énergie ; elle marchait la première, et chacun s'écartait devant elle. En la voyant si pâle, on pensait qu'elle n'avait pas de temps à perdre, si c'était sa guérison qu'elle voulait demander à la Vierge. Elle parvint ainsi, toujours suivie de la sœur Marie des Anges, au pied de la statue miraculeuse.

— Sainte Vierge, dit la vicomtesse en se jetant à genoux, je viens vous supplier de donner une mère à mon enfant.

— S'il plaît à Dieu et à Notre-Dame, ce sera moi, répondit la religieuse.

Ma mère n'avait pas quitté la main de notre cousine ; elle la serra plus tendrement ; puis elle s'inclina vers moi, et me dit, toujours à voix basse :

— Marguerite, offrez votre cœur à la sainte Vierge avec votre bouquet, et n'oubliez jamais qu'elle vient de faire un miracle en votre faveur.

Je ne demandai pas quel était ce miracle ; je déposai mes fleurs au pied de la statue, en disant : « Sainte Marie, je vous donne mon cœur. »

Aujourd'hui que je comprends ce qu'éprouvait alors ma mère, je dis comme elle que la sainte Vierge a fait, ce jour-là, un miracle en ma faveur. Que serais-je devenue, si cette rencontre de la vicomtesse de Trémonts et de la sœur Marie des Anges n'avait pas eu lieu? Comment et par qui aurais-je été élevée? Mon enfance, si doucement écoulée à l'ombre des murs du couvent, ne m'aurait peut-être laissé que de bien amers souvenirs. Peut-être aurais-je été durement traitée, ou, ce qui est plus terrible encore, abandonnée à mes mauvais penchants, gâtée, adulée, et par conséquent malheureuse toute ma vie.

Je rends donc grâce à Dieu et à la sainte Vierge; mais comme des paroles de reconnaissance ne suffisent pas, je veux être bien pieuse, pour que ma divine protectrice ne m'abandonne jamais. Rien ne m'empêche de remplir mes devoirs ici, comme je les remplissais au couvent. Je ne reçois que de bons exemples : Mme la Princesse est un modèle de piété; Mme de Longueville marche sur ses traces, et hier encore elle me disait combien elle avait désiré entrer aux Carmélites, pour servir Dieu dans une austère pénitence. Ces dames ont leur cellule près de celles des filles de Sainte-Thérèse; elles vont de temps en temps s'y reposer des bruits du monde, et vraiment, à voir avec quelle joie elles s'y rendent, je serais tentée de croire qu'elles s'y trouvent plus heureuses que dans leurs palais.

C'est pourtant une belle chose que d'avoir un si grand nom, de tenir de si près à la famille royale, et d'être par son esprit, par son savoir, par sa beauté, à la hauteur de cette brillante position. Moi qui me sens si fière d'avoir une petite place dans cette splendide maison, que ferais-je, si, au lieu d'être Marguerite de Trémonts, la pupille du duc d'Enghien, je me nommais Anne-Geneviève de Bourbon, duchesse de Longueville, ou Marguerite-Charlotte de Montmorency, princesse de Condé? Je crois que j'en perdrais la tête, et je ne sais même si elle ne me tournera pas quelque peu.

Je n'ai pourtant guère à m'enorgueillir de ce que M. le Duc a fait pour moi. Quand il a exprimé l'intention de se charger de mon sort, il ne m'avait pas vue; il ne savait pas ce que j'étais.

Ce n'est pas moi qu'il a voulu prendre sous sa protection, mais la fille d'un brave gentilhomme qui a donné sa vie pour le sauver. Si je puis prétendre, comme on me le dit, à un brillant avenir, si chacun me traite avec bienveillance, si j'ai été hier présentée à la cour, c'est parce que mon père est mort sur le champ de bataille de Rocroi, en recevant un coup de mousquet destiné à son général. Aussi, quand je pense que tout l'éclat qui m'environne est pour moi le prix du sang de mon père, je frissonne jusque dans la moelle des os, et je pleure en songeant au bonheur que j'aurais, si je pouvais habiter avec lui l'humble maison où je me rappelle l'avoir vu si bon, si affectueux, quand j'étais tout enfant.

Comme il m'aimait, ce rude soldat, ce noble gentilhomme, qu'on eût dit inaccessible à toute émotion! Comme il était heureux, quand, après une longue absence, il venait me voir au couvent! Comme il m'écoutait! Comme il m'admirait! Comme il s'attendrissait en me regardant! Comme il pleurait, quand il m'embrassait pour la première fois! et quels inutiles efforts il faisait pour me cacher sa douleur, quand arrivait l'heure des adieux! Quel trésor d'amour y a-t-il donc dans le cœur d'un père et d'une mère, pour qu'ils tiennent tant à des enfants souvent indociles et ingrats?

M. le Duc avait remarqué mon père, il y a deux ans, au siége de Perpignan; il le reconnut à Rocroi, et, la veille de la bataille, il le désigna pour faire partie de son escorte. Ce fut mon père qui le réveilla le lendemain. Sans ces diverses circonstances, le duc d'Enghien eût sans doute été moins frappé de son dévouement pendant le combat. La victoire était presque assurée, quand le jeune prince faillit être victime de sa valeur. Suivi d'un petit nombre de gentilshommes, il s'était élancé au fort de la mêlée; un soldat ennemi, le reconnaissant à son audace, l'ajusta et fit feu. Mais mon père avait vu ce mouvement; il se jeta au-devant du duc et tomba, le corps traversé d'une balle.

Peu d'instants après, les Espagnols battaient en retraite, et le prince victorieux accourait auprès du vicomte de Trémonts. Il espérait encore que le coup n'était pas mortel ; mon père le désabusa ; et comme le prince témoignait le plus vif regret de sa perte, le cher mourant lui dit :

— Ne me plaignez pas, monseigneur. Je meurs au milieu d'une victoire, et ma mort conserve à la France un héros qui fera sa gloire.

— Ne puis-je donc rien pour vous? demanda le prince, très-ému. Ne laissez-vous au monde personne qui vous soit cher?

— Monseigneur, j'ai une fille..., répondit mon père.

— Elle sera la mienne, dit le prince.

L'aumônier arrivait; mon père porta à ses lèvres, en signe de remercîment et d'adieu, la main que M. le Duc lui tendait, et il ne s'occupa plus que de se préparer à mourir.

Et moi, j'étais tranquille et joyeuse au milieu de mes compagnes; je riais peut-être au moment où ce père tant aimé expirait dans des bras étrangers.... Pauvre père ! Vous auriez été si heureux de me voir, de m'embrasser, de me bénir.... Cette bénédiction me manquera toujours ; toujours ce sera pour moi une douloureuse pensée que celle de n'avoir pas recueilli vos dernières paroles et votre dernier soupir.

Deux jours après ce malheur, un courrier aux armes du duc d'Enghien arriva au couvent. Il traversa la grande cour, et les pensionnaires, qui étaient en récréation, s'extasièrent sur sa bonne mine, sur la richesse et l'élégance de son costume. Je fis comme les autres : je ne me doutais guère de la terrible nouvelle qu'il apportait. A peine était-il parti, que la mère Marie des Anges me fit appeler. Elle avait les traits altérés et les yeux gonflés de larmes ; elle me prit dans ses bras et me serra sur son cœur, sans me dire une seule parole. Ce silence, cette émotion, ces témoignages de tendresse me firent aussitôt soupçonner la vérité.

— Il est arrivé malheur à mon père ? m'écriai-je.

La bonne mère m'embrassa de nouveau ; mais elle ne me répondit pas.

— Mon père est malade, bien malade.... Je veux le voir, ma mère, laissez-moi partir, lui dis-je en pleurant.

— Mon enfant, reprit-elle, rien n'arrive en ce monde sans la permission de Dieu, vous le savez, n'est-ce pas? et vous êtes assez pieuse pour adorer sa sainte volonté. Marguerite, on s'est battu à Rocroi ; votre père a fait noblement son devoir; mais il a été blessé.

— Ma mère, laissez-moi partir....

— Y pensez-vous, chère enfant? Vous voudriez aller au milieu de l'armée?

— J'irais partout, pour voir et soigner mon père.

— Aucun soin ne lui a manqué, ma fille. Depuis qu'il a reçu cette blessure, M. le duc d'Enghien ne l'a pas quitté, et les meilleurs médecins ont été appelés. Tout ce que nous pouvons faire, Marguerite, c'est de prier pour lui.

J'insistai pour partir, et la bonne mère Marie des Anges fut obligée enfin de m'avouer la triste vérité....

Elle n'essaya de me consoler qu'en pleurant avec moi et en me comblant des témoignages de la plus tendre affection. Elle me connaissait trop pour croire que la haute protection qui m'était acquise pût adoucir ma douleur; aussi ne me parla-t-elle pas d'abord de ce que M. le Duc voulait faire pour moi. Ce ne fut qu'au bout de quinze jours qu'elle m'annonça que, mon deuil fini, je quitterais le couvent pour l'hôtel de Condé. Cette nouvelle me causa un nouveau chagrin. Ce n'était donc pas assez d'avoir perdu mon père; j'allais quitter encore tout ce que j'aimais : la mère Marie des Anges, les bonnes religieuses et mes jeunes compagnes. J'allais quitter l'asile qui avait abrité mon enfance, et, au milieu d'un monde inconnu, commencer une vie toute différente de celle que j'avais menée jusque-là.

Mon premier mouvement fut de refuser les avantages qui m'étaient offerts ; je suppliai la mère Marie des Anges de me garder auprès d'elle, et je lui déclarai que ma vocation était d'y vivre et d'y mourir. Je le croyais réellement ; car j'éprouvais un cruel déchirement de cœur et une frayeur extrême à la seule pensée de m'éloigner même pour peu de temps de ce paisible séjour. La bonne supérieure ne me dit pas que je me trompais ; elle ne me dit pas même que cette vocation aurait besoin d'être éprouvée, et que je ne pourrais me dispenser de quitter le couvent pendant quelques années, ne fût-ce que pour obéir au prince qui voulait être mon protecteur. Elle me calma du mieux qu'elle put et m'assura qu'on ne me contraindrait en rien.

Habituée à élever des jeunes filles, elle savait combien leur imagination est mobile ; elle comptait que je me familiariserais peu à peu avec l'idée qui m'effrayait, et qu'un moment viendrait où je désirerais ce changement d'abord tant redouté. Elle ne se trompait pas. Pendant quelques mois, je ne songeai qu'à pleurer mon père et qu'à prier pour lui. Le silence du cloître convenait à ma tristesse, et je m'affermissais dans la résolution de ne le quitter jamais. Toutefois, il faut bien que je l'avoue, sans cesser de regretter mon père, dont l'image est pour toujours gravée dans le fond de mon cœur, je commençai à détourner quelque peu mes regards du passé, et je ne sais quels rêves confus passèrent de temps à autre devant mes yeux.

J'aimais toujours le couvent ; mais j'étais curieuse de savoir ce qu'il y avait au delà de ces grands murs que j'avais si rarement franchis. Je revoyais encore la maison paternelle ; mais je la revoyais déserte, et ma pensée, se reportant aux derniers instants du vicomte de Trémonts, s'arrêtait sur la noble figure du duc d'Enghien. Alors, je me demandais s'il m'était permis de renoncer à cette protection quasi royale, dont la promesse avait adouci les derniers instants de mon père.

Presque chaque nuit, des splendeurs inconnues se déroulaient devant moi dans mon sommeil ; c'étaient des palais dignes des contes de fées, des princes, des princesses, au milieu desquels je me trouvais quelquefois bien petite, mais dont, le plus souvent, la présence me remplissait d'orgueil et de joie.

Mon deuil touchait à sa fin quand la duchesse de Longueville vint me voir avec le duc d'Enghien, son frère. La bonne mère Marie des Anges me laissa ignorer d'abord les noms de ces illustres visiteurs; elle craignait, en m'intimidant, de me faire paraître plus gauche encore que je ne l'étais. Le prince se présenta à moi comme un ami de mon père; et ce titre, qu'il pouvait invoquer, m'inspira aussitôt de la confiance. J'osai le regarder; j'espérais me rappeler ses traits; mais son visage m'était tout à fait étranger. Je fus frappée de l'éclat de ses yeux bleus et de la fierté de son regard. Je le trouvai plutôt laid que beau; car il a la bouche très-grande et les dents saillantes; mais sa noble physionomie et l'air de grandeur répandu dans toute sa personne m'imposèrent tellement, que je fus peu surprise quand je sus que j'avais devant les yeux le vainqueur de Rocroi, le héros en qui toute la France espérait.

Il me parla de mon père avec une émotion profonde; il parut prendre un vif intérêt à mes études; il me recommanda vivement à la mère Marie des Anges; et quand il sut tout ce que je devais à la bonté de cette digne parente, il l'en remercia comme si ce bien lui eût été fait à lui-même.

Cette manière de remplir son rôle de père me toucha; mais je me sentis surtout attirée vers Mme de Longueville par un charme incomparable. Toute jeune encore et dans tout l'éclat d'une resplendissante beauté, la duchesse est douée d'une amabilité dont rien n'approche. Elle parle si bien et sa voix est si douce, qu'on ne peut se lasser de l'entendre. En l'apercevant, je crus voir une de ces princesses comme il y en avait dans les contes de ma nourrice, c'est-à-dire plus belles que le jour, et si spirituelles, si aimables, si accomplies, qu'on n'en devait plus rencontrer de semblables, depuis que les fées avaient cessé de paraître aux baptêmes de la cour.

Je l'ai revue depuis, et je l'ai trouvée plus charmante encore. Elle produit le même effet sur tout le monde, et il est impossible de la connaître sans désirer d'en être aimée. Son éloge est dans toutes les bouches, et chacun s'accorde à dire qu'elle a l'esprit et la beauté d'un ange. Je trouvai, dès ce jour, qu'elle devait en avoir aussi la bonté ; et depuis je n'ai pas changé d'avis.

La duchesse m'embrassa avec effusion ; elle m'interrogea sur mes goûts et mes occupations, et, comme elle sut me mettre à l'aise, je ne me montrai pas trop sotte. Cela fit grand plaisir à la mère Marie des Anges, et lui valut, de la part de ses illustres visiteurs, un compliment sur la manière dont elle élevait les jeunes filles qui lui étaient confiées.

M. le Duc demanda à sa sœur si elle pourrait m'aimer ; Mme de Longueville répondit que c'était chose déjà faite, que je lui inspirais autant d'affection que d'intérêt, et qu'elle se chargerait volontiers de me présenter à Mme la Princesse. Je compris que le duc d'Enghien retournait à l'armée, et qu'avant de partir, il avait voulu confier sa pupille à la duchesse de Longueville, sa sœur, avec laquelle il était étroitement lié.

Je me demandai pourquoi ce n'était pas la duchesse d'Enghien qui accompagnait mon protecteur ; mais je ne le regrettai point ; car Mme de Longueville se montra si bonne et si gracieuse pour moi, qu'elle m'en laissa toute ravie.

Je ne sais qui avait pu instruire mes compagnes de la visite que je venais de recevoir ; mais je grandis soudain de dix coudées à leurs yeux, et toutes, à l'envi, se mirent à exalter mon bonheur. Quelques-unes, qui avaient entrevu le monde avant d'entrer en pension, ou qui en avaient entendu parler, me firent un tableau séduisant de l'avenir qui m'était réservé, et je les écoutai avec complaisance. En vérité, je ne songeais plus à me faire religieuse ; ma vocation s'était si complétement évanouie, que je désirais voir arriver bientôt le jour où je ferais mon entrée à l'hôtel de Condé.

La bonne mère Marie des Anges lisait dans mon cœur comme dans un livre ouvert ; elle ne me reprocha pas mon ingratitude ;

elle ne me fit pas rougir de mon inconstance ; elle ne m'adressa que de douces paroles et d'affectueux conseils ; et si elle s'efforça de me prémunir contre les séductions de mon amour-propre, ce fut avec une touchante bonté, une indulgence toute maternelle.

Le jour même où finissait mon deuil, je reçus une caisse de vêtements, d'étoffes riches et de formes nouvelles, mais tous noirs, violets ou gris, comme il convenait en pareille circonstance, et la duchesse de Longueville écrivit à notre chère prieure pour lui demander l'autorisation de venir me chercher dans trois semaines.

Trois semaines..... Il faut que je le dise ici, quoique j'en éprouve une grande honte, ce délai me parut bien long, et la crainte seule d'étaler ma vanité devant la mère Marie des Anges m'empêcha de me revêtir aussitôt des belles robes qui m'étaient envoyées. Mais si je n'osai pas m'en parer, je les fis voir à mes compagnes, et je jouis délicieusement de leur admiration et de leur envie.

Il me semblait que je n'étais plus Marguerite de Trémonts, la pauvre orpheline qui avait été si heureuse de trouver dans notre pieux asile une mère et des sœurs ; j'avais grandi plus encore à mes yeux qu'à ceux des autres, et je croyais faire preuve de beaucoup de modestie, quand je leur parlais avec bienveillance. Je ne me serais jamais imaginé tout ce qu'une robe de brocart ou de satin peut éveiller de mauvais sentiments dans le cœur d'une jeune fille. Quand je réfléchissais un peu, j'en étais étonnée et confuse ; mais je ne réfléchissais guère : j'avais tant d'autres choses en tête.

Le jour de mon départ vint enfin ; mais il fut marqué par une déception. J'attendais la duchesse de Longueville et je me demandais même si Mme la Princesse ne daignerait pas venir avec sa fille. J'avais pris une si haute idée de mon mérite, que cette démarche me paraissait toute naturelle. Je m'étudiais à tourner un compliment qui devait, je n'en doutais pas, donner à cette illustre dame la meilleure opinion de mon esprit, et je me désolais de n'avoir pas un miroir assez grand pour me voir tout entière, quand je faisais la révérence.

J'en fus pour mes frais : Mme de Longueville écrivit à la mère Marie des Anges pour s'excuser de ne pas venir en personne la remercier des soins qu'elle avait donnés à la pupille de M. le Duc, et Mlle de Fierval, qui était à Mme la Princesse, fut chargée de me conduire à Chantilly, où j'étais attendue.

Cette contrariété me fut pénible. Elle changea tout d'un coup mes dispositions et me rendit la tristesse que j'avais éprouvée naguère à la pensée de quitter le couvent. Je pleurai à chaudes larmes en embrassant mes compagnes ; et quand je dis adieu à ma seconde mère, je crus que je ne pourrais m'arracher de ses bras. Elle était aussi émue que moi ; mais elle savait mieux se contraindre.

— Allez, ma fille, me dit-elle, et que le bon Dieu vous protége.

Je me jetai à ses pieds, en lui demandant sa bénédiction ; elle me la donna ; puis, m'embrassant encore une fois, elle me remit entre les mains de Mlle de Fierval, et la porte du couvent se referma derrière moi.

Ce fut un cruel moment. Cette porte me parut être une barrière élevée entre mes paisibles années, mes chers souvenirs, mes douces affections, et une nouvelle vie, toute de servitude, de tristesse et d'isolement. Avec quels sentiments opposés j'aurais vu les choses, si la duchesse de Longueville était venue elle-même, comme je l'avais espéré ! Cependant, Mlle de Fierval me témoigna beaucoup d'intérêt ; ma douleur, dont elle ne devina point le motif, mais dont elle comprit la sincérité, lui inspira tout d'abord de l'amitié pour moi. Elle me laissa pleurer, sans essayer de me consoler ; mais quand elle me vit plus calme, elle chercha doucement à me distraire, et je lui sus gré de ses efforts.

Peu à peu je m'enhardis à l'interroger, et j'appris avec une extrême satisfaction que M. le duc de Longueville était arrivé de l'armée la veille au soir, et qu'il avait été question de remettre à quelques jours ma sortie du couvent, mais que la duchesse ne l'avait pas voulu ; car elle était enchantée de faire plaisir à son frère, en montrant tout l'empressement qu'elle avait de me recevoir.

Je sentis aussitôt mon dépit et ma mauvaise humeur se dissiper ; et comme il en entrait beaucoup dans mes regrets, je retrouvai peu à peu toute ma liberté d'esprit. Mlle de Fierval était fort aimable ; elle se prêtait de bonne grâce à m'instruire de tout ce que je désirais savoir, et ne se moquait pas trop de mon ignorante naïveté. Je ne sais trop quel âge elle peut avoir ; mais c'est une personne très-raisonnable, et je crois qu'elle a bien dix ans de plus que moi. Il est vrai que ses cheveux noirs, son teint brun et ses traits prononcés doivent la faire plus âgée qu'elle ne l'est réellement. Elle a de beaux yeux, pleins d'expression ; mais sa physionomie grave contraste avec la vivacité de son caractère. Elle étudie et elle réfléchit beaucoup ; elle brille dans toutes les réunions et elle aime la solitude ; elle n'a ni famille ni fortune ; mais quoiqu'elle ait été demandée en mariage par d'élégants seigneurs, elle n'est pas pressée de changer de position.

J'ai su tout cela depuis ; car le jour où je la vis pour la première fois, elle me parla de tout le monde, excepté d'elle-même. Moi qui ne pouvais lui parler de personne, je lui racontai mes joies et mes chagrins de pensionnaire ; elle prenait plaisir à mes récits, qui lui rappelaient de chers souvenirs ; car elle me dit en souriant avec un peu d'amertume :

— C'était le bon temps pour moi, ma chère petite. Peut-être n'en sera-t-il pas de même pour vous, ajouta-t-elle aussitôt, comme si elle eût craint de m'enlever quelque illusion.

Mlle de Fierval est la seule amie que j'aie rencontrée depuis que j'ai quitté la mère Marie des Anges. L'affection que l'une et l'autre me portent ne se ressemble pas. Mlle de Fierval est pour moi comme une sœur aînée, un peu grondeuse, un peu railleuse, un peu fantasque même; ma mère adoptive était plus tendre, plus indulgente; jamais je ne retrouverai pareille tendresse; mais je m'estime heureuse d'avoir inspiré à ma nouvelle amie assez d'intérêt pour qu'elle m'instruise et me conseille.

C'est elle qui m'a donné l'idée d'écrire ceci, afin de me rendre compte de mes impressions. Elle a la bonté de dire que je ne suis ni assez méchante ni assez frivole pour ne m'occuper que de médisances ou de chiffons; elle m'assure que j'aurai plus tard du plaisir à relire ces pages, et que ce travail me sera dès à présent très-utile; car on n'a pas de plus sûr confident que soi-même, ni de plus sage conseiller que sa conscience, quand on prend la peine de l'interroger.

Je lui demandai si elle voudrait lire mon journal; elle s'y refusa positivement; et comme j'insistais, elle me dit :

— Non : il y a de petites faiblesses qu'on ne s'avoue qu'avec peine; vous les passeriez sous silence, si je devais les connaître.

Je me récriai; mais je commence à croire que j'avais tort et que Mlle de Fierval a raison.

II.

La famille de Condé. — Voiture. — La duchesse d'Enghien. — Mme de Longueville et Mme de Montbazon.

Le château de Chantilly est situé à neuf lieues de Paris, sur la route de Senlis. Le temps était beau, le carrosse excellent; et si j'avais pu éloigner tout à fait de ma pensée les amies que je quittais, ce voyage eût été pour moi une véritable fête, surtout avec une compagne aussi aimable que Mlle de Fierval. Elle mit à me distraire la plus gracieuse bonne volonté, et me prouva le désir qu'elle avait de m'être utile, en me faisant d'avance faire connaissance avec les illustres personnages auxquels je devais être présentée. Voici les détails qu'elle me donna.

Le prince de Condé, qu'on appelle simplement M. le Prince, est un politique habile, fort occupé des affaires de l'Etat, depuis qu'il est chef du conseil de régence. Il aime beaucoup les honneurs et ne dédaigne pas les richesses. Né après la mort de son père, il a été tendrement aimé dans son enfance par le roi Henri IV, qui l'a fait élever dans la religion catholique à laquelle il est resté très-attaché. C'est lui qui a dirigé l'éducation du duc d'Enghien, et qui en a fait tout à la fois un savant, un grand capitaine et un prince accompli.

La princesse de Condé, ou Mme la Princesse, tient le premier rang à la cour, non-seulement par sa haute position, mais par son esprit et ses vertus. Fille du connétable Henri de Montmorency, elle avait à peine seize ans lorsqu'elle parut dans le monde, et son incomparable beauté lui attira l'admiration de tous et celle de Henri IV en particulier. Le vieux roi fit des folies pour cette enfant; mais elle était aussi sage que belle; et quand elle eut épousé le prince de Condé, celui-ci ayant été enfermé à la Bastille pour avoir conspiré contre Richelieu, elle voulut partager sa prison. Cette captivité, qui s'adoucit un peu quand le prince fut transporté à Vincennes, dura trois ans. La princesse y mit au monde trois enfants, morts; puis enfin Mme de Longueville, Anne-Geneviève de Bourbon. Deux mois après la naissance de cette fille tant aimée, le prince de Condé rentra en grâce auprès de Louis XIII, qui lui rendit son rang et ses dignités.

Mlle de Fierval parlait de la princesse avec le plus profond et le plus tendre respect; et comme je me sentais un peu inquiète de l'accueil que me ferait cette noble dame, ma nouvelle amie me rassura de son mieux.

— Ne craignez rien, me dit-elle; Mme la Princesse a l'air majestueux et fier; mais elle est agréable, gracieuse et charmante pour tous ceux dont elle n'a pas eu à se plaindre. Elle vous recevra bien; car elle ne peut oublier que vous êtes la fille du sauveur de son fils, et elle a souffert assez pour comprendre ce que votre position a de pénible.

— Comment une personne si haut placée et si favorisée des dons de la fortune et de la nature, peut-elle savoir ce que c'est que la souffrance? demandai-je à Mlle de Fierval.

— Croyez-vous donc, ma chère enfant, répondit-elle, qu'il n'y ait pas des peines pour tout le monde?

— La mère Marie des Anges me l'a dit souvent; mais je pensais qu'elle se trompait.

— Non, non, elle disait la vérité, soyez-en sûre. Quant à moi, je suis persuadée que les grands sont beaucoup moins épargnés que les petits; et vous n'en douterez plus, quand vous aurez passé quelques années au milieu du cercle où vous allez vivre. Vous verrez combien les déceptions y sont nombreuses, et combien les blessures faites à l'amour-propre y sont profondes et cruelles.

— Mais les blessures de l'amour-propre ne sont pas des chagrins sérieux, répliquai-je.

— Vous ne raisonnerez peut-être pas toujours ainsi, dit Mlle de Fierval en souriant. Vous êtes plus philosophe que toutes les dames de la cour; mais je tiens à vous convaincre; et pour ne vous parler que de Mme la Princesse et de ceux de ses chagrins que personne n'ignore, croyez-vous, mon enfant, qu'elle ait pu être insensible au sort des deux membres de sa famille dont la tête a roulé sous la hache du bourreau?

Je frissonnai, mais je ne répondis pas, n'osant avouer que je n'avais jamais entendu parler de ces catastrophes. Mlle de Fierval devina mon embarras, et elle reprit avec bonté :

— J'oublie que vous étiez encore au berceau, quand M. de Montmorency-Bouteville périt sur l'échafaud, pour s'être battu en duel, malgré l'édit du roi, et que vous n'aviez guère que cinq ans, lorsque le propre frère de Mme la Princesse eut le même sort. M. le duc de Montmorency était alors gouverneur du Languedoc. C'était une âme ardente, un cœur généreux, que l'amour de la gloire possédait. Brave comme un lion, et aussi heureux dans les combats que brillant et recherché dans le monde, il se courbait avec peine sous la main de fer du cardinal de Richelieu. Il se crut assez fort pour essayer de se soustraire à cette autorité, devant laquelle tremblaient les plus hardis, et il accueillit le duc d'Orléans, qui s'était mis en révolte ouverte contre le roi et son ministre. Le duc d'Orléans, frère de Louis XIII et oncle de Louis XIV, notre gracieux souverain, est un bon prince; mais il passe pour avoir toujours été fort irrésolu. Au moment de combattre les généraux envoyés contre lui en Languedoc, il fit de tardives réflexions, et quoiqu'il n'eût rien à redouter de la colère du roi, il hésita à persister dans sa rébellion. Le duc de Montmorency s'en aperçut, et, comprenant qu'il s'était trop avancé pour reculer, et ne voulant pas survivre à sa faute, il se jeta au milieu des troupes royalistes. La mort qu'il y cherchait l'épargna ; il fut fait prisonnier, et l'on instruisit aussitôt son procès. Il ne pouvait qu'être condamné, puisqu'il avait été pris les armes à la main ; mais il était tant aimé, que ce fut en pleurant que les témoins déposèrent contre lui et que les juges prononcèrent sa sentence. On espérait encore que le roi lui ferait grâce ; mais la cour implora vainement la clémence de Louis XIII ; il demeura inflexible ; et comme on ne doutait pas que cette fermeté ne fût inspirée au monarque par son ministre, Richelieu fut assailli de sollicitations. Mme la Princesse oublia sa fierté, et l'on assure qu'elle se mit aux genoux du cardinal, en le suppliant d'épargner ce frère qu'elle adorait. Richelieu ne répondit point, mais on dit qu'il pleura, en s'agenouillant à son tour devant Mme la Princesse, pour lui demander pardon de ne point lui accorder la grâce qu'elle implorait. Une seule chose pouvait adoucir la terrible douleur de la noble dame ; Dieu, plus miséricordieux que les hommes, ne la lui refusa pas : le duc de Montmorency se prépara si chrétiennement à la mort, que le père Arnoux, son confesseur, dit au roi : « Sire, Votre Majesté a fait de M. de Montmorency un grand exemple sur la terre ; mais Dieu en a fait un grand saint dans le ciel. — J'aurais voulu l'y conduire par une voie moins rude, » répondit Louis XIII.

D'après ce récit, qui m'avait vivement impressionnée, je m'attendais à trouver dans Mme la Princesse une triste et rigide personne, vieille avant le temps, et n'aimant que le silence et la solitude. Je m'effrayais de paraître en sa présence, et tout ce que Mlle de Fierval me disait de son amabilité ne parvenait pas à me rassurer. Nous approchions de Chantilly, et mes appréhensions redoublaient ; mais ma surprise fut aussi vive qu'agréable, quand je vis, se promenant aux abords du château, tout un essaim de jeunes filles ou de jeunes femmes, qui me parurent aussi gaies que jolies. Elles entourèrent Mlle de Fierval, et témoignèrent beaucoup de plaisir en la revoyant. Elles lui demandèrent avec un réel intérêt des nouvelles de son voyage, et elles me regardèrent avec une certaine curiosité. Cette curiosité n'était pas exempte de bienveillance; cependant elle me rendit plus timide encore, et je ne suivis qu'en tremblant mon aimable introductrice.

Mme la Princesse écrivait au duc d'Enghien au moment où Mlle de Fierval me fit entrer dans son cabinet. Je demeurai toute saisie, en voyant, au lieu de la vieille dame que je croyais trouver, une femme qui me parut jeune encore et si belle, que je l'eusse prise pour la sœur de la duchesse de Longueville, plutôt que pour sa mère.

Elle adressa quelques paroles d'amitié à Mlle de Fierval; puis, me regardant avec bonté, elle m'embrassa et laissa tomber une larme sur ma joue, en me disant :

— Mon enfant, je n'oublierai jamais que Dieu m'a conservé mon fils en vous faisant orpheline.

Je ne sais si je lui répondis, et je ne me rappelle pas bien ce qu'elle me dit ensuite; mais je fus enchantée de son accueil plein de grâce et de dignité.

Mlle de Fierval me conduisit ensuite chez Mme de Longueville. Comme nous allions y entrer, le duc en sortit. Il me parut vieux, quoiqu'il n'ait encore que quarante-sept ans; mais il a la fière mine et la politesse d'un grand seigneur. Il nous salua sans nous adresser la parole; il connaissait fort peu Mlle de Fierval et ne pouvait se mettre en peine de savoir qui j'étais. Dès qu'on nous annonça chez la duchesse, elle se leva, vint au-devant de nous, et me dit les choses les plus gracieuses.

— Ma chère amie, ajouta-t-elle en s'adressant à Mlle de Fierval, madame ma mère a eu la main heureuse en vous choisissant pour aller chercher notre pupille. Elle est un peu vôtre, puisque c'est vous qui nous l'amenez; il faudra cultiver cette petite marguerite des champs et en faire une fleur aussi charmante que vous.

La duchesse se chargea de me présenter elle-même à M. le prince de Conti, son frère, alors âgé de quinze ans, puis aux dames qui formaient sa société habituelle ; mais cette présentation faite, il fut convenu que je continuerais à étudier pendant quelques mois encore, avant de partager l'agréable existence qu'on menait à Chantilly. Mlle de Fierval applaudit à cette résolution et me félicita de ce qu'on l'eût prise. Quant à moi, j'aurais mieux aimé passer mes journées à rire, à folâtrer, à me promener dans le parc, à écouter les vers des grands seigneurs et des poëtes qui se donnaient rendez-vous au château ; mais je n'en témoignai rien.

Toutefois, je vis bientôt que mes protectrices ne voulaient pas trop me tenir à l'écart. On me fit assister à de brillantes réunions, où je me trouvai si déplacée, que je pris à tâche de m'effacer, afin que personne ne s'aperçût de ma gaucherie. Je regardais et j'écoutais ; mais quand on m'adressait la parole, je répondais sans doute fort mal ; car on riait à mes dépens, sans cependant me tourner en ridicule.

Chantilly est un délicieux séjour. On dit que le duc d'Enghien a de grands projets pour l'embellissement de ce domaine, qui a appartenu à cet héroïque et malheureux duc de Montmorency dont Mlle de Fierval m'a raconté la mort. Ce château avait été confisqué, comme les autres biens du duc rebelle, mais le roi l'a rendu à sa famille. Cette seule raison suffirait pour que Mme la Princesse y tînt beaucoup ; mais il me semble que Chantilly doit plaire à tout le monde. C'est une construction déjà ancienne, mais charmante, élevée au milieu du plus beau site, entourée d'une majestueuse forêt, qu'arrosent des eaux abondantes. Il paraît qu'on en pourrait faire une véritable merveille ; mais il faudrait pour cela dépenser des sommes énormes, et le prince de Condé n'est pas disposé, dit-on, à sacrifier ses trésors pour embellir ce domaine.

Quant à moi, j'aime Chantilly tel qu'il est ; et quand je le compare à mon couvent, il me monte au cerveau des bouffées d'amour-propre qui m'étourdissent. Je suis fière de ces splendides appartements, de ces magnifiques jardins, de ces vieux tableaux, de ces belles statues, que chacun admire; j'en suis fière comme si tout cela m'appartenait. Dès que la vapeur qui m'aveuglait est dissipée, dès que la bouffée d'encens que ma vanité s'offre à elle-même s'est envolée, je me trouve si sotte et si ridicule, que je me fais pitié; mais l'instant d'après, je me renfle de plus belle, et ce n'est plus de moi que j'ai pitié; c'est de mes compagnes que j'ai laissées au couvent, et dont la plupart sont condamnées à ne jamais voir qu'en rêve les splendeurs au milieu desquelles j'ai été tout d'un coup transportée.

Mme la Princesse passe à Chantilly tous les étés. Elle y emmène les amies de Mme de Longueville et les amis des princes ses fils. Tous les hommes de talent sont sûrs d'y être accueillis avec la plus aimable distinction; ils y sont tout à fait chez eux, et s'y voient entourés des suffrages les plus flatteurs, des plus délicates sympathies. Peu de jours après mon arrivée, j'y ai vu M. Voiture, qui passe pour le roi des beaux esprits. Tous les seigneurs, toutes les belles dames qui se trouvaient à Chantilly, se pressaient autour de lui, l'écoutant avec avidité, applaudissant à ses reparties, riant des épigrammes qu'il décochait d'un air assez impertinent. J'écoutais aussi, mais je comprenais fort peu, d'où je conclus que je suis tout à fait ignorante du beau langage.

Pendant toute la fête dont M. Voiture fut le héros, je me tins à l'écart; et je serais restée absolument seule, si Mlle de Fierval n'eût daigné se souvenir de moi. Elle vint me trouver dans l'embrasure d'une fenêtre où je m'étais réfugiée, et où je me tenais à demi cachée derrière un rideau de velours.

— A quoi pensez-vous, Marguerite? me demanda-t-elle.

— Je ne sais trop, mademoiselle, lui répondis-je. Tout ce que je vois, tout ce que j'entends est si nouveau pour moi, que j'ai peine à m'en rendre compte.

— Je le crois, dit-elle. Les bons mots et les épigrammes de

Voiture se suivent et se croisent comme les fusées d'un feu d'artifice. Je ne lui ai jamais vu tant d'esprit.

— C'est donc pour son esprit qu'on l'aime tant?

— Il faut autre chose que de l'esprit pour inspirer une réelle amitié. Je ne veux pas dire que Voiture ne possède pas les qualités les plus précieuses; mais on l'entoure moins par amitié que par le plaisir qu'on éprouve à rire de ses saillies, et par la crainte de devenir la victime de ses railleries. C'est qu'elles sont si fines, si spirituelles, si hardies, qu'elles courent de salon en salon, et qu'elles vouent au ridicule ceux qui en sont l'objet.

— Mais c'est fort mal de railler ainsi.

— Sans doute, c'est fort mal. Mais le monde pardonne volontiers à qui l'amuse, et l'on recherche Voiture encore plus qu'on ne le craint. D'ailleurs, comme il n'est pas gentilhomme, on est convenu de lui passer bien des choses, afin de n'avoir pas de querelle avec lui.

— Comment! ce bel esprit, cet élégant, que tout le monde encense, n'est pas gentilhomme?

— Non vraiment. C'est le fils d'un marchand de vin d'Amiens; ce qui prouve qu'il peut y avoir de l'esprit et du talent dans toutes les conditions.

— Qu'importe! Je regrette qu'il ne soit pas de notre monde.

— Vous n'êtes pas de l'avis de M. le duc d'Enghien, qui disait un jour devant moi que si Voiture était de notre monde, il serait impossible de le supporter. En effet, il a des façons d'agir qu'on aurait peine à pardonner à tout autre qu'à lui; je l'ai vu venir en galoches chez Mme la Princesse, et les ôter sans plus de cérémonie pour se chauffer les pieds.

— C'est le fait d'un homme bien mal élevé.

— Je crois plutôt que c'est celui d'un homme qui affecte de ne pas se gêner, et qui a pris pour règle de conduite de faire tout ce que bon lui semble, comme de dire tout ce qu'il pense.

— Mais comment a-t-il pu s'introduire à l'hôtel de Condé?

— Parce que M. le Prince accueille les gens d'esprit, quels qu'ils soient. Mais Voiture a débuté par l'hôtel de Rambouillet, qui est le modèle des salons de la bonne compagnie. C'est M. de Chaudebonne qui lui en a ouvert les portes. L'ayant un jour rencontré chez Mme Saintot, et l'ayant entendu parler, il lui dit : « Monsieur, vous êtes trop galant homme pour rester dans la bourgeoisie; je vous promets de vous en tirer. » Le même soir, M. de Chaudebonne en parla à Mme de Rambouillet, et peu de jours après, il le présenta à la marquise, qui le mit bientôt à la mode, en lui faisant une haute réputation de talent et d'esprit. Maintenant encore, il n'y a pas de bonne soirée à l'hôtel de Rambouillet quand Voiture y manque. Il conte agréablement, il a de l'imagination, et il sait se rendre nécessaire, à tel point qu'on lui pardonne tout ce que ses plaisanteries ont parfois de trop hardi.

— Mais il doit cependant trouver de temps à autre quelqu'un qui lui réponde?

— Cela lui est arrivé souvent; et la plus grande peine qu'on puisse lui faire, c'est de se permettre quelque allusion à la profession de son père, dont il a la vanité de rougir. Un jour qu'il contait une histoire devant Mme des Loges, cette dame lui dit : « Vous nous avez déjà raconté cela, tirez-nous du nouveau, s'il vous plaît. » Voiture en fut si cruellement blessé, que je ne sais si la paix est faite entre Mme des Loges et lui.

— Il me semble qu'il montrerait plus d'esprit, s'il avouait franchement son origine.

— Vous avez raison, Marguerite; mais chacun de nous a son petit point d'amour-propre, auquel il ne fait pas bon toucher. Voiture est d'ailleurs fort susceptible et sait remettre à leur place les gens qui l'importunent. Le comte de Guiche, se trouvant, un soir, avec lui en nombreuse compagnie, lui demanda s'il était marié. Voiture feignit de n'avoir pas entendu et s'esquiva pour ne pas lui répondre, parce que s'il est marié, c'est en secret. Huit jours après, comme il sortait de l'hôtel de Rambouillet, vers une heure du matin, il se rendit chez le comte de Guiche, et frappa si longtemps, qu'il se fit ouvrir.

— Mon ami, dit-il au valet de chambre du comte, il faut que je voie ton maître.

— Mais, monsieur, il s'est couché il y a deux heures et il dort profondément.

— Réveille-le, mon ami ; ce que j'ai à lui dire ne peut souffrir le moindre retard.

Le valet obéit bien malgré lui ; mais Voiture avait pris un ton d'importance et de mystère auquel il eût été difficile de résister.

— Monsieur le comte, dit Voiture en s'approchant du lit, vous m'avez fait l'honneur de me demander si j'étais marié ; je viens vous dire que je le suis.

— Et c'est pour cela que vous venez me réveiller ! s'écria M. de Guiche.

— Je ne pouvais rester plus longtemps marié sans venir vous le dire, après la bonté que vous avez eue de vous mêler de mes affaires, répondit Voiture, qui raconta la chose à l'hôtel de Rambouillet et mit les rieurs de son côté.

Je remerciai Mlle de Fierval de ces petites anecdotes, qui me faisaient connaître un des personnages de nos réunions. Je vis aussi ce soir-là, pour la première fois, la marquise de Rambouillet, qui me parut aussi bonne que belle. Mlle de Scudéry l'avait accompagnée à Chantilly. Je l'examinai avec curiosité, Mlle de Fierval m'ayant dit que cette demoiselle écrivait des volumes fort admirés par les intimes de Mme de Rambouillet, qui passe pour la femme la plus savante et la plus spirituelle qu'on puisse voir. Mlle de Scudéry me parut assez laide, mais aimable, douce, et plus simple dans ses manières que je ne m'attendais à la trouver.

Depuis quelques semaines que j'étais à Chantilly, il y avait une chose qui me préoccupait beaucoup ; il m'était impossible de m'expliquer pourquoi je n'avais pas été présentée à Mme la duchesse d'Enghien, et pourquoi ce n'était pas à elle, mais à

Mme la princesse de Condé, sa mère, que mon protecteur m'avait
confiée. On ne parlait presque jamais de la duchesse, ou c'était en
peu de mots, presque inintelligibles pour moi. Je m'enhardis
enfin à questionner Mlle de Fierval, et j'appris que le duc d'Enghien, cédant aux ordres formels du prince de Condé, son père,
avait épousé malgré lui Claire-Clémence Maillé de Brézé, nièce
du cardinal de Richelieu. Mlle de Brézé était d'une naissance
inférieure à celle du jeune duc; mais elle était fort riche, et les
liens qui l'unissaient au grand ministre en firent un parti séduisant aux yeux du prince de Condé.

Le duc protesta contre la violence qui lui était faite; mais le
prince s'était prononcé, et le mariage s'accomplit. La nouvelle
duchesse était belle et agréable; mais elle ne put gagner le cœur
de son mari, et peu de temps après cette union le duc d'Enghien
tomba malade de chagrin. On craignait pour ses jours, quand le
bruit courut soudain que le maréchal de la Meilleraye marchait
vers la Flandre pour s'emparer de la citadelle d'Aire.

Le duc, en ayant été informé, retrouva ses forces comme par
enchantement. La veille encore il était incapable de quitter son
lit, et aussitôt il se mit en route, malgré les prières de sa famille
et celles du roi lui-même. Il alla en carrosse jusqu'à Abbeville;
mais, arrivé là, il monta à cheval avec le duc de Nemours, son
ami, et courut jusqu'à ce qu'il eût rejoint l'armée. Il supporta les
fatigues de ce siége comme le dernier des soldats; il couchait
dans la tranchée, il y mangeait, il y travaillait sans cesse, et il
revint à Paris complétement rétabli.

La mort du cardinal de Richelieu, arrivée quelque temps après,
donna au duc d'Enghien l'espoir de réussir à faire rompre son
mariage avec Mlle de Brézé. Il renonça par un acte authentique à
la part qui devait lui revenir dans l'immense succession du grand
ministre; mais le prince de Condé protesta contre cette renon-
ciation, et la reine Anne d'Autriche, devenue régente après la
mort de Louis XIII, ayant déclaré qu'elle ne consentirait jamais

à ce divorce, le duc d'Enghien perdit tout espoir, et ne songea plus dès lors qu'à la gloire et à l'ambition.

L'absence de M*me* la duchesse d'Enghien n'étant plus un mystère pour moi, je cessai de m'en occuper. Tels étaient mon respect et mon affection pour le duc, mon protecteur, que je le plaignis sincèrement et que j'éprouvai dès lors un éloignement très-prononcé pour la femme qu'on lui avait imposée. Nous jugeons souvent ainsi de toutes choses, plutôt selon nos impressions ou nos sentiments personnels que selon les règles de la justice.

La marquise de Rambouillet avait amené à Chantilly sa fille aînée, M*lle* Julie, dont tout notre cercle admirait l'esprit et la grâce. M*me* de Longueville lui fit l'accueil le plus tendre; elle insista pour la retenir, et accepta la condition que lui proposa la marquise de lui laisser M*lle* de Rambouillet, pourvu qu'elle s'engageât à la reconduire à Paris et à y passer quelques jours. M*me* de Sablé avait accompagné ces deux dames, dont elle était l'amie. La marquise de Sablé n'était plus jeune, mais elle était encore belle; elle avait infiniment d'esprit, de distinction et de savoir; elle était très-liée avec la duchesse de Longueville, et toutes deux paraissaient éprouver un vif plaisir à se retrouver ensemble dans ce beau domaine de Chantilly, où régnait la plus aimable liberté.

La marquise de Sablé et la duchesse de Longueville s'éloignaient souvent et demeuraient seules pendant des heures entières, se promenant sous les beaux arbres de la forêt. Personne ne se fût permis de troubler leurs confidences; M*lle* de Rambouillet demeurait avec les autres amies de la duchesse, et la gaîté régnait dans leurs causeries et dans leurs jeux, pendant que M*me* de Longueville et sa compagne semblaient mélancoliques ou du moins très-préoccupées.

J'en fis la remarque à M*lle* de Fierval. La curiosité me gagnait peu à peu, et d'ailleurs je m'enhardissais à interroger ma bienveillante amie. Je lui demandai donc si la duchesse avait déjà eu sa part des chagrins qu'elle disait être si communs dans la sphère où nous vivions. Mlle de Fierval me répondit que Mme de Longueville était trop belle, trop aimable et de trop haute naissance pour n'avoir pas beaucoup d'envieux ; qu'une des dames de la cour l'avait offensée ; qu'à la suite de cette offense l'ancienne rivalité des maisons de Guise et de Coligny s'était réveillée, et que l'unique rejeton de cette dernière maison avait perdu la vie dans un duel.

Tout cela me parut assez obscur ; mais le soir même, j'entendis raconter cette histoire dans ses moindres détails par deux vieilles dames, derrière lesquelles je m'étais assise pour n'être pas remarquée. Je la rapporte ici, parce qu'elle a donné naissance à des cabales qui menacent, d'après l'avis de ces deux dames, de devenir des factions.

La personne qui a offensé Mme de Longueville se nomme Mme de Montbazon. Elle est duchesse aussi, mais non pas princesse du sang, comme Son Altesse.

Un jour que Mme de Montbazon avait chez elle une nombreuse compagnie, on ramassa deux lettres que la maîtresse de la maison prétendit avoir été écrites par Mme de Longueville à M. de Coligny. Rien n'était plus faux ; mais cette calomnie eut un grand retentissement, et l'on ne parla plus d'autre chose à la cour. La duchesse de Longueville en fut peinée ; mais Mme la Princesse s'en indigna tellement, qu'elle porta plainte à la reine, et déclara que si l'on ne faisait pas à sa fille une réparation égale à cette offense, elle et tous les siens se retireraient de la cour.

La reine, connaissant trop bien ses intérêts pour ne pas ménager la mère et la sœur du vainqueur de Rocroi, s'engagea à donner à Mme la Princesse toute satisfaction. Anne d'Autriche se rendit à la Barre, campagne voisine de Paris, où la duchesse de Longueville se consolait auprès de Mlles du Vigean, ses amies, et elle lui promit sa royale protection. Il fut décidé que Mme de Montbazon se rendrait à l'hôtel de Condé, pour y faire des excuses publiques à Mme de Longueville, et les termes de ces excuses furent discutés dans le cabinet de la reine, ni plus ni moins que s'il se fût agi des plus importantes affaires de l'Etat. Mme la Princesse y représentait sa fille, et Mme de Chevreuse, pour qui la reine avait beaucoup d'amitié, y soutenait les intérêts de Mme de Montbazon, sa belle-mère.

Quand chaque mot de ces excuses eut donné lieu à un long pourparler, le petit discours que devait prononcer Mme de Montbazon fut écrit sur un billet attaché à son éventail. Le lendemain, la coupable se rendit donc à l'hôtel de Condé, et, d'un air qui démentait ses paroles, elle dit à Mme la Princesse : « Madame, je viens ici pour vous protester que je suis innocente de la méchanceté dont on a voulu m'accuser ; car il n'y a point de personne d'honneur qui puisse dire une calomnie pareille. Si j'avais fait une faute de cette nature, j'aurais subi les peines que la reine m'aurait imposées ; je ne me serais jamais montrée devant le monde, et je vous en aurais demandé pardon, vous suppliant de croire que je ne manquerai jamais au respect que je vous dois et à l'opinion que j'ai du mérite et de la vertu de Mme de Longueville. »

Mme la Princesse répondit : « Je reçois très-volontiers l'assurance que vous me donnez de n'avoir eu nullement part à la méchanceté que l'on a publiée, déférant en tout au commandement que la reine m'en a fait. »

Peu de temps après, la duchesse de Chevreuse invita la reine à une collation dans le jardin de Renard, situé au bout des Tuileries. Anne d'Autriche engagea Mme la Princesse à l'y accompagner, en l'assurant que Mme de Montbazon n'y serait pas. Mme la Princesse s'y rendit, comptant sur la parole de la reine. Mais Mme de Montbazon y était, et même c'était elle qui faisait les honneurs de la fête. La reine l'ayant appris, envoya dire à Mme de Montbazon de feindre une indisposition et de se retirer ; l'orgueilleuse dame refusa d'obéir, et la reine, ne pouvant laisser Mme la Princesse se retirer seule, s'éloigna avec elle, sans vouloir prendre part à la collation. Mme de Montbazon reçut presque aussitôt l'ordre de se rendre à sa maison de Rochefort, et d'y demeurer jusqu'à ce qu'on lui permît de revenir à la cour.

L'altière duchesse avait des partisans, que sa disgrâce irrita ; le duc de Beaufort, entre autres, jeta les hauts cris, et se répandit en menaces contre le cardinal Mazarin, successeur de Richelieu. Quelques jours plus tard, on apprit que le cardinal avait failli être victime d'un assassinat. On accusa de cette tentative le duc de Beaufort et toute la cabale des Importants, c'est-à-dire des seigneurs mécontents, dont il était le chef. Son arrestation fut résolue. Un soir, en revenant de la chasse, il alla saluer la reine, qui le reçut comme à l'ordinaire et causa amicalement avec lui jusqu'à l'arrivée de M. de Mazarin. La reine se leva alors et sortit avec le cardinal. Le duc de Beaufort se retirait, lorsqu'il rencontra le capitaine des gardes, qui le somma de lui rendre son épée et le conduisit au donjon de Vincennes. Le duc de Vendôme, le duc de Mercœur et les meilleurs amis du duc de Beaufort, furent exilés dans leurs terres, et l'autorité du cardinal Mazarin s'affermit.

Le duc d'Enghien était revenu à la cour et y avait reçu l'accueil que méritaient sa valeur, son habileté et l'importance de la victoire qu'il avait remportée sur les Espagnols à Rocroi. Aimant beaucoup sa sœur, il apprit avec colère l'outrage que lui avait fait Mme de Montbazon, et, ne pouvant en demander réparation au duc de Beaufort, qui s'était hautement déclaré pour cette dame, il autorisa M. de Coligny à se battre avec le duc de Guise, qui avait été mêlé à cette affaire. Il y avait entre les Guise et les Coligny des rancunes qui remontaient aux guerres de religion et au massacre de la Saint-Barthélemy. Les deux gentilshommes saisirent avidement l'occasion de se mesurer les armes à la main ; car, malgré les édits de Louis XIII et la sévérité avec laquelle Richelieu les faisait observer, la fureur du duel n'est pas encore éteinte en France.

Le combat eut lieu à la place Royale, sous les fenêtres des plus grandes dames de la cour. M. de Coligny, très-grièvement blessé, languit pendant quelques mois et finit par succomber, peut-être à ses blessures, peut-être à la douleur d'avoir été vaincu.

J'avais écouté tout cela avec une extrême attention; cependant je ne me le serais sans doute pas suffisamment rappelé pour l'écrire comme je viens de le faire, sans le secours de Mlle de Fierval, à qui j'en parlai le lendemain. Elle me reprocha doucement ma curiosité.

— Il vaudrai mieux pour vous, me dit-elle, étudier l'histoire des temps passés que de vous occuper des agitations de la politique actuelle. Toutefois, comme nous sommes sans doute destinées, vous et moi, à voir s'accomplir bien des événements, il ne vous sera pas inutile d'en connaître l'origine, et de savoir quelles peuvent être les suites d'une querelle de femmes.

— Vous croyez donc, lui dis-je, que tout n'est pas fini entre Mme de Montbazon et Mme la duchesse de Longueville?

— Qui sait? répondit-elle. M. de Beaufort a des amis qui ne l'abandonneront pas dans sa disgrâce. Un jour ou l'autre, il recouvrera sa liberté, et s'il entreprend de se venger.... Mais vous êtes une enfant qui ne doit guère se soucier de ces intrigues de cour, et je suis presque aussi enfant que vous de m'amuser à vous en entretenir.

— Il faut cependant, repris-je, que vous me disiez ce que vous pensez du cardinal Mazarin, dont j'entends parler si souvent et si diversement.

— Sachez, mon enfant, répliqua Mlle de Fierval, en souriant de ce sourire gracieux et fin qui donne à sa physionomie l'expression la plus piquante, qu'au temps où nous vivons, personne ne dit ce qu'il pense; et que si quelque chose est rare à la cour et chez les grands, c'est la vérité. Cela dit, vous reconnaîtrez, je l'espère, que votre question est quelque peu impertinente.

— Il est vrai, mademoiselle, répondis-je en rougissant. Pardonnez-moi donc, je vous en prie.

— De tout mon cœur, ma chère petite; et comme je veux que vous ayez toujours confiance en moi, que vous m'interrogiez sur toutes sortes de sujets, plutôt que de chercher à surprendre les conversations des autres, je vais vous dire ce que je pense du ministre de notre chère et gracieuse reine. Monseigneur Mazarini est un homme de beaucoup d'esprit, de talent et de modération. Formé aux affaires par le cardinal de Richelieu, il est plus capable que personne de gouverner l'Etat ; mais il est étranger, et sa naissance obscure ne paraissant pas justifier son élévation, la jalousie lui a suscité de nombreux ennemis, dont il triomphera sans doute ; car il possède la confiance de la reine et il a su se ménager l'appui de la maison de Condé.

— Il n'aura rien à craindre, interrompis-je, tant que monseigneur le duc d'Enghien sera pour lui. Qui donc oserait lutter contre un si noble et si vaillant prince ?

Mlle de Fierval sourit de mon enthousiasme.

— Il nous reste à savoir, dit-elle, combien pourra durer l'union de ce grand prince et de cet habile politique.

III.

Bataille de Rocroi. — Marguerite à Chantilly. — Les Carmélites de la rue Saint-Jacques. — L'hôtel de Rambouillet. — Pierre Corneille. — Bataille de Fribourg. — Portrait d'Anne d'Autriche.

Pendant les premiers mois de mon séjour à Chantilly, je n'entendais parler qu'avec enthousiasme des succès de M. le duc d'Enghien. Son éloge était dans toutes les bouches ; on le regardait comme l'espoir de la France, et le plus ferme soutien de la royauté. Avec lui, la reine Anne d'Autriche pouvait compter sur une régence paisible et glorieuse ; sans lui, cette auguste princesse devait s'attendre à des difficultés incessantes et peut-être à des troubles sérieux.

La bataille de Rocroi a révélé dans M. le Duc non-seulement une valeur héroïque, mais le génie d'un grand capitaine. Louis XIII, en mourant, laissait la France menacée par les Espagnols. Une bataille perdue leur livrait notre frontière du Nord et les amenait au cœur du pays. Dans des conjonctures si graves, et au moment où déjà les armées étaient sur le point de se rencontrer, le duc d'Enghien reçut la nouvelle de la mort du roi. Il la garda pour lui, de peur qu'elle n'abattît le courage de ses soldats et ne ranimât celui des troupes ennemies; et, comme elle ne pouvait demeurer longtemps secrète, il résolut d'attaquer les Espagnols dès le lendemain.

Le maréchal de l'Hôpital commandait l'aile gauche de l'armée avec M. de la Ferté Senneterre. M. le duc d'Enghien s'était chargé de l'aile droite, et il avait confié le centre et les troupes de réserve à deux officiers d'une bravoure à toute épreuve. Il entama si vivement le combat, que les Espagnols ne purent résister à l'impétuosité des troupes qu'il conduisait; mais pendant que l'aile droite se frayait glorieusement un passage au milieu des ennemis, l'aile gauche, cruellement maltraitée, commençait à reculer, et menaçait d'entraîner dans sa déroute le reste de l'armée.

Tout autre que le duc d'Enghien eût sans doute ordonné à ses troupes de se replier sur elles-mêmes pour prêter secours à l'aile gauche; mais le jeune héros continua sa marche en avant, et, passant comme un ouragan à travers le centre des Espagnols, il fondit par derrière sur ceux qui faisaient plier le maréchal de l'Hôpital, et changea, par cette manœuvre hardie, toute la face du combat. Ce fut au moment où le succès allait le couronner que mon père fit le sacrifice de sa vie pour sauver celle de son général.

La victoire était assurée; mais la vieille infanterie espagnole, qui passait pour invincible et qui formait la réserve des ennemis, était encore intacte. Le duc d'Enghien l'attaqua, et pour la première fois ces colonnes d'élite se virent entamées, renversées, écrasées par les soldats français. De ce jour leur prestige s'évanouit, et la frontière du Nord fut sauvée.

J'étais au couvent et je pleurais mon père, pendant que de toutes parts on célébrait la gloire du jeune vainqueur. Mlle de Fierval m'apprit que M. de la Moussaye, un des amis de M. le duc d'Enghien, chargé par lui de venir rendre compte de cette grande journée au prince de Condé, avait aussi demandé une

4

audience à Mme la Princesse, afin de lui dire quel service mon père avait rendu au duc son fils, et de réclamer pour moi sa maternelle protection.

Le premier mouvement de Mme la Princesse avait été de m'ouvrir tout de suite les bras ; mais, avec une touchante délicatesse, elle avait aussitôt compris tout ce que le spectacle de la joie publique, et en particulier de celle qui remplissait l'hôtel de Condé, pourrait avoir de pénible pour l'orpheline de Rocroi, et c'était pour cette raison, plutôt que pour me laisser achever mon année d'études, qu'elle m'avait laissée au couvent pendant mon deuil.

Il paraît qu'en effet la joie était grande alors à l'hôtel de Condé. Les drapeaux pris sur les Espagnols y étaient exposés ; les grands et le peuple venaient les contempler, et l'on peut s'imaginer avec quelle orgueilleuse ivresse la famille du duc recueillait les témoignages d'admiration, les louanges enthousiastes que la foule prodiguait au vainqueur. Non-seulement on exaltait son triomphe, mais on applaudissait à son humanité, à sa modestie, à sa piété, et l'on racontait qu'il s'était agenouillé sur le champ de bataille même, pour rendre grâces au Dieu des victoires ; puis, qu'il avait pris soin des blessés comme de ses propres enfants, sans faire aucune distinction entre les vainqueurs et les vaincus.

Mlle de Fierval m'assure que c'est un bonheur pour moi de n'être pas venue alors habiter l'hôtel de Condé.

— Chacun, dit-elle, aurait voulu vous voir ; on n'aurait parlé que de vous, et il aurait fallu une tête plus solide que la vôtre pour ne pas se laisser étourdir par une si subite popularité.

Je crois que cette aimable personne commence à me connaître un peu et qu'elle entrevoit la dose d'amour-propre qui forme le fond de mon caractère. Pourtant je le dissimule de mon mieux ; mais elle est si clairvoyante.... Je devrais sans doute avoir en elle une confiance entière ; car, depuis que j'ai quitté ma seconde mère et mes compagnes d'enfance, je n'ai reçu d'elle que des preuves d'amitié. Je l'aime bien sincèrement, je la consulte volontiers, et je me trouve bien de suivre ses avis ; mais jamais je n'oserais lui avouer mon orgueil, parce qu'il me semble qu'elle se moquerait de moi. Elle est très-bonne pour tout le monde ; elle est très-indulgente pour beaucoup de défauts ; mais elle trouve la vanité si ridicule, qu'elle raille avec le plus grand plaisir ceux qui en sont atteints.

Elle en a le droit, j'en conviens ; car elle est aussi modeste que savante. J'ai déjà beaucoup gagné depuis qu'elle s'est chargée d'achever mon éducation. Ce n'est pas moi qui le dis, mon témoignage serait de peu de valeur ; c'est Mme la Princesse, c'est Mme de Longueville, et c'est Mlle de Fierval elle-même. Toutefois c'est elle qui me complimente le moins ; elle m'encourage de temps à autre par un mot, par un sourire amical, et cela suffit pour que je reprenne goût au travail, pour que je me console de ma solitude. J'ai dit que mes protectrices ne me tenaient pas éloignée de toute réunion ; j'ai dit que Chantilly me paraissait un séjour très-agréable ; mais j'ai dit aussi que j'aimerais à y vivre comme les belles demoiselles et les jeunes dames qui forment la société habituelle de Mme de Longueville.

Quand je les vois s'ébattre dans les jardins, se promener dans le parc, lire tout haut, ou chacune en particulier, les lettres de M. Voiture ou les tragédies de ce poëte que M. le duc d'Enghien préfère à tous les autres, et qu'on nomme M. Pierre Corneille ; quand je les vois partir pour la chasse, si élégamment et si richement vêtues, maniant avec grâce leurs chevaux impatients, je me sens humiliée de n'être qu'une petite fille de province, incapable de prendre part à leurs divertissements, aussi bien qu'à leurs discussions littéraires.

Je mène ici, à peu de chose près, la même vie qu'au couvent. Je me lève de bonne heure, j'assiste à la messe, je déjeune presque toujours seule avec Mlle de Fierval, puis j'étudie jusqu'à onze heures. Je vais alors saluer Mme la Princesse, qui a quelquefois la bonté de me retenir assez longtemps auprès d'elle, ou de m'inviter à la suivre dans sa promenade. Elle me parle de mon père, de ma bonne mère Marie des Anges, et de mes lointains souvenirs ; mais elle ne m'entretient jamais des événements ou des nouvelles du jour ; elle me traite en enfant, et il y a des moments où cela me blesse comme une offense. Il me semble que cette noble dame devrait assez compter sur ma reconnaissance et sur ma discrétion pour ne pas craindre de me laisser voir ses inquiétudes ou ses chagrins.

Mme de Longueville me traite avec la même bonté ; mais je remarque dans son ton et dans ses manières quelque chose de plus amical, qui sent moins la protection ; il y a entre nous plus d'abandon et plus de gaîté, parce que son âge la rapproche de moi ; mais elle ne paraît pas plus que sa mère me juger capable de m'intéresser à ce qui se passe autour de moi. Je suis sûre que si M. le duc d'Enghien n'avait pas insisté pour que je fusse présentée à la reine avant qu'il partît pour aller combattre en Allemagne, cette présentation eût été longtemps ajournée.

J'ai bien peu vu mon protecteur ; à peine a-t-il passé quelques jours à Chantilly ; il avait à s'occuper des affaires de l'Etat, et sa résidence ordinaire était à l'hôtel de Condé, d'où il pouvait plus facilement se rendre au palais et chez M. de Mazarin. L'offense faite à Mme de Longueville, sa sœur bien-aimée, puis le soin de défendre M. de Coligny, après le duel pour lequel on voulait lui intenter un procès, le retinrent à Paris beaucoup plus que je ne l'aurais souhaité. Je suis heureuse, quand je le vois entouré d'hommages ; quand il est là, je me sens moins seule au monde, et, quoiqu'il soit bien jeune, j'ai pour lui tant de respect, qu'il me semble que c'est mon père.

Il s'est informé de moi aussitôt son arrivée et il a voulu me voir avant même d'aller saluer la reine ; c'est lui qui a demandé à Sa Majesté de permettre que je lui fusse présentée ; et quand il a su que Mlle de Fierval avait consenti à me servir de précepteur et d'amie, il l'en a remerciée avec effusion. Tout le monde ici a pour elle la plus haute estime, et la regarde comme un esprit sérieux, une intelligence supérieure. Mon jugement là-dessus ne saurait être d'un grand poids dans la balance ; mais je suis de l'avis de tout le monde, et je crois de plus que Mlle de Fierval a autant de cœur que d'esprit, autant de modestie que d'intelligence.

Quand M. le duc d'Enghien est parti pour l'armée d'Allemagne, j'ai pleuré amèrement, et je n'ai pu cacher mes larmes à ma chère compagne. Elle m'a embrassée, en les voyant couler, et elle m'a dit, pour me consoler :

— Soyez tranquille, mon enfant, Dieu protége M. le Duc ; il nous le ramènera bientôt plus glorieux.

— Je l'espère, lui répondis-je ; mais j'ai le cœur si rempli de tristesse, qu'il m'est impossible de ne pas pleurer. Je suis orpheline, et je n'ai pas d'autre appui que le prince qui m'a adoptée.

— Il ne vous manquera pas, chère enfant, reprit Mlle de Fierval ; mais Dieu est un appui plus solide que tous les princes de la terre. C'est en lui qu'il faut placer notre confiance, si nous voulons qu'elle ne soit jamais trompée.

J'avais déjà remarqué dans Mlle de Fierval une sincère piété ; la conviction qu'elle mit dans ces paroles me frappa. Je compris qu'elle aussi avait eu des chagrins, et que c'était après avoir éprouvé de grandes déceptions qu'elle avait tourné ses regards vers Dieu, le seul ami fidèle, le seul juge équitable, le seul maître vraiment bon et généreux. Cela me fit impression ; ce jour-là je priai mieux ; je regrettai la paix de mon couvent, et j'écrivis à la mère Marie des Anges ; ce que je n'avais pas fait depuis plus d'un mois. Est-il donc vrai que la souffrance nous ramène à Dieu, et que le bonheur nous en éloigne ? S'il en est ainsi, nous sommes des ingrats, et nous méritons d'être souvent visités par la douleur.

Ma tristesse ne commença de se dissiper que quand Mme la Princesse apprit à sa petite cour que M. le duc d'Enghien était arrivé devant Fribourg. M. le vicomte de Turenne venait de délivrer cette place assiégée par le baron de Mercy ; mais il n'avait guère que sept mille hommes, et il reçut avec une joie extrême les renforts qu'amenaient M. le Duc et le maréchal de Grammont. En sa qualité de prince du sang, le duc d'Enghien prit le commandement en chef, poursuivit les ennemis et força le camp où ils s'étaient retranchés, entre Fribourg et Brisach.

Ce premier succès, dont M. le Duc rendait compte à sa mère avec la plus grande modestie, parut d'un heureux augure à tous ceux qui en furent instruits ; je m'en réjouis plus que personne, et j'accompagnai avec reconnaissance Mme la Princesse aux Carmélites de la rue Saint-Jacques, où elle allait passer quelques jours dans la retraite et la prière, pour remercier Dieu d'avoir protégé son fils et le supplier de continuer à bénir ses entreprises.

Mme la Princesse aime beaucoup ces saintes religieuses, dont la vie austère et les pieuses conversations la détachent des intérêts et des vanités de ce monde. La reine aussi visite souvent les Carmélites ; elle y conduit le jeune roi et le petit duc d'Anjou, et elle se plaît à écouter les discours édifiants de la mère Marie de Jésus, de la mère Marie-Madeleine et de la mère Agnès, dont la piété égale l'esprit et la haute naissance.

La mère Marie de Jésus est surtout tendrement aimée de la reine. Elle est fille de Nicolas de Harlay, seigneur de Sancy, et veuve du marquis de Bréauté. Elle est entrée aux Carmélites à vingt et un ans, dans tout l'éclat de sa beauté, en s'arrachant aux triomphes de la cour, dont elle faisait l'ornement et la joie. Elle nous racontait hier comment Dieu l'a appelée à lui. Un jour qu'elle était au bal, un coup de tonnerre ébranla la salle, elle eut peur et voulut se retirer ; le gentilhomme avec qui elle dansait se moqua de sa frayeur ; mais un second coup de tonnerre éclata et l'étendit mort. La marquise de Bréauté fut frappée de cet événement et fit de sérieuses réflexions sur la fragilité de la vie, sur le néant des grandeurs, sur la nécessité d'être toujours prête à paraître devant Dieu. Les écrits de sainte Thérèse, qui

lui tombèrent entre les mains, achevèrent ce que ces salutaires
pensées avaient commencé ; Mme de Bréauté entra aux Carmélites, malgré toutes les instances de sa famille, dont elle était
l'idole, et elle y fit profession en 1605.

La mère Marie-Madeleine a été fille d'honneur de la reine
Marie de Médicis ; elle s'appelait alors Mlle de Bains. Elle était
si belle, que les plus grands peintres briguaient l'honneur de
faire son portrait, et que les plus nobles seigneurs sollicitaient
sa main. Mais elle avait à peine vingt ans lorsqu'elle abandonna
tout pour se donner à Dieu.

La plus tendre affection règne entre ces deux saintes filles du
Carmel et Mlle de Bellefonds, qu'on nomme en religion la mère
Agnès. On ne sait laquelle des trois on doit admirer le plus.
Mme la Princesse a pour elles la plus profonde vénération, et
déjà je partage ce sentiment.

J'ai vu ce matin les trois prieures au parloir ; elles m'ont
parlé avec un intérêt si tendre et si affectueux, que j'ai cru
retrouver ma bonne mère Marie des Anges et que je n'ai pu
m'empêcher de le leur dire. Elles m'ont interrogée sur cette
chère protectrice de mon enfance ; et quand je leur ai fait connaître son nom de famille, la mère Agnès m'a dit qu'elles avaient
été bonnes amies et qu'elles étaient même un peu cousines. J'ai
alors parlé de ma mère, morte il y a déjà si longtemps ; la mère
Agnès de Bellefonds l'a connue aussi, et je n'ai pu, sans verser
des larmes, entendre de cette bouche vénérable l'éloge de celle
que j'ai tant aimée.

Mme la Princesse couche au couvent ; elle suit tous les offices
des religieuses, et se lève comme elles au milieu de la nuit,
pour aller au chœur. Je ne jouis pas de ce privilége, qui lui est
accordé à titre de fondatrice du couvent et qui appartient aussi
à Mme la duchesse de Longueville. Ces dames ont le droit de faire
entrer trois fois par mois deux personnes dans le monastère,
et le choix de Mme la Princesse s'est fixé sur Mlle de Fierval
et sur moi ; mais avant six heures du soir nous devons quitter

le couvent, et nous allons passer la nuit à l'hôtel de Condé.

Mme la Princesse a donné aux Carmélites des sommes considérables, des pierreries, des ornements d'église; elle donnerait encore davantage, mais les religieuses, connaissant sa générosité, lui cachent les besoins de leur maison. J'ai été fort étonnée de voir cette grande princesse, qui tient si fièrement son rang partout où elle se trouve, devenir aussi humble ici que la plus humble des sœurs. Elle leur parle avec une extrême déférence, elle les écoute avec respect, et elle se conforme à la règle avec une ponctualité admirable.

Mme de Longueville aime aussi beaucoup les Carmélites. Avant son mariage, elle leur a fait don des reliques de sept vierges martyres, et l'authenticité de ces reliques a été constatée par un bref du saint-père. Elle les fit enfermer dans une châsse d'argent, et le duc d'Enghien, voulant imiter la générosité de sa sœur, dota aussi le couvent d'un magnifique reliquaire. Il relevait de maladie, et, comme il avait le goût des belles choses, on avait réuni, pour le distraire pendant sa convalescence, différents objets d'art, plus ou moins remarquables par leur antiquité. Le reliquaire dont nous parlons attira surtout son attention. Il en admira le travail, en loua la richesse, et demanda à qui ce précieux bijou appartenait. On lui dit que les Carmélites l'avaient acheté; mais que, ne pouvant le payer, elles avaient été forcées de le laisser à l'orfévre. Il résolut aussitôt de leur en faire don. Ce petit chef-d'œuvre était estimé 2,000 louis, c'est-à-dire 48,000 fr., somme très-considérable à cette époque. Monseigneur ne la possédait pas; mais il sut se la procurer, en offrant à toutes les personnes qui venaient le voir, de leur montrer une curiosité des plus rares, pourvu qu'elles lui remissent une offrande destinée à en faire l'acquisition. Chacun donna, les uns pressés du désir de voir cette merveille, les autres pour ne pas désobliger le prince; et au bout de quelques jours, le reliquaire fut payé.

Mlle de Bourbon se plaisait alors beaucoup chez les Carmélites, où elle accompagnait sa mère. Son vœu le plus cher était de se consacrer à Dieu dans cette sainte maison ; elle en demanda la permission à son père ; mais M. le Prince, loin d'y consentir, défendit qu'on la conduisît chez les religieuses, et ordonna à Mme la Princesse de la mener plus souvent dans le monde. Mlle de Bourbon avait tout ce qu'il fallait pour y briller ; mais sa piété s'y trouvait mal à l'aise, et elle ne cherchait point à s'y faire remarquer. Mme la Princesse lui en faisait quelquefois des reproches, et Mlle de Bourbon s'excusait en disant :

— Je ne vais qu'avec vous, madame ; est-il étonnant qu'on me trouve sans grâces, quand on peut admirer les vôtres ?

Peu de temps après avoir témoigné le désir d'entrer aux Carmélites, la jeune et charmante princesse reçut l'ordre de se disposer à paraître au bal de la cour. Elle s'en défendit de son mieux, mais sans rien obtenir. Elle alla conter sa peine aux religieuses, qui s'en montrèrent fort affligées, et qui cependant lui conseillèrent l'obéissance. Toutefois il fut convenu que Mlle de Bourbon irait au bal avec un cilice sous ses riches vêtements, et qu'elle s'efforcerait de penser à Dieu, pour ne prêter qu'une oreille distraite aux vains propos du monde.

Le cilice fut religieusement endossé ; mais il n'empêcha pas la princesse d'admirer la magnificence des habits qu'on lui fit prendre ni de remarquer l'éclat qu'ils donnaient à sa triomphante beauté ; et quand elle se vit la reine de la fête, quand elle entendit autour d'elle un concert d'éloges, son cœur s'ouvrit à des sentiments inconnus, et l'amour de la vie religieuse cessa de le remplir.

Mme de Longueville se rappelle toujours cette soirée, où lui fut décernée la triple royauté de l'esprit, de la grâce et de la beauté ; elle raconte avec beaucoup de franchise ce qui s'est passé en elle pendant ce bal, d'où elle est sortie toute mondaine, après y être entrée toute dévote. Je crois qu'elle exagère l'effet produit sur elle par les louanges qui lui furent prodiguées ; car elle est encore très-pieuse, très-charitable, très-exacte à suivre les pratiques les plus austères de la religion ; mais elle aime le monde, et il est bien difficile de ne pas l'aimer quand on y est recherchée, applaudie, admirée comme Mme de Longueville.

En sortant des Carmélites, Mme la Princesse passa deux jours à l'hôtel de Condé, sans y recevoir personne ; elle ne voulait pas perdre sitôt le fruit de la retraite qu'elle venait de faire. Après ces deux jours, elle me conduisit chez la marquise de Rambouillet, où Mme de Longueville l'attendait.

L'hôtel de Rambouillet est situé au bout de la rue Saint-Thomas du Louvre. La marquise elle-même en a tracé le plan. Il n'a pas l'étendue ni la magnificence de l'hôtel de Condé ; mais il est de belle apparence, et l'on en loue beaucoup la distribution. Mme de Rambouillet, Mlle Julie, sa fille, Mme de Sablé, Mme et Mlles du Vigean, Mlles de Bouteville, et plusieurs autres dames que je ne connais point, faisaient cercle autour de Mme de Longueville dans le grand salon, où l'on introduisit Mme la Princesse, et où je la suivis avec Mlle de Fierval.

C'est un vaste salon, dont l'ameublement en velours bleu est rehaussé d'or et d'argent. Il est percé de fenêtres qui en occupent toute la hauteur et d'où la vue s'étend sur de nombreux jardins, faisant suite à celui de l'hôtel. Ce salon, qu'on appelle la Chambre bleue, est le rendez-vous des beaux esprits, des écrivains, des poëtes, en un mot, des hommes les plus distingués.

Mme la Princesse y fut reçue non-seulement avec tous les égards dus à son rang, mais avec un empressement joyeux, sur la sincérité duquel il n'y avait pas à se méprendre. Mlle de Fierval s'y vit aussi fort bien accueillie ; mais elle ne m'abandonna pas, et je lui en sus un gré infini. Elle me présenta à toutes ces dames comme son élève et son amie, et ces titres me valurent mille gracieuses attentions. On était en petit comité ; mais quelques heures après notre arrivée, le salon se remplit d'une foule avide d'entendre M. Corneille lire une tragédie nouvelle. On désespérait de voir venir ce grand poëte, lorsqu'il parut enfin.

Chacun lui fit place ; la marquise de Rambouillet alla au-devant
de lui, et l'amena près de Mme la Princesse, pour qu'il lui présentât ses hommages. En voyant tous les yeux fixés sur lui, il
s'était sans doute intimidé ; car il semblait gauche et embarrassé.
Je croyais m'être trompée en entendant annoncer M. Pierre Corneille ; il me paraissait impossible qu'un homme d'un génie aussi
élevé que celui qu'on se plaisait à lui reconnaître payât aussi peu
de sa personne. Il se rassura cependant, lorsque Mme de Rambouillet alla vers lui, et il sourit quand Mme la Princesse se leva
pour le saluer. Je m'étais rapprochée de ma protectrice ; j'entendis
le poëte demander des nouvelles de M. le duc d'Enghien, qui,
dit-on, goûte beaucoup ses vers. Mme la Princesse sut, en lui
répondant, lui adresser un compliment sur une tragédie qu'il a
faite l'année dernière, et qui se nomme *Polyeucte*. Elle lui dit que
M. le duc d'Enghien assurait que rien de plus grand et de plus
beau n'avait encore paru, et que cette pièce resterait le chef-
d'œuvre de la scène française.

Un rayon de joie passa sur le front de M. Corneille, une vive
étincelle anima ses yeux et donna à son visage, que j'avais d'abord trouvé peu gracieux, une expression qui le transforma.
Mme la Princesse fit asseoir le poëte à sa droite, et le pria, au
nom de toute l'assemblée, de vouloir bien lui faire admirer
quelques pages de ses dernières productions. Un grand silence
s'établit aussitôt, et le poëte lut les premières scènes de *Pompée*.

Des applaudissements enthousiastes éclatèrent, lorsqu'il eut
achevé cette lecture ; chacun prétendait qu'il s'était encore surpassé et que la tragédie de *Pompée* laisserait bien loin derrière
elle le *Cid*, les *Horaces*, *Cinna* et *Polyeucte*. Mme de Longueville
joignit ses éloges à ceux de tout l'auditoire ; mais elle ne put
s'empêcher d'ajouter :

— Cependant *Cinna* est bien beau, et je n'oublierai jamais les
larmes que M. le duc d'Enghien a versées, en entendant pour la
première fois les sublimes vers que vous avez mis dans la bouche
d'Auguste :

> Je suis maître de moi comme de l'univers;
> Je le suis, je veux l'être. O siècles! ô mémoire!
> Conservez à jamais ma nouvelle victoire.
> Je triomphe aujourd'hui du plus juste courroux
> De qui le souvenir puisse aller jusqu'à vous.
> Soyons amis, Cinna, c'est moi qui t'en convie;
> Comme à mon ennemi je t'ai donné la vie,
> Et, malgré la fureur de ton lâche dessein,
> Je te la donne encor comme à mon assassin.
> Commençons un combat qui montre par l'issue
> Qui l'aura mieux de nous ou donnée ou reçue.
> Tu trahis mes bienfaits, je les veux redoubler;
> Je t'en avais comblé, je veux t'en accabler.
> Reçois le consulat pour la prochaine année.

Un tonnerre de bravos couvrit ces beaux vers, qui recevaient un charme incomparable de l'émotion avec laquelle Mme de Longueville les prononçait. On la pressa d'en réciter d'autres, et M. Corneille lui ayant dit qu'aucune récompense plus flatteuse ne pouvait lui être accordée, elle déclama une scène tout entière de *Polyeucte*.

Cette soirée fut un triomphe pour le grand poëte; il avoua modestement qu'il était loin de croire que de si grandes et si belles dames voulussent prendre la peine d'étudier ses vers, et Mme la Princesse lui répondit que cela ne devait point l'étonner, toutes les amies de la marquise de Rambouillet ne tenant pas moins à orner leur esprit qu'à rehausser leur beauté par l'éclat des pierreries et le bon goût des ajustements.

Il était minuit, et déjà les invités les moins intimes commençaient à se retirer, quand un jeune officier de l'armée du duc d'Enghien fit prier Mme de Rambouillet de vouloir bien le recevoir dans son costume de voyage. Il s'était présenté à l'hôtel de Condé et n'y avait trouvé que M. le Prince, à qui il avait remis es dépêches de M. le Duc; mais comme il avait promis de voir

Mme la Princesse et la duchesse de Longueville, il était accouru sans retard à l'hôtel de Rambouillet.

Cet empressement et la joie qui rayonnait sur son visage annonçaient que la nouvelle dont il était chargé ne pouvait qu'être bonne.

— Soyez le bienvenu chez moi, monsieur, lui dit la marquise, et faites part à Son Altesse du message que vous apportez.

Mme de Rambouillet voulait se retirer, et l'assemblée se disposait à en faire autant, malgré la curiosité bien légitime dont chacun était animé. Mme la Princesse se leva, retint tout le monde par un geste plein de bienveillance, et tendit sa main au gentilhomme, qui la baisa avec respect. Elle paraissait très-calme ; mais Mlle de Fierval, qui la connaissait mieux que moi, me fit remarquer qu'elle était fort pâle et qu'elle avait peine à parler.

— Il n'est rien arrivé de fâcheux à M. le duc d'Enghien ? dit-elle.

— Non, madame, répondit l'officier. Monseigneur jouit d'une santé parfaite et met ses hommages aux pieds de Votre Altesse. Il a attaqué le baron de Mercy dans une position formidable. Le combat a été rude. Toute l'armée ennemie était couverte par des retranchements élevés à la hâte et cependant bien fortifiés. M. le duc d'Enghien avait envoyé M. de Turenne à une grande distance, et par des chemins affreux, afin d'assaillir les troupes impériales des deux côtés à la fois. M. de Turenne exécuta l'ordre avec toute l'habileté dont il a déjà donné tant de preuves ; mais le baron de Mercy, instruit de cette manœuvre, dont l'audace le confondait, parvint à s'échapper. Monseigneur le poursuivit et l'attaqua de nouveau, près de l'abbaye de Saint-Pierre ; M. de Turenne fit un détour plus grand encore que la première fois, pour lui couper la retraite, pendant que M. le duc d'Enghien l'abordait de front, avec la brillante valeur qui nous a donné la victoire de Rocroi. M. de Mercy ne put résister à l'élan de nos troupes, électrisées par l'exemple d'un héros ; cependant, après avoir été vaincu trois fois en quatre jours, il eut le bonheur de s'échapper encore ; mais ce ne fut pas sans laisser entre nos mains ses canons et un grand nombre de prisonniers.

— Que Dieu soit loué ! dit Mme la Princesse avec la plus vive émotion.

Sa voix fut couverte par les applaudissements des dames et des seigneurs. On se disputait le jeune gentilhomme ; chacun voulait des nouvelles de ses parents ou de ses amis restés à l'armée ; chacun demandait des détails sur ces diverses attaques, qu'on supposait avoir été très-meurtrières. L'envoyé répondit à toutes ces questions, sans cesser de faire l'éloge de son général. Il paraît que M. le duc d'Enghien s'est montré là plus audacieux encore qu'à Rocroi, et que c'est à cette audace qu'il doit la victoire. Ses troupes pliaient, repoussées par les efforts des Impériaux, et leur ardeur venait se briser contre ces formidables retranchements, au pied desquels s'entassaient sans relâche les morts et les blessés. Déjà les Français commençaient à reculer, quand M. le Duc, s'élançant à leur tête, jeta son bâton de commandement au milieu des ennemis. Il fallait à tout prix le reprendre ; chaque soldat devint un héros, et la bataille de Fribourg fut gagnée. Après avoir répondu à toutes les questions, l'envoyé de M. le Duc demanda la permission de se retirer, car il avait fait en toute diligence la longue route qui sépare Fribourg de Paris.

Mme la Princesse, qui désirait aussi la solitude, après de si grandes émotions, le fit monter dans son carrosse, et, quoiqu'il s'en défendît de son mieux, elle voulut qu'il passât à l'hôtel de Condé tout le temps de son séjour à Paris.

Le lendemain, Mme la Princesse alla saluer la reine, pour se réjouir avec elle des succès de M. le duc d'Enghien. Je ne pouvais prétendre à l'honneur d'accompagner Son Altesse ; mais elle eut la bonté de me faire dire de m'y préparer, et elle m'envoya l'une de ses femmes pour m'aider à faire une toilette convenable.

Anne d'Autriche était à sa toilette quand Mme la Princesse entra dans son cabinet. Elle peignait elle-même ses beaux cheveux, si longs et si épais, qu'ils l'enveloppaient tout entière. Elle les rejeta en arrière en apercevant Mme la Princesse, et, au lieu de lui donner sa main à baiser, elle l'embrassa tendrement.

— Ma cousine, lui dit-elle, M. le duc d'Enghien a noblement fait son devoir ; je ne l'oublierai pas.

— Mon fils est trop heureux de pouvoir contribuer à la gloire de Votre Majesté, répondit Mme la Princesse.

La reine la fit asseoir auprès d'elle, et elles causèrent à demi-voix, pendant que les femmes de Sa Majesté achevaient sa toilette. Je pus alors examiner Anne d'Autriche mieux que je ne l'avais fait le jour où j'avais eu l'honneur de lui être présentée, et je la trouvai si charmante, que je me sentis remplie pour elle de tendresse et de respect. Elle a quarante-trois ans ; elle est grande, et la fierté qui règne sur son visage est tempérée par une bonté touchante. Ses yeux sont grands et expressifs ; ils savent caresser aussi bien que commander. Sa bouche, petite et vermeille, sourit le plus gracieusement du monde, et sa lèvre légèrement relevée donne du piquant à ce sourire. Son front est noble, son teint blanc et pur est plus beau, dit-on, depuis qu'elle a cessé de se farder, c'est-à-dire depuis la mort du roi. Ses bras et sa main sont d'une perfection admirable et d'une blancheur telle, que les poëtes peuvent, sans être taxés d'exagération, la comparer à celle de la neige. Elle était vêtue sans luxe, et, comme elle était encore en deuil du roi, elle ne portait point de bijoux.

A peine était-elle habillée, que le roi et le petit duc d'Anjou, son second fils, vinrent l'embrasser. Ce sont deux beaux enfants ; mais on voit déjà que Louis XIV est le maître, et je ne puis comprendre que dans un âge si tendre il ait à un si haut degré le sentiment de son pouvoir. Il salua les dames réunies autour de la reine ; il me sembla qu'en s'arrêtant sur moi ses regards avaient quelque chose d'étonné et de mécontent. Il parla bas à

Mme de Senecé, sa gouvernante, et je compris que cette dame lui disait que j'étais la pupille de Mme la Princesse. Peu d'instants après, en passant devant moi, il porta la main à son chapeau de l'air le plus agréable. Il sait déjà, si jeune qu'il soit, qu'il a besoin de l'appui des princes de Condé, et qu'il doit les ménager, eux et ceux qui leur appartiennent.

Je regrettai de n'avoir pas près de moi Mlle de Fierval ; des conversations particulières s'étaient engagées, et j'aurais pu, sans attirer l'attention, demander à ma bienveillante amie des renseignements sur les personnes que je voyais pour la première fois. J'en reconnus quelques-unes, entre autres M. de Guitaut, capitaine des gardes de la reine, et M. de Mortemart. Ce dernier venait prendre congé de Sa Majesté, avant de se rendre à l'armée de Flandre, commandée par M. le duc d'Orléans, frère du roi Louis XIII.

La reine annonça qu'elle allait partir pour Fontainebleau, et elle dit à Mme la Princesse qu'elle espérait l'y voir, ainsi que Mme de Longueville. Cette invitation équivalait à un ordre. Mme la Princesse fit, en rentrant, ses préparatifs de départ; elle envoya prévenir sa fille, et elle permit à Mlle de Fierval de retourner à Chantilly, si le séjour de ce château lui était plus agréable que celui de Paris. Ma chère institutrice voulut bien me consulter là-dessus, et comme je préfère de beaucoup ce riant domaine aux splendides appartements de l'hôtel de Condé, il fut décidé que le jour où les princesses partiraient pour Fontainebleau, nous irions revoir les beaux ombrages de la forêt de Chantilly.

IV.

Maladie de Marguerite. — Dévouement de Mlle de Fierval. — Prise de Philipsbourg. — Mort de la reine d'Espagne. — La duchesse d'Enghien et Mademoiselle. — Exploits de Turenne. — Bataille de Nordlingue. — Anne d'Autriche et le Parlement.

Je n'ai rien écrit depuis longtemps. Je relève d'une longue maladie, pendant laquelle Mlle de Fierval m'a donné des preuves de l'amitié la plus sincère et la plus dévouée. J'étais seule avec elle à Chantilly, lorsque je ressentis les premières atteintes de la fièvre, qui devait bientôt m'abattre tout à fait et mettre mes jours en danger. Quand je dis que j'étais seule, cela signifie que les princesses étaient absentes ; car, excepté ces deux nobles dames et Mlle de Fierval, personne ici ne s'occupe de moi ; personne peut-être ne sait que j'existe ; mais je serais aussi connue que je suis ignorée, que je n'aurais pu compter sur de nombreuses visites ; car la maladie que je viens d'avoir met tout le monde en fuite.

Cette maladie, c'est la petite vérole. J'en ai eu le visage couvert et les yeux fermés pendant plus d'une semaine, et j'avoue que de toutes mes souffrances, qui pourtant étaient grandes, il n'y en avait pas de plus cruelle que la crainte de rester défigurée. Je la cachais soigneusement à ma chère gardienne, mais elle la devinait sans doute ; car elle cherchait à me consoler, en me disant souvent que telle ou telle dame, plus maltraitée que moi par l'horrible maladie, n'en avait gardé aucunes traces. Je ne voulais pas croire que Mme de Longueville eût été du nombre ; et quand Mlle de Fierval me l'affirma, je me sentis quelque peu rassurée.

Je commençais à entrer en convalescence, et ma bonne Adrienne (c'est ainsi que j'appelle Mlle de Fierval, depuis qu'elle m'a donné tant de soins) venait de me quitter pour aller elle-même chercher une orange que je lui avais demandée. Je sortis à la hâte de mon lit, et, sans me vêtir, sans même prendre mes pantoufles, je courus vers le miroir placé au-dessus de ma table de toilette. J'y aperçus un visage affreusement boursouflé et marqué de taches bleuâtres. J'en fus si effrayée, que je jetai un cri et que je tombai sans connaissance sur le parquet.

Je ne sais combien de temps j'y restai, mais ma chère Fierval, en rentrant, me trouva froide comme le marbre ; et ce ne fut qu'après plusieurs heures que le médecin, appelé aussitôt, parvint à me rendre à la vie. J'avais commis une grande imprudence, et je la payai cher. La rechute fut pire que la maladie, et deux mois se passèrent avant que je fusse hors de danger. Mais quand je me levai enfin, et que je pus, en m'appuyant au bras d'Adrienne, faire le tour de ma chambre, elle s'arrêta devant ce même miroir où je m'étais vue si laide, et elle me força de m'y regarder. Je détournais la tête, de peur d'y revoir encore ce visage qui m'avait tant effrayée ; mais elle me dit, en m'embrassant :

— Ne craignez rien, petite coquette, vous êtes redevenue jolie.

J'osai me regarder alors. J'étais maigre et pâle ; mais je me trouvai belle pour la première fois de ma vie, et je me souris avec complaisance, en m'écriant :

— Quel bonheur ! je ne serai pas tachée.

— Vous y tenez donc beaucoup ? me demanda Mlle de Fierval.

— Oh ! oui, beaucoup, lui répondis-je. N'y tiendriez-vous pas autant que moi ?

— Je crois que non, dit-elle ; car je n'ai pas eu la petite vérole, et je vous ai soignée sans avoir peur de la contagion.

— Ah ! mon Dieu ! repris-je, je n'ai jamais pensé que vous pussiez gagner mon mal. Voyez combien je suis égoïste, combien peu je mérite ce que vous avez fait pour moi.

— Mais, chère enfant, vous ne me devez aucune reconnaissance, puisque je n'ai pas eu la moindre frayeur.

— Ne dites pas cela, mademoiselle. C'est votre dévouement qui vous a rendue insensible à toute crainte. Vous seriez ma mère ou ma sœur, que vous n'auriez pu me soigner avec plus de tendresse.

— Eh bien ! Marguerite, si vous croyez me devoir quelque chose, aimez-moi comme une mère ou comme une sœur, et votre dette sera payée.

Je me jetai dans ses bras et je pleurai de joie et de reconnaissance. Ce moment fut plein de douceur ; depuis ma sortie du couvent, je n'avais rien éprouvé de pareil ; ce n'était plus mon amour-propre qui se trouvait satisfait, c'était mon cœur, au fond duquel brûlait une ardente soif d'affection et de confiance. Je suis heureuse, bien heureuse. J'ai une sœur, j'ai une mère, je ne suis plus seule au monde....

Ma convalescence s'est passée de la manière la plus agréable ; la vie me revenait peu à peu, et je retrouvais avec ravissement tout ce que j'avais cru perdre. La vue d'un rayon de soleil, d'une fleur, d'un oiseau, me causait une ivresse délicieuse, et j'avais près de moi un cœur ami, dans lequel je pouvais verser sans crainte tous les sentiments qui s'éveillaient dans le mien. Aujourd'hui que je suis parfaitement guérie, je bénis Dieu de m'avoir envoyé cette maladie, sans laquelle je n'aurais peut-être jamais connu tout le dévouement de Mlle de Fierval. Je me plaignais autrefois de vivre avec elle dans la solitude ; maintenant je m'en félicite ; mon plus grand désir est de profiter longtemps de ses bons conseils et de son amitié. C'est vraiment une personne très-sage, et je ne m'étonne plus de l'estime qu'elle inspire à mes protectrices. Quant à moi, je l'admire autant que je l'aime ; car je devine qu'elle puise sa raison, sa bonté, son dévouement, à la source la plus noble et la plus féconde, c'est-à-dire dans une grande et sincère piété. Elle m'a grondée et raillée doucement du chagrin que j'ai ressenti en me voyant si laide ; elle s'est efforcée de me persuader que ce n'eût pas été un grand malheur pour moi d'être défigurée ; il peut bien se faire qu'elle ait raison, cela doit même être certain ; mais quoi qu'en puisse dire cette chère Adrienne, je suis enchantée de me retrouver telle que j'étais avant ma maladie.

Il me semble même que je suis mieux. J'étais très-petite pour mon âge, et j'avais vraiment l'air d'une enfant ; j'ai beaucoup grandi, et je puis être regardée maintenant comme une demoiselle. Je ne sais si je me trompe ; mais je crois aussi que l'expression de mon visage a changé ; j'avais quelque chose de timide et d'effarouché, qui amusait Mlle de Fierval ; maintenant ma physionomie est plus calme, plus posée et plus douce. Ma mère était bien jolie, et je me rappelle que tout le monde disait autrefois que j'étais son vivant portrait.

Quand cela serait, quand je serais aussi belle que ma mère, et même que Mme de Longueville, à quoi cela me servirait-il ? La beauté est un don funeste, dit Mlle de Fierval, quand on n'est pas assez sage pour l'estimer à sa juste valeur, et j'ai peur de n'avoir jamais cette sagesse-là.

Mme la Princesse est venue me voir trois fois depuis un mois ; elle a fait exprès pour s'assurer de mon état le voyage de Paris à Chantilly, et elle m'a annoncé hier la visite de M. le duc d'Enghien. Il est rentré en France, après avoir terminé de la manière la plus brillante la campagne commencée à Fribourg. Après avoir obligé le baron de Mercy de s'enfuir à travers la Forêt-Noire dans le pays de Wurtemberg, il s'est emparé d'un grand nombre de places, entre autres de Philipsbourg, où il s'est acquis beaucoup de gloire. Tout le pays arrosé par le Rhin entre Strasbourg et Coblentz est à nous ; c'est M. le Duc qui l'a conquis, avec l'aide de M. de Turenne, dont il ne veut pas qu'on oublie les services. Personne n'est moins fier de ses succès que ce jeune et vaillant prince, personne, si ce n'est M. de Turenne. Il y a entre eux un combat de générosité : M. le Duc, en sa qualité de prince du sang, commande partout en chef ; mais il est si dignement secondé par le vicomte de Turenne, qu'il n'hésite pas à lui attribuer la meilleure partie de ses victoires, et M. de Turenne dit au contraire que tout l'honneur de la campagne appartient à celui qui la dirige.

M. le duc d'Enghien et M. le duc d'Orléans, qui commandait en Flandre, ont été reçus par la reine avec de grands témoignages de satisfaction. Sa Majesté les a retenus à Fontainebleau jusqu'à son retour à Paris, où elle vient passer l'hiver. M. le Duc va venir chasser à Chantilly pendant une semaine ou deux ; Mme la Princesse l'accompagnera, ainsi que le duc et la duchesse de Longueville, M. de Conti, et un grand nombre d'invités ; puis tout ce beau monde rentrera à Paris, et nous quitterons aussi Chantilly pour l'hôtel de Condé.

M. le Duc est arrivé ce matin, seul avec Mme la Princesse. Ils ne sont venus que pour me voir ; ils repartiront demain. La reine d'Espagne est morte ; et comme elle était deux fois belle-sœur d'Anne d'Autriche, on veut lui faire en France un service magnifique. Tous les princes y sont conviés, et M. le duc d'Enghien ne peut se dispenser d'y assister.

Ce grand prince a été si bon, si affectueux pour moi ; il m'a témoigné tant d'intérêt, qu'en le remerciant, je n'ai pu m'empêcher de fondre en larmes. Cela tient sans doute à la faiblesse que m'a laissée une si longue maladie. J'en ai été bien honteuse. Je craignais de lui avoir déplu, ainsi qu'à sa mère ; mais Mlle de Fierval m'assure que j'aurais tort d'y songer ; qu'ils ont été plus flattés que blessés de cette explosion de ma reconnaissance, et que Mme la Princesse lui a dit, en me quittant, qu'elle m'aimait beaucoup, parce qu'elle me croyait digne de ses bontés.

Nous partirons demain pour Paris. M. le Duc pense sans doute que j'ai besoin de distractions ; il veut que j'assiste au service de la reine d'Espagne, et il a prié Mme la Princesse de me conduire dans le monde. J'ai demandé si Mlle de Fierval m'y accompagnerait, et, comme on me l'a promis, je suis contente.

Isabelle de France, reine d'Espagne, était fille du roi Henri IV ; l'Europe entière l'estimait, ses peuples la chérissaient ; car depuis quelques années surtout sa bienfaisante influence se faisait sentir dans le gouvernement de son royaume. Sa mort mit toute l'Espagne en deuil, et la reine Anne d'Autriche se fit applaudir en décidant que les plus grands honneurs seraient rendus en France à la mémoire de cette illustre princesse.

Toutefois cette cérémonie donna lieu à des querelles d'amour-propre bien étranges en pareille circonstance ; car la pensée de la mort devrait faire taire toutes les susceptibilités. Mademoiselle, fille de M. le duc d'Orléans, prétendit que, comme petite-fille du roi Henri IV, il y avait une fort grande distance entre elle et Mme la Princesse. M. le duc d'Enghien, dans tout l'éclat que ses victoires ajoutaient à son nom, se trouva blessé de l'orgueil de Mademoiselle ; il demanda à la reine que Mme la Duchesse, sa femme, jouît des mêmes prérogatives que Mademoiselle, et la reine, n'ayant rien à refuser à ce jeune général, oublia peut-être un peu trop les droits de la cousine germaine du roi.

Mme de Longueville, qui avait, par privilége spécial, conservé, en se mariant, le titre de princesse du sang, déclara qu'elle prendrait rang immédiatement après la duchesse d'Enghien, sa belle-sœur, et qu'elle ne souffrirait pas que Mademoiselle prétendît les écraser.

Mademoiselle en fut avertie, et ne trouva rien de mieux à faire que de se dire malade, pour se dispenser d'assister au service de la reine d'Espagne, sa tante. La reine l'ayant appris, envoya porter plainte au duc d'Orléans, qui désapprouva sa fille et lui ordonna de se rendre à Notre-Dame. Mademoiselle obéit malgré elle. Elle monta dans son carrosse à clous d'or, se fit suivre de ses valets de pied, à chausses retroussées, et désigna deux personnes de qualité pour porter dans l'église la queue de sa robe. M. le duc d'Enghien n'avait pas de carrosse cloué, et les chausses de ses valets n'étaient pas retroussées, ces distinctions n'appartenant qu'à la première princesse du sang; mais dès qu'il vit les deux gentilshommes qui soutenaient la robe de Mademoiselle, il fit signe à l'un des siens de se joindre à celui qui portait déjà celle de Mme la duchesse d'Enghien, à laquelle il donnait la main.

Mademoiselle se plaça dans les chaires des chanoines, en ayant soin de laisser une stalle vide entre elle et Mme la Duchesse; mais Mme de Longueville, qui venait ensuite, poussa sa belle-sœur et la força de se mettre tout près de Mademoiselle, qui en pleura de dépit. Son mécontentement ne se borna pas à des larmes; elle se plaignit si amèrement de l'affront qui lui avait été fait, que la reine entra dans une grande colère, et ne parla de rien moins que d'envoyer sa nièce au couvent. Mademoiselle eut peur de cette menace, et le courage lui manquant pour la braver, elle accepta l'offre que Mme la Princesse lui fit de la raccommoder avec Sa Majesté.

La reine accueillit à merveille Mme la Princesse; elle déclara à Mademoiselle que rien ne s'était fait sans sa permission, mais qu'elle regrettait de lui avoir causé quelque peine; le duc d'Enghien lui fit quelques compliments, et la paix se rétablit. M. le duc d'Orléans se décida un peu tard à prendre la défense des droits de sa fille; il se plaignit à la reine du manque d'égards dont elle avait été l'objet. En ce moment il boude à Chambord; mais personne ne s'en inquiète, parce qu'on connaît la mobilité de son caractère et le peu de durée de ses ressentiments.

. . . .

M. le duc d'Orléans est revenu ; il se dispose à reprendre le commandement de l'armée de Flandre, et M. le duc d'Enghien est impatient de retourner en Allemagne, où il a laissé M. de Turenne, pour veiller à la garde des frontières.

Le baron de Mercy n'a pas cessé de tenir en éveil l'armée de ce grand capitaine ; l'espoir de se venger de ses défaites double son audace et son habileté ; et comme il sait que M. de Turenne a peu de troupes, il attaque plusieurs places à la fois, pour l'obliger à disséminer ses forces. C'est ainsi qu'il s'est rendu maître de Manheim. Après cette perte, M. de Turenne, se voyant menacé par deux autres armées, celle du général Glein et celle du duc de Lorraine, a demandé du renfort à la cour, en faisant une exacte peinture de sa situation. Le cardinal lui a répondu, en l'engageant à prendre patience et à faire de son mieux, jusqu'à ce que le duc d'Enghien pût le rejoindre.

Tout autre, à la place de M. de Turenne, aurait perdu courage ; mais ce n'est pas un homme ordinaire, tant s'en faut ! Il excelle à deviner les projets des ennemis, et il s'y prend si bien, qu'il parvient presque toujours à les faire échouer. Il a sauvé Spire, en arrêtant sur le Rhin les bateaux qui devaient y introduire les Bavarois ; il a fait lever le siége de Baccarat, en faisant tracer à peu de distance de cette ville les limites d'un camp immense, et amasser des vivres pour une nombreuse armée. Les Impériaux témoins de ces préparatifs se sont imaginé que les renforts attendus étaient arrivés, et ils ont jugé à propos de s'éloigner en toute hâte.

M. le duc d'Enghien se réjouit du succès de ce stratagème ; mais il ne s'étonne pas de ce que M. de Turenne l'ait employé. « Personne, dit-il, ne connaît mieux que M. le maréchal de Turenne toutes les ruses de la guerre. Il me rappelle à chaque instant le bon connétable du Guesclin, dont il a la valeur et la finesse. »

Après avoir délivré Baccarat, M. de Turenne reprit Kreutznack, que la garnison française avait abandonné à l'ennemi ; puis il remit en état les places de guerre, et sut, à force de marches et de contre-marches, éviter une bataille dont il ne pouvait affronter l'issue. Mais au mois de mars (1645), il reprit l'offensive, rejeta le baron de Mercy au delà du Necker, s'empara de Stuttgard, de Rottembourg et de Mariendal. Il établit son quartier général dans cette dernière place, et, comme ses troupes étaient exténuées de fatigue, il leur permit de se répandre dans les petites places des environs, afin qu'elles fussent mieux logées et plus abondamment pourvues de vivres.

Si ce fut une faute, sa bonté seule la lui fit commettre ; et tout en cédant aux prières de ses officiers, il n'était pas sans inquiétude sur les suites de leur éloignement. Il fit faire de nombreuses reconnaissances pour s'assurer du lieu où étaient les ennemis ; il en fit lui-même, et il apprit que le baron de Mercy s'avançait. Il envoya aussitôt à ses troupes l'ordre de se réunir ; mais elles n'étaient pas encore au complet lorsque l'attaque eut lieu ; et malgré tous les efforts de M. de Turenne, l'armée française fut obligée de battre en retraite. Au lieu de se diriger du côté du Rhin et d'y attirer ainsi les Impériaux, l'habile général s'enfonça en Allemagne, pour gagner la Hesse, dont le duc est notre allié.

Les nouvelles qu'on recevait de M. de Turenne augmentaient l'impatience de M. le duc d'Enghien ; mais il fallait qu'il attendît des troupes ; et comme les besoins n'étaient pas moins pressants en Flandre, en Italie, en Lorraine et en Espagne, les huit mille hommes qu'il devait emmener ne purent être réunis sans beaucoup de peine. Enfin, il se mit en route, suivi de tous nos vœux et de ceux de la France entière.

Nous attendions déjà de ses nouvelles, quand, un soir, au moment où Mme la Princesse était presque seule avec Mlles du Vigean, Mlle de Fierval et moi, un courrier vint de la part de Mme de Longueville la prier de se rendre auprès d'elle, parce que la petite comtesse de Dunois, fille de la duchesse, était gravement malade.

Cela nous fit à toutes beaucoup de peine ; la petite comtesse n'a que quatorze mois, mais elle est très-intelligente, et si éveillée, si rieuse, que c'était fête ici chaque fois qu'on l'y amenait. Mᵐᵉ la Princesse partit aussitôt, et elle ne revint ni la nuit ni le lendemain. Elle envoya dire qu'on ne l'attendît pas, Mˡˡᵉ de Dunois étant de plus en plus mal. Enfin, malgré les soins des meilleurs médecins, malgré les larmes de sa mère et de son aïeule, la petite comtesse expira le 30 avril.

On fit embaumer le corps de ce bel ange, et la duchesse sa mère voulut qu'on l'enterrât au couvent des Carmélites, près du tombeau de la mère Madeleine de Saint-Joseph, qui était alors en grande vénération, non-seulement parmi ses religieuses, mais parmi les princesses et les dames de la cour. Il y eut à cette cérémonie funèbre une grande affluence ; tout le monde prenait part à la douleur de Mᵐᵉ de Longueville, si cruellement frappée dans son premier enfant.

M. de Longueville témoigne aussi beaucoup d'affliction ; mais son chagrin ne saurait être comparé à celui de notre chère duchesse. Il a, de son premier mariage, une fille qu'il aime, Mˡˡᵉ Marie d'Orléans, qui a déjà près de vingt ans, et qui, dit-on, ne consolera pas beaucoup sa belle-mère. M. le duc de Longueville est d'ailleurs fort occupé de l'ambassade de Munster, que M. le prince de Condé lui a fait obtenir. On assure que son départ est prochain, et Mᵐᵉ la Princesse s'effraie de voir s'éloigner avec lui la duchesse. Je crois qu'elle fera tout ce qui dépendra d'elle pour la retenir.

. . . .

M. de Longueville est parti seul. La duchesse est trop souffrante pour l'accompagner. Elle va passer l'été à Chantilly, et Mᵐᵉ la Princesse y réunira, pour la distraire, toutes les personnes dont la société peut lui être agréable. La nomination de M. de Longueville à l'ambassade de Munster met encore en relief la faveur de la maison de Condé, puisque c'est le gendre de M. le Prince qui est chargé de traiter de la paix, pendant que son fils va prendre le commandement en chef de l'armée d'Allemagne.

Le cardinal Mazarin espère qu'une victoire remportée par M. le duc d'Enghien décidera l'Empereur à la paix ; il y met pour condition la cession de l'Alsace et celle de quelques places fortes sur le Rhin. On parlait de cela tout bas, il y a peu de jours, dans le salon de Mme la Princesse, et je commence à écouter les conversations sérieuses, aussi bien que les propos frivoles.

M. de Turenne, informé de l'arrivée de M. le duc d'Enghien, alla au-devant de lui jusqu'à Spire et lui remit le commandement de l'armée, alors composée de quinze mille hommes, sans compter les huit mille qu'amenait monseigneur. Avec ces vingt-trois mille hommes, le nouveau général espérait vaincre le baron de Mercy, marcher sur Munich, puis sur Vienne, et dicter à l'Empereur les conditions de la paix. Mais les Hessois et les Suédois, qui étaient au nombre de dix mille, refusèrent de le suivre.

Cette défection n'empêcha pas M. le Duc de livrer la bataille au baron de Mercy, qui occupait près de Nordlingue une position aussi formidable que celle dont on l'a chassé, l'année dernière, aux environs de Fribourg. Il n'y avait aucun moyen de couper l'armée ennemie ni d'aller la surprendre par derrière ; il fallait l'attaquer en face, et l'on devait s'attendre à des pertes énormes. M. de Turenne, consulté par le général en chef sur ce qu'il y avait à faire, l'engagea à ne pas livrer la bataille dans de semblables conditions, parce que la victoire coûterait cher, si toutefois une victoire couronnait tant d'audace. M. le Duc avoua que le maréchal de Turenne avait raison ; mais il ajouta que si les Français se retiraient cette fois encore devant le baron de Mercy, ils perdraient tout prestige et se verraient abandonnés par plusieurs princes qu'une victoire seule pouvait rattacher à leur cause.

L'attaque fut donc résolue. M. de Turenne reçut le commandement de l'aile gauche, et le maréchal de Grammont celui de l'aile droite ; le corps de bataille fut confié à M. de Marsin, et la réserve au chevalier de Chabot. M. le duc d'Enghien ne prit aucun poste particulier ; mais il se tint prêt à tout diriger et à courir au point le plus menacé. Il attaqua lui-même le centre du baron de Mercy, et tant que dura la lutte, il paya héroïquement de sa personne. Il eut deux chevaux tués sous lui, un troisième y fut blessé, et lui-même reçut vingt coups dans ses armes et dans ses habits.

Le combat fut terrible ; l'aile droite des Français fut écrasée et la réserve dispersée ; mais le baron de Mercy était mort, et les Impériaux s'amusèrent à poursuivre les fuyards et à piller les bagages, au lieu de se jeter promptement sur l'aile gauche. Monseigneur profita de cette faute, et, se joignant à M. de Turenne, il se précipita de nouveau sur l'ennemi, et fit de tels prodiges de valeur, qu'il le culbuta et le mit en déroute.

Le duc d'Enghien, victorieux, mais grièvement blessé, dépêcha aussitôt un courrier vers Anne d'Autriche. Ce n'était pas M. de la Moussaye ; car ce brave gentilhomme avait aussi reçu des blessures dangereuses. Beaucoup d'autres étaient demeurés sur le champ de bataille ; aussi le cardinal dit à la reine, qui lui annonçait la nouvelle avec une joie facile à comprendre :

— Madame, tant de braves gens sont morts, qu'il ne faut quasi pas que Votre Majesté se réjouisse de cette victoire.

La réjouissance ne fut pas grande à l'hôtel de Condé. M. le Duc était vainqueur, mais il était mourant, loin de son pays et de sa famille. Ce fut en pleurant amèrement que Mme la Princesse fit part à sa maison de la victoire de Nordlingue, et bien des larmes se mêlèrent aux siennes. Cependant, après huit grands jours d'angoisse, une lettre contenant les détails de l'affaire fut apportée à M. le prince de Condé. Elle était écrite par un des secrétaires du duc; mais il y avait ajouté de sa main quelques mots pour rassurer ses parents et ses nombreux amis. Il joignit aussi quelques lignes au rapport qu'il fit adresser à M. le Tellier; et dans ces lignes, il n'était nullement question de lui, mais seulement de M. de Turenne, qui, disait-il, avait gagné la bataille et fait des choses incroyables.

C'est vraiment agir avec une modestie qui ne peut avoir d'égale que la bravoure de M. le Duc. Il n'y a qu'une voix là-dessus, et la reine, et le cardinal, et la cour entière, brûlent de voir et de complimenter comme il le mérite un si grand héros. Il s'est fait transporter à Philipsbourg, où il pourra recevoir les soins que nécessite sa position; et dès qu'il sera en état de se mettre en route, il viendra reprendre ses forces au milieu de tous ceux qui l'aiment.

Voilà ce que nous disons à Mme la Princesse pour la consoler; car sa douleur fait mal à voir. Elle se persuade qu'on la trompe en lui assurant que son fils se trouve aussi bien qu'on le pouvait espérer; elle ne retrouve un peu de tranquillité que quand elle prie au milieu des Carmélites, parce qu'il lui semble que Dieu ne peut rien refuser à de si saintes âmes. C'est surtout près du tombeau de la mère Madeleine de Saint-Joseph, morte il y a quelques années, en odeur de sainteté, qu'elle aime à s'agenouiller. Pendant les huit jours que nous avons passés sans nouvelles, les Carmélites n'ont cessé de demander à Dieu, par l'intercession de cette vénérable mère, la guérison de monseigneur, et l'une d'elles a confié à la sous-prieure que la pieuse défunte lui était apparue et lui avait dit : « Vous êtes bien en peine d'une chose qui déjà vous est accordée; celui pour qui vous priez devait mourir; mais la vie lui a été rendue. Remerciez-en le Seigneur et la vierge Marie. »

Mme la Princesse sortait du couvent, lorsqu'elle apprit enfin que M. le Duc était hors de danger; elle rebroussa chemin, rentra dans la chapelle, et, se prosternant sur le tombeau qu'elle venait de quitter, elle remercia la bonne mère de l'assistance qu'elle en avait reçue.

Elle chargea ensuite l'aumônier des Carmélites de dire cinquante-neuf messes d'actions de grâces, en l'honneur des cinquante-neuf années que la mère Madeleine de Saint-Joseph a passées sur la terre ; puis elle commanda un tableau représentant la sainte religieuse invoquant la Vierge en faveur du duc d'Enghien.

Dès lors, les courriers se succédèrent assez rapidement, et les nouvelles qu'ils apportèrent furent assez bonnes pour que la joie revînt peu à peu à l'hôtel de Condé. Maintenant nous sommes tranquilles, et l'on commence à s'occuper ici des affaires du dehors, dont on se souciait bien peu lorsqu'on croyait M. le Duc en danger.

Il paraît que la reine, encouragée par les succès remportés en Allemagne, veut lever une grosse armée. Mais pour cela, il lui faut de l'argent, et elle n'en peut obtenir que si le Parlement approuve les édits destinés à lui en procurer. Le duc d'Orléans, que Sa Majesté attendait pour se rendre au Parlement en grande cérémonie, étant arrivé de Flandre, la séance solennelle a eu lieu hier, et j'en puis rendre compte, Mme la Princesse ayant bien voulu m'admettre parmi les dames de sa suite.

Messieurs du Parlement prétendaient que la reine n'avait pas le droit d'assister à leur assemblée ; mais elle ne tint nul compte de cette prétention et elle s'y rendit avec tout l'appareil de la majesté royale. Les gardes et les Suisses formaient la haie sur le parcours des Tuileries au palais de justice, et ces troupes avaient peine à contenir la foule avide de voir le jeune roi et la reine. Un nombreux cortége de princes, de seigneurs, les grands officiers de la couronne, les chevau-légers, les mousquetaires, et une foule de gentilshommes, suivaient Leurs Majestés. Quatre présidents vinrent recevoir le roi et la reine à la Sainte-Chapelle, où la messe fut célébrée, puis on porta Louis XIV sur son lit de justice, près duquel Mme de Senecé, sa gouvernante, se tint debout, ainsi que les quatre capitaines des gardes. La reine s'assit à sa droite : elle me parut très-majestueuse et très-belle sous son voile noir, dont une admirable parure de diamants et de perles effaçait un peu la sévérité. Le duc d'Orléans prit place au-dessous d'elle, avec le prince de Condé, puis les ducs, les pairs et les maréchaux de France. A gauche étaient le cardinal Mazarin et quelques pairs ecclésiastiques. Le duc de Joyeuse, grand chambellan du roi, était presque couché à ses pieds, sur un carreau. Le chancelier de France se tenait au-dessous de l'estrade ; à côté de lui, Mme la Princesse était assise, avec la princesse de Carignan, et sur un autre banc placé plus bas se trouvaient les dames d'honneur de la reine.

Quand tout le monde fut placé, le roi salua la compagnie, et, après avoir regardé la reine, qui lui fit un petit signe d'approbation, il dit à haute voix :

— Messieurs, je suis venu ici pour vous parler de mes affaires ; mon chancelier vous dira ma volonté.

Ces quelques mots soulevèrent de toutes parts les plus joyeuses acclamations. Il est vrai qu'ils avaient été prononcés par le petit roi d'un ton ferme et gracieux à la fois ; mais j'avoue qu'ils me parurent beaucoup trop applaudis ; car ce n'était, après tout, qu'une leçon fort courte, bien apprise et bien récitée. Je gardai toutefois ces réflexions pour moi seule, ne jugeant pas prudent de les communiquer à mes voisines.

Le chancelier prit ensuite la parole, et, dans un beau discours, il célébra les victoires remportées, exprima le désir que la reine éprouvait de forcer, par de nouveaux succès, les ennemis à la paix, et conclut en demandant les sommes nécessaires pour lever et équiper des troupes. Le premier président répondit en louant beaucoup la reine, le ministre et les princes, mais il parla aussi de la misère du peuple, et l'avocat général Talon, après avoir fait de cette misère le plus pathétique tableau, implora à genoux la reine en faveur de la France, ruinée et désolée par des guerres si longues et si terribles.

Ce dernier discours m'attendrit et me frappa ; mais il ne plut pas trop à la cour, et la reine, étant rentrée dans ses appartements, dit à Mme de Motteville, qui admirait l'éloquence de M. Talon :

— Vous avez raison de le louer ; j'approuve fort la fermeté de son discours et la chaleur avec laquelle il a défendu le pauvre peuple. Je l'en estime ; car on ne nous flatte que trop. Néanmoins, il en a un peu trop dit, ce me semble, pour une personne aussi bien intentionnée que je le suis, qui souhaiterais de tout mon cœur pouvoir soulager ce peuple.

A l'hôtel de Condé, on a beaucoup parlé de la paix ; mais tout le monde est persuadé qu'on n'obtiendra cette paix qu'en livrant de nouveaux combats. M. le Prince, qui jouit avec un légitime orgueil des victoires de son fils, me paraît désirer assez peu la fin de la guerre ; mais Mme la Princesse, dont l'amour maternel a été si cruellement alarmé, trouve que M. le duc d'Enghien a fait assez pour sa propre gloire et pour le service du roi.

V.

La princesse Marie de Gonzague, reine de Pologne. — Retour du prince de Condé à Paris. — Nouvelles de l'armée de Flandre. — Mme de Longueville à Munster. — Prise de Dunkerque. — Mort de M. le Prince.

Un grand mariage vient de se célébrer à Paris. Au mois d'octobre dernier, le roi de Pologne, héritier de la couronne de Suède, a envoyé des ambassadeurs à la régente pour demander la main de la princesse Marie, fille du duc de Mantoue. La reine les a reçus à Fontainebleau, et le contrat y a été signé, en présence de toute la cour. Une seconde ambassade est arrivée à Paris il y a quinze jours, et j'en ai, comme les autres, admiré la magnificence. Le palatin de Posnanie, qui venait épouser la princesse au nom de son maître, était accompagné de l'évêque de Warmie, chargé de donner aux époux la bénédiction nuptiale.

Ils déployèrent dans leur entrée une pompe inconnue en France, et jamais peut-être les rues de Paris n'ont été encombrées d'autant de curieux. Une compagnie de gardes à pied ouvrait le cortège. Ils étaient habillés de rouge et de jaune, et commandés par des officiers vêtus à la turque. Leurs vestes et leurs manteaux, enrichis de diamants, de perles et de rubis, étaient doublés des plus riches fourrures. D'autres soldats et d'autres officiers, différant des premiers par la couleur de leurs vêtements, qui étaient verts et gris de lin, venaient ensuite, les uns à pied, les autres montés sur des chevaux superbes, dont les harnais étaient couverts de broderies d'or et de pierreries.

Le luxe des seigneurs polonais qui marchaient derrière ces compagnies effaçait complétement celui de leurs officiers. Ils étaient vêtus d'étoffes de toute beauté, dont les couleurs vives ressortaient à merveille sous leurs splendides ornements, et chacun d'eux portait tant de diamants, qu'on ne pouvait les regarder sans en être ébloui. Cependant, je dois dire que leur bonnet fourré, couvrant une tête rasée, à l'exception d'un petit toupet rejeté en arrière, me parut peu gracieux. Je ne trouvai pas non plus leurs figures aussi séduisantes que leurs costumes; ils sont pour la plupart très-gros, et je crois que la propreté n'a pas atteint parmi eux tous les raffinements qu'elle a chez nous. Mais leurs chevaux, leurs carrosses ornés d'argent, leurs armes, en un mot, toutes les choses d'apparat, font paraître bien pauvre notre luxe, qui se borne à des plumes et à des rubans.

Le mariage devait se célébrer avec éclat; mais les disputes qui s'étaient élevées entre les princesses à l'occasion du service de la reine d'Espagne menaçant de se renouveler, la reine décida, pour y couper court, que personne, pas même Mademoiselle, n'y assisterait. Le palatin de Posnanie épousa donc la princesse Marie en présence d'Anne d'Autriche, du jeune roi, du petit duc d'Anjou, du duc d'Orléans, et de Mmes d'Estrées, de Choisy, de Montausier, amies intimes de la nouvelle reine.

Mme la Princesse, qui avait beaucoup contribué à ce mariage, ne la vit point ce jour-là; mais elle fut invitée au bal que la cour lui donna dans la grande salle du Palais-Royal. Je n'y allai point; mais j'accompagnai ma protectrice dans la visite qu'elle fit à la reine de Pologne. Cette reine me parut aimable et bonne.

Elle n'est plus toute jeune ; mais elle est encore belle, et il y a dans toute sa personne un air de grandeur qui fait dire qu'elle était née pour le trône. Elle est fort recherchée et fort entourée depuis son mariage ; mais elle n'en est pas plus fière. Elle m'avait vue une fois à Chantilly ; elle daigna me reconnaître, et, se rappelant avoir ouï parler de ma maladie, elle me demanda de mes nouvelles avec une parfaite bonté. Je crois qu'elle regrettera la France, la cour et l'hôtel de Rambouillet, qu'elle fréquentait assidûment.

Nous venons d'avoir une grande joie : M. le duc d'Enghien est revenu de Philipsbourg. Il a fait le voyage à petites journées et sans trop de fatigue. Il est encore pâle ; on voit qu'il a perdu tout son sang ; mais il ne faut plus pour le rétablir que du repos et les soins affectueux de sa famille. Mme la princesse l'a reçu comme si Dieu venait de le lui rendre ; depuis qu'elle l'avait su blessé et mourant, elle ne vivait plus ; mais le bonheur de le revoir a dissipé sa tristesse, que nous partagions sincèrement.

La reine a fait à M. le duc d'Enghien l'accueil le plus affectueux ; le jeune roi l'a remercié de ses bons services ; le cardinal lui en a témoigné une vive reconnaissance, et le peuple, aussi bien que la cour, l'a salué des plus chaudes acclamations. Que dirai-je de ses amis ? Ils se disposent à célébrer son retour par des fêtes de toutes sortes ; ils racontent ses exploits en prose et en vers.

Il est convenu que M. le duc d'Enghien ne retournera pas en Allemagne ; mais on dit déjà qu'il ira combattre en Flandre, sans M. le duc d'Orléans. Je ne serais pas étonnée de le voir consentir à cet arrangement, s'il le croit utile aux intérêts de la France et du roi.

La reine de Pologne est partie pour prendre possession de son trône, et déjà nous savons par Mme de Montausier, son amie, quelle réception lui a été faite. Je ne sais si j'ai dit ici que Mme de Montausier n'est autre que Mlle Julie de Rambouillet, qui s'est mariée peu de temps avant la princesse Marie. Cette aimable reine fit ses adieux à toutes les dames de la cour et à toutes celles qu'elle avait vues dans l'intimité de Mme la Princesse. Elle m'embrassa tendrement et me chargea de la rappeler de temps en temps au souvenir de ma protectrice, qui avait été pour elle une bonne et sincère amie.

Le voyage de la reine de Pologne fut une suite de fêtes; mais quand elle entra dans Varsovie, elle vit, au peu de bruit qui l'accueillit, que le temps de ses triomphes était passé. On la conduisit à son mari, qui l'attendait à l'église, et qui ne fit pas mine de vouloir se lever de son siége pour la recevoir. Il est vieux, cassé, accablé par la graisse et par la goutte; ce qui le rend maussade et chagrin. La princesse se mit à genoux devant lui et prit sa main, qu'elle baisa, sans qu'il essayât de s'y opposer. Il la regarda, sans même lui sourire, et, se tournant vers M. de Brégy, notre ambassadeur, il dit assez haut pour que la princesse l'entendît : « Est-ce là cette beauté dont vous m'avez dit tant de merveilles ? »

Après ce beau compliment, il s'approcha de l'autel, pour renouveler la cérémonie faite en son nom par le palatin de Posnanie; puis il conduisit la reine au palais. On se mit à table; mais le festin ne rappelait en rien ceux de la cour d'Anne d'Autriche. On y servit des viandes dont la reine ne put manger, et le roi ne prit pas même la peine de lui faire les honneurs de la soirée. Aussi la pauvre reine dit-elle à la maréchale de Guébriant, qui l'avait accompagnée, qu'elle regrettait déjà la France.

. . . .

Voici le mois de mai revenu; nous sommes à Chantilly, et jamais ce charmant séjour ne m'a paru plus beau. Je passe comme autrefois mes journées avec Mlle de Fierval; nous lisons, nous travaillons, nous nous promenons ensemble. Depuis qu'une confiance entière s'est établie entre nous, depuis que j'ose penser tout haut devant elle, sa société m'est si agréable, qu'elle me suffirait, si Mme la Princesse ne jugeait à propos de me faire assister, de temps en temps, aux soirées ou aux parties de plaisir qu'elle donne à sa petite cour. Mais au salon, à la chasse, à la pêche, ma chère Adrienne est auprès de moi.

On la raille un peu sur la belle amitié qu'elle m'a vouée ; mais elle entend parfaitement la plaisanterie ; elle y répond à merveille ; et comme elle sait que sa présence m'est utile, peu lui importe qu'on nous appelle les deux inséparables. Le bien qu'elle m'a fait, celui qu'elle me fait encore tous les jours l'attache à moi, et la mère Marie des Anges, à qui j'avais parlé d'elle, lui ayant écrit, m'a engagée à me confier sans réserve à cette amie, que la Providence a placée sur mon chemin pour me guider et m'éclairer.

La reine a fait un voyage à Amiens pour y conduire M. le duc d'Orléans, qui allait prendre le commandement de l'armée de Flandre, et M. le duc d'Enghien vient de partir pour rejoindre ce général. Son absence laisse un grand vide au milieu de nous, et le danger qu'il a couru à Nordlingue rend plus vive l'inquiétude que son départ nous a toujours causée.

Le duc de Brézé, frère de Mme la duchesse d'Enghien, vient d'être tué en Italie, et M. le Prince réclame pour le vainqueur de Rocroi et de Nordlingue l'amirauté et le gouvernement de Brouage, qui étaient entre les mains du défunt. La duchesse d'Aiguillon, nièce du cardinal de Richelieu, prétend que M. le duc d'Enghien n'a rien à demander, puisqu'il a renoncé, en se mariant, à ce qui pourrait revenir à Mme la Duchesse. La reine hésite à se prononcer, parce qu'elle trouve que l'amirauté rendrait trop puissant M. le duc d'Enghien, qui sera un jour le premier prince du sang de France.

On ne parle que de cela, soit à Chantilly, soit à l'hôtel de Condé. M. le Prince est mécontent de ce qu'on n'accorde pas sans balancer à son fils des charges auxquelles ses éminents services lui donnent le droit de prétendre, et l'on dit que M. le Duc a écrit à la reine des lettres dans lesquelles perce beaucoup de hauteur. Mme la Princesse est fort assidue à la cour ; elle craint de voir sa famille se brouiller avec la reine. Elle aime Anne d'Autriche, et je la crois sincère, lorsqu'elle lui assure qu'elle tient plus encore aux bonnes grâces de Sa Majesté qu'à la grandeur du duc d'Enghien.

Quant à moi, aucune récompense ne me paraît égaler les mérites de mon protecteur ; je prie Dieu pour que justice lui soit rendue ; mais comme on parle maintenant de toutes choses devant moi, Mme la Princesse ne craint pas de me laisser voir ses inquiétudes et ses ennuis ; aussi je reconnais, avec ma chère de Fierval, que les grands de ce monde ne sont pas plus exempts de tribulations que les pauvres et les petits.

. . . .

Les nouvelles de l'armée de Flandre n'ont eu d'abord rien de bien intéressant. Le duc d'Orléans assiégea Courtrai avec trente mille hommes ; le duc de Lorraine vint à la tête d'une pareille armée se camper devant la nôtre. Elles s'observèrent longtemps sans se faire aucun mal ; le duc d'Orléans offrit la bataille à son adversaire, qui ne l'accepta point ; mais ce prince, si brave qu'il soit, n'osa pas attaquer nos lignes, et il eut la douleur de voir la place tomber en notre pouvoir.

Cela fait, le général en chef marcha droit à Mardick, qu'il avait pris l'année précédente et que les ennemis lui avaient enlevé par surprise. Le duc d'Orléans croyait venir facilement à bout de ce siége ; mais les gens de Mardick, ayant une sortie libre du côté de Dunkerque, pouvaient recevoir des vivres et des renforts. Les Hollandais, qui devaient avec leurs vaisseaux fermer cette issue aux assiégés, ne se pressant pas de tenir leur promesse, les Français perdirent beaucoup de monde devant cette petite place. Plusieurs gentilshommes d'une valeur éprouvée y furent tués, et M. le duc d'Enghien y fut blessé au visage.

Le courrier qui vint nous informer de cet événement affirma, mais en vain, que la blessure du prince n'était pas dangereuse ; Mme la Princesse se persuada qu'on la trompait, que si son fils ne mourait pas, sa vue serait du moins fort endommagée. Elle se désola, jusqu'à ce que M. le Duc fut en état de lui écrire pour la rassurer complétement. On ne voyait partout que des larmes, on n'entendait que des plaintes ; les personnes les plus qualifiées de la cour étaient en deuil, et la reine elle-même était fort triste. Enfin, Mardick se rendit, les Hollandais s'étant décidés à bloquer la place du côté de la mer.

Ce n'était pas un succès dont M. le duc d'Orléans eût le droit d'être bien fier ; Mme la Princesse le fit sentir, ces jours passés, à Mademoiselle ; et elle sut s'y prendre de manière à ce que Mademoiselle ne pût voir une vengeance dans ses paroles. C'en était une cependant ; car, après la victoire de Nordlingue, l'altière fille du duc d'Orléans dit, en se rendant à Notre-Dame, qu'on devait y chanter un *De profundis* plutôt qu'un *Te Deum*.

Peu de jours après la reddition de Mardick, la reine fit prier Monsieur (le duc d'Orléans) de revenir à la cour, et elle envoya M. de Comminges en Flandre pour remettre de sa part à M. le duc d'Enghien le commandement en chef de l'armée. Cette marque de confiance de sa souveraine a été très-agréable à monseigneur ; Mme la Princesse y a été aussi fort sensible. Il n'en fallait pas moins pour la consoler de l'absence de Mme de Longueville, qui est allée retrouver son mari à Munster.

Je sais de bonne part, et je n'ai pas de peine à le croire, que M. le duc d'Enghien est heureux de se voir maître de diriger les mouvements de l'armée. Chacun dit que M. le duc d'Orléans n'a ni son ardeur ni son génie, et je suis sûre que l'événement prouvera bientôt que l'opinion publique a raison. Cependant nous sommes arrivés au mois de septembre, la campagne touche à sa fin, et les amis de mon protecteur craignent qu'il ne lui reste pas le temps de faire quelque grande chose. Il avait été d'avis d'assiéger Furnes plutôt que Mardick ; le duc d'Orléans ne s'est pas rendu à ses raisons ; mais le voilà libre d'agir, et Mme la Princesse nous a dit hier que cette petite place ne tarderait guère à se rendre.

Mme la Princesse était bien informée, Furnes est en notre pouvoir, et monseigneur assiége Dunkerque. On parle diversement de cette entreprise, beaucoup blâment la hardiesse du jeune général; d'autres, parmi ceux qui l'aiment le mieux, craignent qu'il n'ait consulté son amour de la gloire plus que la prudence. Moi, j'ai tant de confiance en sa valeur et en son habileté, que je compte tout à fait sur le succès.

Nous recevons de temps en temps, ou pour mieux dire, Mme la Princesse reçoit de Mme la duchesse de Longueville des lettres qui nous aideraient à nous consoler, si elles ne nous faisaient regretter d'être privées de ce charmant esprit qui animait nos réunions, et qui semblait tout faire briller et resplendir autour de cette incomparable princesse. Elle a recueilli dans son voyage et en Westphalie, où elle est arrivée depuis quelques semaines, tant d'admirations, que rien n'en saurait donner une idée. Les gouverneurs des places venaient à sa rencontre à la tête de leurs garnisons; ils lui remettaient les clefs de leurs villes, et tenaient à honneur de lui fournir une brillante escorte. M. de Turenne, averti de son passage, voulut lui donner le spectacle d'une armée en bataille, et il fit manœuvrer devant elle ses vieux escadrons.

M. de Longueville alla attendre la duchesse à Wesel, et ce ne fut pas avec un médiocre orgueil qu'il la présenta aux diplomates réunis à Munster. Tous furent émerveillés de tant de grâce et de beauté; ils la proclamèrent déesse de la paix, et lui prodiguèrent à l'envi les éloges les plus enthousiastes. Quand ils connaîtront mieux cette noble dame, ils admireront sa bonté, sa générosité, la justesse de son esprit, la supériorité de sa raison, et ils seront étonnés de voir dans une seule personne tant et de si rares perfections.

. . . .

Victoire! victoire! Dunkerque est à nous, et M. le duc d'Enghien revient à Paris. Tout le monde est dans la joie, et j'y suis peut-être plus que personne. J'ai tant d'obligations à M. le Duc, à Mme la Princesse, à toute cette illustre famille, que je ne puis être heureuse que de leur bonheur. J'étais près de Mme la Princesse, quand on est venu lui annoncer cette grande nouvelle ; je n'ai pu m'empêcher de jeter un cri, et les larmes m'ont suffoquée. J'étais honteuse de me voir si peu maîtresse de moi-même ; mais Mme la Princesse, témoin de mon émotion, m'a prise dans ses bras et m'a serrée contre son cœur, en me disant :

— Merci, chère enfant !

On dit que M. de Mazarin est ravi de la prise de Dunkerque, et l'on espère qu'il n'aura rien à refuser au général qui a si bien compris ses intentions, si heureusement exécuté ses projets. La reine n'a pas encore disposé de l'amirauté, et M. le Prince la désire toujours pour son fils. Nous verrons jusqu'où va la reconnaissance de la cour. Mlle de Fierval compte peu sur cette reconnaissance ; elle pense que M. le duc d'Enghien porte déjà trop d'ombrage à Son Eminence et à la reine pour qu'on ose le rendre encore plus puissant, et elle craint qu'un juste mécontentement ne refroidisse le zèle que ce jeune et généreux vainqueur a montré jusqu'à présent pour le service de son roi.

Le prince d'Espagne est mort, la reine a pris le deuil, et le retour de M. le duc d'Enghien ne sera célébré par aucune fête. Peu importe ! nous le reverrons, cela nous suffit.

Il est arrivé ! Il est sans blessure.... Que Dieu est bon d'avoir écouté nos prières ! Mais il me semble que mon cher protecteur est soucieux. Je ne vois plus sur son visage cette joie si vive et si franche qu'il laissait éclater, lorsqu'il se retrouvait au milieu de nous, après chacune de ses campagnes. Il s'entretient longuement et fréquemment avec M. le Prince ; il écrit beaucoup ; il va beaucoup à la cour ; et quand il en revient, je remarque qu'il est plus sombre et plus rêveur.

J'ai appris par Mlle de Fierval, qui me connaît assez maintenant pour ne me rien cacher, que M. le duc d'Enghien veut avoir l'amirauté, qu'il la demande avec instance, et que la reine la lui refuse, tout en le comblant d'éloges et de politesses. Monseigneur en est blessé; mais il n'ose se plaindre, tant que cette place, qu'il ambitionne, n'est donnée à personne. M. le cardinal, qu'il a si bien servi dans cette dernière campagne, et qui est un homme doux, aimable, insinuant, engage M. le duc d'Enghien à demander quelque autre chose que la reine puisse lui accorder sans amoindrir l'autorité de son fils bien-aimé, le roi Louis XIV, et M. le Duc, après avoir consulté ses proches, se décide à prier Anne d'Autriche de lui donner une armée pour conquérir la Franche-Comté. Mais il n'aura pas plus cette armée que l'amirauté; il est si grand, qu'il inspire à ceux qu'il sert autant de crainte que d'admiration.

Nous ne nous trompions pas : la reine a éludé les propositions de M. le Duc, en lui en faisant d'autres qu'il n'a pas cru devoir accepter.

Je regrette de tout mon cœur de ne pas voir tant de valeur, tant de génie, tant de beaux succès récompensés comme ils le méritent; mais ce que je regrette peut-être encore davantage, c'est que M. le Duc ait pu avoir la pensée de mettre un prix à ses services. Cela m'étonne tellement, que je soutiendrais devant le monde entier que cette pensée n'est pas venue de lui, qu'elle lui a été suggérée et peut-être même imposée par son père.

Je connais peu M. le Prince; et de toute la famille de mon protecteur, c'est lui que j'aime le moins. Il est vrai que je ne le juge guère que d'après les apparences, et que son extérieur n'est pas fait pour plaire à une étourdie comme moi. On dit qu'il a été beau dans sa jeunesse, qu'au temps où Henri IV le regardait comme son fils et l'avait fait déclarer héritier présomptif de la couronne, c'était un cavalier plein d'élégance et de distinction. Mais il y a longtemps de cela, et M. le Prince n'a gardé aucunes traces de cette recherche et de cette beauté. Il a les yeux rouges et fort gros, les cheveux gras et aplatis derrière les oreilles, la barbe négligée, et son costume, dont il se soucie peu, n'est pas fait pour relever sa bonne mine.

J'ai écrit ces dernières phrases hier, et j'en suis fâchée, parce que M. le Prince, sur le compte duquel je me suis expliquée si librement, vient de tomber malade. Tout est en rumeur à l'hôtel de Condé ; les valets vont et viennent d'un air effaré, les médecins arrivent de tous côtés, et la reine, le cardinal, le duc d'Orléans, envoient à chaque instant savoir des nouvelles. Il paraît que la maladie est déjà très-grave. J'ai presque envie d'arracher de mon journal la page qui concerne M. le Prince. Mais pourquoi l'arracherais-je ? Personne ne lira jamais ces lignes, et d'ailleurs je n'ai critiqué ni la conduite ni le caractère de ce grand seigneur ; je n'ai parlé que de ce que chacun peut voir aussi bien que moi.

C'est demain Noël ; j'irai à la messe de minuit avec ma chère de Fierval ; nous communierons ensemble, et je prierai Dieu pour M. le Prince. Ce sera le meilleur moyen de réparer ma faute, si toutefois c'en est une de trouver que M. de Condé n'a rien de séduisant.

Nous avons assisté à la messe de minuit dans la chapelle des Carmélites ; j'y ai prié avec plus de recueillement que je ne l'aurais fait dans toute autre église. J'aime cette chapelle, j'aime ce couvent, et il me semble quelquefois que je serais heureuse d'y passer ma vie. Mais il y a d'autres jours où l'idée de cette réclusion me fait frémir, où je rêve les joies du monde, les triomphes de la vanité, où il me semble qu'un gentilhomme de haute naissance, un prince peut-être, m'offrira son cœur et sa main.

La bonne Adrienne reçoit toutes mes confidences ; elle sourit, quand je lui parle avec enthousiasme du bonheur de la vie religieuse ; elle sourit encore, lorsque je rêve tout éveillée devant elle. Son calme un peu railleur produit sur mon imagination l'effet d'une goutte d'eau froide dans du lait bouillant. Je m'apaise ; mais je me fâche, et je lui reproche de m'enlever ce qu'elle appelle mes illusions. Je la menace de ne plus rien lui confier ; elle me répond que ce sera comme je voudrai, parce qu'elle sait bien que je souffrirais trop de mon silence pour le garder longtemps. Puis, elle finit par me dire que notre avenir est entre les mains de Dieu, que nous ne devons pas nous en inquiéter, mais attendre avec une soumission toute filiale qu'il dispose de nous selon sa volonté.

Je reconnais qu'elle est mille fois plus sage que moi ; que, ne pouvant diriger à mon gré les événements, je dois les laisser s'accomplir comme il plaira à la divine providence, qui conduit tout, qui règle tout, et qui daigne s'occuper du plus pauvre des hommes, aussi bien que des rois et des empires. Je m'abandonne donc à cette maternelle Providence, et je ne lui demande qu'une chose, c'est de ne pas permettre que j'oublie jamais ce qu'elle a fait pour moi ou que j'y réponde par de l'ingratitude.

M. le Prince est, dit-on, fort mal ; mais il conserve, malgré ses souffrances, une si grande liberté d'esprit, qu'il a eu le soin d'ordonner que tous ses gens assistent à la messe aujourd'hui et sanctifient de leur mieux la fête de Noël. Voilà un ordre qui fait le plus grand honneur à son courage et à sa piété.

Il vient d'arriver à l'hôtel de Condé un gentilhomme chargé d'annoncer à M. le Prince que Madame (la duchesse d'Orléans) vient de mettre au monde une fille. Cette nouvelle ne pourra qu'être agréable à notre illustre malade ; car si M. le duc d'Orléans avait un fils, ce fils serait premier prince du sang. Peut-être M. de Condé voit-il la mort de trop près pour que cette circonstance lui fasse autant de plaisir que je le suppose ; mais elle en fera certainement à M. le duc d'Enghien, et c'est assez pour que je m'en réjouisse.

L'état de M. le Prince empire à chaque instant. Aujourd'hui 26 décembre (1646), il a fait demander son confesseur, et, après être resté une heure avec lui, il a prié Mme la Princesse de réunir autour de lui toute sa maison.

M. le duc d'Enghien, qui ne l'a pas quitté depuis deux jours, était auprès du lit, ainsi que M. le prince de Conti, Mme la Princesse, la duchesse d'Enghien et son fils, quand les portes de la chambre du mourant s'ouvrirent pour laisser entrer ses gentilshommes et ses serviteurs. Chacun se plaça en silence et les larmes aux yeux. Je ne sais si M. le Prince est beaucoup aimé ou s'il faut attribuer cette émotion à l'effet que produit toujours la vue d'un homme aux prises avec la mort.

Un autel richement orné avait été élevé en quelques instants dans cette chambre funèbre, et à peine y étions-nous arrivées, Mlle de Fierval et moi, que le prêtre parut, portant entre ses mains le Dieu de toute consolation. Tous les genoux fléchirent, toutes les têtes s'inclinèrent devant l'hostie sacrée ; M. le Prince se fit asseoir sur son lit, joignit les mains et adora dévotement le Sauveur qui venait à lui, plein de miséricorde et d'amour.

Le précieux viatique fut déposé sur l'autel, et le ministre du Seigneur adressa au mourant un discours simple et touchant, dans lequel il lui montra le ciel ouvert pour le recevoir, et les joies, les splendeurs de la vie éternelle, qui s'offraient à lui comme une magnifique compensation des grandeurs de ce monde dont son cœur s'était volontairement détaché.

Je ne pourrai jamais rendre l'impression que me causèrent ces paroles, prononcées en face de ce prince si habile, si puissant, si redouté naguère, et si subitement frappé. Son visage, déjà couvert des ombres de la mort, se détachait sur les riches draperies tombant des colonnes du lit fleurdelisé, comme se détache de son cadre de velours un christ d'ivoire jauni par le temps ; ses yeux à demi fermés se tournaient avec effort vers l'autel, puis s'abaissaient avec une tristesse résignée sur ses enfants prosternés à ses pieds. Le duc d'Enghien, presque aussi pâle que le mourant, le soutenait de ce même bras qui si souvent avait mis en fuite les ennemis de la France, et le prince de Conti baignait de larmes la main que le prince lui avait abandonnée.

La lueur des cierges donnait à cette scène quelque chose de plus lugubre encore, et la présence de plusieurs prélats, d'un grand nombre de dames et de gentilshommes, en augmentait la grandeur. Debout sur l'estrade du lit, le prêtre, parlant au nom du divin Maître, dominait toutes ces têtes inclinées ; la religion, si souvent oubliée ou méconnue, reprenait là sa véritable place ; car seule elle est grande, seule elle est puissante, seule elle ose sonder les mystères de la mort, et seule elle peut en diminuer l'horreur.

Je n'avais jamais vu mourir personne, et ce n'était pas sans effroi que je m'étais décidée à entrer dans la chambre de M. le Prince ; toutefois une curiosité que je partage avec beaucoup de filles de mon âge m'aidait à surmonter cet effroi. Mais après avoir écouté ce pieux discours, je n'éprouvai plus ni curiosité ni frayeur, je n'envisageai plus que comme une leçon offerte à ma jeunesse par la bonté divine le spectacle que j'avais sous les yeux, et je me recueillis, afin de le graver profondément dans ma mémoire et dans mon cœur.

Dès que le prêtre eut fini son exhortation, M. le Prince fit signe qu'il voulait parler, et, s'adressant à Mme la Princesse, agenouillée auprès de lui, il lui dit d'une voix assez forte encore pour être entendue de tous :

— Recevez mes adieux, madame, et croyez que j'emporte dans la tombe le souvenir de toutes les preuves d'affection que vous m'avez données. Je vous remercie de ce que vous avez fait pour l'honneur de ma maison, et je recommande à mes enfants de se conduire d'après vos conseils, qui seront toujours ceux de la droiture et de la justice.

Le moribond se laissa retomber sur sa couche ; mais, après quelques secondes de silence, il fit un effort pour se soulever de nouveau ; le médecin qui se tenait à son chevet lui présenta quelques gouttes de cordial ; mais il les éloigna d'un geste, en montrant l'hostie sainte qu'il allait recevoir.

— Mes enfants, reprit-il, je vous donne ma bénédiction ; je vous la donne ainsi qu'à ma fille, que je regrette de ne pas voir auprès de vous. Je ne mets à ma bénédiction paternelle qu'une seule condition, c'est que vous vivrez en bons catholiques. Soyez fidèles à Dieu et au roi. Que votre dignité de princes du sang ne vous porte jamais à former un parti contre votre souverain ; car votre bonheur et votre gloire dépendent du zèle et de la fidélité avec lesquels vous le servirez. Adieu, mes fils ; priez pour moi, et n'oubliez pas qu'un moment viendra où vous serez tels que vous me voyez aujourd'hui.

Cela dit, M. le Prince reçut l'extrême-onction et le saint viatique avec une grande piété ; puis il ne parut plus s'occuper que de l'éternité, dans laquelle il allait entrer. Sa famille et ses amis les plus intimes demeurèrent seuls auprès de lui ; le reste des assistants sortit en silence, et je dois dire que chacun paraissait fort édifié de ce qu'il avait vu et entendu.

Quelques heures après cette cérémonie si touchante, on nous apprit que M. le Prince venait de rendre le dernier soupir, et tout aussitôt l'hôtel se remplit de gens portant des tentures, des cierges, des écussons. Le grand salon fut transformé en chapelle ardente, et le corps de monseigneur y fut déposé sur un lit de parade.

Le lendemain, la cour entière vint lui donner l'eau bénite, et le roi y envoya à sa place le petit-fils du défunt. Mme la Princesse, en habits de deuil, reçut les compliments de tout ce que Paris compte de gens de qualité. Ces visites durent la fatiguer beaucoup ; mais je crois que celle de la reine, qui daigna venir en personne, lui fit oublier l'ennui des autres. Sa Majesté se rendit aussi chez M. le duc d'Enghien, devenu premier prince du sang par la mort de son père, et chez M. le prince de Conti. Mme de Longueville est toujours à Munster ; on lui a dépêché un courrier pour l'informer de la maladie de M. le Prince ; mais cette maladie n'ayant duré que trois jours, elle apprendra qu'il n'est plus temps de se mettre en route, avant même d'avoir terminé ses préparatifs de départ.

M. le duc d'Enghien, que j'appellerai désormais M. le Prince, peut à peine suffire à l'empressement de toutes les personnes qui veulent le voir et le complimenter. J'avoue que cet empressement me paraît d'une inconvenance extrême, et que je me serais trouvée bien malheureuse, si, quand j'ai perdu mon père, je n'avais pu le pleurer en liberté. Il est vrai que je ne suis qu'une petite fille bien sotte et bien ignorante de toutes choses, et que monseigneur est un grand prince et un illustre général, mieux que cela même, un héros.

Mlle de Fierval, à qui je demandais pourquoi il n'est pas permis à nos maîtres de donner quelques jours à leur douleur, ne répondit à ma question qu'en disant :

— En vérité, je ne croyais pas que M. le duc d'Enghien eût tant d'amis.

Je compris ce que signifiait cette exclamation. M. le duc d'Enghien avait beaucoup d'envieux ; il en aura sans doute encore davantage, maintenant que le voilà prince de Condé ; mais il hérite des biens, des charges, des dignités de son père ; ce qui, joint à sa gloire personnelle, en fait le plus grand personnage du royaume, celui avec lequel la cour devra compter désormais, enfin celui dont il y a le plus à espérer. Ce n'est pas que M. le duc d'Orléans ait rien perdu de son rang ; mais ce prince est d'un caractère assez faible et n'a jamais été bien fidèle à ses amis, tandis que M. le duc d'Enghien a toujours chaudement protégé les siens.

Il y a trois jours que M. le Prince est mort, et l'on va seulement lui rendre les derniers devoirs. Suivant l'usage de la cour, on l'a servi, pendant ces trois jours, bien plus magnifiquement que lorsqu'il était en vie. Voilà encore une coutume qui me paraît étrange, pour ne pas dire ridicule ; et hier au soir, comme je passais devant une salle dont la porte était ouverte, j'entendis un gentilhomme, que je ne connais pas, dire en riant de bon cœur :

— Si M. le Prince voit ce qui se passe en son hôtel, son âme doit gémir des dépenses inutiles qu'on y fait pour son corps.

Cette remarque me sembla très-déplacée ; mais elle fut accueillie comme une plaisanterie des plus agréables, et chacun, pour en faire ressortir l'à-propos, raconta quelque trait de l'avarice du défunt.

Je crois, d'après tout ce que je vois et tout ce que j'entends, que M. le Prince était plus estimé qu'aimé. Déjà la gaîté reparaît sur tous les visages, et la marquise de Rambouillet, qui a tenu fidèle compagnie à Mme la Princesse, disait hier à Mlle de Fierval :

— Cette chère princesse est vraiment plus affligée qu'elle ne le devrait. Elle n'a eu avec M. le Prince que deux jours heureux : celui où il l'a épousée, en lui donnant le haut rang dont elle était digne, et celui où il est mort, en lui rendant la liberté.

VI.

Le duc d'Enghien devenu prince de Condé. — Dot de Marguerite. — Le comte d'Harcourt en Catalogne. — Départ de M. le Prince. — Mᵐᵉ de Longueville rentre en France. — Mauvaises nouvelles. — Les nièces de Mazarin. — Maladie du roi. — Retour des petits-maîtres.

Il n'y a pas de cour plus belle et plus nombreuse que celle de M. le Prince; la reine et le cardinal sont presque délaissés, et quand monseigneur va leur rendre ses hommages, ce n'est jamais qu'accompagné des personnages les plus qualifiés de tout le royaume. On dit que M. le duc d'Orléans en est jaloux; et il faut bien que cela soit, puisque, l'autre jour, au conseil, où M. le Prince assiste depuis la mort de son père, Monsieur a prié le chancelier de défendre à M. le Prince d'avoir derrière sa chaise plusieurs officiers; ce qui est, dit-il, une des prérogatives réservées aux fils de France seulement.

M. le chancelier n'osa pas se charger de cette commission sans consulter M. d'Hémeri; mais celui-ci ayant dit que le prince défunt s'abstenait d'avoir près de lui ses officiers, tous deux allèrent ensemble prier le vainqueur de Rocroi de se conformer à cet usage. M. le Prince appela aussitôt son secrétaire et lui commanda de s'éloigner; mais on prétend qu'il lui donna ensuite des ordres tout contraires. Au sortir du conseil, M. le duc d'Orléans fit quelques excuses à M. le Prince, et prétendit que s'il avait agi ainsi, c'est parce qu'il croyait de son devoir de maintenir ses priviléges. M. le Prince répondit que, puisqu'il rendait à Monsieur tous les respects auxquels sa dignité de fils de France lui donnait droit, Monsieur aurait pu se montrer moins exigeant pour une semblable bagatelle, et tout le monde convint que M. le Prince avait raison.

M. le duc de Longueville, qui est toujours à Munster, a fait demander à la reine la charge de colonel général des Suisses, vacante par la mort du maréchal de Bassompierre. M. le duc d'Orléans en a pris de l'ombrage et a fait observer que M. le Prince étant déjà grand maître de la maison du roi, son beau-frère ne pouvait obtenir ce qu'il sollicitait sans réunir dans une même famille une autorité trop absolue. Le cardinal a écrit à M. de Longueville pour lui offrir en échange le château de Caen; ce qui ne laissera pas que d'être agréable au duc, puisqu'il est déjà gouverneur de la Normandie.

M. le Prince a été si occupé, si entouré, depuis qu'il est devenu le chef de la maison de Condé, que je l'ai aperçu cinq ou six fois à peine; mais il ne m'a pas oubliée; car il m'a fait remettre hier un parchemin scellé, dont je me suis hâtée de prendre connaissance. C'est une donation, faite en termes pleins d'affection pour moi et de gratitude pour mon père, d'une somme de 50,000 écus, qu'il place sur ma tête et dont la rente me sera exactement payée jusqu'à ce qu'arrivée à l'âge de majorité, je dispose du fonds suivant ma volonté.

Ainsi, grâce à la munificence de mon protecteur, me voilà riche. Il y a bien des filles d'excellente maison qui ne peuvent compter sur une dot égale à la mienne. Ma chère de Fierval m'assure que je puis maintenant rêver l'alliance d'un bon gentilhomme, sinon celle d'un grand seigneur ; mais je lui réponds que si c'est pour mes 50,000 écus que je trouve un mari, je n'en veux pas. Qu'il soit gentilhomme ou grand seigneur, je tiens à ce qu'il m'épouse pour mon mérite et non pour ma dot.

Cela ne m'empêche pas d'être profondément touchée de la bonté de M. le Prince. Pourtant mon amour-propre est si grand, que je me suis sentie un peu humiliée du don qu'il me fait ; j'aimais à vivre sous son toit, au milieu de sa famille, comme si j'en faisais réellement partie ; et quoique rien autour de moi n'ait changé, je m'y trouve plus étrangère. Mlle de Fierval a deviné tout ce que j'éprouvais, rien qu'en me voyant lire cette donation.

— Rassurez-vous, Marguerite, m'a-t-elle dit, M. le Prince ne se croira pas quitte envers la mémoire de votre père ; vous serez toujours sa pupille ; et s'il pourvoit d'avance à votre sort, c'est qu'il sait fort bien qu'au milieu des combats, il pourrait être frappé sans avoir le loisir de faire son testament.

M. le Prince est entré ce matin chez sa mère, au moment où je m'y trouvais seule avec Mlle de Fierval. J'en ai profité pour le remercier. J'étais rouge et tellement embarrassée, que je ne pouvais que balbutier ; Mme la Princesse est venue à mon aide, en me disant :

— Ceci n'est rien, mademoiselle de Trémonts ; nous vous devons bien autre chose, et nous comptons nous acquitter en temps et lieu.

M. le Prince venait apprendre à sa mère qu'il va prochainement partir pour la Catalogne. M. le comte d'Harcourt, qui y commande l'armée française, n'a pas été heureux devant Lérida. Le marquis de Léganez, ayant attaqué ses lignes, lui a tué beaucoup d'officiers, lui a pris son canon et lui a détruit deux régiments. Quoique M. le comte d'Harcourt ait fait des merveilles de courage et d'audace, tout le monde lui a jeté la pierre, excepté M. le duc d'Enghien, qui a soutenu que le général le plus habile peut essuyer un échec. Cela est fort beau de la part d'un prince qui n'a jamais été vaincu.

C'est donc M. le Prince qui va remplacer le comte d'Harcourt en Catalogne ; on lui promet des forces suffisantes pour réparer les pertes faites par son prédécesseur. Mme la Princesse n'a pas appris cette nouvelle avec plaisir. Non-seulement elle éprouve une grande tristesse en songeant que son fils va braver loin d'elle les hasards de la guerre, mais elle se rappelle que feu M. le Prince s'est toujours opposé à ce que M. le duc d'Enghien allât prendre ce commandement, parce qu'on ne peut faire en Catalogne qu'une petite guerre, dans laquelle un grand général ne se sent point à l'aise. M. le Prince avoue que cela est vrai ; mais il dit qu'il n'a pu refuser cette mission dont le cardinal l'a prié en grâce de se charger.

Il y a en ce moment de grandes fêtes et de somptueux divertissements à la cour. Je n'en parle que par ouï-dire ; car Mme la Princesse est en grand deuil et n'y assiste pas. Mademoiselle y fait grande figure ; et comme le roi est plein d'attentions pour elle, on prétend qu'elle songe à l'épouser. Ce serait voir de bien loin ; car notre gracieux roi Louis XIV n'a encore que huit ans ; et quand il sera d'âge à se marier, Mademoiselle ne sera plus jeune. Enfin, qui vivra verra !

M. le Prince est parti. Il emmène en Catalogne la plupart des gentilshommes qui composaient sa suite, et qu'on a baptisés du noms de petits-maîtres, parce que M. le Prince, à qui ils appartiennent, porte le titre de grand-maître de la maison du roi.

Nous approchons des fêtes de Pâques. Mme la Princesse va souvent aux Carmélites ; elle y passera les derniers jours de la semaine sainte, et la reine ira s'enfermer au Val-de-Grâce, comme elle aime à le faire de temps en temps, pour se recueillir et songer aux besoins de son âme, occupation dont elle est trop souvent distraite. Après Pâques, nous partirons pour Chantilly, où Mme la duchesse de Longueville doit enfin venir retrouver sa famille et ses amis.

Mme la duchesse de Longueville est plus belle, plus aimable, plus charmante que jamais. Elle est arrivée à Chantilly avec le prince de Conti, son frère, qui a été au-devant d'elle, et qui paraît enchanté de lui servir de cavalier. M. de Conti a terminé ses études ; il a passé ses examens avec beaucoup d'éclat ; et comme il se destine à l'état ecclésiastique, M. de Mazarin lui fait espérer le chapeau de cardinal. En attendant qu'il l'obtienne, ce jeune prince vit avec sa mère, tantôt à Chantilly, tantôt à l'hôtel de Condé. Il est spirituel, aimable et bon ; mais M. le Prince et Mme de Longueville sont si brillants et si glorieux, que c'est sur eux que l'attention se concentre, au préjudice de leur jeune frère.

La belle duchesse n'a fait que se reposer quelques jours à Chantilly ; la cour est avide de la revoir, et elle-même n'est pas fâchée de reparaître à la cour. Ce ne sont pas, dit-elle, les diplomates de Munster, ni les savants dont les noms se terminent en *us*, ni un gros Hollandais qui lui conseillait d'apprendre l'allemand pour se distraire, qui ont pu lui faire oublier la patrie des belles manières et du beau langage.

La reine a fait à la duchesse de Longueville l'accueil le plus gracieux. On dit cependant que la merveilleuse beauté de cette dame, et son esprit plus merveilleux encore, vont faire à la maison de Condé de si nombreux partisans, que la reine et le cardinal doivent regarder la duchesse comme une puissance qui peut, d'un moment à l'autre, se tourner contre eux. Je sais que M. le Prince et M. de Longueville ne sont pas complétement satisfaits de la cour, et je crois la duchesse extrêmement sensible aux refus que la reine a faits à son mari et surtout à son frère, qu'elle aime, qu'elle admire, et dont elle est fière à bien juste titre.

Quoi qu'il en soit de ses dispositions, sa rentrée à Paris a été un véritable triomphe, et je crois ne pouvoir mieux faire que de copier ici quelques notes prises à ce sujet par une dame de la cour, à laquelle on attribue l'intention d'écrire plus tard le récit des choses qui se seront passées sous ses yeux. Pourquoi ne dirais-je pas que c'est Mme de Motteville ? Cette dame s'est liée d'amitié avec Mlle de Fierval, et cela n'a rien qui doive m'étonner ; car elles sont l'une et l'autre pieuses, savantes et bonnes.

Voici les notes en question :

« La paix qui règne à la cour et qui la rend capable de plaisir, convia la reine à faire jouer trois ou quatre fois cette belle comédie à machines que le cardinal a fait venir d'Italie, et dont la reine ne peut se lasser. La dernière fut pour régaler Mme de Longueville, qui, depuis peu, est revenue de Munster.

« Cette princesse, qui, absente, régnait dans sa famille et dont tout le monde souhaitait l'approbation, comme un bien souverain, ne manqua pas, en revenant à Paris, d'y paraître avec plus d'éclat qu'elle n'en avait eu, quand elle était partie.

« L'amitié que M. le Prince, son frère, a pour elle, autorisant ses actions et ses manières, la grandeur de sa beauté et celle de son esprit grossissent tellement la cabale de sa famille, qu'elle ne sera pas longtemps à la cour sans l'occuper tout entière.... Ses lumières, son esprit, et l'opinion qu'on a de son discernement, la font admirer de tous les honnêtes gens, et ils sont persuadés que son estime seule est capable de leur donner de la réputation.... On peut dire que toute la grandeur et toute la gloire sont renfermées dans cette famille de Bourbon, dont M. le Prince est le chef, et que le bonheur n'est plus estimé un bien, s'il ne vient de leurs mains....

« La reine, qui naturellement n'est ni jalouse ni ambitieuse, a néanmons de la froideur pour Mme de Longueville ; elle ne goûte pas cette manière de faire profession publique de bel esprit ; elle n'aime nullement les façons ; elle a de la raison et du bon sens ; tout ce qui est en elle est naturel et sans art ; et ces deux personnes, selon la mesure de leur âge, étant extrêmement aimables, ont un caractère si différent, qu'il est impossible que l'inférieure, qui vit en reine et qui ne rend pas de grands devoirs à sa souveraine, puisse lui plaire.

« L'occupation que donnent les applaudissements du grand monde, qui d'ordinaire regarde avec trop d'admiration les belles qualités des personnes de cette naissance, a ôté à Mme de Longueville le loisir de lire et de donner à son esprit une connaissance assez étendue pour'qu'on la puisse dire savante. Elle est trop préoccupée de ses sentiments qui passent pour des règles infaillibles et qui ne le sont pas toujours ; il y a trop d'affectation dans sa manière de parler et d'agir, dont la plus grande beauté consiste dans la délicatesse des pensées et dans un raisonnement fort juste. Elle paraît contrainte, et la fine raillerie dont elle et ses courtisans font profession tombe souvent sur ceux qui, en voulant lui rendre leurs devoirs, sentent, à leur dommage, que l'honnête sincérité, qui se doit observer dans la société civile, est apparemment bannie de la sienne. Les vertus et les louables qualités des plus excellentes créatures sont mêlées des choses qui leur sont opposées ; tous les hommes participent à cette boue dont ils tirent leur origine ; Dieu seul est parfait ! »

Oui, Dieu seul est parfait ; mais Mme de Motteville me paraît un peu sévère pour notre bien-aimée duchesse. Elle aime la raillerie, j'en conviens ; mais cette raillerie n'a rien de blessant, et la bonté de son cœur est si grande, que, quand elle croit avoir mortifié quelqu'un, elle cherche, par tous les moyens possibles, à le lui faire oublier. Je crois d'ailleurs qu'il n'y a rien de contraint, rien d'affecté dans ses manières ni dans son langage ; car telle je la vois au milieu du monde, telle je la retrouve au milieu de nous ; Mlle de Fierval est tout à fait de mon avis, et elle l'a dit franchement à son amie, sans cependant pouvoir la ramener à notre sentiment.

M. le Prince vient enfin de donner de ses nouvelles. Il assiége en Catalogne cette même place de Lérida devant laquelle M. le comte d'Harcourt a échoué l'année dernière. Il y a quatre mille hommes dans la ville, qui est très-forte et qui fera résistance ; mais M. le Prince a déjà fait ouvrir la tranchée ; il se propose de pousser le siége avec vigueur, et bientôt sans doute nous apprendrons qu'il est maître de Lérida. C'est un malheur pour la France que ce vaillant et habile général ne puisse être à la fois au Nord et au Midi ; l'archiduc Léopold vient de mettre le siége devant

Armentières; il a des forces considérables et jouit d'une haute réputation. La reine est inquiète de l'issue de ce siége; elle a invité le duc d'Orléans, qui était aux eaux de Bourbon, à venir la trouver à Compiègne, pour se concerter avec lui sur ce qu'il convient de faire.

Je ne sais ce que la reine et Monsieur auront résolu; mais je sais qu'outre les affaires de l'Etat, ils ont eu récemment à s'occuper de rétablir la paix entre Mademoiselle et Mme la Princesse. Ma protectrice ayant fait mettre son drap de pied sur le même rang que celui de Mademoiselle, dans une église où elles devaient se trouver ensemble, Mademoiselle s'en plaignit avec aigreur, et Mme la Princesse répondit fièrement qu'elle défendrait ses droits, qu'elle était fatiguée de céder toujours, et que feu M. le Prince ne pouvant plus lui rien ordonner là-dessus, elle était bien décidée à ne plus agir comme elle l'avait fait jusque-là. Monsieur soutint sa fille, la reine ne voulant pas donner tort à Mme la Princesse; mais ils finirent par convenir qu'il valait mieux tâcher d'apaiser ces deux dames que de les aigrir l'une contre l'autre, et cette querelle fut suivie d'un raccommodement, dans lequel Mme la Princesse sut, comme toujours, conserver le plus beau rôle.

Armentières s'est rendue aux ennemis, après un mois de siége; ils ont pris aussi Commines et Lens, et la reine, pour relever le moral de l'armée, a cru devoir aller jusqu'à Amiens avec le jeune roi. Le cardinal a envoyé à M. de Turenne l'ordre de venir en Flandre avec les troupes dont il pourrait disposer; mais on assure que ces troupes ont refusé de passer le Rhin, à moins qu'on ne leur paie la solde qui leur est due depuis longtemps.

Voilà de mauvaises nouvelles; mais celles que nous attendons de M. le Prince seront sans doute beaucoup meilleures.

. . . . ! . . . .

Hélas! non! M. le Prince a été obligé de lever le siége de Lérida. La chaleur est devenue telle, que ses soldats, ne pouvant plus supporter les fatigues que leur général partageait avec eux, se sont dispersés, quoi qu'il ait fait pour les retenir. Réduit à un très-petit nombre de troupes, M. le Prince ne voulait pas encore abandonner le siége; mais ses mineurs ayant partout rencontré un roc qu'on ne pouvait entamer, et l'armée catalane s'avançant pour écraser cette poignée de Français, le vainqueur de Rocroi jugea qu'il était de son devoir de renoncer à son entreprise.

Cela nous a fort attristés; mais on prétend que beaucoup de gens se réjouissent de cet échec, non-seulement parce qu'il a été essuyé par M. le Prince, mais parce que, joint à ceux de l'armée de Flandre, il indispose le peuple contre le cardinal.

M. le maréchal de Gassion vient de se rendre maître, en Flandre, d'une place qu'on nomme la Bassée; mais ce succès, qui rend l'espoir à notre armée, n'empêche pas les murmures. La reine en est informée; et comme elle tient beaucoup à M. de Mazarin, elle a déclaré qu'elle punirait sévèrement tous ceux qui oseraient se permettre de dire du mal de son ministre.

En quittant la Picardie, Sa Majesté s'est rendue en Normandie; mais elle est enfin rentrée à Paris, où le petit duc d'Anjou, frère du roi, vient de tomber malade. Son état est assez grave pour inspirer quelques inquiétudes, et Mme la Princesse est fort assidue auprès de la reine et de ce jeune prince, dont toute la cour vante la précoce intelligence.

Il me tarde de revoir mon protecteur. Je souffre de le sentir en Espagne, presque sans armée, sans vivres, sans munitions, sous un soleil brûlant, qui engendre toutes sortes de maladies. Je ne me trouve pas à l'aise sous les beaux ombrages de Chantilly, parce que j'y suis trop bien, pendant que M. le Prince est si mal. On ne sait pas encore à quelle époque il recevra la permission de revenir en France. Mme la Princesse ne nous dit pas si elle en parle à la reine. Il y a en ce moment un peu de froid entre monseigneur et sa mère : Mme la Princesse voulait qu'il renvoyât M. Perraut, son intendant, et défunt M. de Condé lui avait ordonné de conserver toute sa confiance à ce président. M. le Prince, ne sachant auquel obéir, s'est décidé cependant à garder M. Perraut, ce dont Mme la Princesse est mécontente.

Le duc d'Anjou, qu'on avait cru rétabli, est retombé malade pendant le séjour que la reine vient de faire à Fontainebleau. Il a été en danger, quoiqu'on ait voulu le cacher, de peur d'éveiller les ambitieuses espérances de M. le duc d'Orléans; toutefois ce danger est passé, et M. le duc d'Orléans en a fait son compliment à la reine, en lui disant qu'elle obtenait de Dieu tout ce qu'elle lui demandait, au lieu que Madame, sa femme, ne pouvait s'en faire écouter; ce qui semblait prouver, a-t-il ajouté, que la dévotion de Sa Majesté est bonne, tandis que celle de Madame ne vaut absolument rien. La reine a ri de ce propos, et la cour a fait comme la reine.

Mme la duchesse de Longueville vient de mettre au monde une fille, qu'on nommera Marie-Gabrielle, et qui nous rappelle la charmante petite comtesse de Dunois, sitôt enlevée à la tendresse de sa famille.

Mme la Princesse va rejoindre la cour à Fontainebleau, et elle nous y emmène, Mlle de Fierval et moi.

Le cardinal a fort bien reçu Mme la Princesse; il a donné en son honneur un grand dîner, et il lui a présenté ses trois nièces, qui sont depuis peu arrivées d'Italie. Deux d'entre elles sont sœurs, et portent le nom de Mancini; l'autre n'est que leur cousine et s'appelle Martinozzi. L'aînée des demoiselles Mancini a douze ou treize ans; elle est brune, comme sa sœur, mais beaucoup plus jolie. Mlle Martinozzi a de neuf à dix ans; c'est une blonde à l'air doux et gracieux. Mme la Princesse leur a fait un compliment qui s'adressait à leur oncle plus qu'à elles-mêmes; elles l'ont reçu sans embarras. On dirait qu'elles ont déjà pris l'habitude de s'entendre louer. Elles ont été si fêtées, si entourées au cercle de la reine, lorsqu'elles y ont paru pour la première fois, que le duc d'Orléans a fait la remarque qu'elles pourraient bien y être étouffées, et que le maréchal de Villeroi a dit au secrétaire de ce prince :

— Voilà trois petites demoiselles qui ne sont point riches,

mais qui auront bientôt de beaux châteaux, de bonnes rentes, de belles pierreries, de bonne vaisselle d'argent, et peut-être de grandes dignités.

Il y a aussi un petit Mancini, qui a suivi le roi dans ce voyage de Fontainebleau; mais le maréchal de Villeroi pense que, comme il s'écoulera bien des années avant que cet enfant soit un homme, la fortune pourra bien ne pas lui être aussi favorable qu'à ses sœurs. En effet, Mlles Mancini et Martinozzi seront fort recherchées, s'il est vrai, comme on le prétend ici, que plusieurs grands seigneurs les aient déjà demandées en mariage au cardinal.

Mme la Princesse a paru flattée des égards que Son Eminence a eus pour elle et pour les dames qui l'accompagnaient. Cette fête a été l'une des dernières de Fontainebleau, et nous sommes revenues à Paris avec toute la cour.

M. le Prince regarde la campagne comme terminée en Catalogne; il se dispose à revenir et il laissera le commandement au maréchal de Grammont. Je l'attends avec d'autant plus d'impatience qu'il me semble que les petits griefs que Mme la Princesse a contre lui ne survivront pas à la joie qu'elle éprouvera de son retour. C'est vraiment une femme de beaucoup de caractère; jamais l'hôtel de Condé n'a été plus fréquenté que depuis qu'elle est veuve, et la faveur dont elle jouissait à la cour paraît avoir beaucoup augmenté. Héritière des grands biens de la maison de Montmorency, elle a prélevé une large part sur la succession de son mari, qui lui a en outre légué de beaux revenus. Elle en fait un noble usage, et cette grande fortune ne saurait être en de meilleures mains.

Hier, 10 novembre, le roi s'est trouvé incommodé pendant la comédie à laquelle il assistait avec toute la cour, et aujourd'hui la petite vérole s'est déclarée. J'ai frissonné en entendant prononcer le nom de cette affreuse maladie, et je frissonne encore en l'écrivant. Pourtant il me semble que si le roi, qui est vraiment le plus bel enfant qu'on puisse voir, ne perd que sa beauté, il n'aura pas à s'en affliger beaucoup. Comment se fait-il donc que j'aie eu tant de chagrin en me voyant rouge et bouffie, comme je l'étais quand la curiosité m'a poussée vers le miroir, en l'absence de ma chère Adrienne? Nous avons donc deux manières de considérer les choses, selon qu'elles nous concernent ou qu'elles ne regardent qu'autrui.

Le roi est si mal, que la reine ne peut plus cacher son inquiétude et sa douleur. Pendant onze jours la petite vérole a suivi son cours ordinaire; mais elle est rentrée ensuite, et les médecins ne savent plus que faire.

La reine envoie courrier sur courrier à M. le Prince, pour le prier de hâter son retour. Elle voudrait sans doute, si elle perd son fils aîné, pouvoir compter sur ce jeune et illustre général pour affermir la couronne sur la tête du petit duc d'Anjou. Mme la Princesse, qui ne quitte guère Sa Majesté, dit que la douleur de cette tendre mère fait peine à voir, et que cette douleur est bien justifiée par la tendresse que lui témoigne le royal enfant. Il la supplie de rester auprès de lui; il assure que sa présence seule peut le soulager, et, pour qu'elle soit contente, il se soumet à tout ce qu'exigent les médecins.

M. le Prince ne se presse pas d'arriver; il craint, à ce que nous a laissé entrevoir Mme de Longueville, d'être accusé d'ambition; car on ne manquerait pas de supposer qu'il accourt afin d'être en mesure de saisir sa part d'autorité, si le roi vient à mourir.

Le roi est sauvé; mais la fatigue, l'inquiétude, le chagrin ont beaucoup altéré la santé de la reine. Elle est au lit avec une forte fièvre, et Mme la Princesse dit qu'on ne sait trop ce que deviendra cette indisposition. Sa Majesté assure cependant qu'elle se trouve mieux, et Mme de Motteville, qu'elle honore d'une amitié toute particulière, vient de nous dire que la fièvre a beaucoup diminué hier au soir. Cette dame s'étant approchée de la reine pour toucher son pouls, Anne d'Autriche lui abandonna sa main, qui lui parut fraîche, et qu'elle baisa avec un mouvement de joie.

— Je sais que vous m'aimez, lui dit la reine, et que ma guérison vous réjouira. Quant à moi, je n'ai jamais eu peur de la mort, mais seulement de l'état où je laisserais le roi et le royaume. Mes enfants et la France me préoccupent beaucoup plus que le soin de ma vie; mais ce que je souhaite par-dessus tout, c'est que Dieu me fasse la grâce de l'employer à le bien servir.

Ces paroles me paraissent dignes d'être écrites et méditées ; elles résument les sentiments d'une grande reine et d'une bonne chrétienne.

M. le Prince est enfin de retour, et avec lui sont revenus bon nombre de jeunes gentilshommes. Il ne se fera plus rien de considérable en Catalogne pendant cette campagne, et ces élégants seigneurs ne sont pas fâchés de venir reprendre un peu l'air de la cour. M. le Prince paraît avoir souffert; il n'a pas été blessé cependant, mais il est pâle et maigre; les grandes chaleurs et surtout l'ennui de ne pouvoir faire ce qu'il espérait, ont causé changement que je remarque en lui. Toutefois, s'il s'est trouvé des ingrats et des sots pour le critiquer, après la levée du siége de Lérida, tout le monde a rendu depuis une éclatante justice à sa sagesse et à son humanité. Il est beau sans doute de remporter des victoires, mais il n'est pas moins glorieux d'éviter des désastres par une retraite aussi fière que prudente.

C'est l'avis de tous les généraux, de tous les officiers, de tous les seigneurs qui remplissent l'hôtel de Condé; mais quand personne n'approuverait ce qu'a fait M. le Prince, je resterais persuadée qu'il n'a pu agir qu'en homme habile et en grand homme. L'estime, le respect, l'admiration que j'éprouve pour lui ne font que s'accroître. Il me semble qu'un rayon de sa gloire rejaillit sur moi; je n'ai pas de plaisir plus vif que d'entendre son éloge et d'être témoin des hommages dont on l'entoure. J'aime les poëtes qui le chantent; Chapelain, Voiture, Sarrasin me plaisent, et je suis reconnaissante de la manière dont Pierre Corneille, qui est un homme de génie, lui aussi, apprécie la protection de monseigneur.

Le dernier ouvrage de Corneille, la tragédie de *Rodogune*, avait été d'abord assez froidement accueilli; M. le Prince voulut l'entendre, il l'admira, et chacun crut devoir l'admirer avec lui, non-seulement parce qu'il a beaucoup de créatures et beaucoup de flatteurs, mais parce qu'on sait qu'il est homme de goût et ne peut s'enthousiasmer que de ce qui est vraiment beau.

Pour témoigner sa reconnaissance à M. le Prince, le grand poëte lui a dédié sa tragédie, et cette dédicace renferme l'éloge de cet illustre protecteur. M. Corneille parle de Rocroi, de Philipsbourg, de Nordlingue; il célèbre surtout la prise de Dunkerque. « Par la conquête d'une seule ville, dit-il, je vois d'un côté nos mers libres, nos côtes affranchies, la racine de nos maux publics coupée; d'autre côté, la Flandre ouverte, l'embouchure de ses rivières captive, la porte de ses secours fermée, la source de son abondance en notre pouvoir; et ce que je vois n'est rien au prix de ce que je prévois, sitôt que Votre Altesse y reportera la terreur de ses armes. »

VII.

La reine d'Angleterre à la cour de France. — Troubles à Paris. — Le château de Chantilly. — Évasion du duc de Beaufort. — Le Parlement. — Voyage de M. le Prince à la cour. — Piété d'Anne d'Autriche. — Bataille de Lens.

L'année a commencé par des plaisirs de toutes sortes. La guérison du roi et le retour de M. le Prince ont rendu la cour plus brillante que jamais. Le jour des Rois a été célébré à l'hôtel de Condé avec une rare magnificence. Le duc d'Orléans et le cardinal y ont soupé ; et comme chacun de ces deux grands personnages y a amené ses amis, comme ceux de M. le Prince y étaient aussi, la reine s'est trouvée presque seule avec ses enfants et ses dames d'honneur.

Mais le lendemain tout ce beau monde était au Louvre, pour assister à la comédie, qu'on a recommencé de jouer, sur la demande du roi. Mme la Princesse peut y conduire qui elle veut, et maintenant son choix se fixe souvent sur Mlle de Fierval et sur moi. Je ne sais si c'est à ma chère Adrienne que je dois cette faveur, ou si cette excellente amie a seulement mission de m'accompagner ; nous pensons là-dessus d'une manière toute différente, et comme l'exige la modestie ; mais peu nous importe ce qu'il en est ; pourvu que nous soyons ensemble, tout est pour le mieux.

La comédie m'occupe moins que le soin de regarder les personnes qui y assistent. Le roi est si changé, que j'ai eu peine à le reconnaître. Il est aussi laid qu'il était beau. Son visage est si enflé, si rempli de taches violettes et rouges, qu'il fait peur à voir ; mais cela se passera sans doute ; je n'étais pas en meilleur état, quand j'ai failli mourir de saisissement pour m'être regardée au miroir. Le petit duc d'Anjou est encore un peu pâle ; mais il est merveilleusement beau et gracieux ; le prince de Galles est aussi fort bien, et le roi le traite en ami. Je crois que je n'ai pas encore parlé de ce jeune prince, ni de sa mère, la reine d'Angleterre, qu'une révolution terrible a forcée de chercher un asile en France.

C'est la première fois que je les vois de près. La reine paraît bonne et affable ; mais le chagrin a laissé son empreinte sur ce noble front, et l'on voit que ces beaux yeux ont versé bien des larmes. Anne d'Autriche a le cœur trop haut placé pour ne pas chercher à consoler cette princesse, et à lui rendre aussi doux que possible le séjour de la France, sa première patrie.

On s'amuse à la cour ; cependant la reine et son ministre ne sont pas sans inquiétude. Il faut de l'argent pour continuer la guerre, puisque les ennemis ne veulent pas consentir à la paix ; on a mis une taxe sur les maisons de Paris, et l'on a créé douze nouvelles charges de maîtres des requêtes. Mais les bourgeois ont refusé de payer l'impôt, et les anciens maîtres des requêtes, qui ont acheté leurs places fort cher, ont déclaré qu'ils ne souffriraient pas qu'on en augmentât le nombre. Cela a fait du bruit dans Paris ; les bourgeois ont préparé leurs armes, et la reine, en se rendant à Notre-Dame samedi dernier, comme elle a coutume d'y aller chaque semaine, a été suivie, jusque dans l'église, par plus de deux cents femmes qui criaient et demandaient justice.

Dimanche, le roi a assisté aussi, à Notre-Dame, à une messe d'action de grâces. C'était sa première sortie depuis sa maladie ; on l'a fait accompagner d'une très-nombreuse escorte, afin d'imposer aux mutins ; mais les coups de fusil continuent à retentir dans les rues ; et pour mettre un terme à ces troubles, la reine est décidée à se présenter avec ce prince au Parlement, pour y faire passer l'édit de création des maîtres des requêtes.

La séance du Parlement a eu lieu avec le même cérémonial que quand le roi et la reine y ont assisté déjà. L'avocat général Talon a fait un discours magnifique, dans lequel il a prié la reine de penser, dans son oratoire, à la misère du peuple, de se rappeler qu'elle commande à des hommes libres et non à des esclaves, et de considérer que les Français sont tellement surchargés d'impôts, qu'ils n'ont plus rien à eux que leurs âmes, parce qu'elles ne se peuvent vendre à l'encan. Il a ajouté que le mécontentement est partout, parce que le peuple souffre, et que les lauriers dont on lui parle sans cesse ne peuvent l'aider à se nourrir ni à se vêtir.

Ce discours a été fort applaudi, et le Parlement s'est séparé sans rien résoudre. Le duc d'Orléans et M. le Prince soutiennent la reine, et protestent, en toute occasion, de leur dévouement à ses intérêts et à ceux du roi.

L'affaire des maîtres des requêtes n'est pas encore terminée ; on commence à craindre qu'elle ne suscite à la reine des embarras sérieux de la part du Parlement. Les murmures augmentent, parce que l'espérance de la paix s'éloigne. Les Hollandais et les Espagnols ont conclu ensemble un traité qui ne peut que nous être désavantageux, et M. le duc de Longueville, n'ayant plus rien à faire au congrès de Munster, a obtenu la permission de revenir en France.

La reine l'a bien accueilli ; ce qui prouve qu'elle ne lui attribue nullement le mauvais succès des négociations.

M. le Prince va rentrer en campagne, et c'est l'armée de Flandre qu'il va commander cette année. Avant de partir, il ira passer la semaine sainte à Chantilly, où sa maison et ses amis le suivront. Combien je vais prier pendant toute cette semaine pour qu'il revienne victorieux, et pour que ses victoires rendent enfin à la France la paix dont elle a un si pressant besoin!

Du milieu des splendeurs qui m'entourent, je ne vois pas la misère dont on se plaint; mais ce qui m'a été rapporté du discours de M. Talon m'a remis en mémoire ce que ma mère m'a souvent raconté des maux de la Lorraine, écrasée d'impôts, ravagée par les troupes ennemies, pillée, incendiée, réduite enfin à l'état le plus affreux.

La reine a fait ordonner aussi, dans tout le royaume, des prières pour la paix : que Dieu daigne bientôt les exaucer!

M. le Prince est parti, et il a déjà envoyé à Sa Majesté un courrier pour lui dire qu'il se trouve à la tête d'une belle armée, fort empressée de marcher à l'ennemi. Cette dépêche a fait grand plaisir à la reine; elle a aussitôt formé le projet de se rendre à la frontière, avec son ministre et sa cour; mais de nouvelles difficultés soulevées par le Parlement l'ont empêchée de donner suite à ce dessein.

Le printemps est magnifique. Mme la Princesse et sa fille se sont décidées à prolonger leur séjour à Chantilly. On y passe le temps le plus agréablement du monde, et voici des vers que M. Sarrasin a faits, par l'ordre de Mme la Princesse, pour les envoyer à Mlle de Rambouillet, qui est maintenant en Languedoc avec M. de Montausier, son mari :

>Mandez-lui ce que nous faisons,
>Mandez-lui ce que nous disons.
>J'obéis comme on me commande,
>Et voici ce que je vous mande.

>Quand l'Aurore, sortant des portes d'Orient,
>Fait voir aux Indiens son visage riant,
>Que des petits oiseaux les troupes éveillées
>Renouvellent leurs chants sous les vertes feuillées,

Que partout le travail commence avec effort,
A Chantilly l'on dort.

Aussi, lorsque la nuit étend ses sombres voiles,
Que la lune, brillant au milieu des étoiles,
D'une heure pour le moins a passé la minuit,
Que le calme a chassé le bruit,
Que dans tout l'univers tout le monde sommeille,
A Chantilly l'on veille.

Ici nous avons la musique
De luths, de violons et de voix ;
Nous goûtons les plaisirs des bois,
Et des chiens, et du cor, et du veneur qui pique ;
Tantôt à cheval nous volons,
Et brusquement nous enfilons
La bague au bout de la carrière ;
Nous combattons à la barrière,
Nous faisons de jolis tournois.
. . . .

Conterai-je dans ce récit
Les plaisirs innocents que goûte notre esprit ?
Dirai-je qu'Ablancourt, Calprenède et Corneille,
C'est-à-dire les vers, l'histoire et le romant,
Nous divertissent à merveille,
Et que nos entretiens n'ont rien que de charmant ?

Je ne prends pas, je l'avoue, une bien grande part à ces entretiens ; je me contente d'écouter, selon le conseil que m'en a donné ma chère de Fierval. Je ne comprends pas toujours ce qui se dit, les beaux esprits au milieu desquels je vis ayant une manière d'exprimer leurs sentiments et leurs pensées qui diffère complétement de la simplicité de langage à laquelle j'ai été habituée. On se sert à chaque instant de figures et de comparaisons mythologiques, si bien que, pour ne pas paraître tout à fait sotte, j'ai été obligée d'étudier l'histoire des dieux et des déesses, étude que la mère Marie des Anges avait sans doute jugée inutile.

Adrienne me dit que ce langage fleuri, qu'on admire beaucoup, a été mis à la mode par la marquise de Rambouillet, et que c'est ainsi qu'elle a donné à ses salons la réputation dont ils jouissent. Cela peut être très-beau ; mais je n'oserai jamais commencer une phrase comme j'en entends souvent ; car il me semble que je ne pourrais pas l'achever.

M. le Prince s'est emparé de la ville d'Ypres. C'est un succès qui compense la perte de Courtrai, que les ennemis ont surpris au moment où la place avait été dégarnie d'une bonne partie de ses troupes. Cet échec ne doit pas être attribué à M. le Prince ni même au commandant de Courtrai, mais au ministre qui a donné à celui-ci l'ordre de rejoindre l'armée avec plus de trois mille hommes de la garnison.

Le 25 mai, la reine a défendu elle-même au Parlement de s'assembler, et elle l'a fait en termes très-sévères. La cour des aides, la chambre des comptes et le grand conseil ont reçu la même défense, et plusieurs membres de ces compagnies ont été exilés dans différentes parties du royaume. Ces rigueurs, auxquelles Sa Majesté n'a point habitué ses sujets, ont occupé tout le monde pendant quelques jours ; mais une bien plus grande nouvelle défraie en ce moment les conversations : M. le duc de Beaufort s'est évadé le 1er juin du château de Vincennes, où il était prisonnier depuis cinq ans.

Ce duc avait conservé, malgré sa captivité, des amis fidèles et dévoués, qui cherchaient, sans se décourager, les moyens de le mettre en liberté. La chose était d'autant plus difficile que M. de Chavigny, gouverneur du donjon, ne pouvait être compté au nombre de ces bons amis. Il avait peu d'égards pour le duc de Beaufort, et il ne se relâchait en rien des rigueurs de sa consigne. Il avait spécialement chargé de la surveillance de cet illustre prisonnier un officier des gardes du corps, nommé La Ramée, et La Ramée avait sous ses ordres huit soldats qui ne quittaient point le prince et qui couchaient même dans sa chambre. Avec une telle garde, tout projet d'évasion devait paraître irréalisable ; mais l'amour de la liberté est si vif dans le cœur de l'homme, qu'il ne peut renoncer à l'espoir de la ressaisir, lorsqu'il en est privé.

M. de Beaufort entretenait sans doute quelques intelligences avec ses partisans ; car on suppose que ce fut d'après leur conseil qu'un homme vint demander à La Ramée, à qui il avait été recommandé par un ami commun, de le cacher dans le château, parce qu'il s'était battu en duel et craignait fort d'être poursuivi. La Ramée y consentit, et, cet homme lui plaisant, il l'admit à garder avec lui le duc de Beaufort. Le nouveau venu fit preuve de beaucoup de zèle, et La Ramée prit confiance en lui. Plusieurs pensent que ce zèle n'était point affecté, mais que le duc de Beaufort parvint à gagner, par de grandes promesses, le gardien que La Ramée s'était adjoint. Quoi qu'il en soit, le duc se mit en rapport avec les siens par l'intermédiaire de cet homme ; ils lui firent passer une échelle de corde et l'avertirent que, le jour de la Pentecôte, cinquante cavaliers se tiendraient prêts à l'escorter, s'il parvenait à sortir du donjon.

Qu'on se figure, si l'on peut, la fiévreuse impatience du duc, en attendant ce jour tant désiré, et qu'on juge des efforts qu'il dut faire pour la dissimuler aux yeux clairvoyants de La Ramée et de ses soldats ! Vers l'heure de midi, pendant que ces derniers étaient à table, M. de Beaufort témoigna le désir d'aller se promener dans une galerie où le gouverneur lui avait déjà permis de descendre plusieurs fois.

Cette galerie, plus basse que le donjon, était cependant très-élevée encore au-dessus des fossés de la forteresse. La Ramée accompagna le prisonnier et envoya son second partager le dîner des soldats. L'homme obéit, tout en se plaignant de n'avoir pas faim ; aussi ne resta-t-il avec ses camarades que le temps de boire un verre de vin à la santé du duc, qui les régalait à l'occasion de la fête. En les quittant, ce gardien ferma la porte sur eux et en prit la clef; il ferma de même les autres portes qui le séparaient de la galerie. Aussitôt qu'il y parut, M. de Beaufort se jeta, en même temps que lui, sur La Ramée; ils le garrottèrent et le bâillonnèrent de manière à ce qu'il ne pût ni jeter un cri ni faire un mouvement.

Ils détachèrent de la fenêtre un barreau qui avait été scié à l'avance; ils assujettirent solidement leur échelle de corde à deux autres barreaux; puis ils descendirent l'un après l'autre dans le fossé. Le valet passa le premier, comme il l'avait demandé; car si le duc risquait d'être enfermé plus étroitement, s'il était repris, cet homme risquait plus encore, la mort devant être la récompense de sa trahison.

Le pauvre diable était encore suspendu à une grande hauteur, quand la corde, dont on n'avait pu prendre exactement la dimension, se trouva trop courte. Mais il n'y avait pas à reculer; car mieux valait encore se tuer en tombant dans le fossé que de remonter pour se livrer aux bourreaux. Notre homme lâcha donc la corde en se recommandant à Dieu. Le duc en fit autant; il demeura tout meurtri et sans connaissance au pied des remparts. Quatre ou cinq de ses serviteurs les plus dévoués, qui l'attendaient au haut du fossé, eurent grand'peur; car ils le croyaient mort; mais son évanouissement dura peu. Dès que ses gens le virent revenir à lui, ils lui jetèrent une seconde corde, en le priant de l'attacher autour de ses reins, afin qu'ils pussent le hisser jusqu'à eux. Son gardien, qui gisait auprès de lui, réclama ses droits et passa le premier, cette fois encore.

Ce fut ensuite le tour de M. de Beaufort. Il arriva demi-mort en haut du fossé; mais comme il n'avait pas de temps à perdre, il fit appel à son courage pour suivre ceux qui l'attendaient. Ils le soutinrent jusqu'au bois voisin; mais, en apercevant les cavaliers qui s'y tenaient cachés, le duc oublia soudain tout son mal; il sauta en selle, piqua des deux, et disparut dans l'épaisseur de la forêt, en s'écriant : Vive la liberté!

Une femme et son petit garçon, qui cueillaient de l'herbe au bord du fossé, virent toute cette évasion; mais les gardes les ayant menacés de les tuer, s'ils faisaient du bruit, ils regardèrent paisiblement ce qui se passait. Ce ne fut que quand les cavaliers furent bien loin que cette femme alla raconter à son mari que le duc de Beaufort s'était sauvé. Le mari jugea la chose très-grave et courut avertir les geôliers du donjon; mais il était trop tard.

Cette nouvelle arriva bien vite à la cour; on en parla diversement. La reine, qui avait toujours eu de la sympathie pour M. de Beaufort, et qui s'était imposé un sacrifice en signant l'ordre de son arrestation, ne montra pas grand chagrin de le savoir en liberté; le cardinal, qui en fut sans doute plus affligé, se contenta de dire que le duc avait bien fait, qu'à sa place il eût agi de la même manière, mais qu'il n'eût pas attendu si longtemps.

Quelques jours auparavant, un astrologue, nommé Goïsel, ayant prédit que le duc de Beaufort sortirait de Vincennes le jour de la Pentecôte, Son Éminence avait fait venir La Ramée pour lui recommander de veiller sans cesse sur son prisonnier, afin de donner un démenti à cette prédiction. La Ramée se mit à rire et dit qu'à moins qu'un enchanteur ne donnât au duc les ailes d'un oiseau, pour se sauver par la fenêtre, il était impossible qu'il y songeât.

— Il faudrait même, ajouta cet homme, que ce fussent les ailes d'un petit oiseau; car les barreaux sont si rapprochés, qu'autrement le duc n'y pourrait passer.

L'événement accompli, La Ramée fut accusé de trahison; il eut beau protester de son innocence et de la violence qui lui avait été faite, on le mit au cachot. Quant à M. de Chavigny, gouverneur du donjon, il s'excusa en disant qu'il était allé passer aux Chartreux la fête de la Pentecôte, et que, comme il n'avait reçu aucun ordre particulier concernant M. de Beaufort, il avait cru pouvoir laisser aux officiers du roi le soin de le garder.

Cette évasion réjouit autant les ennemis du cardinal que les amis du duc de Beaufort; et d'après ce qu'on dit, sans trop se gêner, je crois que les premiers sont encore plus nombreux que les derniers.

Il y a beaucoup d'agitation dans Paris; le Parlement, qui est entré en lutte avec la reine et son ministre, ne paraît pas disposé à céder. Sa Majesté est fort embarrassée : elle est si bonne, qu'elle ne se décide pas facilement à montrer de la sévérité; et quand elle voudrait maintenant user de rigueur, elle ne le pourrait plus, parce qu'elle a trop habitué cette turbulente compagnie à compter sur la faiblesse du gouvernement. Chacun pense qu'une grande cabale est sur le point de s'organiser contre Mazarin, et que cette cabale ne pourra manquer d'avoir un chef dans le duc de Beaufort.

La reine avait d'abord fait défendre au Parlement de s'assembler; mais quand elle vit qu'il bravait cette défense, elle lui fit mander par son ministre qu'elle avait tant de confiance dans la fidélité de ce corps, qu'elle ne pouvait croire que ses assemblées fussent préjudiciables au service du roi; qu'en conséquence elle permettait aux membres du Parlement de se réunir, pourvu que leurs délibérations fussent terminées dans le courant de la semaine.

Messieurs du Parlement s'assemblèrent donc en vertu de cette permission; mais on assure qu'ils se seraient de même assemblés, s'ils ne l'avaient pas obtenue. Ils firent plusieurs propositions très-hardies en faveur du peuple : ils demandèrent qu'on lui fît remise du quart des tailles, ainsi que des impôts que la misère l'avait empêché de payer pendant les dernières années. Ils insistèrent pour que les intendants des provinces fussent supprimés, et qu'une chambre de justice, choisie parmi les membres du Parlement, fût chargée de juger les abus et les malversations qui ont lieu dans le maniement des finances. Enfin, ils proposèrent que personne ne pût être emprisonné plus de vingt-quatre heures, sans être interrogé par le Parlement, et qu'aucune taxe ne fût à l'avenir mise sur le peuple sans l'approbation de cette assemblée.

Ces propositions alarmèrent la reine, qui vit bien que le Parlement flattait le peuple pour s'en faire aimer, et pour l'opposer à la cour. Elle chargea le duc d'Orléans de chercher à rétablir la bonne harmonie entre ce corps et le gouvernement, et, de peur que le Parlement ne rétablît de lui-même les maîtres des requêtes qu'elle avait supprimés, elle déclara qu'elle consentait à lever l'interdiction portée contre eux. Ils vinrent la remercier, et le cardinal, feignant de croire à un entier raccommodement, complimenta les membres du Parlement de leur zèle pour le service du roi; il leur donna le titre de restaurateurs de la France et de pères de la patrie. Cela paraît bien étrange aux gens trop fiers pour démentir le lendemain ce qu'ils ont dit la veille, et la conduite de M. de Mazarin dans cette circonstance n'est approuvée de personne. Elle fournit à ses ennemis l'occasion de le railler, de le mépriser, de dire qu'il n'a pas la fermeté ni la dignité nécessaires pour gouverner un grand royaume.

Le Parlement s'enhardit, le peuple ne paie pas les impôts, les coffres de l'État sont vides, et la reine est forcée, dit-on, de mettre en gage les pierreries de la couronne pour payer les Suisses qui composent la garde du roi. Mme la Princesse a prêté 100,000 livres à Sa Majesté; Mme la duchesse d'Aiguillon, nièce du cardinal de Richelieu, lui a aussi fait des offres d'argent, et plusieurs personnes de qualité l'ont imitée. La reine d'Angleterre, qui d'abord a reçu en France une généreuse hospitalité, se voit réduite à la plus grande gêne; elle a dit, ces jours passés, à Mme de Motteville, qui allait la visiter, qu'elle n'a plus d'autre or qu'une petite coupe dans laquelle elle boit, et qu'elle a été forcée de laisser partir le prince de Galles, son fils, sans lui donner de quoi payer les officiers qui l'accompagnaient.

La révolution qui s'est accomplie en Angleterre donne beaucoup d'inquiétude à notre reine Anne d'Autriche; elle craint d'en voir commencer une semblable en France, et son ministre le craint aussi. Il s'est plaint, il y a quelques jours, devant toute la cour, de ce que la nouvelle de l'agitation causée par le Parlement redouble l'audace des ennemis. Ceux-ci croient l'agitation plus grande encore qu'elle ne l'est ; ils disent que tout Paris est en armes, et que la guerre civile ne peut manquer de leur livrer bientôt la France.

M. le maréchal de Grammont est arrivé de l'armée de Flandre, il y a quelque temps. C'est un des meilleurs amis de M. le Prince, et tout le monde ici a été content de savoir par lui que monseigneur est en bonne santé. Je me suis enhardie à lui demander si nous n'aurions pas bientôt la joie de revoir son général ; il a souri en me répondant que ce serait sans doute plus tôt que je ne le pensais. La campagne n'est cependant pas terminée ; car nous ne sommes qu'au mois de juillet, et il n'y a eu jusqu'à présent aucune action d'éclat. Mlle de Fierval pense que la reine, mécontente du Parlement, ne serait pas fâchée de voir arriver M. le Prince, qu'elle sait plus puissant et plus habile que le duc d'Orléans.

Le maréchal de Grammont est reparti, et Mme la Princesse a reçu une lettre qui lui annonce la prochaine arrivée de son fils. Dieu soit loué, si la présence de mon cher protecteur peut ramener le calme dans les esprits et rendre à la reine un peu d'autorité ! Elle est si triste, si fatiguée, si tourmentée de tout cela, notre bonne reine, qu'elle change à vue d'œil. Il y a peu de jours, le cardinal l'engageait à se soigner ; elle répondit qu'elle ne tenait plus à la vie ; et le roi, qui était présent, se mit à pleurer si amèrement en la suppliant de ne pas mourir, que toutes les personnes qui se trouvaient là en furent attendries.

M. le Prince est à Paris. Il est allé voir la reine et Son Eminence, qui lui ont fait bon accueil ; mais le duc d'Orléans n'a pas été charmé de son retour. Il avait été convenu entre Sa Majesté, Mazarin et Monsieur, que si l'on était obligé d'employer la force contre le Parlement, on ferait venir M. le Prince ; mais comme on n'est pas encore décidé à recourir aux moyens rigoureux, le duc d'Orléans ne peut comprendre pourquoi M. le Prince est revenu. La reine et le cardinal ont paru fort surpris, quand on leur a annoncé la visite de monseigneur ; mais je crois qu'ils ne l'étaient pas du tout. Le maréchal de Grammont n'avait été envoyé à la cour que pour parler de ce voyage ; toutefois, comme la reine veut ménager Monsieur, et qu'il se plaint tout haut de ce qu'on n'a pas confiance en lui, puisqu'on appelle à l'aide M. le Prince, Sa Majesté n'a pas voulu avoir l'air d'être prévenue du retour de M. de Condé.

Son Eminence a eu toutes les peines du monde à calmer la colère du duc d'Orléans, et la reine a été obligée de lui promettre qu'elle renverrait M. le Prince à l'armée aussitôt qu'elle le pourrait. Je crois que M. le Prince n'est pas trop fâché du dépit qu'il cause à Monsieur, ni de la perspective de retourner bientôt en Flandre. Il s'y ennuyait un peu, parce qu'il n'y voyait rien à faire ; mais il ne voudrait pas abandonner longtemps ses troupes. Il a reçu hier les hommages de tout ce qu'il y a de marquant à Paris, et nous l'avons à peine vu. Cependant il a eu la bonté de penser à moi ; il m'a adressé quelques paroles affectueuses, m'a recommandée à Mme la Princesse, et s'est montré fort gracieux pour Mlle de Fierval, qu'il sait être ma gouvernante et mon amie.

Aujourd'hui M. le Prince a dîné chez le cardinal avec le duc d'Orléans ; car ils sont, en apparence, les meilleurs amis du monde. Pendant qu'ils étaient à table, Son Eminence a reçu un courrier chargé de lui annoncer que les ennemis faisaient mine de marcher contre l'armée de Condé. M. le Prince a demandé des détails, et, ne voulant pas perdre l'occasion si longtemps attendue de se mesurer avec cette armée, il est allé prendre congé de la reine ; il est venu ensuite nous faire ses adieux.

Il n'était pas sans inquiétude sur ce qui se serait passé en son absence, et il promit d'en informer sans retard Mme la

Princesse et Mme de Longueville. Nous attendons d'un jour à l'autre le courrier qu'il doit envoyer.

M. le Prince avait raison de n'être pas tranquille : l'ennemi a pris Furnes. C'est une place de très-médiocre importance ; mais elle sert à couvrir Dunkerque, et M. le Prince avait recommandé au maréchal de Rantzau de veiller à sa conservation.

La reine s'affligea de la prise de Furnes, mais moins sans doute que si elle n'eût pas reçu quelques jours auparavant de bonnes nouvelles de l'armée de Catalogne. Le maréchal de Schomberg a pris Tortose, et M. le duc d'Harcourt a eu la générosité de dire au cardinal et à toute la cour que si Tortose n'est pas une place aussi forte que Lérida, sa situation sur la frontière du royaume de Valence en rend la possession beaucoup plus avantageuse à notre armée, puisqu'elle lui ouvre le chemin de l'Espagne.

Le jour même où M. de la Moussaye vint annoncer la perte de Furnes, une procession d'amende honorable au saint sacrement devait avoir lieu, un voleur ayant jeté les saintes hosties à terre, pour s'emparer du ciboire qui les contenait, dans l'église de Saint-Sulpice. La reine y assista, et son exemple fut suivi par un grand nombre de dames et de seigneurs. Sa Majesté est très-pieuse ; elle a surtout pour le saint sacrement de l'autel une grande dévotion. En cela, elle ne fait que suivre l'exemple de ses aïeux ; car l'histoire rapporte que le comte d'Hapsbourg, se promenant dans la campagne, rencontra un prêtre qui, portant le viatique à un malade, marchait péniblement à travers les chemins rompus par la pluie. Le comte mit pied à terre, aida le prêtre à monter sur son cheval, dont il prit lui-même la bride, et le conduisit, le chapeau à la main, jusqu'à l'humble chaumière que le Roi des rois ne dédaignait pas de visiter.

La semaine accordée aux dernières délibérations du Parlement était écoulée, et ces magistrats continuaient à s'assembler. La reine résolut d'y mener le roi, et de les désarmer en leur accordant enfin ce qu'ils demandaient, à la seule condition qu'ils cesseraient de se réunir. Messieurs du Parlement se montrèrent peu flattés des grâces que la reine versa sur eux à profusion ; mais ils parurent vivement blessés de ce qu'elle voulût interdire leurs assemblées, et l'on remarqua la froideur avec laquelle Louis XIV et la régente furent accueillis par le peuple, à la sortie de cette séance, que la reine croyait devoir être si efficace pour le rétablissement de la paix.

Le 4 août, le Parlement s'assembla de nouveau, et, malgré la présence de Monsieur, on parut s'y soucier fort peu des ordres du roi. Anne d'Autriche en témoigna une grande colère ; elle envoya le lendemain le duc d'Orléans vers ces mutins, en le priant de les amener à l'obéissance par quelque moyen que ce fût. Monsieur leur représenta qu'en aigrissant la reine, ils le mécontenteraient lui-même et l'obligeraient à rompre avec eux. Le premier président le supplia de n'en rien faire et promit qu'ils se contenteraient de s'occuper pendant un certain temps des affaires des particuliers.

Je n'en finirais pas, si je voulais raconter tous les ennuis que cet orgueilleux Parlement donne à la reine. Mme la Princesse en est tout affligée, elle n'a jamais eu pour Sa Majesté une amitié plus tendre et plus sincère ; aussi reçoit-elle chaque jour des confidences qui redoublent sa tristesse et lui font désirer qu'une victoire remportée par son fils vienne rendre quelque prestige à l'autorité royale, si cruellement méprisée.

Dieu a peut-être exaucé les vœux de Mme la Princesse et les nôtres. Un homme est arrivé d'Arras aujourd'hui, 20 août. Il assure qu'une bataille doit avoir été livrée non loin de cette ville, car on y a entendu le bruit du canon. Il n'a pas d'autres nouvelles ; mais il suppose que les Français sont vainqueurs, parce qu'on n'a pas vu de fuyards aux environs d'Arras, ce qui semble prouver que nos soldats sont occupés à poursuivre les ennemis. Le cardinal, à qui cet homme a été présenté à huit heures du matin, a aussitôt envoyé le maréchal de Villeroi éveiller la reine, et la reine a fait à son tour prévenir Mme la Princesse.

Rien n'est plus incertain que cette nouvelle; mais elle nous paraît positive, parce que nous savons que M. le Prince, voyant les ennemis marcher vers Lens, a fait conduire les bagages de l'armée dans Arras et dans les places voisines ; ce qui indique sa ferme résolution de livrer bataille. La longueur de cette campagne lui pèse, et le besoin que le gouvernement a d'une victoire suffirait d'ailleurs pour le décider à attaquer l'ennemi, quand ce ne serait pas son plus grand désir.

Donc, pour moi, cela n'est pas douteux : on s'est battu, et M. le Prince est vainqueur. J'en suis tellement sûre, que je me suis fâchée tout à l'heure contre une dame qui s'obstinait à me dire : « On ne sait pas ce qu'il en est, ma chère, et j'attends, pour me réjouir, que la victoire nous soit annoncée par un courrier de Monseigneur. »

Je me suis fâchée ; mais, toutes réflexions faites, je donnerais beaucoup pour voir entrer ce courrier; car il me semble que si une bataille a réellement été donnée, nous devrions déjà le savoir autrement que par des on dit.

Voici le soir venu, et nous sommes encore dans l'incertitude. Mme la Princesse se rend au cercle de la reine, et si, comme Son Altesse le pense, c'est au Palais-Royal que le courrier arrive, elle nous enverra sans le moindre retard un de ses gentilshommes.

Il est onze heures, Mme la Princesse est rentrée ; aucune dépêche n'a été reçue; la reine et le cardinal commencent à perdre patience ; cette victoire est si nécessaire, qu'ils l'ont crue réelle, et qu'ils regrettent de l'avoir pour ainsi dire annoncée. Je suis presque aussi triste que j'étais heureuse ce matin. Mon Dieu ! si la bataille n'est pas livrée, si elle doit avoir lieu bientôt, protégez M. le Prince et rendez-le victorieux.

Minuit venait de sonner, quand je me suis couchée. Je comptais ne pas fermer l'œil de la nuit, tant j'étais inquiète ; cependant je dormais quand le bruit d'une cavalcade s'arrêtant à la porte de l'hôtel me réveilla en sursaut.

Au même instant, le marteau retentit, et j'entendis une voix connue s'écrier : « Ouvrez, ouvrez, j'apporte de bonnes nouvelles. »

Je m'habillai à la hâte et je descendis chez Mme la Princesse, où M. le comte de Châtillon venait d'être introduit. Mme la Princesse, assise sur son lit, avait les mains jointes, les yeux levés au ciel, et son beau visage resplendissait d'une pieuse joie. Je devinai qu'elle rendait grâce à Dieu de la victoire de son fils.

— Parlez maintenant, dit-elle, monsieur le comte, je vous en prie.

— Madame, répondit le gentilhomme, je suis aux ordres de Votre Altesse.

— Ainsi, vous dites que c'est à Lens que cette bataille a été livrée ?

— Oui, madame. Depuis quelque temps les Espagnols nous raillaient de notre prudence, et disaient qu'il faudrait publier des monitoires pour savoir ce qu'était devenue l'armée française. L'archiduc Léopold brûlait de nous combattre, parce qu'il espérait qu'une victoire lui ouvrirait la France, et qu'en l'état de trouble où elle est, il en viendrait facilement à bout. Il fit publier dans la *Gazette d'Anvers* qu'il nous avait cherchés partout sans nous trouver. Nous ne désirions pas moins que lui la bataille ; mais M. le Prince, que Dieu garde ! voyant l'archiduc dans une position aussi formidable, près de Lens, qu'il avait vu le baron de Mercy à Nordlingue, ne voulut pas l'y attaquer, parce que, disait-il, ce serait tenter la Providence que de livrer deux fois la bataille dans des conditions aussi désavantageuses. L'archiduc est la bravoure même ; mais il n'a pas la prudence consommée du baron de Mercy. Il se laissa prendre à la ruse par laquelle Son Altesse entreprit de lui faire abandonner cette position, et je dois dire que les plus habiles généraux eussent agi comme il l'a fait.

— Bien ! monsieur le comte. Il est toujours beau de rendre justice à un ennemi vaincu.

— Madame, je ne suis en cela, comme en tout le reste, que l'exemple de monseigneur.

— Je sais que mon fils rend hommage à la valeur partout où il la rencontre. Mais reprenez, s'il vous plaît, votre récit, monsieur le comte ; il m'intéresse au plus haut point.

— Le centre de l'armée ennemie était adossé à des bourgs et à des villages qui le défendaient sûrement ; sa droite s'appuyait à la ville de Lens, et sa gauche occupait une hauteur à laquelle on ne pouvait arriver que par d'étroits sentiers. Cette armée comptait dix-sept mille hommes, et la nôtre treize mille seulement. Elle était en outre abondamment pourvue, et nos soldats manquaient de tout. Mais nous avons pour général un prince aussi sage que vaillant. Son Altesse commanda une fausse retraite, afin de donner le change aux ennemis et de les attirer dans la plaine, où notre cavalerie pouvait se déployer. A forces égales, les Espagnols eussent refusé de croire que le prince de Condé se retirerait devant eux ; mais notre désavantage était si marqué, qu'ils n'eurent pas le moindre doute, et que le général Beck, qui commandait les Lorrains, leur donna l'ordre d'inquiéter notre arrière-garde. Elle soutint mal ce choc et s'enfuit en désordre ; mais la gendarmerie française fondit sur les Lorrains et commença de les tailler en pièces. L'archiduc ne pouvait les abandonner. Il les fit secourir par sa cavalerie ; et bientôt toute son armée étant descendue dans la plaine, l'action devint générale.

— Ainsi le plan de M. le Prince se trouvait réalisé.

— Oui, madame, et ce succès n'étonna point Son Altesse. Il avait donné l'ordre à toute son armée de se regarder marcher, afin de se tenir sur une même ligne, de n'aller à la charge qu'au pas, et de laisser l'ennemi tirer le premier. Cet ordre avait été fidèlement exécuté, et pendant que l'armée espagnole était forcée de se mettre en bataille à mesure qu'elle avançait, la nôtre, bien rangée au bout de la plaine, attendait paisiblement le signal de l'attaque. Avant l'action, M. le Prince parcourut les lignes et dit aux soldats : « Mes amis, ayez bon courage et ne reculez point ; car je vous assure que vaillants et poltrons combattront aujourd'hui, si ce n'est de bonne volonté, ce sera de force. » L'archiduc se tenait aussi dans les rangs ; il excitait au combat les Espagnols et les Lorrains, sans plus se ménager lui-même que le dernier des siens. M. le Prince rappela la gendarmerie, la fit mettre au second rang, pour qu'elle se rafraîchît un peu, puis il la lança de nouveau contre l'ennemi, à qui elle causa de grandes pertes.

— Il me semble, monsieur le comte, que vous oubliez un détail, dit Mme la Princesse. C'est que le chef de cette brave gendarmerie, c'était vous.

Le comte s'inclina en rougissant.

— L'infanterie espagnole demanda quartier, reprit-il, et la victoire fut complète. Le général Beck fut blessé et fait prisonnier, ainsi que le prince de Ligne et le comte de Saint-Amour. L'archiduc s'enfuit, laissant trois mille morts sur le champ de bataille et un très-grand nombre de blessés. A peine la victoire était-elle décidée, que M. le Prince me donna l'ordre de partir pour en porter la nouvelle à Sa Majesté la reine et à Votre Altesse, à qui monseigneur s'estime heureux d'en faire hommage.

— M. le Prince ne pouvait choisir un messager qui me fût plus agréable, et je joindrai, s'il le faut, mes instances aux siennes pour que la reine vous récompense de la part que vous avez prise à cette victoire et de la joie que vous lui avez apportée. Allez vous reposer, monsieur le comte, je vous en prie, et recevez tous mes remercîments.

Mais tout l'hôtel avait été réveillé comme moi, et, en sortant de l'appartement de Mme la Princesse, M. de Châtillon rencontra plusieurs gentilshommes, auxquels il dut faire le même récit, et plusieurs dames, qui lui demandèrent des nouvelles de leurs maris, de leurs frères, de leurs amis, partis pour la Flandre avec le prince de Condé. Il ne put satisfaire complétement cette légitime curiosité ; il était parti en si grande hâte, qu'il ne savait lui-même ce que pouvait nous avoir coûté la victoire de Lens.

Il n'y a donc à Paris qu'une joie tempérée par l'inquiétude ; on est heureux du gain de la bataille ; mais chacun attend, pour s'en réjouir tout à fait, que de nouveaux détails lui soient parvenus.

VIII.

Un *Te Deum* à Notre-Dame. — Arrestation de Broussel. — Les barricades. — Le coadjuteur de Retz. — Le chancelier Séguier. — Le Parlement au Palais-Royal. — La reine est forcée de rendre Broussel.

Il paraît que la victoire de Lens n'était pas moins nécessaire que celle de Rocroi, et qu'elle ne donnera pas moins de gloire à M. le Prince. La reine et le cardinal en sont dans l'enivrement : le cardinal, parce qu'elle doit affermir son pouvoir, du moins il le croit ; la reine, parce qu'elle espère que cette victoire forcera les ennemis à la paix. Peut-être la pensée intime de l'un et de l'autre a-t-elle été résumée par le jeune roi, lorsqu'il s'est écrié, en apprenant cette nouvelle : « Le Parlement va être bien fâché. »

Je ne sais pas si le Parlement est à ce point l'ennemi de la France, je ne le crois pas ; mais on lui reproche de chercher à gagner l'amour du peuple aux dépens du roi, de la reine et du cardinal. L'avenir décidera de tout cela. En attendant, j'ai bien des choses à raconter ; car, depuis huit jours que M. de Châtillon est arrivé, de grands événements se sont accomplis.

La reine fit annoncer qu'un *Te Deum* serait chanté à Notre-Dame, le 26 août, pour rendre grâce à Dieu de la victoire de Lens, et, d'accord avec le duc d'Orléans et le cardinal, elle décida qu'on profiterait de ce jour de triomphe pour essayer, par un acte d'autorité, d'intimider Messieurs du Parlement, dont l'audace n'a plus de bornes.

Sa Majesté manda M. de Comminges, lieutenant de ses gardes, et le chargea d'arrêter le président Blancmesnil, le président Charton et le conseiller Broussel, qui lui avaient été signalés, le dernier surtout, comme excitant leurs collègues à la désobéissance. En autre temps, l'arrestation de ces trois membres du Parlement eût fait peu de bruit ; mais on supposait bien qu'elle produirait un certain effet, puisqu'on choisissait pour l'opérer le moment où l'attention publique devait être concentrée sur une glorieuse cérémonie, et où cette cérémonie servait de prétexte pour mettre sous les armes le régiment des gardes.

M. de Comminges se réserva d'arrêter lui-même le conseiller Broussel, qu'il savait être fort populaire, et il chargea deux exempts de s'assurer des présidents Blancmesnil et Charton. Le *Te Deum* fut chanté au milieu d'un grand concours de peuple, avide de contempler les drapeaux pris à l'ennemi. Pendant ce chant de triomphe, la reine, ainsi qu'elle l'a dit depuis, remerciait Dieu d'avoir daigné abaisser sur la France un regard paternel, et le suppliait de permettre que la rigueur dont elle allait user envers ces trois membres du Parlement rétablît parmi les mutins le respect de l'autorité royale.

La cérémonie achevée, Sa Majesté sortit de l'église et dit à M. de Comminges, qui sans doute attendait un dernier ordre :

— Allez, et que Dieu veuille vous assister !

Le lieutenant des gardes s'inclina en silence, et la reine s'éloigna. M. Letellier, secrétaire d'Etat, s'approcha alors de M. de Comminges et lui dit à demi-voix :

— Bon courage ! tout est bien ; vous les trouverez en leur logis.

— J'y vais, répondit M. de Comminges ; je n'attends plus que le retour d'un de mes hommes, à qui j'ai donné quelques ordres.

Cet envoyé tardant quelque peu, M. de Comminges resta à Notre-Dame ; mais comme l'habitude des officiers des gardes est de ne jamais quitter la personne du roi, sa présence fut remarquée, et quelques membres du Parlement, qui n'étaient pas encore sortis de l'église, s'imaginèrent qu'il y demeurait pour eux. Ils prirent la fuite, et Mme de Motteville, qui nous contait cela ces jours passés, disait en riant qu'il n'y avait pas assez de portes à leur gré, tant il leur tardait de se voir dehors.

Ils rencontrèrent sur la place Notre-Dame des collègues et des amis, qui, les voyant si effarés, s'informèrent de ce qui se passait. Ils parlèrent du danger qu'ils venaient de courir, et le peuple, accouru pour voir le roi, se sépara en groupes, dans lesquels on s'inquiéta bientôt de ce que le lieutenant des gardes pouvait faire à l'église, quand son poste était auprès de Sa Majesté.

Broussel demeurait dans une petite rue très-étroite. M. de Comminges y avait envoyé son carrosse, avec quatre soldats et un exempt, en ordonnant à celui-ci de s'approcher de la porte du conseiller aussitôt que lui, Comminges, paraîtrait dans cette rue, où il voulait se rendre seul, de peur d'éveiller les soupçons. Quand il pensa que le carrosse devait être arrivé, il sortit de Notre-Dame, et s'en vint à pied frapper chez M. Broussel. Un petit laquais lui ouvrit aussitôt. Le lieutenant mit deux de ses gardes à la porte et monta avec les deux autres dans l'appartement du conseiller. Il le trouva à table, entouré de sa famille. L'apparition d'un officier des gardes alarma tout le monde, excepté celui dont la liberté était menacée. Broussel resta seul à table.

— Monsieur, lui dit le lieutenant, voici un ordre du roi en vertu duquel je dois me saisir de votre personne. Vous pouvez en prendre connaissance ; mais vous ferez mieux de vous épargner cette peine et de me suivre sans retard.

— Mais, monsieur, répondit le conseiller tout interdit, je n'ai commis aucun crime, et je ne puis comprendre pourquoi le roi me fait arrêter.

— Monsieur, reprit l'officier, vous êtes membre du Parlement; vous devez donc savoir que les magistrats seront seuls chargés d'examiner les accusations portées contre vous. Quant à moi, j'ai reçu l'ordre de vous arrêter, j'obéis. Suivez-moi donc de bonne grâce, afin de m'épargner le regret de vous y contraindre.

— Je ne le puis, monsieur, je suis malade, accordez-moi du temps.

— Vous me demandez l'impossible, repartit M. de Comminges. Un officier ne connaît que sa consigne.

Le lieutenant étendait déjà la main vers son prisonnier, quand une vieille servante courut à la fenêtre et cria de toutes ses forces :

— A l'aide ! au secours ! on arrête mon maître.... Au secours ! au secours !

La rue était pleine de gens qui revenaient du *Te Deum*; des cris répondirent à ceux de la servante, et cette femme, sûre d'être soutenue, se jeta devant la porte par laquelle le lieutenant des gardes entraînait le conseiller.

— Non, non, disait-elle, vous n'emmènerez pas mon maître. Je le défendrai ; nous le défendrons tous, et nous saurons bien vous empêcher de lui faire du mal.

Le temps se passait, la foule augmentait, et M. de Comminges sentait que chaque instant aggravait sa position ; il écarta la vieille, et menaça Broussel de le tuer, s'il essayait encore la moindre résistance. Le conseiller se laissa entraîner plus mort que vif, et l'officier le jeta dans son carrosse. Mais tout autour de ce carrosse, il y avait des hommes qui voulaient le briser et couper les traits des chevaux, pour rendre la liberté à Broussel, dont la popularité avait grandi à tel point, qu'on le désignait sous le nom de *père du peuple*.

M. de Comminges, ses gardes, son exempt et son page chargèrent ce rassemblement. Quand il fut un peu moins compact, l'officier monta dans le carrosse et ordonna au cocher de fouetter ses chevaux. Les gardes allaient devant pour ouvrir le passage ; mais, arrivés au bout de la rue, ils trouvèrent les chaînes tendues et furent obligés de prendre une autre route. Un peu plus loin on rencontra d'autres chaînes, et M. de Comminges fit si souvent tourner son carrosse, qu'il versa et se rompit.

Un cri de joie retentit dans la foule ; mais le lieutenant, ayant aperçu des gardes qui se trouvaient encore en haie sur le quai, les appela pour lui prêter main-forte. Les gardes, reconnaissant leur officier, qui s'était élancé, l'épée nue, sur le carrosse renversé, accoururent à lui ; et pendant qu'ils repoussaient les efforts de la foule, M. de Comminges, voyant à quelque distance une voiture dont les maîtres regardaient tout ce tumulte, envoya un sergent la demander, au nom du roi. Ceux qui étaient dedans refusaient de descendre ; on les y contraignit, et l'on fit monter Broussel à leur place. Le nouveau carrosse partit aussitôt, et le peuple, n'ayant pu délivrer le conseiller, apaisa sa rage sur le véhicule abandonné, qui fut mis en mille morceaux.

Mais M. de Comminges n'était pas au bout de ses tribulations. A peine engagée dans la rue Saint-Honoré, cette seconde voiture se brisa comme la première. La foule se rua sur les gardes, demandant à grands cris le père du peuple ; et peut-être eût-elle arraché au lieutenant son prisonnier, si M. de Guitaut, oncle de M. de Comminges, ne lui eût envoyé, à tout hasard, un autre carrosse, attelé de bons chevaux. Ce secours ne pouvait arriver plus à propos. M. de Comminges se jeta dedans, y fit monter Broussel, et gagna un relais qui l'attendait près des Tuileries, où logeait alors Mademoiselle. De là, le lieutenant des gardes se rendit à Saint-Germain, comme la reine le lui avait ordonné.

De Saint-Germain, le conseiller devait être conduit à Sedan, et les deux présidents Blancmesnil et Charton devaient être enfermés à Vincennes. L'arrestation de ces deux derniers s'opéra sans difficulté ; mais dès que les Parisiens eurent perdu de vue leur Broussel, ils se répandirent par les rues comme des forcenés, en criant qu'ils étaient perdus, qu'ils voulaient qu'on leur rendît leur protecteur, et qu'ils verseraient pour lui jusqu'à la dernière goutte de leur sang. C'était un bruit, un tumulte, un concert de menaces dont ceux qui ne l'ont ni vu ni entendu ne peuvent se faire une idée.

Deux heures ne s'étaient pas écoulées, que tout Paris était en armes ; ceux qui avaient des fusils, des piques ou des hallebardes, s'en étaient saisis ; les autres avaient trouvé des haches, des marteaux, des bâtons. Les chaînes étaient partout tendues et des barricades s'élevaient dans tous les quartiers de la ville.

La reine, avertie de ce désordre, envoya par les rues le maréchal de la Meilleraie, pour apaiser le peuple et le faire rentrer dans le devoir. Le maréchal rencontra sur le Pont-Neuf M. de Gondy, coadjuteur de l'archevêque de Paris. M. de Gondy, qu'on appelle communément M. de Retz, avait ouï le tumulte, et il était sorti en rochet et en camail pour s'assurer de ce qui causait tant d'émotion.

Je ne connais M. de Retz que pour l'avoir vu à Notre-Dame, où il officie souvent à la place de Mgr de Gondy, son oncle, qui est notre archevêque, et pour avoir entendu dire qu'il répand dans Paris de grandes aumônes. Il est vrai qu'on ajoute que s'il est charitable, il est aussi fort ambitieux, et qu'il veut se faire aimer du peuple pour se faire craindre de la cour et obtenir le chapeau de cardinal. Mais on dit tant de choses, on est si méchant, on se plaît tant à calomnier les intentions d'autrui, quand on ne peut calomnier ses actions, que je veux toujours croire le bien et fermer obstinément l'oreille au mal.

Le maréchal de la Meilleraie, entouré de quelques gardes, était donc sur le Pont-Neuf, quand il rencontra M. de Retz. Ils échangèrent quelques paroles, à la suite desquelles ils se décidèrent à aller ensemble trouver la reine, pour lui rendre compte de l'état des esprits, que tous deux jugeaient fort alarmant. Le coadjuteur avait déjà plusieurs fois harangué la foule, prêchant la paix, recommandant l'obéissance aux ordres du roi, et engageant tous ces gens à se retirer chez eux. On l'écoutait avec un certain respect; mais dès qu'il avait parlé, les cris recommençaient plus furieux; le peuple voulait Broussel et le voulait à toute force. M. de Retz, n'en pouvant rien obtenir, dit tout haut qu'il allait voir la reine et lui demander justice. On le laissa passer, avec M. de la Meilleraie; mais plus d'un millier d'hommes et de femmes les suivirent, en redemandant Broussel.

La reine avait auprès d'elle le duc d'Orléans, le cardinal et un grand nombre d'autres personnages de distinction. Chacun parlait de l'émeute; mais chacun, pour faire sa cour, affectait une grande tranquillité, et c'était à qui raillerait le mieux les dames qui se plaignaient d'un peu de frayeur. La reine, qui est très-courageuse, prenait part à ces railleries et ne paraissait nullement disposée à s'inquiéter. Elle s'étonna d'entendre le coadjuteur lui dire que l'émotion populaire était grave, qu'elle s'augmenterait encore et pourrait prendre les proportions d'une révolte, si l'on ne cédait point aux vœux de la foule. Le maréchal de la Meilleraie avoua qu'il était du même avis, et la reine mécontente leur dit que de fidèles sujets du roi ne devaient pas même penser qu'il fût possible de se révolter contre lui. Le cardinal, craignant que la fierté de la reine ne l'emportât trop loin, dit quelques paroles pleines de douceur à M. de Retz, et il eut l'air de prendre l'avis de toutes les personnes présentes. Celles-ci feignirent de ne pas croire au danger, et M. de la Meilleraie, honteux de s'être laissé intimider un instant, offrit d'aller avec quelques compagnies mettre cette canaille à la raison.

La reine approuva ce projet; mais d'autres nouvelles de plus en plus alarmantes lui ayant été apportées, avant que rien ne fût encore résolu, quelqu'un dit qu'il fallait rendre Broussel.

— Rendre Broussel! s'écria la reine. J'aimerais mieux l'étrangler de mes propres mains.

Presque aussitôt elle se calma ; mais il était facile de voir ce que cette idée de faiblir devant le peuple mutiné avait de douloureux pour elle. Le cardinal, moins fier que Sa Majesté, n'était cependant pas moins embarrassé. Il n'osait ni pousser la foule à des extrémités, dont il devait avoir à souffrir plus que personne, ni conseiller de relâcher Broussel, puisque cet avis déplaisait si fort à la reine. Il engagea le coadjuteur à retourner vers les mécontents et à leur donner quelque espoir, afin de les calmer un peu pendant qu'on délibérerait sur ce qu'il convenait de faire. M. de Retz y consentit, et, de son côté, le maréchal de la Meilleraie sortit avec quatre compagnies des gardes pour voir si la force aurait plus de succès que la douceur.

Dès que la foule aperçut le coadjuteur, elle recommença de crier : « Broussel ! Broussel ! » M. de Retz dit qu'il avait vu la reine, qu'elle était disposée à faire justice à son peuple ; mais qu'il fallait que ce peuple eût confiance en elle. On l'écouta avec impatience, et, toujours criant, toujours menaçant, on l'entraîna à travers les rues, jusqu'à ce qu'il rejoignit encore une fois le maréchal de la Meilleraie. Celui-ci était aux prises avec un groupe armé qui lui barrait le passage, sans se mettre en peine de la fusillade des chevau-légers, à laquelle répondaient de nombreux coups de feu. M. de Gondy se jeta dans cette mêlée, et tout aussitôt le maréchal fit mettre bas les armes à ses soldats. La foule l'imita, par respect pour la dignité du coadjuteur et par affection pour sa personne. Mais un nouveau groupe, débouchant d'une rue voisine, s'élança sur les chevau-légers, en blessa plusieurs, et d'un coup de pistolet cassa le bras à M. de Fontrailles, qui était près du maréchal. Le coadjuteur fut lui-même renversé d'un coup de pierre à la tête, et faillit être tué par un garçon apothicaire, qui lui appuya sur le front le canon de son mousquet.

— Ah ! malheureux ! si ton père te voyait ! dit M. de Retz, en détournant cette arme.

Le jeune homme, ne sachant à qui il avait affaire, examina

seulement alors celui qu'il allait tuer, et, tout surpris de voir ses habits ecclésiastiques, il s'écria :

— Oh ! mon Dieu ! n'êtes-vous pas le coadjuteur ?

— C'est moi-même, répondit M. de Retz.

— Ah ! pardonnez-moi, reprit le jeune homme, je vous prenais pour un ennemi du peuple, et je sais que vous êtes son ami. Vive le coadjuteur !

Ce cri fut répété de toutes parts ; on entoura M. de Retz, et on le porta comme en triomphe jusqu'aux Halles. Chacun le suivant, M. de la Meilleraie, heureusement dégagé, reprit avec ses soldats le chemin du Palais-Royal. Aux Halles, M. de Retz fut assailli de nouveau par une multitude qui redemandait Broussel, et qui voulait savoir si la reine avait donné l'ordre de le rendre. Le coadjuteur était fort embarrassé de répondre ; il aima mieux proposer à toute cette foule de faire encore une démarche auprès de Sa Majesté.

— Oui, oui, allez, lui répondit-on ; mais nous ne vous quitterons pas.... Nous voulons Broussel, notre ami ; Broussel, notre protecteur.... Vive Broussel !...

Plus de quarante mille personnes suivirent le coadjuteur jusqu'au Palais-Royal. En y entrant, il rencontra M. de la Meilleraie, qui l'embrassa, pour le remercier de lui avoir sauvé la vie, et le conduisit chez la reine. Il y avait encore un cercle nombreux autour de Sa Majesté ; mais le maréchal, sous l'impression de ce qu'il venait de voir et d'entendre, présenta M. de Retz non-seulement comme son sauveur, mais comme celui de la garde et du palais, que la foule menaçait d'envahir, s'il ne l'eût apaisée.

La reine, ne voulant pas croire à un tel danger, sourit d'un air un peu moqueur, dont le coadjuteur fut blessé. Il prit la parole à son tour et dit :

— Je viens, Madame, apporter à Votre Majesté l'humble demande de vos sujets soumis et désarmés.

— Je ne trouve pas qu'ils soient bien soumis, répondit Anne

d'Autriche ; et s'ils sont désarmés, comme vous me le dites, monsieur le coadjuteur, c'est qu'ils n'étaient pas aussi furieux qu'on a essayé tantôt de me le faire croire.

— Madame, reprit M. de la Meilleraie, on trompe Votre Majesté, en lui disant que cette révolte n'est rien. Je vous assure qu'elle est sérieuse, et que si l'on ne rend pas Broussel à ceux qui le demandent, il n'y aura pas demain pierre sur pierre dans tout Paris.

— Madame, dit le coadjuteur, j'ai l'honneur d'affirmer à Votre Majesté que M. de la Meilleraie n'exagère pas le danger.

— Allez vous reposer, monsieur le coadjuteur, répondit la reine. Vous devez être fatigué d'avoir tant et si bien travaillé.

M. de Retz sentit l'ironie percer sous ces paroles ; il se retira vivement blessé ; mais, pour ne pas augmenter le tumulte, il dit à la foule qui l'attendait que si le peuple était calme, s'il déposait les armes et se retirait sans bruit, la reine lui rendrait les prisonniers.

Quelques heures plus tôt, cette promesse un peu vague n'aurait satisfait personne ; mais la nuit venait, et chacun se sépara pour retourner dans sa maison. Cette tranquillité sitôt rétablie confirma la reine dans l'idée qu'elle avait déjà que le coadjuteur avait voulu l'alarmer, afin de se rendre nécessaire ; elle rit beaucoup, pendant la soirée, des terreurs du maréchal de la Meilleraie et de celles du premier président, qui était venu tout effaré lui demander, par deux fois, la liberté de ses collègues, en lui disant que le peuple furieux avait manqué de le mettre en pièces ; ce qui pourtant était l'exacte vérité.

Le lendemain, le chancelier Séguier reçut l'ordre de se rendre au palais, pour achever de calmer les esprits. Cette mesure avait été décidée au conseil de la reine, et l'on ne doutait pas qu'elle ne fût très-efficace. Le chancelier n'était pas trop rassuré sur les suites de sa démarche ; mais il ne témoigna aucune crainte. Toutefois il ne put empêcher l'évêque de Meaux, son frère, et la duchesse de Sully, sa fille, de l'accompagner. Cette belle et courageuse jeune femme se jeta malgré lui dans son carrosse, et il fit d'inutiles efforts pour l'engager à en descendre. Ils partirent donc tous les trois pour le palais, à cinq heures du matin, et ils s'avancèrent sans trop d'obstacles jusqu'au Pont-Neuf. Mais alors trois ou quatre hommes qui avaient reconnu le chancelier s'approchèrent, en le menaçant de le mettre à mort, s'il ne leur rendait Broussel.

M. de Séguier voulut parlementer avec eux ; ce fut chose impossible. De tous côtés arrivaient des groupes plus bruyants et plus furieux que la veille ; on eût dit que des gens armés sortaient de terre, tant leur nombre augmentait à chaque instant. Le chancelier ordonna à son cocher de s'en aller doucement du côté des Augustins, afin de pouvoir, si besoin était, trouver un asile chez le duc de Luynes, son ami, dont l'hôtel est dans ce quartier-là. Vers les Augustins, la foule étant moins compacte, le chancelier s'applaudit de sa résolution ; il s'avança jusqu'à l'hôtel de Luynes ; là, ne se voyant pas trop pressé, il voulut y laisser son carrosse et se rendre à pied au palais. Mais il avait à peine fait quelques pas, qu'un homme de haute taille, et tout vêtu de gris, commença à crier :

— C'est lui ! Aux armes ! aux armes ! tuons-le.... A mort le chancelier !

— Oui, oui, tuons-le, répétèrent mille voix. A mort ! à mort !

Le chancelier rebroussa chemin et se rejeta dans l'hôtel de Luynes, où presque tout le monde dormait encore. Une bonne vieille femme, attirée par le bruit et voyant le danger que courait M. de Séguier, le prit par la main et l'entraîna dans une salle à l'extrémité de laquelle se trouve un cabinet dont la porte, dissimulée dans la tenture, ne devait pas être facilement aperçue. Elle le fit entrer dans ce cabinet, en lui recommandant de s'y tenir tranquille.

On avait refermé derrière le chancelier les portes de l'hôtel ; mais les mutins se ruèrent dessus avec une telle fureur, qu'ils les enfoncèrent, et ils se répandirent dans tous les appartements, en demandant à grands cris celui qu'ils y avaient vu entrer.

— Où est-il? où est-il? disaient-ils en blasphémant. Il nous le faut.... Nous le voulons.... Il paiera pour tous.... Il y a assez longtemps que nous souffrons; l'heure de nous venger est arrivée.

— Prenons-le, disaient quelques-uns ; et quand il sera en notre pouvoir, il nous répondra de Broussel.

— Oui, ce sera prisonnier pour prisonnier. Nous ferons un échange.

— Non ! crièrent les autres. Nous saurons bien nous faire rendre Broussel. Quant à celui-ci, nous le couperons par quartiers et nous l'exposerons sur les places publiques, afin de montrer à ceux qui nous oppriment ce que c'est que la vengeance du peuple.

Le chancelier entendait tout cela, et mille choses encore que je ne puis répéter. La salle était pleine de ces forcenés ; ils cherchaient l'issue par laquelle l'envoyé de la reine avait dû fuir, et ils frappaient de leurs mousquets contre les parois mêmes du cabinet. Le chancelier se crut perdu et ne songea plus qu'à mourir en chrétien. Il se jeta aux pieds de l'évêque son frère, et fit sa confession.

Par bonheur, ceux qui le cherchaient, ne trouvant pas la porte du cabinet et n'y entendant aucun bruit, sortirent de la salle pour explorer d'autres appartements. Le chancelier respira. Presque aussitôt, le maréchal de la Meilleraie arriva à l'hôtel avec deux compagnies de chevau-légers; car M. de Séguier, se voyant en péril, avait eu la pensée d'envoyer demander du secours au Palais-Royal.

Le chancelier, délivré de sa cachette, prit, au milieu des gardes, le chemin du Palais-Royal. On avait inutilement cherché son carrosse ; mais le lieutenant civil, qui passait dans le sien, s'arrêta en reconnaissant le chancelier, et le fit monter auprès de lui, ainsi que l'évêque de Meaux et la duchesse de

Sully. M. de la Meilleraie fit entourer la voiture par ses gardes, sans pouvoir intimider la populace. Des coups de fusil furent tirés sur ce carrosse, plusieurs soldats et un exempt furent tués. La duchesse de Sully, s'étant mise devant la portière pour préserver son père, reçut au bras une balle qui, heureusement, avait déjà perdu de sa force et ne lui fit qu'une large contusion.

La reine s'étant levée vers neuf heures du matin, on lui apprit ce qui s'était passé ; et comme le chancelier n'était pas retourné dans sa maison, de peur d'y être attaqué de nouveau, Sa Majesté se fit rendre compte par ce magistrat du danger qu'il avait couru. Elle en éprouva beaucoup de douleur et d'indignation ; elle comprit quelle blessure l'autorité du roi son fils avait reçue dans la personne du chancelier, et elle regretta de n'avoir pas, la veille, ajouté foi aux rapports du maréchal et du coadjuteur.

La reine était à peine remise de cette nouvelle, qu'on vint lui annoncer que le Parlement s'était réuni de grand matin, et qu'après avoir rendu un décret contre M. de Comminges, au sujet de l'arrestation des deux présidents et du conseiller Broussel, il se rendait en corps et à pied au Palais-Royal, pour demander la liberté de ces prisonniers.

La reine eût sans doute désiré ne pas recevoir Messieurs du Parlement ; mais c'était chose impossible. Ils furent donc introduits, et, avant que le premier président prît la parole, Sa Majesté leur dit :

— N'est-ce pas une chose bien étrange et bien honteuse, Messieurs, que du temps de la feue reine, ma belle-mère, vous ayez vu mettre M. le Prince à la Bastille sans en témoigner le moindre ressentiment, et que pour ce Broussel, vous et le peuple fassiez tant de choses ? En vérité, la postérité regardera avec horreur la cause de tant de désordres, et le roi, mon fils, aura un jour sujet de se plaindre de votre procédé et de vous en punir.

Le premier président répondit avec quelque embarras ; mais le président de Mesmes l'interrompit et dit à la reine :

— Oserais-je, Madame, vous dire qu'en l'état où sont les peuples, il ne faut penser qu'au remède, et que Votre Majesté doit, ce me semble, éviter la douleur de se voir reprendre ce prisonnier par force, en nous le rendant de sa propre volonté ?

— Il m'est impossible, répliqua la reine, de faire ce tort à l'autorité royale, et de laisser impuni un homme qui l'a attaquée avec tant d'insolence. Vous avez pu voir, par la douceur de ma régence, quelles étaient mes intentions. Aujourd'hui encore, si je ne consultais que mes sentiments, je serais toute prête à pardonner ; mais vous savez, Messieurs, qu'il y a une certaine sévérité dont les rois ne doivent pas se départir, s'ils veulent contenir les peuples dans un respect et une crainte salutaires.

Là-dessus la reine s'éloigna ; mais le premier président courant après elle, lui dit :

— Je vous en conjure, Madame, songez à tous les maux que peut causer le refus de Votre Majesté.

— Songez de votre côté, dit la reine en se retournant, à ce que vous devez au roi. Témoignez plus de respect pour ses volontés ; et cela étant, je serai heureuse de vous accorder toutes les grâces qui dépendront de moi.

Le chancelier, qui était présent, se chargea d'expliquer à Messieurs du Parlement ce que signifiaient ces paroles d'Anne d'Autriche. Il leur rappela que leurs révoltes et leurs censures avaient seules obligé la reine à l'acte de sévérité qu'elle avait accompli, et il ajouta que s'ils promettaient de ne plus s'assembler pour délibérer sur les affaires de l'Etat, on leur rendrait leurs prisonniers.

Le Parlement résolut de retourner au palais, pour se concerter sur la réponse qu'il devait faire. Il gagna sans encombre la barricade de la rue Saint-Honoré ; mais là le peuple l'entoura en criant et demandant Broussel. Le premier président répondit que lui et ses collègues venaient de travailler à la liberté du conseiller. On ne l'écouta pas, et plusieurs de ces misérables lui mettant le pistolet sous la gorge, lui dirent :

— Tu n'es qu'un traître ! Tu as mal défendu nos intérêts. Retourne sur-le-champ au Palais-Royal, et ramène-nous Broussel ; sinon, nous te hacherons en mille morceaux.

— Broussel ! Broussel ! crièrent les autres. Broussel ou le Mazarin !

Quelques membres du Parlement s'enfuirent, saisis de terreur ; mais le premier président ne s'émut point ; il rallia autour de lui les plus courageux et reprit le chemin du Palais-Royal, où déjà l'on était prévenu de leur retour. Ils restèrent dans la grande galerie du Roi, pour délibérer sur la réponse que la reine attendait ; et comme il se faisait tard et qu'ils n'avaient pas mangé de tout le jour, on leur porta de quoi apaiser leur faim. Après leur repas, le duc d'Orléans alla les trouver, pour assister à leur séance, comme il le faisait ordinairement. Le cardinal y alla aussi, et leur dit avec beaucoup de douceur qu'il les croyait animés de bonnes intentions, et que, comme il était sûr de celles de la reine, il pensait que tout finirait par s'arranger.

La délibération terminée, le premier président fut chargé d'en rendre compte à la reine, qui vint le recevoir dans la petite galerie. Cette délibération portait qu'il ne serait fait avant la Saint-Martin aucune assemblée, à moins que ce ne fût sur les rentes et sur le tarif.

La reine ne pouvait être satisfaite de cette concession, puisque le Parlement se réservait le droit de s'assembler à son gré après la Saint-Martin ; mais le moment eût été mal choisi pour exiger davantage. Anne d'Autriche cacha donc avec soin le dépit qu'elle éprouvait, et elle feignit de se contenter de cette apparente obéissance. Elle donna à l'instant une lettre de cachet pour la délivrance de Broussel, et elle commanda qu'un des carrosses du roi allât le chercher en toute diligence.

Le Parlement sortit du Palais-Royal aussi triomphant qu'il laissait la reine humiliée. Le peuple et les bourgeois demandèrent aussitôt leur Broussel ; le président répondit qu'il allait être mis en liberté, et l'un des neveux de ce prisonnier, leur montrant la lettre de cachet, leur assura qu'il serait à Paris le lendemain à huit heures du matin.

La foule se calma donc quelque peu ; mais tous ces gens déclarèrent que, comme on les avait trompés la veille, ils craignaient qu'on ne les trompât encore, et qu'ils ne rentreraient point chez eux qu'ils n'eussent vu de leurs yeux le conseiller Broussel. Ils passèrent donc toute la nuit dehors, criant sans cesse : Vive le roi ! Vive M. Broussel ! Ils ne se contentèrent pas d'exclure ainsi la reine de leurs vivat ; ils proférèrent mille menaces contre elle et contre le Mazarin. C'est ainsi qu'ils nomment le cardinal, qui paraît être de leur part l'objet d'une haine irréconciliable.

On dormit mal au Palais-Royal cette nuit-là. La reine était fort triste et fort courroucée. M. de Mazarin avait peur. Il ne voulut point se coucher ; il resta tout botté et prêt à monter à cheval au moindre signal d'attaque. Il avait placé des gardes tout autour de son appartement, et ordonné à un corps de cavalerie de se tenir dans le bois de Boulogne, pour l'escorter au besoin.

Dès le matin du jour suivant, les menaces redoublèrent. Les bourgeois, qu'on avait mis sous les armes pour empêcher le pillage de la ville, criaient aussi fort que la populace ; ils disaient qu'ils allaient envoyer chercher M. de Beaufort pour le mettre à leur tête. Leur insolence redoubla, quand ils surent qu'il y avait de la cavalerie dans le bois de Boulogne ; ils s'en exagérèrent beaucoup le nombre et s'imaginèrent que la reine l'avait fait venir pour les châtier. Ce fut bien autre chose encore, lorsqu'ils entendirent sonner huit heures sans que leur prisonnier parût. Il y eut alors dans tout Paris un si effroyable concert de cris, de menaces, de vociférations, que la reine et le ministre songèrent sérieusement à partir.

Enfin, à dix heures, le retour de M. Broussel fut salué par

des acclamations enthousiastes. On eût dit que chacun retrouvait un père, un bienfaiteur, un ami. Les chaînes détendues, les barricades brisées, on porta en triomphe le conseiller jusqu'à Notre-Dame, où le peuple voulut qu'on chantât un *Te Deum* en son honneur. Mais ce pauvre homme, tout honteux et tout effrayé d'une telle popularité, s'échappa des mains de la foule ivre de joie, et, gagnant une petite porte de l'église, il se sauva chez lui, où beaucoup de gens de la cour allèrent le voir par curiosité.

Les bourgeois et le peuple hésitant encore à quitter leurs armes et à enlever leurs barricades, il fallut que le Parlement leur en donnât l'ordre ; ce qu'il fit en ces termes :

« La cour, cejourd'hui, les chambres assemblées, ouï le prévôt des marchands de cette ville sur les ordres qu'il avait donnés, en conséquence de l'émotion qui était arrivée le jour de devant hier, hier et ce matin, ouï aussi le procureur général du roi, a ordonné que toutes les chaînes tendues et barricades faites par les bourgeois, seront détendues, démolies et ôtées. Enjoint à eux de se retirer chacun chez eux, et de s'appliquer à leurs vacations.

« Fait en Parlement, le 28 août 1648. »

L'obéissance des bourgeois fut telle, que deux heures après la publication de cet arrêt, Paris avait repris sa physionomie habituelle ; toutes les boutiques étaient ouvertes, et l'on circulait librement dans toutes les rues. Mais comme il faut peu de chose pour troubler une population déjà si émue, le malheur voulut que deux charrettes de poudre destinée au régiment des gardes entrassent par la porte Saint-Antoine. Les bourgeois qui se sentaient coupables s'imaginèrent aussitôt que cette poudre allait être employée contre eux. Ils coururent aux charrettes, les pillèrent et prirent de nouveau les armes. La frayeur s'étendit de tous côtés, comme une traînée de poudre ; les barricades furent en un instant relevées, et l'agitation fut plus grande encore qu'elle ne l'avait été la veille. On alla jusqu'à dire que la reine de Suède était aux portes de Paris pour secourir Anne d'Autriche, avec qui l'on savait qu'elle avait fait alliance.

La reine, pour ôter tout prétexte aux mutins, renvoya dans leurs quartiers les gardes qui stationnaient devant le Palais-Royal, et elle chargea le prévôt des marchands de rassurer le peuple ; mais ce magistrat ne put se faire écouter, parce qu'il y avait des meneurs qui entretenaient l'agitation publique par toutes sortes de nouvelles. On disait entre autres choses que la reine et le ministre voulaient enlever le roi, puis revenir ensuite pour saccager Paris, et les bourgeois effrayés criaient tout haut qu'ils voulaient le roi, qu'ils étaient décidés à le garder eux-mêmes, qu'ils exigeaient les clefs de la ville, pour être sûrs qu'on ne l'enlèverait point, et ils ajoutaient même qu'une fois le roi entre leurs mains, ils mettraient le feu au Palais-Royal.

La reine entendit ce bruit et ces menaces ; mais elle se montra digne de ses aïeux, en disant avec une confiance sublime : « Ne craignez rien : Dieu n'abandonnera pas l'innocence du roi. » Le tumulte se prolongea jusqu'à minuit ; la reine ayant ordonné alors de porter aux bourgeois les clefs de la ville, ils commencèrent à se rassurer et à reprendre le chemin de leurs logis. M. de Comminges, que la reine avait envoyé par les rues, vint dire qu'il n'avait rencontré presque personne, et l'on put enfin prendre au Palais-Royal un repos rendu bien nécessaire par les fatigues et les inquiétudes de ces dernières journées.

IX.

Fin de la campagne de Flandre. — La cour à Ruel. — Députations du Parlement. — M. le Prince et Mme de Longueville. — Le portrait de Marguerite. — Affaire des tabourets. — Un cadeau royal.

J'ai écrit tout le récit que je viens de faire d'après ce que nous rapportaient à l'hôtel de Condé les personnes les mieux informées, d'après ce que Mme de Motteville racontait à Mlle de Fierval, et d'après ce que Mme la Princesse elle-même voulait bien nous dire de ce qui se passait chez la reine. Quant au bruit, à l'agitation qui régnaient dans les rues, quant à l'exaspération causée par l'arrestation de M. de Broussel, et au délire qui semblait s'être emparé de toutes les têtes à propos de ce conseiller, dont je n'avais pas encore entendu le nom, j'en ai été témoin et j'en ai ressenti assez de frayeur pour ne pas l'oublier de sitôt. J'ai compris combien la colère du peuple est terrible, et je crois que toutes les comparaisons qu'on en a faites sont au-dessous de la vérité. J'ai vu aussi ce que c'est que la popularité, et je ne m'étonne plus des efforts que plusieurs font pour l'acquérir.

Tout cela m'a fait beaucoup réfléchir ; j'ai commencé à voir clair dans bien des choses qui me paraissaient obscures ; mais ce qui m'a le plus frappée, c'est la grandeur des conséquences que peut avoir une affaire qui n'est rien en elle-même, et combien de prudence il faut à ceux qui gouvernent pour ne jamais compromettre leur autorité.

Il est certain que celle de la reine a beaucoup perdu, et qu'il eût mieux valu pour Sa Majesté et pour son ministre souffrir l'opposition de Broussel que de le faire arrêter et d'être obligés de le mettre en liberté. La reine le sent mieux que personne. Elle est triste, elle est humiliée, et le roi, tout jeune qu'il est, partage les sentiments de sa mère. Je crois bien que quand il aura le pouvoir royal, il punira Messieurs du Parlement de tant d'embarras causés par leur hardiesse.

En attendant, c'est le Parlement qui a le beau rôle ; c'est le Parlement qui gouverne, et la haine sourde que chacun éprouvait déjà contre le cardinal a sensiblement grandi pendant ces journées de troubles. C'est à lui qu'on impute tout ce qui s'est fait, et les personnes qui approchent le plus de la reine disent que si elle suivait plus souvent ses inspirations personnelles, les choses en iraient mieux.

M. le Prince n'est pas encore arrivé. Cette fois j'en suis vraiment heureuse. Qu'aurait-il fait au milieu de ce tumulte ? Il n'aurait pu prendre parti que pour la reine, et, outre les dangers qu'il aurait courus, il se serait suscité de nombreux ennemis. Qui sait même si la reine et le cardinal lui auraient su gré de son dévouement ? Peut-être en aurait-il été de lui comme de M. le coadjuteur, qui, après avoir fait preuve de tant de zèle et risqué sa vie pour apaiser la révolte, a été l'objet des railleries de la cour. C'est un ennemi de plus pour Son Eminence, et combien d'autres n'a-t-elle pas !

. . . .

M. le Prince a repris Furnes ; mais il a été blessé à la hanche d'un coup de mousquet, qui s'est heureusement amorti sur son collet de buffle, lequel se trouvait, par hasard, replié sur lui-même en cet endroit. Est-ce bien par hasard que cette petite circonstance a sauvé Son Altesse ? Oh ! non, mon Dieu, c'est votre providence qui a veillé sur des jours si précieux. Je le crois et je vous en remercie du fond de mon âme.

Monseigneur n'a donc qu'une contusion ; mais la campagne est terminée, et la reine, qui n'est pas satisfaite du duc d'Orléans, parce qu'elle le soupçonne de n'avoir pas fait tout ce qui dépendait de lui pour contenir le Parlement dans le devoir, désire que M. le Prince revienne bientôt.

Le 13 septembre, à six heures du matin, le roi et le cardinal sont partis pour Ruel, où la reine est allée les rejoindre. Quoique Sa Majesté ait promis de ramener le roi dans huit jours, ce départ alarme beaucoup le Parlement et le peuple. Chacun sait que M. le Prince va revenir, et l'on craint que la reine ne profite de son retour pour tirer vengeance des Parisiens. MM. de Châteauneuf et de Chavigny, qu'on accuse d'avoir trempé quelque peu dans les révoltes du Parlement, viennent d'être disgraciés ; le premier a reçu l'ordre de se rendre dans ses terres, le second est prisonnier dans ce même donjon de Vincennes dont il a été gouverneur.

Il n'y eut pas d'émeute en faveur de MM. de Châteauneuf et de Chavigny, comme il y en avait eu pour M. Broussel ; mais le Parlement ne perdit pas cette occasion de protester contre les actes du gouvernement. Il s'assembla pour se plaindre de la violence faite à M. de Chavigny, fit hautement son éloge et dit que ce seigneur était outragé par un ministre ingrat, qui lui devait sa fortune, par un étranger qui ruinait le roi et l'Etat, en faisant passer en Italie le produit des impôts. Il fut décidé que des députés de ce corps iraient trouver la reine à Ruel, pour lui demander justice et la prier de ramener le roi à Paris. D'autres députés, ayant à leur tête le président de Maisons, vinrent supplier M. le Prince, qui était nouvellement arrivé, d'assister le lendemain à la séance, dans laquelle Messieurs du Parlement se proposaient de chercher un remède aux maux et aux désordres du royaume.

— Messieurs, répondit Son Altesse, je n'ai pas encore vu la reine. Je pars à l'instant pour lui rendre mes devoirs et me mettre à ses ordres. Je vous prie d'en vouloir bien faire autant, et de ne pas oublier que, comme moi, vous devez obéissance à Sa Majesté.

J'étais à Ruel, avec Mme la Princesse, quand M. le Prince y arriva, et je fus témoin de l'empressement avec lequel la reine l'accueillit. Il alla ensuite saluer le roi, qui travaillait dans son cabinet. Le roi se leva, en voyant entrer monseigneur, et s'entretint avec lui sans se couvrir, comme le voulait l'étiquette. Laporte, valet de chambre du roi, lui présenta son chapeau, qui était resté sur une chaise.

— Sire, dit M. le Prince, Laporte a raison : il faut que Votre Majesté se couvre, quand elle nous parle ; elle nous fait assez d'honneur, quand elle nous salue.

M. le Prince est tout dévoué au roi, à la reine, au cardinal. Il ne veut pas même, de peur de susciter des embarras au ministre, lui demander grâce pour M. de Chavigny, qui est fort de ses amis et de ceux de Mme la Princesse.

Les députés du Parlement ont été introduits auprès de la reine, et j'ai entendu toutes les paroles échangées dans cette entrevue. Le premier président était si ému, qu'il avait les larmes aux yeux en disant à Sa Majesté :

— Madame, je viens, au nom du Parlement, supplier Votre Majesté de revenir dans sa bonne ville de Paris, et de ramener le roi au milieu de ses fidèles sujets, qui se plaignent de ce qu'il leur a été enlevé sans bruit et sans gardes ; ce qui donne à cette absence l'air d'un rapt plutôt que d'un voyage. Le roi est comme le soleil qui éclaire sa bonne ville ; et ce soleil éclipsé, il n'y reste plus que ténèbres, troubles et désordres. Que Votre Majesté me permette aussi de déposer à ses pieds les plaintes de ma compagnie sur l'emprisonnement de M. de Chavigny, et les prières que nous lui adressons pour la mise en liberté de ce fidèle serviteur du roi, et qu'enfin, Madame, Votre Majesté daigne ne pas trouver mauvais que nous nous assemblions pour travailler à la réformation de l'Etat.

La reine avait écouté avec une certaine impatience ; mais l'émotion du premier président, qu'elle vit aussi bien que nous, l'engagea à mettre quelque douceur dans l'accent dont elle accompagna sa réponse.

— Je m'étonne, Messieurs, dit-elle, de ce que les rois soient privés du privilége dont jouissent leurs sujets de sortir de la ville quand bon leur semble. J'ai quitté le Palais-Royal, infecté par la petite vérole, et j'ai amené ici le roi, pour qu'il jouisse des derniers beaux jours. Mon intention est de rentrer prochainement à Paris ; mais ce sera quand il me plaira. Si j'ai fait arrêter M. de Chavigny, j'avais pour cela de fortes et légitimes raisons. Je ne reconnais à personne le droit de censurer mes actions ; je n'en dois compte qu'à Dieu et au roi mon fils, quand il sera d'âge à les juger. Quant à vos assemblées, je ne puis les approuver, et je vous engage à vous en abstenir.

Le duc d'Orléans et M. le Prince étant présents, les députés du Parlement leur adressèrent aussi un petit discours, pour les inviter à se rendre à ces réunions qu'ils étaient résolus de continuer jusqu'à ce qu'ils eussent remis l'ordre dans l'Etat. Monsieur répondit en protestant de sa fidélité au roi, et M. le Prince s'exprima à peu près en ces termes :

— Messieurs, Sa Majesté la reine ne vous ayant permis de délibérer que sur les rentes et sur le tarif, je dois vous dire en sa présence que je ne souffrirai point vos désobéissances, que je verserai jusqu'à la dernière goutte de mon sang pour soutenir contre vous ses intérêts, qui sont ceux du roi. Ma vie appartient à Leurs Majestés, et je ne me départirai jamais de leur service, non plus que de l'amitié que j'ai promise à M. le cardinal.

M. le prince de Conti répondit dans le même sens, et tous les seigneurs qui se trouvaient là engagèrent les députés du Parlement à cesser leurs mutineries et leur représentèrent avec plus ou moins d'éloquence le tort qu'ils faisaient à l'Etat, pour la prospérité duquel ils témoignaient tant de zèle.

Peu de jours après cette députation, la reine fit enlever de Paris le petit duc d'Anjou, frère du roi, qu'on n'avait pu emmener d'abord, parce qu'il n'était pas complétement guéri de sa petite vérole ; et le lendemain, Sa Majesté envoya au Parlement la défense expresse de s'assembler pour autre chose que pour délibérer sur le tarif et sur les rentes. Le même jour, le duc d'Orléans et M. le Prince écrivirent à Messieurs du Parlement, pour les inviter à une conférence à Saint-Germain, où la famille royale s'était rendue.

Le 29, les députés de cette compagnie vinrent à la conférence ; ils s'y montrèrent plus exigeants et plus orgueilleux que jamais. Ils demandèrent si impérieusement la liberté de M. de Chavigny, que le duc d'Orléans leur dit :

— N'est-il pas étrange, Messieurs, que vous fassiez tant de bruit pour M. de Chavigny, et que vous n'ayez fait aucune réclamation en ma faveur, quand vous m'avez vu, moi, fils de France, proscrit du vivant du feu roi, mon frère ?

M. le Prince ajouta que le Parlement n'avait aucunes conditions à poser à Sa Majesté, et que, malgré toute l'amitié que lui, M. le Prince, portait à M. de Chavigny, il ne comptait le servir qu'en implorant en sa faveur la bonté de la reine, et non pas en parlant en maître, comme le Parlement voulait le faire.

Les députés demandèrent ensuite que personne ne pût être arrêté au nom du roi, sans que le Parlement pût prendre connaissance de l'affaire vingt-quatre heures après cette arrestation. Ils conclurent en proposant une diminution d'impôts et le retour du roi dans sa ville de Paris.

Comme cela était facile à prévoir, rien ne se termina dans cette conférence ni dans les suivantes, où le Parlement fit encore de nouvelles propositions. La reine ne voulait point céder.

— Vraiment, disait-elle, si je consentais à de telles demandes, mon fils ne serait bientôt plus qu'un roi de cartes.

Toutefois la résistance était impossible. Les princes essayèrent longtemps en vain de le lui faire comprendre; mais le cardinal finit par le lui persuader, et Sa Majesté dut, malgré la douleur dont elle avait l'âme remplie, accorder au Parlement tout ce qu'il exigeait.

Je ne sais si la reine et tous ceux qui la conseillaient se flattaient alors d'obtenir la paix avec ces esprits ambitieux et turbulents; je ne le crois pas; mais si tel était leur espoir, ils ont été grandement trompés. Le Parlement, reconnaissant de plus en plus la faiblesse de la cour, ne se lassa pas de faire propositions sur propositions. Il demanda qu'on fît remise au peuple de deux millions d'impôts. Les coffres du roi étaient vides; mais le ministre et les princes décidèrent encore la reine à céder. Ce ne fut pas cependant sans conclure entre eux que si cette dernière concession ne rendait pas le Parlement plus sage, il ne faudrait plus penser qu'à le punir.

Ce n'est pas sans beaucoup de peine, assure-t-on, que la reine a consenti à cet accommodement. Elle n'espère pas réussir à contenter jamais cet insatiable Parlement, elle s'est trouvée seule contre son ministre et contre les princes; elle a dû céder; mais on prétend qu'elle ne voit plus qu'avec peine ceux qui l'y ont forcée. M. le Prince est du nombre; mais il me semble qu'il a donné à Sa Majesté trop de preuves de son dévouement pour qu'elle puisse supposer que l'avis qu'il a émis lui ait été inspiré par le désir de se ménager l'amitié du Parlement.

Les soupçons de la reine contre le duc d'Orléans sont encore plus grands; je ne sais s'ils sont mieux justifiés. Le besoin qu'éprouve le cardinal de s'appuyer sur l'autorité de ces princes vient de le mettre dans un embarras dont il ne sortira peut-être qu'en les irritant l'un et l'autre. Le duc d'Orléans demande le chapeau de cardinal pour l'abbé de la Rivière, son secrétaire, et depuis longtemps cette faveur lui est promise; mais voici que

M. le Prince demande ce même chapeau pour M. de Conti, son frère.

M. le Prince est de ceux auxquels Sa Majesté n'a rien à refuser ; elle a donc bien accueilli cette requête, et elle a envoyé prévenir M. de la Rivière de ne plus compter sur sa promesse. Le secrétaire de Monsieur alla, tout consterné, raconter l'affaire à son maître, et il le trouva si bien disposé, qu'il n'eut pas de peine à lui faire regarder comme fait à lui-même ce qu'il considérait comme un terrible affront. Monsieur, qui d'ordinaire ne se passionne pas beaucoup pour les intérêts de ses amis, témoigna donc, cette fois, un vif ressentiment. Il demanda à la reine une audience particulière, dans laquelle il s'oublia, dit-on, jusqu'à lui dire que, puisqu'elle n'était ni reconnaissante de ses services, ni touchée de son amitié, il s'en vengerait et lui ferait sentir sa haine. Anne d'Autriche lui répondit qu'elle connaissait seulement depuis quelques jours le désir de M. le Prince, qu'elle avait essayé de le faire changer d'avis, mais qu'elle n'avait pu y réussir, et que, ne pouvant mettre en balance M. de Conti et l'abbé de la Rivière, elle était du moins toute disposée à indemniser ce dernier, en lui accordant d'autres dignités.

Le duc d'Orléans ne voulut rien entendre ; il s'en alla boudant ; et quelques jours après, la reine ayant été faire visite à Madame, qui venait d'avoir encore une fille, Monsieur affecta de ne pas adresser la parole à Sa Majesté. Il s'entretint tout le temps avec Mademoiselle, sa fille, et Madame ne fut pas non plus très-aimable. Madame n'aime pas beaucoup la reine, ni la maison de Condé, dont elle est un peu jalouse ; elle aime encore moins le cardinal, et elle reproche souvent à M. le duc d'Orléans de s'être dessaisi de l'autorité que lui donnait son titre de lieutenant général du royaume, autorité qu'il aurait pu employer à rétablir dans ses Etats le duc de Lorraine, frère de Madame.

La cour est rentrée à Paris, au milieu des applaudissements de la foule ; mais elle paraît vouloir se diviser en deux partis bien distincts, celui de M. le duc d'Orléans et celui de M. le

Prince. Les ducs de Vendôme, de Mercœur et de Beaufort ont fait faire leurs compliments à Monsieur, et lui ont fait exprimer le désir de s'attacher à lui. Si Monsieur n'avait donné souvent des preuves de la faiblesse de son caractère, la colère qu'il témoigne donnerait beaucoup d'inquiétude à la reine; mais j'ai ouï dire à une personne bien informée que lui-même n'est pas tout à fait tranquille sur les suites de sa querelle avec Anne d'Autriche et M. de Mazarin. Si l'on en croit cette personne, tout se raccommodera, d'autant mieux que M. le Prince, écoutant plutôt son zèle pour le service du roi que ses intérêts particuliers, semble disposé à rendre à la reine la promesse qu'elle lui a faite. Il ne renoncerait pas pour cela à voir son frère cardinal; mais il demanderait lui-même au pape le chapeau pour M. de Conti et ne le devrait qu'à Sa Sainteté.

Tout est terminé, la paix est rétablie entre le duc d'Orléans et la cour. Monsieur n'a jamais pu bouder longtemps, ce qui l'a toujours rendu plus dangereux pour ses amis que pour ses ennemis. Au lieu de s'armer contre le ministre, il se mit au lit, disant qu'il avait la goutte; mais ceux qui le connaissent disent qu'il n'avait d'autre mal que la fatigue de s'être fâché et un extrême désir de prendre du repos. Cependant le cardinal, craignant que Monsieur ne songeât à enlever le roi, fit doubler les gardes devant le Palais-Royal, et commanda à ce régiment de se tenir prêt à tout événement. Monsieur, averti de ces ordres, crut qu'ils étaient donnés contre lui, et qu'on pouvait avoir le dessein de se saisir de sa personne. Ainsi la peur fut égale des deux côtés, et elle amena une prompte réconciliation. L'abbé de la Rivière fut fait ministre d'Etat, le duc de Mercœur revint à la cour, et Montreuil fut remis entre les mains de Monsieur, pour en disposer comme il l'entendrait. Pour contenter Madame, on promit d'entrer en accommodement avec le duc de Lorraine; mais une telle promesse ne pouvait être sérieuse, et Monsieur le savait bien.

A peine cette affaire était-elle arrangée à la satisfaction de la reine, que le Parlement donna de nouveaux sujets d'inquiétude à Sa Majesté. La Saint-Martin passée, ce corps s'assembla avec des dispositions plus fâcheuses que jamais. Dès la première séance, le président Viole dit que les désordres de l'Etat demandaient un prompt remède, et que, pour guérir tant de plaies, il fallait couper le mal dans sa racine ; ce qui signifiait qu'il fallait renvoyer le cardinal Mazarin. M. le Prince répondit avec plus de hauteur qu'on n'en attendait de lui, et il parla de manière à persuader à tous que la reine et Son Eminence auront toujours en lui un zélé défenseur.

Le soir de ce jour-là, il y eut une nombreuse réunion à l'hôtel de Condé. Chacun félicitait Son Altesse de s'être si fermement prononcée et d'avoir tancé d'importance Messieurs du Parlement. Il me sembla toutefois que Mme de Longueville n'était pas aussi satisfaite de son frère qu'elle s'efforçait de le paraître. Elle lui demanda s'il avait enfin obtenu du cardinal la promesse de donner le Pont-de-l'Arche au duc son mari, et Monseigneur ayant dit qu'il n'avait encore reçu de M. de Mazarin aucune assurance positive, la duchesse sourit du bout des lèvres, en murmurant que ce n'était point la peine de prendre si hautement les intérêts d'une cour où règne tant d'ingratitude.

Cela ne fut pas dit tout haut, mais dans un coin du salon, où ma chère Fierval et moi nous nous étions retirées, comme d'habitude. M. le Prince me parut un peu triste de n'avoir pu donner de meilleures nouvelles à sa sœur, qu'il aime tendrement ; il l'assura de cette amitié, et lui promit de ne rien négliger pour qu'elle fût satisfaite. La duchesse lui tendit la main, en disant :

— Je ne doute ni de votre tendresse ni de votre dévouement, cher prince ; mais je doute de la bonne volonté de la reine et du Mazarin.

— Chut ! fit monseigneur en riant, ne parlez pas ainsi de Son Eminence, ou je croirai que vous avez beaucoup d'amis dans le Parlement.

— Pourquoi pas ? dit la belle duchesse. Il est bon d'en avoir partout.

— Prenez garde, ma sœur, si la reine le savait....

— Je suis la très-humble servante de Sa Majesté ; mais je suis trop bonne Française pour aimer le signor Giulio Mazarini.

— Qu'il se tienne donc sur ses gardes, répliqua M. le Prince. Je le plains d'avoir pour ennemie la plus belle dame du royaume.

— Il en a tant d'autres, qu'une de plus ou une de moins, peu lui importe.

— Ce n'est pas quand il s'agit de vous, madame ; car vous êtes une puissance, et le cardinal le sait bien.

— S'il le sait, il n'en est que plus aveugle de ne pas essayer de m'attacher à lui par la reconnaissance. Mais vous devez voir que ce n'est qu'en inspirant de la crainte à ceux qui nous gouvernent qu'on en peut obtenir quelque chose pour soi-même ou pour ses amis.

— Cela est triste à dire, mais cela est vrai, répondit M. le Prince. Il y a longtemps déjà que je m'en suis aperçu.

— Beaucoup d'autres le voient comme vous, mon frère, et tous n'ont pas votre désintéressement ; aussi me semble-t-il que Sa Majesté est entrée dans une mauvaise voie. Il serait plus agréable et plus juste de récompenser les bons serviteurs que les ambitieux et les mutins.... Enfin, nous verrons comment tout cela se passera. Croyez-vous, prince, qu'il y ait quelque chose à craindre pour les fêtes de Noël ?

— Qu'y aurait-il donc, ma sœur ?

— Voulez-vous faire le mystérieux avec moi, ou bien ignorez-vous réellement les bruits qui courent ? On dit que la reine veut enlever le roi, affamer Paris et le saccager.

— Il faut bien laisser dire ce qu'on ne peut pas empêcher. Ces bruits sont fâcheux, mais ils n'ont aucun fondement. La reine ne demande qu'à être tranquille, et elle n'a d'autre projet pour les fêtes de Noël que de les passer pieusement au milieu de ses bonnes filles du Val-de-Grâce.

— Je vous crois, mon frère ; et puisqu'il en est ainsi, je pourrai bien, de mon côté, aller aux Carmélites.

— Allez-y, ma sœur, et priez pour la France et pour le roi....

— J'ai cru que vous alliez ajouter : Et pour le cardinal....

— On ne gagne rien à être trop exigeant. Vous devriez, ma sœur, le dire à vos amis du Parlement.

— Je n'y manquerai pas, mon frère. Reste à savoir s'ils profiteront de la leçon.

M. de Marsillac, qui entrait alors, vint saluer la duchesse et mit fin à cette conversation. M. le Prince échangea quelques paroles avec le nouveau venu ; puis ce gentilhomme offrit son bras à Mme de Longueville pour passer dans un autre salon, et monseigneur, se tournant vers Mlle de Fierval et moi, nous dit en souriant :

— Vous pourriez au besoin, mesdames, témoigner de mon dévouement à la reine et à Son Eminence, puisque ce dévouement va jusqu'à m'attirer les railleries de la duchesse ma sœur. Mademoiselle de Trémonts, ajouta-t-il en donnant à ses paroles l'accent de la plus grande bienveillance, je désire faire cadeau de votre portrait à ma mère. Me permettez-vous de vous envoyer Juste d'Egmont, dont Mme de Longueville a été très-satisfaite ?

Cette demande me surprit tellement, que je me serais trouvée fort embarrassée de répondre, si ma chère Fierval n'était venue à mon secours.

— Juste d'Egmont est donc de retour à Paris ? dit-elle.

— Depuis quelques jours seulement. Sans cette longue absence, j'aurais demandé plus tôt à Mlle de Trémonts de vouloir bien poser devant lui ; car Mme la Princesse m'a demandé, depuis près d'un an, le portrait de notre chère pupille.

— Je suis aux ordres de Mme la Princesse et aux vôtres, monseigneur, répondis-je alors. Je ne regrette qu'une chose, c'est de ne pouvoir aller cueillir dans les champs un gros bouquet de marguerites ; car c'est avec un de ces bouquets que j'aimerais à faire faire mon portrait.

— Il faudrait attendre bien longtemps pour que les champs eussent des marguerites, dit M. le Prince ; mais comme le nom de cette charmante fleur est tout à la fois celui de ma mère et le vôtre, je demanderai à Juste s'il ne serait pas possible de s'en procurer.

M. Juste d'Egmont est un des meilleurs élèves de Rubens. Il a fait, sous le dernier règne, le portrait de presque toutes les dames de la cour, et sa faveur n'a pas encore diminué. Je serai ravie qu'il fasse le mien, et je le prierai de m'en donner une copie pour Adrienne.

M. d'Egmont est venu ce matin. J'ai commencé de poser, et j'avais à la main un gros bouquet de marguerites. Ces fleurs viennent de Saint-Germain ; il y en avait quelques pots dans la galerie de la reine ; on les a dépouillés pour moi. C'est Mlle de Fierval qui m'a coiffée et habillée. Elle veut que je sois bien belle, et je crois que je le serai. Mes cheveux sont presque aussi longs et aussi soyeux que ceux de Mme de Longueville, et la nuance en est la même ; j'ai les traits fins, la physionomie douce et timide, la taille mince et gracieuse. Ce n'est pas moi qui dis cela, c'est le peintre ; mais j'ai beaucoup de plaisir à l'entendre, et je suis bien la plus vaine petite personne qu'il y ait dans tout le royaume. Fierval m'a fait ce compliment, quand elle m'a vue mettre sens dessus dessous toute ma garde-robe sans rien trouver d'assez beau. Enfin je me suis décidée pour la robe de brocart bleu que je portais à Saint-Germain ; Adrienne y a ajouté quelques dentelles et des nœuds de satin blanc, qui l'ont rendue beaucoup plus jolie ; et au moment où M. Juste commençait son esquisse, on m'a remis, de la part de la duchesse de Longueville, un collier de perles, qui doit compléter ma parure.

Oh ! ma bonne mère Marie des Anges, vous ne reconnaîtriez pas votre petite Marguerite, si vous la voyiez dans cette toilette de cour ; ni vous non plus, ma mère, qui m'avez élevée dans la pauvreté, et qui sans doute, à votre dernière heure, envisagiez avec angoisse l'avenir que vous me croyiez réservé. Cette pensée est venue modérer la joie que j'éprouvais de me voir parée avec tant de goût et de richesse ; elle a changé l'expression de ma physionomie d'une manière tellement visible, que M. d'Egmont m'a dit :

— Bien ! mademoiselle, je vous aime mieux ainsi. Ne vous efforcez pas de paraître trop gaie ; votre caractère doit être plus porté à la rêverie qu'à la gaîté ; un peu de mélancolie vous sied à merveille.

Mon portrait sera fini pour le nouvel an ; l'artiste l'a promis à M. le Prince, qui paraît y tenir beaucoup. Je pose tous les deux jours, et cela ne m'amuse pas trop ; mais Adrienne, qui me tient fidèle compagnie, m'aide à passer le temps en faisant tout haut quelque lecture intéressante, et M. Juste, qui est un homme d'esprit, nous tient au courant de ce qui se passe, tant à la cour qu'au Parlement.

La grande affaire du moment, celle qui passionne tous les esprits, est la demande faite par la marquise de Senecé d'un tabouret pour la comtesse de Fleix, sa fille. Mme de Fleix est, dit-on, une personne du plus grand mérite ; elle est veuve, et, son mari descendant de l'antique maison de Foix, elle prétend avoir le droit de se compter au nombre des princesses. La marquise de Senecé, sa mère, est fort bien avec le cardinal, puisque c'est à elle qu'il a confié ses nièces ; cette dame a donc fait valoir l'illustration de la maison de Foix, qui a donné un héros à la France dans la personne de Gaston, duc de Nemours, et qui a compté deux reines, l'une en Hongrie, l'autre en Espagne. Ces raisons ont paru bonnes à Son Éminence, et, jointes au désir qu'il avait de témoigner sa reconnaissance à Mme de Senecé, elles l'ont décidé à faire accorder le tabouret à Mme de Fleix.

Aussitôt plusieurs autres maisons réclamèrent le même privilége ; la reine et son ministre furent assaillis de demandes de tabourets, et chaque grand seigneur se mit en devoir de faire ressortir de son mieux la gloire et la puissance de ses aïeux. Les marquis de Liancourt et de Mortemart, premiers gentilshommes de la chambre de Louis XIII, avaient été créés ducs par ce monarque; cependant Mmes de Liancourt et de Mortemart demeuraient debout au cercle de la reine, parce que le Parlement n'avait pas encore enregistré les brevets de leurs maris. Elles réclamèrent, et la reine leur accorda les honneurs du tabouret. Elle donna aussi de nouveaux brevets de duc à MM. de Grammont, d'Estrées, de la Meilleraie, et au comte de Châtillon, pour lequel M. le Prince avait demandé le bâton de maréchal, après la victoire de Lens. Le maréchal de Villeroi, gouverneur du roi, avait fortement engagé le cardinal à résister à toutes ces prétentions; mais quand il vit que son conseil n'était pas suivi, il témoigna son mécontentement de n'avoir pas, comme tant d'autres, un titre qu'il croyait avoir mérité par ses bons services. Il fut donc aussi nommé duc, et toutes les nouvelles duchesses eurent le tabouret, sans attendre que le Parlement prît le temps de confirmer les titres de leurs maris.

Le Parlement s'occupe de choses plus sérieuses. Il a fait défense à tous les particuliers de prêter de l'argent au roi; et comme la reine avait demandé l'autorisation d'emprunter à 10 pour 100, les curés de Paris sont allés en corps représenter au coadjuteur que ce serait un intérêt usuraire, auquel il ne pouvait être permis de consentir. On pense que la démarche de ces ecclésiastiques a été inspirée par le coadjuteur lui-même, qui a voulu montrer à la cour qu'on a tort de railler celui dont on peut avoir besoin. La reine a donc été obligée de retirer sa proposition, quoique les coffres du roi soient tout à fait vides.

Les fêtes de Noël se sont passées sans amener aucun des événements qu'on redoutait. La reine n'a pas enlevé le roi, comme on en faisait courir le bruit; tout est demeuré tranquille au Palais-Royal, et Sa Majesté s'est même privée d'aller passer au Val-de-Grâce cette grande solennité. On peut bien dire que cette princesse a tous les ennuis, toutes les inquiétudes du pouvoir, sans en avoir les jouissances. Il n'y a personne en France qui ne soit plus libre qu'elle, et je vois combien ma chère Fierval avait raison de me dire que si haut qu'on soit placé dans l'échelle sociale, on y trouve de grandes peines et de cruels soucis.

Je suis mille fois plus heureuse qu'Anne d'Autriche, mille fois plus fière que les duchesses qui ont maintenant leurs tabourets au cercle de la reine ; mon portrait est fini, si bien fini, qu'il est charmant, et que je me demande, en le voyant, si cette jolie personne est Marguerite de Trémonts. Pourtant on m'assure qu'il n'est pas flatté ; et ce qui me le persuade, c'est qu'Adrienne me le dit comme tout le monde. M. le Prince a remercié M. d'Egmont, et lui a fait cadeau d'un camée de grand prix.

Mme la Princesse a paru très-flattée de l'attention de son fils, et très-contente de mon portrait. Elle m'a embrassée, en me disant, avec cette grâce qu'elle possède au suprême degré, que ce portrait avait sa place marquée entre ceux de ses enfants, et elle l'a fait mettre en effet près de celui de Mme de Longueville, comme celui de M. de Conti est à la suite de celui de M. le Prince. Elle a fait ensuite appeler M. d'Egmont, pour le prier d'ajouter à ce portrait de magnifiques pendants d'oreilles et un nœud de corsage en perles fines, assorties au collier que m'a donné Mme de Longueville.

C'est un cadeau royal que ces dames ont voulu me faire, et j'ai cru remarquer que M. le Prince est fort sensible à cette générosité dont je suis l'objet. Je ne puis me lasser d'admirer ces belles perles ; je les tire à chaque instant de leur boîte de velours, je les essaie devant mon miroir, et je me réjouis de les porter, quand j'aurai l'honneur d'accompagner Mme la Princesse à quelque fête de la cour. Je n'ai qu'un regret, c'est de ne pouvoir les partager avec ma chère Fierval ; si coquette que je sois, je voudrais que ces perles fussent moins belles et qu'Adrienne eût les pareilles ; mais je dois les garder telles qu'elles m'ont été données. Il est vrai que ma sage amie tient peu à toutes ces vanités ; elle est toujours vêtue avec une sévère simplicité, ce qui ne l'empêche pas d'être entourée et recherchée, parce qu'elle est aussi spirituelle et aussi aimable qu'elle est modeste.

Mme la Princesse lui a fait un cadeau qu'Adrienne préfère sans doute à mes perles : c'est un christ d'ivoire du plus beau travail. Je ne suis pas assez artiste pour l'admirer comme il le mérite ; mais je ne doute pas que ce ne soit l'œuvre d'un maître ; car à la vue de cette tête inclinée et couronnée d'épines, sur laquelle toutes les douleurs de l'agonie sont imprimées, j'ai senti mon cœur se serrer et je n'ai pu retenir mes larmes.

Adrienne l'a mis au-dessus de son prie-Dieu, et je lui ai demandé la permission d'aller m'y agenouiller quelquefois.

— Venez-y quand vous voudrez, m'a-t-elle répondu. Vous n'y viendrez jamais assez, si vous me promettez d'y prier un peu pour moi.

Pourquoi me demandez-vous mes prières, chère Adrienne? Ah! c'est que vous ne savez pas combien elles sont loin de valoir les vôtres.

X.

Le gâteau des Rois. — Fuite de la cour à Saint-Germain. — Lettre du roi
au Parlement. — Décret contre le cardinal. — Mazarins et Frondeurs. —
Le prince de Conti et le duc de Longueville rentrent à Paris.

Quelle grande nouvelle ! Le roi, la reine, le cardinal, le duc
d'Orléans, Mademoiselle, Mme la Princesse, M. le Prince, sa
femme, son fils, M. de Conti ; en un mot, la cour entière a quitté
Paris cette nuit.

Voici ce qui s'est passé.

Depuis quelques jours, le bruit courait par la ville que la reine
pensait à enlever le roi ; mais il y a si longtemps que ce bruit a
couru pour la première fois, qu'on n'y devait plus faire attention.
Je ne sais pourtant quelle peur agitait tous les esprits. Hier,
j'avais quelques emplettes à faire et j'étais sortie avec Mlle de
Fierval ; c'est la raison pour laquelle je puis parler de cette
inquiétude que nous avons remarquée dans les rues, aussi bien
que dans les boutiques où nous nous sommes arrêtées. Personne
ne savait rien ; mais il y avait dans l'air de funestes pressentiments.

Comme c'était la veille des Rois, Mme de Longueville vint souper à l'hôtel de Condé, pendant que M. le Prince allait tirer les Rois chez le maréchal de Grammont, en belle et nombreuse compagnie. Notre soirée fut très-gaie; les beaux esprits n'y manquèrent pas, et ils raillèrent fort agréablement la terreur publique, qu'ils avaient remarquée comme nous. Il était tard quand les conviés se retirèrent, et Mme la Princesse engagea sa fille à coucher à l'hôtel; ce à quoi la duchesse consentit.

Je n'étais pas encore endormie, quand j'entendis aller et venir dans l'appartement de Mme la Princesse, et bientôt après dans tout l'hôtel. Il y avait à peu près deux heures que j'étais au lit; mais je songeais à l'effet que ferait ma parure de perles sur une robe de damas gris-clair dont j'avais fait l'acquisition dans l'après-midi. Je ne prêtai pas d'abord une grande attention à ce va-et-vient; mais en entendant le bruit s'augmenter, je crus que Mme la Princesse était malade, et je me levai pour m'en assurer.

Je trouvai Mme la Princesse debout et en habits de voyage. M. le Prince entrait chez elle en même temps que moi, et lui annonçait que sa belle-fille et le duc d'Enghien, son petit-fils, allaient descendre. J'aurais bien voulu pouvoir me retirer sans être aperçue; car je vis bien que je tombais au milieu des préparatifs d'un voyage qu'on désirait tenir secret; j'avais déjà fait quelques pas en arrière; mais M. le Prince me vit.

— C'est vous, mademoiselle de Trémonts? me dit-il. Venez-vous avec nous?

Je répondis que, croyant Son Altesse indisposée, je venais m'informer de sa santé.

— Je vous remercie, mademoiselle, dit la princesse; je me porte fort bien, et je me dispose à partir pour quelques jours.

— Ne pourrions-nous donc emmener mademoiselle? demanda M. le Prince.

— Je n'oserais, répondit Mme la Princesse. La lettre de Sa Majesté n'est que pour Mme de Longueville et pour moi.

— L'avez-vous, madame, communiquée à ma sœur?

— Oui, mais la duchesse n'est pas décidée à partir. Elle est souffrante, vous le savez.

— Il faut qu'elle vienne, reprit monseigneur; il le faut absolument.

— Allez donc le lui dire, cher prince ; mais je doute que vous obteniez d'elle ce que je n'ai pu moi-même en obtenir.

— Est-elle donc blessée du secret que j'ai gardé envers elle ? Mais j'avais donné ma parole de ne rien dire à qui que ce fût, pas même à vous, madame ; je ne pouvais parler sans manquer à l'honneur.

— La duchesse dit que le voyage la fatiguerait beaucoup, et que si le séjour à Saint-Germain devait se prolonger, elle manquerait des secours dont elle est à la veille d'avoir besoin.

— Mais s'il y a pour elle plus de danger encore à rester ici ?

— Votre sœur est fort courageuse, et elle prétend n'avoir rien à craindre.

— Je vais essayer encore de la décider.

M. le Prince sortit. J'avais voulu m'éloigner quelques instants auparavant; il m'avait retenue, en me disant qu'on pouvait parler devant moi. Quand je me trouvai seule avec Mme la Princesse, elle me dit :

— La reine part pour Saint-Germain ; elle a invité les princes et les princesses à la suivre; mais elle laisse ses dames à Paris, et je n'oserais vous emmener. Si demain ou dans quelques jours je vois qu'il soit possible de vous faire venir, je vous enverrai chercher.

Je remerciai Mme la Princesse de sa bonté, et je lui dis que mon seul regret était d'être privée de sa présence.

— Vous aurez Mlle de Fierval, répliqua-t-elle, vous n'êtes pas à plaindre.

— Si Votre Altesse daigne m'envoyer chercher, repris-je, Mlle de Fierval m'accompagnera-t-elle?

— Assurément, répondit la princesse. Comment feriez-vous pour vivre sans cette amie?

— Elle m'est bien chère, madame, et je vous serai toujours reconnaissante de me l'avoir donnée.

M. le Prince rentra alors.

— Ma sœur est inflexible dans sa résolution, dit-il; et elle vous prie encore une fois, madame, de vouloir bien l'excuser auprès de Sa Majesté.

— Je ferai de mon mieux ; mais je crains que la reine ne soit pas contente.

— J'espère qu'elle comprendra les raisons qui engagent la duchesse à rester ici. Quant à moi, je partirai plus tranquille, puisque je laisse Mlle de Trémonts sous la garde de Mme de Longueville.

— Allez vous reposer, chère enfant, me dit Mme la Princesse, et comptez que je vous appellerai, dès que cela me sera possible.

Je me retirai, et je rencontrai dans l'antichambre Mme la Princesse, que j'appellerai Mme de Condé, pour la distinguer de Mme la Princesse douairière, ma bienveillante protectrice. Mme de Condé faisait mille efforts pour apaiser le petit duc d'Enghien, qui, réveillé au milieu de la nuit, jetait les hauts cris. M. le Prince vint au-devant de lui, le prit dans ses bras et lui dit :

— Paix ! d'Enghien, nous allons voir une revue.

L'enfant se tut aussitôt.

En rentrant chez moi, j'y trouvai Mlle de Fierval. Elle venait d'y arriver, et elle commençait à s'inquiéter de ne pas m'y voir. Je lui racontai ce que je venais d'apprendre, et nous fîmes le projet d'aller dès le matin voir Mme de Motteville, qui devait être chez elle, puisque la reine n'avait pas emmené ses dames. Il nous tardait de savoir ce qui s'était passé à la cour, et comment le secret du départ avait pu être si bien gardé par l'entourage de Sa Majesté.

Adrienne resta près de moi jusqu'au petit jour, qui vient tard en cette saison. Nous n'avions ni l'une ni l'autre envie de dormir ; Fierval était inquiète, et moi j'avais peur. Il me semblait déjà voir dans les rues toutes ces vilaines figures, entendre tous ces cris qui m'avaient tant effrayée lors de l'arrestation de M. Broussel, et la présence de Mme de Longueville ne m'empêchait pas de regretter celle de M. le Prince.

Enfin, quand le jour parut, je me décidai à me remettre au lit ; mais ce ne fut pas pour longtemps. La nouvelle du départ de la reine venait de se répandre ; on courait dans la rue ; on s'appelait, on s'interrogeait, et des exclamations de douleur éclataient de tous côtés : « Ah ! quel malheur ! Nous sommes perdus.... Paris va être mis à feu et à sang.... C'est le Mazarin qui a fait tout le mal.... A bas le Mazarin !... A mort le Mazarin !... Vive le Parlement !... »

Adrienne n'entendit pas d'abord tout ce bruit, sa chambre donnant sur le derrière de l'hôtel. Elle reposa jusqu'à huit heures, et je ne voulus entrer chez elle que quand je sus qu'elle était levée. Nous nous étions promis d'aller de bonne heure visiter Mme de Motteville ; mais Adrienne me dit que nous ferions mieux de ne pas sortir, et je me rangeai volontiers à son avis. Nous ne devions cependant pas être privées du plaisir de voir cette dame ; elle vint à l'hôtel de Condé dans la matinée, et elle ne témoigna pas beaucoup de surprise, quand elle sut que Mme de Longueville y était restée. Toutefois, comme c'est une personne très-discrète, elle ne nous dit pas quel motif lui avait fait supposer que la duchesse n'irait pas à Saint-Germain. Mlle de Fierval lui demanda si elle avait été longtemps à l'avance instruite du projet de la reine, qui lui témoigne beaucoup d'amitié et de confiance.

— Il est vrai, répondit-elle, que Sa Majesté a pour moi des bontés sans nombre ; mais ce départ était sans doute un secret d'Etat ; car il a été bien gardé. J'allai hier au soir chez la reine et je la trouvai dans son petit cabinet, tranquillement occupée à voir jouer le roi. Elle était appuyée au coin de la table ; elle souriait et paraissait tout à fait exempte d'inquiétude. Je me mis derrière sa chaise, pour prendre le même divertissement qu'elle et pour faire ce que font les gens de cour, c'est-à-dire pour passer quelques heures le plus inutilement du monde. Mme de la Trémouille était assise près de Sa Majesté ; elle me fit de l'œil un petit signe, que je compris fort bien, et je me penchai vers elle pour entendre ce qu'elle avait à me dire. « Le bruit court dans Paris que la reine part cette nuit, » murmura-t-elle à mon oreille. Je ne répondis qu'en lui montrant combien la reine était tranquille, et en haussant légèrement les épaules à cette idée des Parisiens, qui me paraissait une chimère. Les princes et le ministre vinrent, comme d'habitude, faire leur cour à Sa Majesté, qui me parut plus gaie qu'à l'ordinaire. Ils s'excusèrent de n'y pas demeurer plus longtemps, parce qu'ils allaient tirer les Rois chez le maréchal de Grammont, qui, tous les ans, à pareille époque, les réunit à sa table. Quand ils furent partis, la reine ordonna qu'on emmenât le duc d'Anjou, et, après l'avoir embrassé, elle nous dit qu'elle irait le lendemain au Val-de-Grâce. Le petit duc revint alors vers elle, et la pria de l'y conduire. Elle le lui promit, et il s'en alla bien content.... « Mesdames, nous dit-elle alors, puisque d'Anjou est parti, nous allons nous faire apporter un gâteau. » Le roi, la reine, Mme de Brégy, ma sœur et moi, nous prîmes notre part de ce gâteau, dont le sixième morceau fut mis de côté, comme appartenant à la Vierge ; mais personne d'entre nous n'ayant la fève, le roi ouvrit la part de la Vierge, et donna à sa mère le gage de la royauté. On nous avait apporté, avec le gâteau, une bouteille d'hypocras ; nous priâmes la reine d'en boire un peu, afin de nous donner le plaisir de crier : La reine boit !... Elle se prêta de la meilleure grâce du monde à notre désir. Après le souper, elle nous parla d'un repas que devait donner le surlendemain le marquis de Villequier, capitaine des gardes ; elle nomma les personnes qui y assisteraient, et elle dit qu'il faudrait, pour nous divertir, y faire venir la petite bande des violons de M. le Prince. Il fut alors question de son départ supposé ; elle en rit de si bon cœur, que nous nous moquâmes sans arrière-pensée de ceux qui étaient assez fous pour ajouter foi à de pareils mensonges. Il était minuit quand elle envoya chercher M. de Beringhen, premier écuyer. Dès qu'il fut entré, elle se leva et nous dit qu'elle avait à l'entretenir d'une affaire de charité. Sa Majesté n'a pas pour habitude de nous rendre compte de ses actions, et la précaution qu'elle prenait de nous dire ce qu'elle avait à commander à M. de Beringhen aurait dû nous paraître suspecte ; mais nous étions parfaitement tranquilles, et ce détail ne nous frappa nullement. La reine alors se déshabilla ; et quand elle fut prête à se coucher, Mlle de Beaumont nous dit, à M. de Comminges et à moi, que la maréchale de Grammont, son amie, l'avait vivement pressée de quitter Paris avec elle ; ce qui pouvait faire supposer que les bruits qui couraient n'étaient pas sans fondement. Cependant nous doutions encore en sortant du Palais-Royal, dont on ferma les portes derrière nous. Mais à trois heures du matin un de mes amis vint me réveiller, en me disant que si je voulais partir avec la reine, je n'avais pas un instant à perdre, que Sa Majesté était au Cours avec le roi, le cardinal, le duc d'Orléans, Madame, Mademoiselle et ses sœurs, M. le Prince, et toute sa famille. La reine ne m'ayant pas parlé de ce voyage, je n'osai me permettre de la rejoindre, et je le regrette maintenant ; car j'ai appris que beaucoup de personnes ont quitté Paris pour Saint-Germain, sans y avoir été invitées.

Je dis à Mme de Motteville que Mme la Princesse n'avait pas non plus osé nous emmener, Mlle de Fierval et moi, mais qu'elle avait promis de nous envoyer chercher, si cela pouvait se faire sans inconvénient, et je lui demandai s'il lui serait agréable que nous la fissions prévenir, au cas où nous recevrions l'ordre de partir. Mme de Motteville répondit qu'elle profiterait avec plaisir de notre société, si nous restions quelques jours encore à Paris, où elle était retenue par des affaires d'intérêt. Avant de retourner chez elle, cette dame alla saluer Mme de Longueville, qui lui parla fort amicalement, lui fit répéter ce qu'elle nous avait raconté, et lui assura qu'elle était tout à son service.

Le Parlement apprit avec consternation la fuite du roi ; il ordonna aux bourgeois de prendre les armes et se plaignit amèrement du cardinal, à qui il attribuait tous les malheurs du temps. De son côté, la reine avait écrit en partant à messieurs de la ville, pour les informer de son départ, dont elle accusait la violence et les cabales du Parlement. Elle promettait aux Parisiens de ne pas cesser de les aimer, pourvu qu'ils lui aidassent à se venger de ses ennemis. Le roi leur écrivit aussi une lettre, dont voici la copie :

« Très-chers et bien-amés, étant obligé, avec un sensible déplaisir, de partir de notre bonne ville de Paris, cette nuit même, pour ne pas demeurer exposé aux pernicieux desseins d'aucuns officiers de notre cour de Parlement de Paris, lesquels ayant intelligence avec les ennemis de l'Etat, après avoir attenté contre notre autorité par diverses rencontres, et abusé longuement de notre bonté, se sont portés jusqu'à conspirer de se saisir de notre personne. Nous avons bien voulu, de l'avis de notre très-honorée dame et mère, vous faire part de notre résolution et vous ordonner, comme nous le faisons très-expressément, de vous employer en tout ce qui dépendra de vous pour empêcher qu'il n'arrive rien à notre dite ville qui puisse en altérer le repos, ni préjudicier à notre service, vous assurant, comme nous espérons, que tous les bons bourgeois et habitants d'icelle continueront avec vous dans les devoirs de bons et fidèles sujets, ainsi qu'ils ont fait jusqu'à présent ; qu'aussi ils recevront de bons et favorables traitements ; nous réservant de vous faire savoir dans peu de jours la suite de notre résolution, et cependant nous confiant en votre fidélité et affection à notre service, nous ne vous ferons la présente plus longue ni plus expresse.

« Donné à Paris, ce cinquième janvier 1649. »

Deux jours après, M. de Lisle, capitaine des gardes, vint apporter, de la part du roi, au Parlement l'ordre de se rendre à Montargis. Les autres cours souveraines furent aussi frappées d'interdiction et sommées de quitter Paris. En même temps la reine défendit qu'aucunes denrées ou provisions, de quelque nature que ce fût, entrassent dans Paris, qu'elle voulait ainsi réduire à l'obéissance.

Le Parlement protesta contre ces rigueurs, et prit le parti d'envoyer une députation à la reine, pour la supplier de nommer ceux que le roi accusait d'avoir des intelligences avec les ennemis de l'Etat, et pour promettre à Sa Majesté d'instruire sans retard leur procès.

Les députés du Parlement se rendirent donc à Saint-Germain ; mais la reine refusa de les recevoir et leur fit dire qu'elle les croyait à Montargis, où le roi leur avait ordonné de se rendre ; qu'avant de les écouter, elle voulait qu'ils obéissent, et qu'elle verrait ensuite ce qu'elle aurait à faire. Le chancelier, qu'ils voulurent voir, leur tint le même langage, et les congédia sans entendre ce qu'ils avaient à lui dire.

Ils reprirent donc assez tristement le chemin de Paris, et le lendemain ils rendirent compte au Parlement de la manière dont ils avaient été traités. Le Parlement s'en indigna, et, après bien des discussions, des plaintes, des murmures, il rendit l'arrêt suivant :

« Ce jour, la cour, toutes les chambres assemblées, délibérant sur le récit fait par les gens du roi, de ce qu'ils se sont transportés à Saint-Germain en Laye, par devers ledit seigneur roi et la reine régente de France, en exécution de l'arrêt du jour d'hier, et du refus de les entendre, et de ce qu'ils ont dit que la ville était bloquée, a arrêté et ordonné que très-humbles remontrances par écrit seront faites au dit seigneur roi et à ladite dame reine régente. Et, attendu que le cardinal Mazarin est notoirement l'auteur de tous les désordres de l'Etat et du mal présent, l'a déclaré et déclare perturbateur du repos public, ennemi du roi et de son Etat, lui enjoint de se retirer de la cour dans ce jour, et dans huitaine hors du royaume ; et ledit temps passé, enjoint à tous les sujets du roi de lui courre sus, et fait défense à toutes personnes de le recevoir. Ordonne en outre qu'il sera fait levée de gens de guerre en cette ville, en nombre suffisant ; à cette fin, commissions délivrées pour la sûreté de la ville tant au dedans qu'au dehors, et escorter ceux qui amèneront les vivres, et faire en sorte qu'ils soient amenés et apportés en toute sûreté et liberté. Et sera le présent arrêt lu, publié, affiché partout où il appartiendra, à ce qu'aucun n'en prétende cause d'ignorance. Enjoint au prévôt des marchands et aux échevins de tenir la main à l'exécution. »

Les membres du Parlement s'imposèrent eux-mêmes, pour donner aux autres l'exemple de la générosité ; car il ne suffit pas de décréter une levée de troupes, il faut de l'argent pour les solder. Il faut aussi des capitaines pour les commander ; mais chacun est persuadé qu'on en trouvera ; car il y a bien des ambitions mécontentes, et l'on sait par expérience que les rebelles obtiennent de la cour beaucoup plus de faveurs que les fidèles.

Nous commencions à être un peu inquiètes, Mlle de Fierval et moi, de nous voir dans une ville que la reine veut bloquer et affamer, quand un des gentilshommes de M. le Prince vint nous chercher de sa part.

Ce gentilhomme, nommé M. de Sainte-Luce, alla aussi à l'hôtel de Longueville prier la duchesse, qui y était retournée, de quitter Paris au plus tôt. Mme de Longueville s'excusa sur ce qu'elle ne pouvait s'éloigner sans la permission de son mari, qui était alors absent. Elle chargea l'envoyé de M. le Prince d'offrir ses hommages à sa mère, et de lui dire qu'elle, Mme de Longueville, n'avait rien à craindre des Parisiens. Elle le força de prendre un de ses carrosses pour nous emmener, Adrienne et moi, de peur que nous ne fussions inquiétées, et elle voulut nous accompagner jusqu'à la porte Saint-Honoré.

Nous n'avions pas oublié la promesse faite à Mme de Motteville. Mlle de Fierval l'envoya prévenir ; mais on ne la trouva ni chez elle ni chez ses amis ; ce qui, à notre grand regret, nous obligea de la laisser à Paris. Plusieurs voitures qui suivaient la même direction que la nôtre furent attaquées par la populace ; ceux qui y étaient enfermés furent insultés, et je vis deux ou trois cochers forcés de tourner bride, après avoir fait une résistance inutile. Les armes de Longueville, peintes sur notre carrosse, nous préservèrent de ces avanies, et la présence de la duchesse, qui se montrait souriante à la portière, nous valut des acclamations et des vivat.

Arrivées à la porte, nous fîmes nos adieux à notre protectrice, au milieu d'un groupe inquiet et presque menaçant ; car il s'était trouvé quelqu'un pour dire que Mme de Longueville quittait Paris, et cette nouvelle s'était en un instant répandue. Elle rassura tout ce monde par quelques paroles ; mais cela n'empêcha pas la foule de nous barrer le passage, quand elle nous vit prêtes à monter dans une des voitures de M. le Prince, qu'on avait emmenée en dehors de la porte. Le gentilhomme qui nous accompagnait voulut tirer l'épée ; Mme de Longueville l'en empêcha, en disant à haute voix :

— Mes amis, laissez passer ces dames ; elles portent de ma part un message aux princes mes frères, que j'ai l'espoir de gagner bientôt à la cause du peuple.

Chacun s'écarta aussitôt ; Adrienne me fit monter et se plaça près de moi ; le gentilhomme monta à son tour, après avoir baisé la main de la duchesse ; le cocher fouetta ses chevaux, et le carrosse vola sur la route de Saint-Germain.

— Enfin ! dis-je à Mlle de Fierval, en lui serrant la main, nous voilà libres ; mais j'ai eu grand'peur.

— Nous n'avions rien à craindre avec Mme de Longueville, me répondit-elle.

— Je ne croyais pas que Mme la duchesse eût déjà tant de pouvoir, ajouta M. de Saint-Luce ; dans quelques jours, elle sera la reine de Paris. C'est, je crois, la première fois que M. le Prince et sa sœur se trouvent divisés d'intérêts et d'opinions.

— Pensez-vous donc, monsieur, demanda Mlle de Fierval, que Mme de Longueville songe à se mêler de tout ceci ?

— Le bruit en court à Saint-Germain, mademoiselle ; on la nomme déjà la belle Frondeuse. Vous me regardez, mesdames ?... C'est sans doute la première fois que vous entendez ce nom ?

— En effet, dit Adrienne, et vous nous feriez plaisir de nous dire d'où il vient.

— Je ne le sais pas trop bien moi-même. Toutefois, on prétend que le cardinal, parlant de Messieurs du Parlement, dit qu'ils frondaient comme les écoliers en l'absence de leurs maîtres, et depuis ce moment on appelle *Frondeurs* tous ceux qui soutiennent le Parlement contre Son Eminence. Nous, mesdames, nous sommes des Mazarins.

— Et je suppose, dit Adrienne, que les Mazarins ne craignent pas les Frondeurs.

— Nous espérons bien en avoir raison, puisque la vaillante épée de M. le Prince est au service de notre parti, qui d'ailleurs est celui du roi.

— Qui sait? répliqua Mlle de Fierval. Le Parlement se déclare serviteur du roi, tout en bannissant le cardinal, et en ordonnant à chacun de lui courre sus comme à une bête féroce. Que dit-on de cet arrêt à Saint-Germain?

— On en rit, mademoiselle; mais je crois que la reine et Son Eminence en sont plus fâchées qu'elles ne le veulent paraître. Ce qui leur fait supposer que la chose a un côté sérieux, c'est la générosité avec laquelle Messieurs du Parlement et les bourgeois de Paris se sont imposés pour lever des troupes. On dit que les conseillers ont donné chacun 500 livres; c'est une grosse somme par le temps qui court. Je ne sais si Sa Majesté en possède autant.

— Comment se fait-il, demanda mon amie, que Mme de Longueville passe pour être du parti des Frondeurs, et que toute sa famille, sans en excepter son mari, soit de celui du cardinal?

— Voilà une question difficile à résoudre, répondit M. de Sainte-Luce. M. le Prince est sincèrement dévoué à la cour, quoiqu'il n'ait pas toujours eu à s'en louer ; mais vous le connaissez comme moi, mademoiselle; vous savez que c'est le cœur le plus loyal, l'homme le plus modeste et le plus désintéressé qu'on puisse rencontrer. Il étouffera son mécontentement, s'il en a, et il fera son devoir. En sa qualité de chef de famille, il a invité M. de Conti et M. de Longueville à le suivre à Saint-Germain, et tous deux ont obéi. La duchesse seule a trouvé un prétexte pour s'excuser non-seulement auprès de la reine, mais auprès de M. le Prince et de sa mère. Je ne parle pas de M. de Longueville ni de M. de Conti; l'un et l'autre, vous le savez encore, se laissent volontiers diriger par la belle duchesse; ils aiment ses amis et se déclarent contre ses ennemis. Aussi dit-on tout bas que ces deux princes n'attendent qu'une occasion ou un signal pour faire ce qu'a fait déjà M. le duc d'Elbeuf.

— Qu'a-t-il donc fait, monsieur ? Depuis plusieurs jours nous ne sommes pas sorties de l'hôtel, et nous ignorons tout ce qui se passe.

— M. le duc d'Elbeuf a quitté Saint-Germain, sous le prétexte d'aller voir sa mère, qui est, dit-il, tombée malade, mais en réalité pour aller offrir ses services au Parlement, qui l'a nommé général de l'armée de Paris.

— Et vous pensez, monsieur, que MM. de Conti et de Longueville en pourraient faire autant ?

— Je ne pense rien, mademoiselle ; mais comme je connais votre discrétion, je vous répète ce qui se dit tout bas, en l'absence de M. le Prince. C'est aux événements qu'il appartiendra de démentir ou de confirmer ces suppositions.

J'avais vu souvent M. de Sainte-Luce, soit à Chantilly, soit à Paris ; mais je ne lui avais jamais parlé ; je me contentais donc d'écouter la conversation, et je me sentais toute triste de voir pour la première fois entrer la désunion dans la famille de mes protecteurs. Je m'expliquais la froideur que j'avais cru remarquer à plusieurs reprises entre M. le Prince et Mme de Longueville ; et notre compagnon de voyage ayant ajouté qu'on soupçonnait la duchesse de se laisser diriger dans toute cette affaire par M. de Marsillac, je me souvins d'avoir vu monseigneur faire à ce jeune gentilhomme un accueil glacial.

M. de Marsillac a jadis fait partie de la cabale des Importants ; il n'aime pas le cardinal, et croit avoir contre lui des griefs sérieux. Il est vrai qu'il a demandé le gouvernement du Havre et qu'il ne l'a pas obtenu. M. le Prince a demandé sans plus de succès le Pont-de-l'Arche pour M. de Longueville ; ce dont la duchesse n'a pas été fort satisfaite. Il est vrai aussi que M. de Marsillac a sollicité le titre de duc, afin que Mme de Marsillac eût le tabouret et pût entrer au Louvre en carrosse. Il est vrai encore qu'il se plaint de ce qu'après lui avoir promis ces honneurs, le cardinal l'a oublié dans la distribution des tabourets dont j'ai parlé. Voilà bien des torts que M. de Marsillac aura de la peine à pardonner à Son Eminence. Quant à Mme de Longueville, on croit que son ressentiment serait moins vif, si M. de Marsillac ne se plaisait à l'irriter, afin de s'assurer dans ses projets de vengeance l'aide de cette belle et noble dame, et par la suite celle de sa famille.

Tout en causant ainsi des nouvelles du jour, nous arrivâmes à Saint-Germain, où Mme la Princesse commençait à s'inquiéter de nous. Je la trouvai plus affectueuse encore que d'habitude ; mais je remarquai qu'elle était pâle et troublée, en nous demandant des nouvelles de Mme de Longueville. J'allais répondre que la duchesse se portait bien ; mais Adrienne, plus habile que moi, comprit que ce n'était pas le moyen de rassurer Son Altesse, qui était alors préoccupée d'autre chose que de sa santé. Mlle de Fierval me fit donc un petit signe d'intelligence et dit que la duchesse était encore aussi souffrante que le jour où il lui avait été impossible de suivre sa famille, et que pour cette raison elle nous avait chargées de présenter ses devoirs à madame sa mère.

M. de Sainte-Luce fit en quelques mots le tableau de l'agitation dans laquelle il avait trouvé Paris, et il chanta des couplets dont voici le refrain :

> Un vent de Fronde
> S'est levé ce matin :
> Je crois qu'il gronde
> Contre le Mazarin.

Un gentilhomme qui se trouvait chez Mme la Princesse répondit à ce chant des Frondeurs par un autre dont j'ai retenu ceci :

> Que vous nous causez de tourment,
> Fâcheux Parlement !
> Que vos arrêts
> Sont ennemis de tous nos intérêts !
> Le carnaval a perdu tous ses charmes.
> Tout est en armes,
> Et les amours
> Sont effrayés par le bruit des tambours.
> On ne voit plus d'esprit sensé.
> Tout est renversé.
> Le sénateur
> Tranche à présent du grand gladiateur,
> Les échevins ont quitté la police
> Pour la milice,
> Et le bourgeois
> Croit avoir droit de réformer les lois.

En entendant ces chansons, je me sentis rassurée : une guerre dans laquelle les deux parties ne cherchaient qu'à se lancer des épigrammes ne me paraissait pas devoir être bien sérieuse. D'ailleurs, je ne voyais plus la populace menaçante, je n'entendais plus de cris, plus d'injures ; je me figurais que tout était fini, parce que je n'avais plus rien à craindre.

Beaucoup de personnes ayant un emploi à la cour étaient arrivées à Saint-Germain ; d'autres encore y étaient venues pour fuir Paris ; et tout ce monde, il faut bien le dire, s'y trouvait assez mal installé. Mais ce n'était rien en comparaison de la détresse où s'étaient vus les plus grands personnages, en s'y réfugiant, avec la reine, dans la nuit du 5 au 6 janvier. Le cardinal y avait fait secrètement transporter deux lits, dont l'un servit au roi et l'autre à la reine. Deux autres petits lits de camp étaient au château ; le cardinal donna le premier au duc d'Anjou et se réserva le second. La duchesse d'Orléans, Mademoiselle, Mme la Princesse, Mme de Condé, M. le duc d'Enghien, couchèrent sur la paille. Je ne parle pas de M. le duc d'Orléans, de M. le Prince, ni des autres seigneurs, qui, habitués de suivre ou de commander les armées, se sont vus souvent beaucoup plus mal couchés; mais toutes ces grandes dames durent trouver que c'était une dure pénitence que de passer une nuit sur la paille au mois de janvier. Encore n'en avaient-elles pas autant qu'elles en auraient voulu. En quelques instants la paille devint si rare à Saint-Germain, que peu s'en fallut qu'on ne la vendît au poids de l'or.

Mme la Princesse, ayant à s'occuper de sa belle-fille et de son petit-fils, n'avait pensé à nous appeler auprès d'elle, Mlle de Fierval et moi, qu'après avoir pourvu aux nécessités les plus pressantes; elle put donc nous donner une chambre, et nous n'eûmes à souffrir d'aucunes privations.

La soirée se passa gaîment à Saint-Germain; la reine me parut de bonne humeur; on railla le Parlement, on menaça les Parisiens, et personne ne railla avec plus de verve et ne menaça avec plus de hardiesse que M. de Conti. Je crus remarquer que Mme la Princesse en était heureuse, et cela me persuada, ce que m'avait dit Adrienne, que Son Altesse était inquiète des dispositions de son second fils, parce qu'elle savait que Mme de Longueville avait tout pouvoir sur lui. Quant à M. de Longueville, je le trouvai si morose et si embarrassé, que je pensai qu'il était peu flatté du rôle que sa femme allait jouer parmi les Frondeurs.

Je me trompais complétement; car le lendemain, de grand matin, M. le prince de Conti et M. de Longueville étaient aux portes de Paris, où la duchesse les avait mandés.

Ce fut une triste nouvelle pour Mme la Princesse, et je puis assurer qu'elle en fut très-vivement affligée. Elle l'apprit à l'heure de son lever, et tout aussitôt elle courut trouver la reine, pour lui dire elle-même quel sujet de douleur lui donnaient ses enfants bien-aimés. Elle implora avec larmes le pardon de la duchesse et du prince de Conti, et la reine, quoique très-surprise et très-peinée, fut obligée de la consoler. Le maréchal de Villeroi, qui était alors auprès de Sa Majesté, reçut l'ordre d'aller prévenir de la fuite des deux princes le cardinal, qui en fut trop saisi pour chercher à dissimuler le déplaisir qu'il en ressentait.

Mais M. le Prince en est plus profondément blessé que personne ; il est le chef de sa maison, son frère et sa sœur lui doivent le respect et l'obéissance ; aussi les regarde-t-il comme coupables, non-seulement envers le roi, mais envers lui-même, et son zèle à servir la cour s'augmente encore du désir de se venger de l'outrage qu'il croit avoir reçu.

Nous avons beaucoup parlé de tout cela, Adrienne et moi. Nous avions eu peine à ajouter foi aux projets que M. de Sainte-Luce prêtait à Mme de Longueville ; mais le moment était venu de ne plus douter, et Mlle de Fierval me dit fort sagement que notre chère duchesse, dont le caractère nous avait paru jusqu'alors plus indolent que propre aux aventures, a été si souvent et si extraordinairement louée, qu'elle a dû se laisser plus facilement que tout autre séduire par le beau côté de ce rôle de reine qu'on a fait briller à ses yeux. Avec un peu moins de beauté, moins de grâce, moins d'esprit, cette noble dame serait restée, comme sa mère, attachée à la reine ; elle se serait épargné de grands soucis et peut-être de grands remords.

XI.

Les généraux de la Fronde. — Mazarinades. — Charles de Paris. — Combats entre les Royalistes et les Parisiens. — Députations du Parlement. — Réponse de la reine.

Le prince de Conti et le duc de Longueville furent accueillis avec joie par les Parisiens, grâce à M. de Retz, qui alla les recevoir à la porte Saint-Honoré, en compagnie de M. Broussel, le père et l'ami du peuple. Grâce encore à M. le coadjuteur, M. de Conti fut nommé généralissime de l'armée de Paris. M. le duc d'Elbeuf prit rang immédiatement après lui, et ce fut une déception pour M. de Longueville, qui s'était flatté, dit-on, de partager l'autorité avec le prince, son beau-frère.

Le duc de Bouillon, frère de M. de Turenne, se déclara aussi pour la Fronde. Il redemandait sa principauté de Sédan, confisquée sous le règne précédent, et en échange de laquelle on lui avait offert de grands biens. A la première nouvelle du tumulte, le duc de Beaufort, qui n'avait pas pardonné à Mazarin ses cinq années de captivité, accourut à Paris, pour prendre part à la guerre. Le maréchal de la Mothe, qui avait aussi été détenu, en fit autant, et tous furent nommés généraux sous le prince de Conti.

La cour plaisantait toujours ; cependant ces généraux étaient assez braves et assez habiles pour faire durer longtemps la résistance des Parisiens. Il ne s'agissait que de faire entrer de force dans la ville des vivres et des munitions.

Le duc de Longueville, se voyant un peu effacé à Paris, résolut d'aller en Normandie, pour conserver à son parti cette province, dont il était gouverneur. Le Parlement approuva son projet ; mais les bourgeois et le peuple de Paris témoignant quelque inquiétude de son départ, M. de Longueville leur laissa la duchesse sa femme en otage. Elle prit avec elle ses enfants, se rendit à l'hôtel de ville, centre de tout le mouvement, et là, elle se remit entre les mains du peuple. La duchesse de Bouillon suivit cet exemple ; et quand ces deux belles dames, tenant chacune un de leurs enfants dans leurs bras, se montrèrent au balcon de l'hôtel, leur vue excita des transports de joie et d'enthousiasme dont rien ne saurait donner une juste idée.

La manie de rimer et de chansonner à propos de tout n'est point passée, et nous avons lu ce matin, dans le *Courrier français*, ce couplet sur le duc de Longueville :

>   Ce seigneur prudent et sage
>   Donne ses enfants en otage
>   Avec madame leur maman,
>   Qui n'est superbe comme un paon,
>   Mais dont l'humeur douce et courtoise
>   Cause avec la moindre bourgeoise.

Voici une autre strophe plus maligne, qu'on a eu soin de mettre sous les yeux de Mme la Princesse :

>   Servir pour otage à la ville,
>   Croire son conseil très-utile,

> Tandis que son mari nous vend ;
> Tous les jours être à l'audience
> Et ne résoudre que du vent,
> Honni soit-il qui mal y pense !

Mme la Princesse a rejeté le papier avec une indifférence affectée ; mais j'ai vu des larmes dans ses yeux, et je n'ai pu m'empêcher de pleurer aussi ; car j'aime de tout mon cœur Mme de Longueville et sa mère.

Les Frondeurs cachent aussi sous les dehors de la raillerie la crainte que leur inspire M. le Prince. Ils ont fait les vers suivants :

> Condé, quelle sera ta gloire,
> Quand tu gagneras la victoire
> Sur le bourgeois et le marchand ?
> Tu vas faire dire à ta mère :
> « Oh ! que mon grand fils est méchant !
> Il a battu son petit frère. »

Les Mazarins répondirent par des couplets à l'adresse du duc de Bouillon, du comte de Maure et du duc d'Elbeuf :

> Le brave monsieur de Bouillon
> Est incommodé de la goutte.
> Il est hardi comme un lion,
> Le brave monsieur de Bouillon ;
> Mais s'il faut rompre un bataillon,
> Ou mettre le prince en déroute,
> Ce brave monsieur de Bouillon
> Est incommodé de la goutte.

> Buffle à manches de velours noir
> Porte le grand comte de Maure.
> Sur ce guerrier qu'il fait beau voir
> Buffle à manches de velours noir !
> Condé, rentre dans ton devoir,
> Si tu ne veux qu'il te dévore.
> Buffle à manches de velours noir
> Porte le grand comte de Maure.

C'est un tigre affamé de sang
Que ce brave comte de Maure,
Quand il combat au premier rang,
C'est un tigre affamé de sang.
Il ne s'y trouve pas souvent.
C'est pourquoi Condé vit encore.
C'est un tigre affamé de sang
Que ce brave comte de Maure.

—

Monsieur d'Elbeuf et ses enfants
Ont fait tous quatre des merveilles;
Ils sont pompeux et triomphants,
Monsieur d'Elbeuf et ses enfants.
On dira jusqu'à deux mille ans
Comme une chose sans pareilles :
Monsieur d'Elbeuf et ses enfants
Ont fait tous quatre des merveilles.

Monsieur d'Elbeuf et ses enfants
Font rage à la place Royale;
Ils sont tous quatre piaffants,
Monsieur d'Elbeuf et ses enfants.
Mais sitôt qu'il faut battre aux champs,
Adieu leur humeur martiale.
Monsieur d'Elbeuf et ses enfants
Font rage à la place Royale.

Le 12 janvier, le prince de Conti fit attaquer la Bastille, qui se rendit après un semblant de résistance, et l'on plaça comme gouverneur un fils de M. Broussel. Quelques jours après, le maréchal de la Mothe sortit de Paris avec cent chevaux et marcha à la rencontre des troupes royales, commandées par le maréchal du Plessis; mais il se retira sans avoir combattu, le respect, dit-il, l'ayant empêché de tirer le premier sur les soldats de Sa Majesté.

Le 21, les généraux de Paris firent une grande sortie, pour

escorter un convoi de blé qu'ils voulaient faire entrer dans la ville; mais ils ne trouvèrent pas ce convoi, et ils ne rapportèrent de leur expédition qu'un rhume général, parce qu'il faisait très-froid.

Le duc de Beaufort, surnommé le roi des Halles, à cause de sa popularité, résolut d'aller attaquer Corbeil. Il se mit à la tête de cinq à six mille hommes, et traversa tout Paris au milieu des acclamations de la foule. Il montait un magnifique cheval blanc, et il avait mis à son chapeau quantité de plumes blanches, qui rehaussaient sa fière mine et sa mâle beauté. Le prince de Conti l'accompagna jusqu'à la porte de la ville, en lui souhaitant bonne chance ; mais ses soldats montrèrent si peu de courage, que le duc de Beaufort n'osa pas attaquer avec eux les douze cents hommes que M. le Prince avait placés à Corbeil. Tous les exploits de cette belle troupe se réduisirent à enlever quelques bœufs et quelques vaches, qu'ils ramenèrent à Paris. Ce butin, dont les généraux royalistes rient beaucoup, ne laisse pas que d'être fort agréable aux Parisiens, qui souffrent de la disette, et il leur donne le moyen de prolonger leur résistance. Des paysans, qui s'échappent la nuit des quartiers du roi, portent aussi des provisions dans la ville, où elles leur sont payées beaucoup plus cher qu'à Saint-Germain.

Les riches bourgeois peuvent donc encore se procurer ce qu'il leur faut ; il n'y a que les petits marchands, les artisans et les pauvres de toutes conditions qui manquent du nécessaire. Mais comme le nombre des pauvres est plus grand que celui des riches, il y a bien des plaintes, des murmures et des menaces dans cette grande ville dont je me félicite sincèrement d'être sortie.

Dans la nuit du 28 au 29 janvier, Mme de Longueville a mis au monde un fils, à l'hôtel de ville même. M. le coadjuteur, qui est un des chefs de la Fronde, a voulu baptiser cet enfant, auquel on a donné pour parrain le prévôt des marchands et pour marraine la duchesse de Bouillon.

> Or, cette duchesse et la ville
> Tinrent le jeune Longueville,
> Qui fut à Saint-Jean baptisé
> Et ce jour christianisé.
> Ils le nommèrent Carolus
> De Paris, et s'il en faut plus,
> D'Orléans. S'il en faut encore,
> Comte de Saint-Paul, que j'honore.
> Pour la ville était le Férou (Prévôt des marchands).

On dit que Charles de Paris, comte de Saint-Paul, est le plus bel enfant qu'on puisse voir; mais on n'en parle pas devant Mme la Princesse, qu'on voit partagée entre son amour pour sa fille et sa fidélité aux intérêts du roi.

La cour a envoyé en Normandie le comte d'Harcourt, avec l'ordre de s'emparer de Rouen et de remplacer le duc de Longueville comme gouverneur de la province. Mais le Parlement de Rouen, Frondeur comme celui de Paris, a fait fermer les portes au comte d'Harcourt, et ce général, n'ayant ni troupes ni argent, a été forcé de se retirer au Pont-de-l'Arche, puis à Ecouis, où il se borne à surveiller les entreprises que le duc de Longueville pourrait tenter contre Saint-Germain.

M. le Prince est las de cette petite guerre, dont on ne peut prévoir la fin; car les Parisiens ne sont pas moins obstinés que la cour; et quoique les deux partis se soient déjà fait faire différentes propositions, rien ne paraît vouloir se décider. On prétend que la reine, sachant ce que souffre une partie de son peuple, a de grands scrupules de conscience, qu'elle a fait venir d'habiles docteurs et qu'elle leur a demandé si elle a le droit de continuer le siége de sa capitale. On dit encore que les avis sont partagés là-dessus; que les uns répondent affirmativement, parce qu'ils considèrent que la reine n'a été amenée à traiter ses sujets avec rigueur que par les cabales du Parlement, tandis que les autres donnent à Sa Majesté le conseil de renvoyer son ministre, s'il ne faut que ce renvoi pour tout pacifier. On assure encore que le cardinal serait disposé à s'éloigner et à sortir de

France, qu'il y pense sérieusement, et que rien ne lui coûterait pour rendre au roi le respect et l'amour de ses peuples. Qu'y a-t-il de vrai dans tout cela ? C'est ce que l'avenir nous apprendra....

M. le Prince s'est décidé à aller attaquer Charenton, que les Parisiens ont fortifié, où ils ont mis une bonne garnison et de l'artillerie, parce que c'est un des meilleurs passages par lesquels ils approvisionnent la ville. M. de Chanleu, qui y commande, ou plutôt qui y commandait, ayant eu avis qu'il allait être attaqué, envoya, le 7 février au soir, demander à M. de Conti ce qu'il devait faire.

On tint conseil chez M. de Bouillon, « qui était incommodé de la goutte, » et qui, ne jugeant pas la place en état de résister à M. le Prince, dit qu'il fallait en retirer la garnison et n'y laisser qu'un poste pour défendre le pont. Les autres généraux furent moins prudents ; ils donnèrent à M. de Chanleu l'ordre de tenir ferme et lui promirent d'aller à son secours. Les soldats ne leur manquaient pas, il y en avait autant que de Parisiens ; mais cette milice était difficile à mettre sur pied, et quoiqu'on eût commencé à la faire défiler un peu après dix heures du soir, elle ne fut en bataille que le lendemain à huit heures du matin.

C'était trop tard. M. le Prince avait attaqué Charenton, dès la pointe du jour ; il s'en était emparé, et M. de Chanleu était mort en se défendant. L'armée du roi s'était ensuite ralliée en bon ordre pour attendre les Parisiens ; mais ces derniers n'allèrent pas au delà des maisons de Picpus, et leur arrière-garde ne quitta pas la place Royale. Ce n'est pas que ces gens manquent de courage ; mais ils ne connaissent pas la discipline, et leurs généraux hésitent à attaquer avec eux la véritable armée.

M. de Châtillon, le même qui est venu naguère apporter à la reine la nouvelle de la victoire de Lens, qui depuis avait été fait duc, et qui était un des meilleurs amis de M. le Prince, a été blessé à l'attaque de Charenton, et il est mort le lendemain, en tenant entre ses mains le bâton de maréchal de France que Sa Majesté venait de lui envoyer.

M. le Prince a versé beaucoup de larmes sur cette perte ; il était fort attaché à M. de Châtillon, dont la brillante valeur promettait un héros de plus à la France.

> Or, le Prince, à son avantage,
> Attendait messieurs de Paris,
> Comme le chat fait la souris.
> Assuré sur son éminence,
> Il avait grande impatience
> De tâter le pouls au bourgeois,
> Qui ne sortit pas cette fois.
> Il est prudent et craint la touche (le bourgeois)
> Joint qu'il n'aime pas la cartouche
> Dont il fit son canon charger.
> Paris n'en voulant point ronger,
> Le Prince, qui faisait fanfare,
> Commit pour soutenir Navarre,
> Châtillon avec du renfort ;
> Mais il l'envoyait à la mort.
> . . . .
> Aussi ne put pas s'empêcher
> Condé de lui donner des larmes
> Et trahir le dieu des alarmes,
> Ennemi de dame pitié ;
> Mais ce furent pleurs d'amitié,
> A cause de leur parentage.

Le lendemain de la prise de Charenton, le duc de Beaufort, étant sorti pour aller au-devant d'un convoi de blé et de bétail, fut attaqué à son retour par le maréchal de Grammont ; mais à cette nouvelle, le peuple sortit en foule pour dégager son prince bien-aimé. Le maréchal de la Mothe lui prêta une assistance plus utile, et ces deux généraux revinrent ensemble, ramenant les bœufs et les moutons, pour lesquels M. de Beaufort avait risqué si vaillamment sa vie.

Pendant que les gens de guerre bataillaient, le Parlement délibérait sur la proposition qui lui avait été faite d'envoyer des députés à la reine pour traiter de la paix. Le prince de Conti, en ayant été averti, courut au palais, et se plaignit amèrement de ce qu'on osât y traiter d'un sujet si grave en son absence et en celle des généraux qui versaient leur sang pour la défense du peuple. Il fut soutenu par les Frondeurs les plus mutins, et il vint, tout joyeux, rendre compte à Mme de Longueville de la victoire qu'il venait de remporter sur les membres les plus sensés du Parlement.

Le 12 février, un héraut d'armes, vêtu d'une mandille de velours bleu, sans manches, parsemée de fleurs de lis d'or, et tenant à la main un bâton de même étoffe, également couvert de fleurs de lis, se présenta, de la part du roi, à la porte Saint-Honoré. Il était porteur de trois lettres, l'une pour le Parlement, l'autre pour le prince de Conti, et la troisième pour l'hôtel de ville. Le capitaine de la porte n'osa pas le laisser entrer, sans avoir pris les ordres du prince et du Parlement. Le Parlement s'assembla aussitôt, avec la plus grande agitation. Beaucoup de membres étaient d'avis qu'on introduisît l'envoyé de Sa Majesté; mais le conseiller Broussel, poussé, dit-on, par M. le coadjuteur, dit que le roi n'avait coutume de dépêcher des hérauts qu'à ses égaux ou à ses ennemis, et que le Parlement n'étant ni l'égal ni l'ennemi du roi, le héraut devait être éconduit.

Toutefois, on résolut d'envoyer des députés à Saint-Germain, pour supplier la reine de dire ce qu'elle voulait du Parlement, et l'on chargea le héraut de demander un sauf-conduit pour ces députés. La reine voulait le refuser; mais son ministre lui inspira des sentiments plus doux, et les passe-ports furent expédiés en bonne forme.

La députation fut bien reçue; car à Saint-Germain on désirait la paix avec autant d'ardeur qu'à Paris. Les lettres du roi étaient restées, toutes cachetées, entre les mains de M. de Maisons, colonel du quartier Saint-Honoré ; elles promettaient l'oubli du passé au Parlement, au prince de Conti et à messieurs de la ville, pourvu qu'ils rentrassent dans l'obéissance. Le ministre ne dit pas autre chose aux députés, et ceux-ci revinrent à Paris, aussi satisfaits qu'ils le pouvaient être. Mais, au moment où ils rendaient compte de leur voyage au Parlement, M. de Conti, d'accord avec les autres généraux, qui tous craignaient un accommodement, les interrompit, en présentant au Parlement un envoyé des Espagnols, qui leur promettaient du secours et les engageaient à se bien défendre.

Le président de Mesmes, digne représentant du patriotisme français, s'indigna de voir cet étranger reçu dans l'assemblée, et, se tournant vers M. de Conti, il lui dit avec une noble sévérité : « Est-il possible, monsieur, qu'un prince du sang de France veuille donner séance sur les fleurs de lis à un député du plus cruel ennemi des fleurs de lis ! »

Ces paroles firent une profonde impression sur les membres du Parlement ; ils comprirent qu'on voulait les entraîner au crime de lèse-majesté, et ils ressentirent une légitime horreur à la pensée de nouer des intelligences avec l'étranger. Ils convinrent d'envoyer une nouvelle députation à la reine, pour la remercier des paroles obligeantes qu'elle leur avait adressées et lui faire part des propositions de l'archiduc Léopold.

Sur ces entrefaites, le nonce du pape et l'ambassadeur de Venise vinrent à Saint-Germain, et tous les deux exhortèrent la reine à la paix, de telle sorte qu'elle ne put dissimuler un peu de vivacité.

— Tout le monde m'engage à faire la paix, leur dit-elle, tout le monde me dit qu'il faut pardonner ; mais personne ne me parle de rétablir l'autorité du roi mon fils, que ces rebelles ont mise à néant.

Les députés du Parlement arrivèrent deux jours après, c'est-à-dire le 25 février. Le premier président parla comme le nonce et comme l'ambassadeur de Venise ; aussi fut-il encore plus mal accueilli qu'eux. Après les remontrances qu'il avait cru devoir adresser à la reine, il rappela les services que le Parlement a, selon lui, rendus dans tous les temps à la cause des souverains, et il supplia la reine de ramener à Paris le roi, sans lequel il ne pouvait y avoir ni paix, ni joie, ni bonheur pour cette bonne ville.

La reine et M. le Prince contestèrent quelque peu les services rendus; ils auraient pu faire de grands reproches; mais ils s'en abstinrent, et, le soir, Sa Majesté reçut le premier président et le président de Mesmes comme de simples particuliers. Ils causèrent longtemps dans son cabinet avec les princes et le cardinal; ils firent espérer qu'une autre députation les suivrait de près, et ils eurent l'adresse d'obtenir que, pendant qu'on travaillerait à la paix, l'armée du roi laisserait entrer dans Paris cent muids de blé par jour.

La reine n'eut pas le courage de refuser; elle était profondément touchée de la misère du peuple; elle avait déjà fait distribuer des secours à ceux qui souffraient le plus, et elle avait même consacré à ces aumônes le prix d'une magnifique paire de pendants d'oreilles, qu'elle aimait beaucoup et qu'elle n'avait pas encore portés.

Tout ce que les députés avaient dit de l'impatience que les Parisiens éprouvaient de revoir le roi n'était point exagéré. Une petite pièce de vers exprimant ce désir était venue jusqu'à Saint-Germain, et chacun la savait par cœur.

> Les prés n'ont point tant de brins d'herbes,
> Les granges n'ont point tant de gerbes,
> La mer n'a point tant de poissons,
> Ni la fièvre tant de frissons,
> Ni la Beauce tant d'alouettes;
> Paris n'a point tant de coquettes,
> L'hiver n'a point tant de glaçons,
> L'été n'a point tant de moissons;

L'Afrique n'a point tant de Maures,
Ni Balzac tant de métaphores;
Moulins n'a point tant de ciseaux,
Châtellerault tant de couteaux;
Les flatteurs n'ont tant de louanges,
Ni la Provence tant d'oranges;
Les poules ne font point tant d'œufs,
Poissy ne vend point tant de bœufs;
Les fous n'ont point tant de chimères,
Ni le Poitou tant de vipères;
Les couvents n'ont point tant de moines,
Les évêques tant de chanoines,
L'Espagne tant de rodomonts,
Les carêmes tant de sermons;
Les ballets n'ont tant de figures,
Les voyageurs tant d'aventures;
L'Anjou n'a point tant de melons,
Fontainebleau tant de salons;
Une hydre n'a point tant de têtes,
Les poissons n'ont point tant d'arêtes,
La Bourgogne tant de raisins,
La noblesse tant de cousins;
Étampes n'a tant d'écrevisses,
Ni les prêtres tant de services;
Saint-Jacques n'a tant de bourdons,
Les rôtisseurs tant de lardons;
Les zélés n'ont point tant d'extases,
Les pédants n'ont point tant de phrases;
Tabarin n'a point tant d'onguents,
Et Vendôme n'a tant de gants;
Saint-Michel n'a tant de coquilles,
Ni Melun n'a point tant d'anguilles;
Breda n'a point tant de chapeaux,
Saint-Cloud n'a point tant de gâteaux;
Les marais n'ont tant de grenouilles;
Et Troyes n'a point tant d'andouilles;
Lyon n'a point tant de marrons,
Les forêts n'ont tant de larrons;
Un courrier n'a tant de dépêches,
Et Corbeil n'a point tant de pêches;

> Les Indes n'ont tant de tabac,
> Orléans tant de cotignac ;
> Pont-l'Évêque tant de fromages,
> Ni les églises tant d'images,
> Les monarques tant de sujets,
> Ni Mazarin tant de projets ;
> Les charlatans n'ont tant de drogues,
> Ni l'Angleterre tant de dogues ;
> Mayence n'a tant de jambons,
> Les forges n'ont tant de charbons,
> Les pantalons tant de sonnettes,
> Ni les bouffons tant de sornettes ;
> Un mourant n'a tant de soupirs,
> Et l'air n'a point tant de zéphirs ;
> Le Pérou n'a point tant de mines,
> L'Orient tant de perles fines ;
> Le printemps n'a point tant de fleurs,
> L'aurore n'a pas tant de pleurs ;
> La nuit n'a pas tant de fantômes,
> Le soleil n'a point tant d'atomes ;
> Enfin l'eau, la terre et les cieux
> Font voir moins d'objets à nos yeux
> Que je n'ai d'ennuis que la reine
> Tôt à Paris le roi ramène.

Une nouvelle députation du Parlement fut envoyée vers la reine, qui leur donna sa réponse par écrit, afin qu'ils pussent la reporter intacte à leur compagnie. Cette réponse, dans laquelle Sa Majesté faisait sentir au Parlement tous les torts qu'il avait eus et tout le mal qu'il avait fait au royaume, en donnant aux ennemis l'espoir de profiter de tant de cabales, d'intrigues et de révoltes, demandait la soumission de ce corps, et promettait en retour le pardon et l'oubli du passé.

« Tout cela et beaucoup d'autres circonstances qu'on omet, disait la lettre, semblaient obliger Sa Majesté à ne pas recevoir les députés ; mais, considérant qu'il y a dans ladite compagnie nombre de bons Français bien intentionnés pour l'Etat, à qui le cœur saigne de voir pratiquer à tous moments ce que la plus grande malice aurait peine à concevoir, Sa Majesté a voulu en user comme un bon père de famille, qui, quelque grandes que puissent être les fautes de ses enfants, ne se lasse jamais de leur tendre la main pour tâcher de les remettre dans le bon chemin, et a résolu de leur donner encore cette marque de bonté, lorsqu'elle a le plus de sujets d'être offensée. Ainsi, toute la France verra qu'elle n'a rien oublié pour la ramener à son devoir et pour l'obliger à faire cesser les misères de Paris, et à prévenir celles dont le royaume est menacé par les ennemis domestiques et étrangers. Et, à tout événement, si les cœurs étaient encore après cela si endurcis, que de ne pas vouloir rendre au roi l'obéissance qui lui est due, le Parlement serait seul responsable devant Dieu, devant le roi, la maison royale et tous les ordres du royaume, des maux qui en arriveraient....

« Sa Majesté attend donc de sa fidélité, dont les députés lui sont venus protester, que ladite compagnie, par une prompte obéissance, fera cesser les souffrances de la ville de Paris et les misères du pauvre peuple, afin que le calme une fois rétabli dans le royaume, puisse produire bientôt la conclusion de la paix générale et le repos de la chrétienté. »

Les députés, rentrés à Paris, communiquèrent au Parlement cette réponse écrite et ce qui leur avait été dit dans leurs audiences particulières. Mais le bruit s'étant répandu que le premier président avait conféré avec le cardinal, il s'éleva dans le palais une rumeur effrayante, qui s'étendit bientôt parmi la foule assemblée dans la grand'salle, dans la cour et dans les rues. Tous criaient qu'ils ne voulaient point de paix avec le Mazarin, et ils menaçaient hautement le premier président. Celui-ci, plein de sang-froid, ne se laissa pas intimider, et, s'adressant au duc de Beaufort, il l'engagea à sortir pour apaiser ce tumulte.

— C'est votre devoir, lui dit-il ; si vous ne le remplissez

pas, le désordre deviendra si grand, que vous n'en serez plus le maître, et il en résultera tant de maux, que vous regretterez de n'avoir pas calmé cette foule, pendant qu'il en était encore temps.

M. de Beaufort n'osa pas résister à cet avis, qui fut appuyé par les membres les plus considérables du Parlement. Il alla donc dire au peuple qu'on ne le trompait pas, et qu'on chasserait le Mazarin. Sur cette promesse, le silence se rétablit, et le Parlement, continuant de délibérer, décida qu'on enverrait encore une fois des députés à la reine.

Comme le président allait rentrer chez lui, fort satisfait d'avoir amené cette décision, il se vit entouré d'un grand nombre de mécontents qui l'accusèrent de trahir le peuple, l'accablèrent d'injures et le menacèrent de le tuer.

— Quand je serai mort, leur dit-il sans s'émouvoir, il ne me faudra plus que six pieds de terre.

Et il continua sa route sans se hâter d'un pas, et sans être inquiété de nouveau, tant sa fermeté avait fait impression sur ces furieux.

Le 2 mars, les députés arrivèrent à Saint-Germain et supplièrent la reine d'indiquer le lieu où devaient se tenir les conférences dont on espérait enfin voir sortir la paix. Sa Majesté indiqua le château de Ruel, comme étant à moitié chemin de Paris à Saint-Germain; mais elle refusa d'y admettre le duc de Beaufort et le duc de Bouillon, qui demandaient qu'on leur permît de se joindre aux envoyés du Parlement.

XII.

Mort du roi d'Angleterre Charles Ier. — Conférences de Ruel. — Prétentions des généraux frondeurs. — Soumission des rebelles. — Popularité du duc de Beaufort.

Pendant toutes ces allées et venues, pendant tous ces petits combats, une terrible nouvelle est arrivée. Le roi d'Angleterre, Charles Ier, vient de périr sous la hache du bourreau. Ses sujets rebelles, après l'avoir fait descendre de son trône, l'ont cité devant un tribunal dont il a vainement refusé de reconnaître l'autorité ; ce tribunal l'a jugé, et, le déclarant traître, meurtrier, tyran, ennemi du bien public, il l'a condamné à la peine de mort. On ne peut comprendre que les souverains de l'Europe aient laissé exécuter cet inique arrêt ; il l'a été cependant, et notre reine, qui témoignait à ce prince de l'affection et de la reconnaissance, doit ressentir une grande douleur de n'avoir pu lui prouver ses sentiments par quelque secours efficace.

La reine d'Angleterre, qui est toujours au Louvre, s'inquiétait depuis quelque temps de ne recevoir aucunes dépêches du roi son mari ; mais elle pensait que les troubles de la France et le siége de Paris mettaient obstacle à l'arrivée des courriers, et ses plus tristes pressentiments restaient bien au-dessous de la fatale vérité. Cette malheureuse reine se croyait sans doute arrivée au comble de l'infortune, quand, peu de mois auparavant, elle disait au coadjuteur, qui allait la visiter, que Mme Henriette, sa fille, étant un peu souffrante, n'avait pu se lever, parce que sa provision de bois était épuisée. Mais cette gêne, si cruelle qu'elle fût pour une fille de France, reine d'Angleterre, n'était rien en comparaison de l'affreux malheur qui lui était réservé.

Mme de Motteville dit que les expressions les plus fortes ne pourraient donner une idée de sa douleur ; et cette douleur, Mme de Motteville l'a vue, car la reine d'Angleterre avait consenti à lui donner un asile au Louvre. Le jour où cette foudroyante nouvelle lui parvint, la triste veuve ne reçut personne ; mais le lendemain, Mme de Motteville, qui allait partir pour Saint-Germain, obtint l'honneur d'aller lui faire ses adieux. Elle s'agenouilla près du lit de Sa Majesté, qui, lui donnant la main, lui commanda, en sanglotant, de dire à sa sœur, Anne d'Autriche, que le roi son seigneur, dont la mort la rendait la plus malheureuse femme du monde, ne s'était perdu que pour n'avoir jamais su la vérité.

— Conseillez-lui de ma part, ajouta-t-elle, de ne pas irriter son peuple, à moins qu'elle ne se sente assez forte pour le dompter tout à fait ; car le peuple est une bête féroce qui ne s'apprivoise jamais. Le roi mon seigneur l'a éprouvé.... Je prie Dieu d'accorder à la reine ma sœur plus de bonheur que nous n'en avons eu ; mais surtout je la conjure d'écouter ceux qui lui diront la vérité, et de croire qu'il n'y a pas pour un prince de malheur plus grand que celui de l'ignorer.

Mme de Motteville s'acquitta fidèlement de cette commission, dès qu'elle se trouva seule avec notre reine ; et comme elle avait le cœur plein de tristesse, elle lui fit le tableau de tout ce qu'elle avait vu, tant à Paris que dans les villages qu'elle avait traversés, et où les églises ont été pillées, les maisons brûlées, abattues ou abandonnées. Mais la reine savait tout cela, elle s'en affligeait profondément; et si elle paraissait tranquille et gaie, c'est qu'elle croyait être obligée d'agir ainsi, pour rassurer ses amis et intimider ses ennemis.

Elle voulut bien le dire à Mme de Motteville; elle ajouta que si elle tenait rigueur à son peuple, c'était pour empêcher quelque catastrophe pareille à celle dont le roi d'Angleterre avait été la victime; que si elle persistait à garder son ministre, c'était parce que les princes voudraient lui en imposer quelque autre, et que, comme ils ne seraient certainement pas d'accord sur le choix qu'il conviendrait de faire, elle verrait éclater autour d'elle de nouvelles divisions. Sa Majesté est d'ailleurs persuadée que le cardinal est sincèrement dévoué aux intérêts du roi, qu'il a les talents nécessaires pour gouverner, et qu'un jour ce peuple, qui se déchaîne contre Son Eminence, parce qu'il y est poussé par des intrigants et des ambitieux, saura gré à la reine d'avoir défendu ce sage et habile ministre. Enfin, par-dessus tout, notre souveraine a confiance en Dieu, et elle remet entre ses mains puissantes le sort du roi et celui du royaume.

Mme de Motteville nous redit tout cela, en nous laissant voir combien elle aime et admire la reine. On sent qu'elle a souffert d'être privée de la voir pendant son séjour forcé dans la bonne ville de Paris. Je dis *forcé*, parce que cette dame et sa sœur, ayant voulu venir à Saint-Germain quelques jours après nous, furent insultées et menacées par la foule, qui les eût sans doute maltraitées, si elles n'eussent cherché asile dans une église, en attendant le secours de leurs amis, qu'elles avaient promptement fait prévenir. C'est alors que Mme de Motteville, ne se croyant plus en sûreté chez elle, pria la reine d'Angleterre de lui donner une chambre au Louvre, où du moins elle ne serait plus inquiétée.

En apprenant quels dangers cette aimable personne a courus, nous avons beaucoup regretté, Mlle de Fierval et moi, de n'avoir pas attendu au lendemain pour l'emmener avec nous ; Mme la Princesse nous aurait volontiers pardonné ce retard ; car elle estime beaucoup Mme de Motteville et lui témoigne une véritable affection.

On dit que les conférences qui devaient avoir lieu à Ruel, et dont on espérait voir sortir la paix, sont rompues, parce que les députés du Parlement n'ont pas voulu traiter avec le cardinal, et qu'ils ne l'ont pas voulu parce qu'il leur en a été fait défense expresse par leur compagnie. M. le duc d'Orléans, M. le Prince, M. l'abbé de la Rivière et M. Letellier accompagnaient Son Eminence ; mais la présence de Mazarin empêcha de faire quelque chose ce premier jour. La reine, qui attendait avec impatience des nouvelles de Ruel, fit contre fortune bon cœur, lorsqu'on vint lui apprendre que tout était rompu.

— Il n'y a point de conférence, dit-elle ; eh bien ! il n'y aura point de paix ; tant pis pour eux !

M. le duc d'Orléans a trouvé un biais qui, on l'espère du moins, conciliera tout. C'est que le cardinal, M. le Prince et lui-même se tiendront dans une chambre voisine de celle où se discutent les conditions de la paix, et que M. de la Rivière et le chancelier traiteront seuls avec les députés du Parlement. Il va sans dire que les princes et les ministres pourront, au besoin, communiquer leurs idées ou leurs objections aux représentants de la reine et à Messieurs du Parlement.

Pendant que les conférences vont leur train, les Parisiens continuent de faire vendre à l'encan les meubles du cardinal, et sa belle bibliothèque, si soigneusement amassée, est déjà entièrement détruite. D'un autre côté, les généraux frondeurs, qui ne veulent pas consentir à la paix, parce qu'elle leur enlèverait une importance dont ils sont fiers, viennent de se camper avec du canon à Villejuif, d'où ils comptent faire peur à Son Eminence et lui susciter des embarras.

Mais une nouvelle récemment arrivée a rendu quelque assurance au cardinal. M. de Turenne, qui avait embrassé le parti de la Fronde, à la sollicitation de M. le duc de Bouillon, son frère aîné, vient d'écrire à M. le Prince, pour le prier de faire sa paix avec la cour. Le même jour, le coadjuteur, qui n'ignorait pas que M. de Turenne avait été abandonné de ses troupes et s'était soumis au roi, se rendit au Parlement et y fit une superbe harangue, par laquelle il offrait aux Parisiens l'armée de ce général. Mais les principaux chefs de la Fronde connaissaient la vérité, et elle leur conseilla de se montrer plus traitables. Cependant, comme la conférence ne devait durer que trois jours, et que pendant ces trois jours seulement la reine s'était engagée à envoyer du blé aux Parisiens, le peuple souffrit de la faim ; il y eut de grands murmures, des cris et des menaces. Les députés du Parlement se plaignirent de ce qu'ils prétendaient être un manque de parole, et ils demandèrent aux princes la permission de s'en aller, attendu qu'ils n'avaient plus le pouvoir de traiter.

— S'il en est ainsi, messieurs, leur répondit M. le Prince, allez-vous-en ; je pense que la famine vous forcera bientôt à revenir.

Les députés sortirent donc ; mais M. le duc d'Orléans dit aussitôt à M. le Prince qu'il fallait faire la paix, de peur qu'au printemps les Parisiens ne fissent alliance avec l'archiduc ; ce qui causerait de grands malheurs à la France et au roi.

M. le Prince avoua que M. le duc d'Orléans avait raison ; et comme les députés ne demandaient pas mieux que d'être retenus à Ruel, rien ne fut plus facile que de les décider à demander de nouveaux pouvoirs au Parlement, qui les leur expédia sans retard.

Enfin, le 11 mars (1649), le maréchal de Villeroi vint dès le matin dire à la reine que tout allait bien ; et vers midi, un courrier du cardinal apprit à Sa Majesté que le traité de paix allait être signé.

Les députés vinrent à Saint-Germain saluer la reine, qui les fit reconduire à Paris par le maréchal de Grammont. Ils furent mal reçus des Parisiens, parce que ceux-ci, n'ayant plus faim, se trouvaient peu flattés d'avoir la paix avec le Mazarin. Les généraux s'en montrèrent encore moins satisfaits que le peuple; ils dirent hautement que la guerre leur semblait préférable à la honte de laisser gouverner la France par le plus grand ennemi des Français. La paix ne contenta pas même les personnes demeurées fidèles à la reine, et je vis Mme la Princesse plus affligée que réjouie de cette nouvelle. Son Altesse aime trop Mme de Longueville et le prince de Conti pour ne pas s'inquiéter de leur sort et ne pas regretter que le traité ait été fait sans leur participation. Il en est de même de beaucoup de seigneurs qui ont suivi la reine à Saint-Germain, et qui ont des parents et des amis chez les Frondeurs; mais les personnes sincèrement pénétrées de l'amour du bien public rendent justice au désintéressement avec lequel M. le Prince s'est conduit dans cette rencontre; car il ne s'est montré sensible qu'aux intérêts du roi et du pays.

Le 13 mars, le Parlement reçut communication des articles du traité. Les généraux se plaignirent de ce qu'on l'eût signé sans eux; ils firent tant de bruit, que le premier président ne put rendre compte des travaux de la députation. Justement irrité contre eux, il leur reprocha à son tour de s'être entendus avec les ennemis de la France, pendant que lui et ses collègues négociaient la paix à Ruel. Les généraux répondirent que s'ils avaient envoyé vers l'archiduc, ils ne l'avaient pas fait sans le consentement de plusieurs membres du Parlement.

— Nommez-les, reprit le premier président, et nous leur ferons leur procès; car ce sont des criminels de lèse-majesté.

Les princes gardèrent le silence; mais le peuple criait autour du palais, et il y eut des gens qui allèrent chercher le bourreau pour brûler le traité de paix signé par le Mazarin. D'autres menacèrent le premier président de le tuer; mais il n'y prit point garde, et il fit mettre les bourgeois sous les armes pour maintenir le repos public. Les bourgeois obéirent; ils avaient plus de confiance au Parlement qu'aux généraux ; et ceux-ci ne purent organiser la résistance comme ils l'auraient voulu.

Toutefois leur ascendant sur le peuple était grand, et le premier président crut devoir rendre compte à la cour de ce qui s'était passé au Parlement. La reine lui envoya l'ordre de faire enregistrer le traité ; mais en même temps elle fit promettre aux généraux de récompenser leur soumission, en faisant droit à leurs prétentions, pourvu qu'elles fussent raisonnables. Là-dessus, les généraux supplièrent la reine de permettre qu'ils se fissent représenter à Saint-Germain par MM. de Brissac, de Barrière et de Crécy ; et ces messieurs, selon l'expression dont se servit Mme de Motteville pour nous rendre compte de leur message, demandèrent toute la France.

La reine, voyant l'exigence de ces rebelles, qui auraient dû implorer humblement leur pardon, en éprouva autant d'indignation que de douleur. Il faut croire qu'eux-mêmes en ressentirent quelque honte ; car ils déclarèrent en plein Parlement que s'ils demandaient des grâces ou des places, c'était seulement pour avoir une sûreté contre le Mazarin ; et ils ajoutèrent que s'il plaisait au roi et à la reine de chasser du royaume cet ennemi du bien public, ils se soumettraient sans conditions, trop heureux d'avoir rendu un si grand service à la France.

Non contents d'avoir protesté de leur désintéressement en plein Parlement, les généraux envoyèrent à Saint-Germain le comte de Maure, pour supplier la reine de renvoyer son ministre, et lui dire que ce renvoi serait plus agréable aux Frondeurs que toutes les dignités et les richesses qui pourraient leur être accordées. Le comte de Maure s'acquitta fidèlement de sa commission ; mais elle n'aboutit qu'à faire ajouter un nouveau couplet à ceux qu'on avait déjà composés sur ce seigneur :

> De Maure consent à la paix,
> Et la va signer tout à l'heure ;
> Si Mazarin part pour jamais,
> De Maure consent à la paix.

Qu'on supprime les triolets,
Mais que le buffle lui demeure ;
De Maure consent à la paix,
Et la va signer tout à l'heure.

Rien n'était encore terminé quand on apprit que l'archiduc venait d'entrer en France, et qu'il menaçait la ville de Guise. Cette nouvelle, sur laquelle les Frondeurs comptaient pour empêcher un accommodement avec la cour, rapprocha, au contraire, de la reine et du ministre, le Parlement et les bourgeois. Les chefs de la révolte, voyant alors qu'il fallait user d'un autre moyen, ordonnèrent que la vente des meubles du cardinal fût continuée. Rien ne pouvait faire plus de peine à Son Eminence, qui a rassemblé à grands frais des livres, des tableaux, des statues, des tapisseries, des objets d'art de toutes sortes. Pour empêcher que tant de richesses ne fussent dispersées ou détruites, le cardinal pressa la reine de consentir à ce que demandaient les généraux, soit pour eux, soit pour leurs amis. Ce n'était pas peu de chose ; et ce qui me paraît plus étrange encore que les prétentions des Frondeurs, c'est qu'ils osent les formuler aussi nettement qu'ils le font.

M. le prince de Conti demande pour lui l'entrée dans le conseil d'en-haut, et une place forte dans son gouvernement de Champagne. Il demande, en outre, pour M. le prince de Marsillac, le paiement des appointements attachés au gouvernement du Poitou ; pour Mme la princesse de Marsillac, le tabouret ; pour M. de Saint-Ibald, les arrérages de sa pension, et pour les maisons et édifices appartenant à l'abbaye de Saint-Denis, la réparation des dommages qu'ils ont soufferts pendant la guerre.

M. le duc d'Elbeuf demande le paiement des sommes affectées à l'entretien de la duchesse sa femme ; le gouvernement de Montreuil pour le prince d'Harcourt, son fils aîné, et des grades dans l'armée pour ses deux autres fils, MM. de Rieux et de Lislebonne.

M. de Beaufort demande pour M. de Vendôme, son père, le gouvernement de la Bretagne, ou la charge de grand-maître des mers et le gouvernement de la Rochelle, qui lui ont été promis en échange de la Bretagne ; plus, des pensions et indemnités, et enfin la grâce de ceux qui ont facilité l'évasion de M. de Beaufort, lorsqu'il était captif à Vincennes.

M. de Bouillon demande à être réintégré dans sa principauté de Sedan, à moins que la reine n'aime mieux en faire faire l'estimation et lui donner d'autres terres en échange ; il réclame, en outre, le gouvernement d'Auvergne, en déduction de ce qui peut lui être dû.

M. de Turenne demande le gouvernement de la haute et basse Alsace, qui lui a été promis, quelques domaines en propre, le paiement de ses pensions et le commandement de l'armée d'Allemagne, si cette armée est maintenue.

M. le maréchal de la Mothe demande qu'on lui donne un gouvernement, qu'on lui paie des sommes considérables qu'il dit lui être dues, que son régiment de cavalerie lui soit rendu, et que les officiers qu'il désigne y conservent leurs emplois.

M. le duc de Retz demande son rétablissement dans la charge de général des galères, ou le paiement de ce qui lui est dû pour y avoir renoncé.

M. de la Trémouille demande, comme lui venant de ses aïeux, la plus grande partie du comté de Roussillon, le comté de Guienne, celui de Laval, ainsi que plusieurs autres villes et seigneuries.

M. le marquis de Vitry réclame un titre de duc, et le tabouret pour sa femme. M. le marquis de Noirmoutiers demande aussi des lettres de duc, et M. le comte de Maure le cordon bleu.

Enfin, tous ceux qui ont pris part à la révolte veulent en être récompensés, comme s'ils avaient pris les armes et remporté des victoires pour le service du roi.

Le Parlement députa encore une fois vers la reine pour lui demander l'éloignement du cardinal. M. le duc d'Orléans, à qui ils adressèrent cette prière, leur répondit que la reine était contente de son ministre, et que lui, Monsieur, et son cousin, le prince de Condé, qui se vantaient d'être aussi dévoués que le Parlement à la couronne et à l'Etat, ne conseilleraient pas à Sa Majesté de renvoyer M. de Mazarin ; car ils le croyaient capable de bien servir le roi. M. le Prince leur donna la même assurance, et la reine voulut bien ne pas s'offenser de leur démarche, parce qu'elle pensa qu'ils n'avaient pas été les maîtres de la refuser.

Pendant toutes ces députations, la cour faisait faire des propositions d'accommodement aux généraux ; ils résistèrent, tant qu'ils purent espérer d'obtenir davantage ; puis, quand ils eurent arraché tout ce qu'il leur était possible d'arracher, ils consentirent à la paix.

Cet accord eut lieu pendant la semaine sainte, et la reine put célébrer avec plus de calme et plus de joie la grande fête de Pâques. Le Parlement, le peuple et les généraux daignent enfin se montrer satisfaits, et l'on a chanté, le 5 avril, un *Te Deum* à Notre-Dame, en action de grâces de cette paix si longtemps discutée.

Les députés du Parlement, ceux du clergé, de la ville et des corps de métiers, vinrent les uns après les autres supplier la reine de rentrer à Paris et d'y ramener le roi ; mais la reine ne paraît pas très-pressée de se rendre à leurs vœux, et je crois qu'à sa place tout le monde agirait comme Sa Majesté.

Mme la Princesse n'est pas sans quelque inquiétude sur l'accueil qui attend ici M. le prince de Conti et Mme de Longueville. Notre belle duchesse a quitté l'hôtel de ville, où elle a régné pendant près de trois mois ; mais sa cour l'a suivie à l'hôtel de Longueville, et M. le Prince a déjà été l'y voir plusieurs fois....

M. de Conti est venu, le premier de tous les généraux, saluer la reine à Saint-Germain. M. le Prince, qui l'accompagnait, le présenta à Sa Majesté, devant les membres du grand conseil. Les compliments furent très-courts, et M. le Prince en fit presque tous les frais ; puis il s'approcha, avec son frère, de M. le cardinal, et les décida à s'embrasser. Toutefois, M. de Conti ne se souciant pas d'aller faire sitôt une visite à Son Eminence, M. le Prince pria la reine de vouloir bien l'en dispenser.

M. le duc d'Orléans présenta le duc d'Elbeuf, qui est de la maison de Lorraine, comme Madame ; et le prince de Conti, après être rentré en grâce auprès de la reine, se chargea de lui amener MM. de Bouillon, de Marsillac, de Maure, et beaucoup d'autres Frondeurs. Sa Majesté les reçut assez froidement ; mais le cardinal leur fit grand accueil, et s'accusa lui-même pour les justifier.

Nous n'attendons plus pour retourner à Paris que l'arrivée de Mme de Longueville, qui sera bien aise de trouver toute sa famille à Saint-Germain, lorsqu'elle y viendra faire sa soumission à la reine. M. de Longueville y est venu il y a quelques jours, et il n'y a pas fait trop belle figure. Il arrivait de Normandie avec une grande suite ; mais la reine avait aussi un cercle nombreux et brillant, lorsqu'il fut introduit en sa présence. Il la salua avec un extrême embarras ; et comme elle répondit à ce salut avec une gravité quelque peu sévère, il se troubla tellement, qu'il lui fut impossible de faire autre chose que rougir, pâlir et balbutier. Toute la cour, qui s'était pressée autour de la reine, afin d'entendre la harangue du duc, en fut pour ses frais de curiosité ; mais, aux yeux de Sa Majesté, ce trouble valait les plus éloquentes excuses.

M. de Longueville n'a agi dans toute cette guerre qu'à la sollicitation de la duchesse et de M. de Conti ; il s'est laissé entraîner, car il n'avait contre la reine aucuns griefs sérieux ; et il sentait si bien ses torts, que le jour où il a quitté Saint-Germain, avec son jeune beau-frère, pour se rendre au milieu des Frondeurs, il s'est arrêté à moitié chemin, en disant au prince de Conti : « Monsieur, retournons sur nos pas, je vous en prie, et ne mettons pas le feu aux quatre coins de la France, en nous séparant du roi.... »

On pensait que Mme de Longueville, qui a infiniment d'esprit, saurait faire à la reine un compliment bien tourné, dans lequel elle exprimerait ses regrets d'avoir un instant fait cause commune avec les ennemis de la cour, et chacun brûlait d'assister à sa présentation. Mais la duchesse partit de Paris dès le matin, et lorsqu'elle arriva, la reine était encore au lit. Mme de Motteville se trouvait seule près de Sa Majesté, qui lui parlait précisément de l'embarras de M. de Longueville, quand la duchesse et sa belle-fille furent introduites dans la chambre de la reine.

Mme de Motteville, enchantée d'être présente à cette entrevue, se mit résolûment près de la reine, et se pencha même vers Sa Majesté pour ne rien perdre de ce que dirait Mme de Longueville ; mais, malgré toute son application, elle n'entendit rien que le mot Madame, et la reine n'en entendit pas davantage. Quant à Mlle de Longueville, elle se contenta de baiser le drap de la reine, sans prononcer une seule parole. On leur apporta des siéges ; elles s'assirent, et la bonne Mme de Motteville, voyant leur confusion, augmentée encore par le silence de la reine, demanda à la duchesse à quelle heure elle était sortie de Paris.

La visite dura peu, et la conversation ne roula que sur des choses indifférentes ; aussi Mme de Motteville nous dit-elle, à Mlle de Fierval et à moi, que la réconciliation de la reine de France et de la reine de la Fronde ne lui paraissait pas assez franche pour être de bien longue durée. Dieu veuille qu'elle se trompe ! J'ai trop d'obligations à cette noble famille de Condé pour me permettre de juger défavorablement aucun de ses membres ; mais il me semble qu'il n'y aura pour eux de véritable gloire que dans leur union avec la royauté.

La cour est en ce moment très-nombreuse et très-brillante. Le duc d'York, second fils de la reine d'Angleterre, y est depuis quelques jours. Ce jeune prince, arrivé en France pendant le siége de Paris, n'avait pu encore venir rendre ses devoirs au roi, son cousin, ni à la reine, sa tante. Il a reçu à Saint-Germain l'accueil dû à sa haute naissance et à son malheur, dont il paraît profondément pénétré.

Le duc de Vendôme est venu aussi présenter ses hommages à la reine. Il en a été bien traité, car il a blâmé la conduite de M. de Beaufort, son second fils, et l'on dit qu'il a proposé au cardinal le mariage de son fils aîné, le duc de Mercœur, avec Mlle Victoire Mancini, l'une des nièces de Son Eminence.

Ce qu'il y a de certain, c'est que le cardinal paraît être au mieux avec le duc de Vendôme, et il me semble que cette amitié ne plaît pas beaucoup à M. le Prince. Mme la Princesse n'est pas non plus très-contente de la cour; j'ai cru comprendre, par quelques mots qu'elle disait dernièrement en ma présence à un gentilhomme qui lui était dévoué, qu'elle reproche à la reine de n'avoir pas cru au chagrin qu'elle a montré, quand M. de Conti et M. de Longueville se sont déclarés pour la Fronde. Je puis dire, moi, que ce chagrin était sincère, et que Mme la Princesse l'a témoigné aussi bien dans l'intimité qu'en public; d'ailleurs, je la crois beaucoup trop fière pour vouloir s'abaisser jusqu'à feindre des sentiments qu'elle n'éprouverait pas.

La plupart des chefs de la Fronde ont fait leur soumission; mais la reine, qui ne se soucie pas de rentrer à Paris, où règne toujours l'esprit frondeur, a annoncé l'intention d'aller, avec le roi et son ministre, passer quelque temps à Compiègne, d'où elle pourra plus facilement veiller à ce que fera l'armée de Flandre. Les ennemis ont mis le siége devant Ypres; et quoique M. de Beaujeu s'y défende avec beaucoup de valeur et d'habileté, on croit qu'il ne pourra sauver cette place.

C'est après-demain, 13 mars, que Leurs Majestés partiront pour Compiègne. Elles coucheront à Chantilly; aussi Mme la Princesse nous a-t-elle ordonné de faire à la hâte nos préparatifs, afin que nous puissions devancer le départ de la cour.

Chantilly n'est pas encore redevenu le beau séjour que j'aime tant; mais déjà la verdure nouvelle s'y montre çà et là, et le soleil commence à y répandre la gaîté et la vie. Tout le monde est occupé de la visite royale ; et si Mme la Princesse a eu quelque déplaisir secret, quelque légitime sujet de se plaindre de la reine, je crois que tout est oublié....

La reine est arrivée hier vers le soir, et repartie ce matin. Elle s'est montrée fort gracieuse et a paru touchée de la manière dont Mme la Princesse a rempli envers elle les devoirs de l'hospitalité. M. le Prince continue sa route avec Leurs Majestés et le cardinal ; mais nous retournons à Paris, et nous ne reviendrons à Chantilly que quand le printemps lui aura rendu tous ses charmes.

On avait bien raison de nous dire que rien n'est changé dans l'esprit des Parisiens. La mode de chansonner le Mazarin et de publier contre lui les écrits les plus injurieux y est toujours en vogue, et souvent même l'autorité royale n'est pas épargnée dans ces écrits.

M. de Beaufort est toujours le roi des Halles, et nous avons eu, peu de jours après notre retour à Paris, une preuve éclatante de sa popularité. Il tomba malade, se plaignit de violentes coliques, dit qu'il devait avoir été empoisonné et prit publiquement du contre-poison. A cette nouvelle, chacun s'écria que si le duc mourait, ce serait pour avoir été fidèle aux intérêts du peuple et à sa haine contre le Mazarin. Paris tout entier fut en rumeur ; la foule accourut de tous côtés à son hôtel ; et comme on ne pouvait répondre à tous ceux qui demandaient à être rassurés sur son état, on prit le parti de les laisser entrer, en leur recommandant uniquement de garder le silence, de peur d'aggraver la position du malade.

On releva les rideaux de son lit, pour que tout ce peuple pût se rassasier de sa vue, et pendant toute la journée des milliers de personnes lui donnèrent, par leurs larmes, leurs gestes et leurs exclamations, des témoignages d'un amour qui allait presque jusqu'à l'adoration.

Il n'en faut pas chercher la cause ailleurs que dans le refus fait par le duc de se réconcilier avec le cardinal. M. de Beaufort est petit-fils de Henri IV ; il est beau, il est brave, et sa captivité l'a rendu intéressant ; mais ce qui fait aujourd'hui son principal mérite, ce qui lui assure la faveur populaire, c'est l'aversion et le mépris qu'on porte généralement à Mazarin. Qu'a donc fait le cardinal pour s'attirer tant d'ennemis ? En vérité, je n'en sais rien, et ceux à qui je le demande n'en savent pas plus que moi.

M. le Prince est revenu de la cour. Il a été jusqu'à la Fère ; mais il n'a pas eu à se louer de Son Eminence, et il s'est décidé à se rendre en Bourgogne. On suppose que M. le Prince a témoigné quelque déplaisir du projet de mariage formé entre Mlle de Mancini et le duc de Mercœur. La famille de Vendôme et celle de Condé ont toujours eu l'une contre l'autre un peu de jalousie, et il est permis, ce me semble, à M. le Prince, qui a si bien servi et si chaudement défendu le cardinal, de n'être pas flatté de voir Son Eminence se donner un autre appui par ce mariage.

Avant d'entreprendre son voyage, M. le Prince est allé à Compiègne, pour prendre congé de la reine et lui présenter le maréchal de la Mothe, qui n'avait pas encore fait sa soumission. Sa Majesté, en recevant les adieux de Son Altesse, lui a dit :

— Je crois, mon cousin, que nous nous quittons bons amis, et que notre amitié restera toujours aussi étroite qu'elle l'a été depuis la mort du roi mon seigneur. Il faut que cela soit ainsi, mon cousin, quoiqu'il y ait des personnes qui désirent le contraire.

On pense que Sa Majesté voulait faire allusion à Mme de Longueville, qu'on accuse de travailler avec zèle à détacher de la cause royale son frère, qui en a été jusqu'à présent le plus ferme défenseur.

Je ne sais si cela est vrai ; mais j'ai entendu notre belle duchesse demander ironiquement à M. le Prince quelle magnifique récompense a été accordée à son dévouement ; et comme il a répondu qu'il n'en voulait point d'autre que la satisfaction d'avoir rempli son devoir, Mme de Longueville lui a dit :

— Vous êtes l'homme le plus désintéressé, le plus généreux que je connaisse ; mais c'est précisément parce que vous joignez tant de vertu à tant de bravoure que vous devriez être accablé des faveurs royales, puisqu'elles coulent en abondance sur ceux qui ont pris les armes contre la reine et le cardinal.

Cette réflexion me paraît d'autant plus juste, que je l'ai faite moi-même, quand j'ai appris tout ce que faisait la reine pour ramener à elle ses ennemis. M. le Prince s'est contenté de rire, en disant à sa sœur :

— Ma chère duchesse, vous serez donc toujours Frondeuse ?

— Et vous, toujours Mazarin ? a répliqué Mme de Longueville.

— Nous verrons, a répondu M. le Prince. J'ai fait pour le cardinal tout ce que j'avais promis de faire ; mais à l'avenir je règlerai ma conduite sur la sienne.

Est-ce seulement une résolution dictée par la justice et la raison, ou bien est-ce une menace ? Il m'a semblé que la duchesse souriait de son plus charmant sourire, comme si elle eût remporté une grande victoire....

Ypres s'est rendu aux ennemis, et le cardinal a décidé la reine à s'avancer jusqu'à Amiens, pour que le voisinage de la cour ranime l'ardeur de nos soldats. Le duc d'Orléans a suivi la reine ; puis, après avoir étudié la position de l'armée et donné son avis sur ce qu'il convenait de faire, il est retourné à Compiègne, où Madame était restée, et tous deux sont rentrés à Paris. Monsieur est, dit-on, chargé de préparer le retour de la reine et du cardinal.

XIII.

M. de Beaufort et les Mazarins. — Le prince de Galles. — La reine de
Pologne. — La duchesse de Chevreuse. — Rentrée du roi à Paris. —
Une soirée à l'hôtel de Condé.

M. de Beaufort est guéri ; ce qui prouve qu'il n'avait pas été empoisonné par le Mazarin ; mais je crois qu'il aimerait mieux avoir encore la colique que de se trouver dans l'embarras où il vient de se mettre. Il a sur les bras une grande querelle, qui occupe tout le monde, et dont chacun juge diversement, suivant ses opinions ou ses amitiés.

Quelques jours avant que la reine quittât Compiègne pour Amiens, plusieurs jeunes seigneurs formèrent le projet de venir faire un tour à Paris, afin de voir par eux-mêmes si le nom du cardinal, dont ils sont les zélés partisans, y est vraiment aussi impopulaire qu'on le dit. Ils obtinrent l'agrément de la reine, et lui promirent, en prenant congé d'elle, de bien travailler dans l'intérêt du roi.

— Allez, leur dit la reine ; mais soyez tous bien sages.

C'était une bonne recommandation à faire à des jeunes gens qui, presque tous porteurs de noms illustres, n'en étaient pas pour cela plus raisonnables. Le duc de Candale, le marquis de Jarzé, les commandeurs de Jars et de Souvré, MM. de Bouteville, de Nogaret, de la Valette, de Saint-Mégrin, de Ruvigny, de Manicamp, de Rochechouart, et quelques autres, composaient cette bande joyeuse, qui se flattait d'intimider le duc de Beaufort et ses amis.

Arrivés à Paris, ces jeunes gens prirent l'habitude de se promener tous ensemble dans le jardin des Tuileries, qui commence à être le rendez-vous des élégants. Ils y faisaient grand bruit, parlaient haut, vantaient le cardinal et raillaient les Frondeurs. M. de Beaufort, qui va de temps en temps aussi se promener aux Tuileries, et qui est toujours fort entouré, y vit un soir tous ces Mazarins. Soit qu'il voulût éviter leur rencontre, soit qu'il eût quelque chose de particulier à dire à un jeune conseiller qui passait dans l'allée voisine, il alla le prendre par le bras et s'entretint quelques instants avec lui. Pendant cette conversation, M. de Candale et ses compagnons poursuivirent leur chemin. C'était la chose du monde la plus simple ; mais le marquis de Jarzé, qui passe pour avoir beaucoup d'esprit, se mit à railler M. de Beaufort, en disant que ce prince si brave et si hardi s'était retiré devant eux, que les Frondeurs avaient eu peur des Mazarins, et autres choses semblables.

En sortant des Tuileries, il alla visiter des dames, et partout il raconta que M. de Beaufort avait abandonné le champ de bataille à lui et à ses compagnons. M. de Jarzé plaisante agréablement ; ses bons mots coururent de tous côtés et arrivèrent enfin aux oreilles du duc de Beaufort. Le prince, qui n'est pas très-endurant, se mit en colère et jura de se venger.

Le lendemain, M. de Jarzé et ses amis proposèrent d'aller souper sur la terrasse du jardin de Renard, le même où la reine devait assister à une fête donnée par Mme de Chevreuse, lors des différends de Mme de Longueville avec Mme de Montbazon. La partie fut acceptée à l'unanimité, et chacun de ces douze seigneurs donna deux pistoles pour son repas. Dans la journée on dit à M. de Jarzé que le duc de Beaufort était furieux de ce qu'il se fût permis de le railler ; mais ce jeune courtisan répondit qu'il ne croyait pas avoir offensé le prince, et qu'il n'avait rien à craindre de sa colère.

Au moment de se mettre à table, les Mazarins s'aperçurent que le commandeur de Souvré manquait au rendez-vous. Ils s'étonnaient de son absence, lorsqu'un laquais de M. de Souvré apporta une lettre au marquis de Jarzé. Cette lettre l'engageait à se retirer, ainsi que ses compagnons, parce qu'il se tramait quelque chose contre eux. Mlle de Toussy, nièce du commandeur, l'avait prié de ne pas se rendre à cette fête, M. de la Mothe, son fiancé, lui ayant confié les projets de M. de Beaufort.

Mais la lettre de M. de Souvré ne pouvait donner tous ces détails, et le danger dont elle parlait vaguement ne devait pas effrayer beaucoup des jeunes gens amis du bruit et des aventures. Ils se mirent donc gaîment à table, sans se soucier de l'avis qui leur avait été adressé. Ils étaient encore au premier service, quand le duc de Beaufort entra dans le jardin, accompagné du duc de Retz, du duc de Brissac, du maréchal de la Mothe, du comte de Fiesque, de MM. de Duras, de Fontrailles, et d'un grand nombre de gentilshommes suivis de leurs pages et de leurs laquais. Ces serviteurs étaient armés, leurs maîtres ne l'étaient pas.

Tout ce monde fit grand tapage en entrant, et les curieux devinèrent qu'il allait se passer quelque chose d'extraordinaire. En effet, le duc de Beaufort s'approcha des convives et les gentilshommes de sa suite entourèrent la table. Il les salua, en portant la main à son chapeau, et tous lui rendirent sa politesse; MM. de Jars et de Ruvigny se levèrent même, pour lui rendre plus de respect.

— Messieurs, leur dit le duc, il me semble que vous soupez de bien bonne heure.

— Mais pas trop, monseigneur, répondit le commandeur de Jars ; voici bientôt neuf heures.

— Avez-vous des violons? continua le duc.

— Non, monseigneur.

— Eh bien! j'en suis fâché; car je venais pour vous les ôter. Il y a des gens, parmi vous, qui se mêlent de parler de moi, et je veux les en faire repentir.

En même temps M. de Beaufort tira rudement la nappe par un coin et renversa les plats, dont le contenu alla tomber sur quelques-uns des convives.

A cette insulte, tous se levèrent furieux et demandèrent leurs épées. Le duc de Candale, petit-fils du roi Henri IV, comme le duc de Beaufort, courut à l'un de ses pages, et, lui arrachant son épée, se jeta au milieu des gentilshommes du duc. Le duc de Beaufort, voyant son cousin en péril, s'élança vers lui et fit tout ce qu'il put pour l'empêcher d'être blessé.

— Retirez-vous, Candale, lui dit-il; ce n'est pas à vous que j'en veux; car ce n'est pas vous qui m'avez offensé.

— Mais vous, monsieur, repartit le duc de Candale, vous nous avez offensés tous par la manière dont vous venez d'agir, et je vous en demande raison.

— Vous avez tort de prendre pour vous cette injure; car elle ne vous concerne point, et je vous prie instamment de n'y plus songer.

— J'en ai ma part comme mes amis, puisque vous nous avez attaqués tous ensemble. J'ai du sang royal dans les veines aussi bien que vous, duc; vous ne pouvez me refuser réparation.

— Nous sommes cousins, monsieur de Candale; mais, encore une fois, je ne me battrai pas avec vous. C'est au marquis de Jarzé que j'ai affaire et non à d'autres. Qu'il vienne donc! Je l'attends.

Le marquis de Jarzé passe pour être fort brave; mais, comme M. de Beaufort, qui l'appelait, n'avait point d'épée, il craignit d'en recevoir quelque insulte, et, sur les instances de ses amis, il se glissa dans la foule. Les gentilshommes qui avaient accompagné le duc de Beaufort lui représentèrent qu'étant bien supéreurs en nombre à ces seigneurs qu'il avait offensés, ils ne pouvaient avec gloire soutenir sa querelle, et ils ne répondirent qu'en blâmant sa conduite à ceux qui leur en demandaient raison.

M. le Frétoir, premier écuyer de Madame, s'étant, comme le duc de Candale, emparé d'une épée, se présenta devant le duc de Beaufort.

— Monsieur, lui dit le prince, je ne vous en veux pas, tenez-vous donc en repos.

— Cela ne me suffit pas, monseigneur, répliqua M. le Frétoir.

— Puisque ce n'est pas à vous que j'en veux, vous devez être satisfait, dit M. de Beaufort, en lui enlevant son épée.

Le prince regrettait assurément d'avoir mécontenté tant de gens de qualité pour tirer vengeance du marquis de Jarzé, dont il croyait avoir à se plaindre; il se laissa donc sans peine entraîner par ses amis jusque dans le parterre, et, sur l'avis de l'un d'eux, il renvoya à M. le Frétoir l'épée qu'il lui avait prise. Celui-ci la reçut en disant qu'il n'était pas satisfait, et qu'il voulait que M. de Beaufort la lui ôtât une seconde fois, en se mesurant avec lui. Le gentilhomme qui la lui rapportait lui répondit que s'il tenait à se battre sur-le-champ, rien n'était plus facile; mais c'était au duc, et non à son envoyé, que M. le Frétoir demandait le combat, et il ne voulut pas prendre le change.

Le lendemain, le duc de Candale se rendit au bois de Boulogne et chargea M. de Saint-Mégrin d'aller, de sa part, appeler en duel M. de Beaufort.

— Monsieur, dit le prince, je ne veux pas me battre contre M. de Candale, mon cousin; je suis disposé à lui donner toutes autres satisfactions; et s'il refuse de s'en contenter, il n'a qu'à m'attaquer dans les rues, je tâcherai de me défendre.

— Monseigneur, répliqua M. de Saint-Mégrin, M. de Candale n'acceptera pas votre proposition; car, s'il vous attaquait dans les rues, il serait sûr d'être mis en pièces par le peuple ; il veut bien aller au combat, mais non pas au supplice.

Malgré cette assurance, M. de Beaufort ne sort pas sans être bien accompagné ; et s'il se risque hors de la ville, c'est avec des chevaux de main, des valets armés et tout un attirail de guerre. Il comprend qu'il a gravement offensé de braves gentilshommes, et il redoute leur vengeance. Les maréchaux de France s'occupent d'accommoder cette affaire ; mais on assure que le duc de Candale refuse de donner sa parole, et que plusieurs de ses amis se cachent pour qu'on ne la leur demande pas.

La reine, informée de tout cela, en a témoigné beaucoup de chagrin. Elle a écrit au chancelier pour lui ordonner d'informer de cette action ; mais le chancelier ne paraît pas pressé d'obéir. Le cardinal n'est pas plus satisfait que Sa Majesté ; il voit clairement dans toute cette affaire la haine qu'on lui porte ; et comme le duc de Mercœur a pris parti pour le duc de Beaufort, contre M. de Candale et ses compagnons, Son Éminence dit que Mlle de Mancini n'épousera pas le frère de cet extravagant.

Le prince de Conti a osé approuver, devant la reine et son ministre, la conduite du duc de Beaufort. Cela nous a beaucoup étonnés, à l'hôtel de Condé ; car nous savons que M. de Conti aime peu la maison de Vendôme et M. de Beaufort en particulier ; mais nous avons vu dans cette déclaration du prince un reste de l'esprit de rébellion qui a créé la Fronde.

L'affaire du duc de Beaufort n'est pas encore terminée ; mais une fâcheuse nouvelle, arrivée de Flandre, réjouit en ce moment les Frondeurs autant qu'elle attriste la cour et tous les bons Français. Le comte d'Harcourt, qui a remplacé M. le Prince dans le commandement de l'armée, vient d'être obligé de lever le siége de Cambrai, au moment où la reine se croyait sûre de la reddition de cette place.

Le duc d'Orléans, qui, depuis quelque temps, s'efforce d'apaiser les Parisiens et de remettre un peu d'ordre dans la ville, est parti pour Compiègne, où la reine est revenue. Il va témoigner à Sa Majesté la douleur que lui fait éprouver l'échec de Cambrai, et l'on dit en outre que la reine compte sur lui pour terminer la querelle des ducs de Candale et de Beaufort.

M. le coadjuteur s'est aussi rendu à Compiègne, pour présenter ses hommages à la reine ; ce qu'il n'a pas encore fait depuis qu'il a pris part à la Fronde. Il a quitté Paris, en disant tout haut qu'il ne visiterait pas le cardinal, quoique ce soit pour cette raison que la reine a jusqu'à présent refusé de le recevoir. Il paraît que c'est le cardinal lui-même qui a conseillé à Sa Majesté de se montrer moins sévère. Il sent le besoin qu'il a de M. le coadjuteur, et il espère que la reine saura le ramener à de meilleurs sentiments.

Nous avons appris par Mme de Longueville (M. de Conti la tient au courant de tout ce qui se passe à Compiègne) que M. le coadjuteur a été gracieusement reçu par Sa Majesté, qui l'a engagé, par d'aimables reproches, à voir le cardinal.

— Je ne compterai sur votre dévouement, lui a-t-elle dit, que quand vous vous réconcilierez avec le ministre que je dois et que je veux soutenir.

— Madame, a répondu M. de Retz, vous avez un pouvoir absolu sur moi ; mais je supplie très-humblement Votre Majesté de trouver bon que je ne voie pas encore le cardinal, parce que, si cette démarche venait à être connue, et elle le serait certainement, je perdrais mon crédit sur le peuple de Paris.

— Le croyez-vous réellement ? demanda la reine.

— C'est parce que j'en suis persuadé, et que je tiens à ce crédit qui seul peut me donner le pouvoir de servir Votre Majesté, que je vous conjure de me permettre d'être moi-même le juge du moment où je pourrai sans danger faire tout ce qui sera agréable à mon illustre souveraine.

Le duc d'Orléans a proposé à la reine, pour accommoder le différend survenu entre MM. de Candale et de Beaufort, d'autoriser les seigneurs des deux partis à vider leur querelle en champ clos. Sa Majesté s'est récriée, en disant que le duel est tout à fait contraire aux principes du christianisme, et que, quand il n'en serait pas ainsi, elle ne permettrait jamais à de braves gentilshommes de verser ainsi leur sang, qui appartient au roi et à la France. Ce langage était trop juste et trop noble pour que Monsieur ne l'approuvât point ; il dit donc à la reine qu'il ne lui avait fait cette proposition que pour satisfaire les seigneurs qui l'en avaient prié, mais qu'il croyait que toute cette affaire pouvait se terminer pacifiquement. On travaille donc en ce moment à rédiger un petit compliment qui devra être adressé au duc de Candale et à ses amis par M. de Beaufort ; mais qui sait si ce prince sera docile et si ses adversaires seront satisfaits ?

On dit que c'est la hardiesse du duc de Beaufort qui a inspiré à quelques autres Frondeurs la vilaine action qu'ils viennent de commettre. MM. de Brissac, de Matha, de Fontrailles, et plusieurs encore dont j'ignore les noms, sortant d'un copieux souper, se mirent à courir les rues en faisant mille folies. Ils rencontrèrent sur leur chemin deux valets de pied du roi, et, les ayant reconnus à leur livrée, ils les insultèrent et les battirent cruellement. Ces deux valets, voyant qu'ils avaient affaire à des gens de qualité, leur dirent qu'ils appartenaient au roi, et qu'ils ne pouvaient assez s'étonner du traitement qui leur était fait.

— Eh ! drôles, s'écrièrent les gentilshommes, c'est parce que vous êtes au roi qu'il nous plaît de vous maltraiter. Tenez ! portez encore ceci à votre maître, à la reine et au Mazarin.

L'un de ces pauvres garçons fut mis entre les mains des chirurgiens ; l'autre alla trouver la reine et lui rendit compte de ce qui s'était passé. Sa Majesté en fut aussi indignée qu'humiliée ; elle ordonna aussitôt au chancelier et au premier président d'instruire le procès de ces gentilshommes, et leur dit expressément qu'elle voulait que justice fût faite.

Il y a eu un commencement d'information ; mais la chose n'ira pas plus loin. Le duc de Brissac, étant au nombre des coupables, demande à être jugé par le Parlement, comme c'est son droit ; mais le cardinal, qui craint que ce procès ne soulève de nouveaux troubles, paraît disposé à faire encore cette fois à la paix le sacrifice des légitimes rancunes de Sa Majesté.

Je ne crois pas que personne puisse avoir autant à supporter, à pardonner et à oublier, que cette fière princesse. Elle vient de consentir à recevoir la visite de Mme de Chevreuse, qui, après avoir été honorée de son amitié, lui a donné de grands sujets de mécontentement. Le duc de Chevreuse s'était rendu à la cour à l'époque où les chefs frondeurs faisaient leur soumission, et il avait demandé, sans pouvoir l'obtenir, que sa femme fût reçue par la reine. Mais Sa Majesté a dû accorder ce qu'elle refusait alors ; car Mme de Chevreuse est douée d'un esprit d'intrigue qui peut la rendre aussi utile comme alliée que dangereuse comme ennemie.

La reine se trouve dans la nécessité de ménager tous ceux qui peuvent la servir. Elle désire vivement ramener le roi à Paris, parce qu'elle croit que c'est le seul moyen de rétablir la paix avec les puissances étrangères et de remettre un peu d'ordre dans les finances de l'Etat. Depuis longtemps déjà, les impôts ne sont pas exactement payés ; aussi, quoique la plupart des pierreries de la couronne aient été mises en gage, les troupes sont mal nourries, mal vêtues, mal payées ; la maison du roi est mal entretenue, et l'on voit même dans les palais le désordre et la misère.

Si M. le Prince s'est retiré en Bourgogne pour se faire regretter et désirer de la cour, ainsi que beaucoup de personnes le supposent, il y a parfaitement réussi. Il a écrit ces jours derniers à sa mère, et elle a eu la bonté de nous dire que la reine presse vivement monseigneur de revenir auprès d'elle, qu'il a reçu de Sa Majesté les lettres les plus flatteuses et les plus amicales, et que, quand les affaires de son gouvernement seront réglées, il reviendra offrir ses services au roi, pour le ramener dans la bonne ville de Paris.

A mon avis, le titre de méchante ville conviendrait beaucoup mieux à cette capitale remuante et frondeuse, qui affecte d'aimer tendrement son roi, et qui lui manque de respect, en injuriant sans cesse sa mère et son ministre. Mais il faut croire que toute vérité n'est pas bonne à dire, puisque Sa Majesté adresse des douceurs plutôt que des reproches à ceux dont elle a tant à se plaindre.

Le duc d'Orléans a pris à cœur de raccommoder le duc de Beaufort avec M. de Candale et ses amis. Il les a tous invités à se trouver à Nanteuil le 15 juillet ; mais quelques-uns qui n'y avaient pas été conviés s'y sont aussi rendus. MM. de Brissac, de Fontrailles et de Matha, ont cru devoir accompagner M. de Beaufort. Quand Monsieur apprit que ces gentilshommes, coupables de mauvais traitements envers les valets du roi, étaient à Nanteuil, il envoya le maréchal d'Estrées dire au prince qu'il ne voulait pas les voir. Là-dessus, M. de Beaufort se fâcha, et prétendit que, puisqu'ils étaient venus de Paris sur l'invitation qu'il leur en avait faite, il ne pouvait que se retirer avec eux. Le maréchal le retint ; et, après bien des négociations, il fut convenu que ces gentilshommes resteraient à l'écart, puisque Monsieur ne voulait pas les souffrir en sa présence. Le duc de Beaufort s'était remis entièrement entre les mains de Monsieur, qui était son protecteur particulier ; il espérait donc n'avoir que peu d'excuses à faire à ceux qu'il avait offensés ; mais l'insulte avait été si grave, qu'il fut obligé de prononcer les mots de repentir et de pardon. Cela dut être cruel pour un prince si fier et si hautain ; mais comme cette réconciliation n'avait que trop tardé, il ne put se dispenser d'obéir. Les adversaires s'embrassèrent ensuite, et ils passèrent la journée ensemble, en compagnie du duc d'Orléans.

Quelques jours après, M. de Beaufort fit demander à la reine la permission d'aller lui rendre ses devoirs ; la reine répondit qu'elle avait eu pour lui beaucoup d'amitié et que l'ingratitude dont il avait fait preuve en se mettant à la tête de ses ennemis l'avait trop affligée pour qu'elle pût encore se décider à le voir.

Le prince de Galles, devenu roi d'Angleterre par la funeste mort de son père, Charles Ier, vient d'arriver à Saint-Germain, où la reine et Louis XIV l'ont accueilli comme leur parent et leur égal. Au dîner qu'ils lui ont offert, le roi, la reine, le duc d'Anjou, le duc d'Orléans et Mademoiselle, sa fille aînée, ont seuls été admis à sa table. La princesse de Carignan comptait y avoir une place, à titre de princesse du sang, et elle est revenue à Paris furieuse de s'être vu refuser cette faveur. Je ne sais si Mme la Princesse aurait eu plus de privilége; mais ma noble protectrice n'était pas alors à la cour. Elle y va fort peu, ou pour mieux dire, elle n'y va plus depuis le départ de M. le Prince, son fils. Nous sommes à Chantilly, que je n'ai jamais vu plus beau; et ce séjour vaut bien celui de Saint-Germain.

Mme de Longueville a reçu des nouvelles de son amie, la princesse Marie de Gonzague, devenue reine de Pologne par son mariage avec un vieux roi goutteux, morose, et assez peu galant pour dire devant elle qu'on la lui avait représentée comme beaucoup plus belle qu'elle n'était réellement. Ce roi si aimable l'a laissée veuve; et comme elle a su se faire respecter et chérir de ses sujets, le frère de ce roi désire l'épouser; mais elle est si gravement malade en ce moment, qu'elle pense plutôt à mourir qu'à contracter un second mariage. La princesse Anne de Gonzague, sœur de la reine de Pologne, est à Paris; je la soupçonne d'être quelque peu Frondeuse, ainsi que notre belle duchesse, qu'elle aime beaucoup et qu'elle fréquente assidûment....

M. le Prince est ici depuis trois jours; aussi la joie est grande à Chantilly et les réunions y sont nombreuses. Les amis de monseigneur s'y rencontrent avec ceux de Mme de Longueville; et quoique leurs opinions ne soient pas les mêmes, tout s'y passe à merveille, parce que chacun y est surtout occupé de s'amuser. Je remarque cependant que la duchesse ne laisse échapper aucune occasion de recruter des partisans à la Fronde; mais elle le fait avec tant d'adresse, que si on le voit, on ne peut du moins s'en fâcher. M. le Prince en plaisante le premier, et il met sa sœur au défi de faire de lui un Frondeur. Les discussions se renouvellent à chaque instant, les épigrammes se croisent, les couplets s'échangent au milieu des éclats de rire de toute cette noble et belle compagnie....

Le 2 août, M. le Prince est parti pour Compiègne, où il a vu d'abord le cardinal. De là, il est allé chez la reine, qui lui a demandé s'il est vrai qu'il soit devenu Frondeur et dévot tout à la fois. Monseigneur a répondu en riant qu'on ne le rendrait jamais Frondeur et que par malheur il n'était pas encore dévot. La reine lui parla ensuite de sa famille, sur les sentiments de laquelle Sa Majesté n'était pas trop rassurée. M. le Prince avoua franchement que l'esprit de la Fronde y régnait encore quelque peu ; mais il promit de travailler à le déraciner. L'entrevue fut très-gaie, très-affectueuse, et M. le Prince, décidé à rester à Compiègne jusqu'à l'époque où le roi reviendrait à Paris, fit savoir à sa mère que la reine la verrait avec plaisir. Il écrivit aussi à M. de Conti, pour l'engager à aller le rejoindre.

Mme la Princesse, étant souffrante, pria M. de Conti de ne pas l'attendre ; il partit donc seul, sous prétexte de voir son frère, mais en réalité pour se raccommoder avec le cardinal, quoiqu'il eût promis aux Parisiens de ne pas le voir. Les choses avaient été si bien arrangées, que Son Eminence rencontra, comme par hasard, M. de Conti chez M. le Prince, qu'il allait inviter à dîner ; la même invitation fut adressée au prince de Conti, qui ne put se dispenser de l'accepter, puisque le duc d'Orléans et le roi étaient au nombre des convives.

La veille du jour où M. de Conti se rendit à Compiègne, la duchesse de Chevreuse, qui n'avait pu, parce qu'elle était malade, profiter de la permission que la reine lui avait accordée de venir la saluer, fut reçue par Sa Majesté, en présence des princes et des ministres. Elle supplia la reine de lui pardonner la part qu'elle a prise à la révolte, et l'assura de son repentir et de sa fidélité. La reine ne lui fit point de reproches ; elle parla même avec douceur ; ce qui n'empêcha pas Mme de Chevreuse de trouver un grand changement dans les manières de cette princesse, qui la traitait autrefois comme une amie, et qui ne manquait jamais de l'embrasser, quoique la duchesse d'Orléans et Mademoiselle soient, avec Mme la Princesse, les seules personnes à qui Sa Majesté accorde cet honneur.

Nous n'avons pas accompagné Mme la Princesse à Compiègne, où elle n'a passé que peu de jours. Elle a bien voulu nous dire que nous ne tarderons pas à revoir M. le Prince, parce qu'il doit ramener le roi vers la mi-août.

On se demande si le cardinal accompagnera Leurs Majestés, ou du moins s'il se montrera dans cette rentrée solennelle qui se prépare. Les uns disent qu'il l'osera ; d'autres prétendent qu'il ne se risquerait pas ainsi ; les plus sages, et de ce nombre est Mme la Princesse, s'abstiennent de donner leur avis....

Hier, 18 août, la reine, cédant enfin au vœu des Parisiens, leur a ramené le roi, qui depuis six mois avait quitté leur ville. Rien ne pourrait donner une idée de la joie et de l'enthousiasme avec lesquels Leurs Majestés ont été accueillies. C'étaient des cris, des vivat, des transports sans fin ; et ce qu'il y a de plus étrange, le cardinal en a eu sa bonne part. Il était à la portière du carrosse royal avec M. le Prince, M. de Conti, qui avait été désigné par la reine, à la place de son frère, n'ayant pas voulu accepter ce rôle, assez humiliant pour un Frondeur.

A peine le cortége fut-il entré dans Paris, que la foule rompit la haie des gardes, et se précipita vers le roi et vers la reine, au risque de se faire écraser sous les pieds des chevaux. Le carrosse s'avança donc lentement, entouré par tout ce peuple qui bénissait à haute voix le roi, la reine, et même le cardinal. Ceux qui le connaissaient le montraient aux autres, et l'on entendait répéter à chaque instant : « Voilà le Mazarin. — Tiens ! disait-on ; il est beau, il a l'air doux.... Il ne paraît pas si méchant qu'on le dit.

On nous a trompés sur son compte. C'est un honnête homme, puisqu'il nous ramène le roi.... Vive le Mazarin !... Allons boire à sa santé.... »

La reine fut enchantée de ces acclamations adressées à son ministre, et lui-même s'y montra fort sensible. Il avait fait preuve de courage en affrontant ses ennemis, mais il ne s'attendait pas à ce que son courage fût si bien récompensé. Il est vrai qu'on prétend que de grandes sommes d'argent ont été distribuées à la foule par ses ordres ; mais ce sont les Frondeurs qui le disent, et je ne sais pas jusqu'à quel point il faut les croire.

Le Palais-Royal était rempli de tout ce que Paris compte de gens de qualité. M. de Beaufort lui-même y était. Il alla saluer le roi et la reine en leur protestant de sa fidélité. La reine lui répondit qu'elle le jugerait d'après ses actes plutôt que d'après ses paroles, et le duc d'Orléans, qui s'était chargé de le présenter, l'emmena aussitôt, en disant que Sa Majesté avait besoin de se reposer. Je crois bien que la reine était fatiguée ; mais elle était trop heureuse pour se plaindre de cette fatigue.

Aujourd'hui, M. le coadjuteur, à la tête de son clergé, a été rendre ses hommages au roi et à la reine. On dit qu'il était fort troublé en leur adressant son compliment, mais que cependant il a été assez fier pour ne pas même regarder le cardinal, qui était debout, près de la chaise du roi. Après le clergé, la reine a reçu le Parlement, la chambre des comptes, la cour des aides, le grand conseil, messieurs de la ville, le corps des marchands ; et à l'heure où j'écris, les réceptions ne sont pas encore terminées.

Il doit y avoir aussi beaucoup de monde ce soir à l'hôtel de Condé. Mme la Princesse m'a fait dire qu'elle aimerait à m'y voir parée, et, d'après le conseil de ma chère Adrienne, j'ai résolu de mettre ma robe de brocart bleu de ciel, mes boucles d'oreilles et mon collier de perles ; il ne me manquera qu'un bouquet de marguerites pour ressembler à mon portrait.

Non, vraiment, il ne me manquera rien du tout. Voilà cette bonne Adrienne qui m'apporte une grosse touffe de pâquerettes, et qui se charge de choisir les plus belles pour les placer dans ma coiffure et m'en faire un bouquet.

Je retrouve avec un grand plaisir toute cette jolie toilette, que je n'ai pas portée une seule fois, depuis que mon portrait est terminé, ou pour mieux dire, que je n'ai pas portée du tout, puisqu'il n'y a que le peintre qui me l'ait vue. Il s'est passé tant de choses depuis cette époque, on a eu tant d'inquiétudes, que je n'ai pas pensé à me faire belle, et que je croyais ma coquetterie morte et enterrée. Mais elle n'était qu'endormie; elle vient de se réveiller.

Je ne suis plus la petite fille gauche et timide qui tremblait à l'idée d'entrer dans un salon ou de faire la révérence à une grande dame. Je me suis tout doucement habituée à faire comme les autres; j'écoute ce qu'on dit, je réponds quand on m'interroge, et je souris d'un air d'intelligence aux belles phrases que je ne comprends pas. C'est Mlle de Fierval qui m'a conseillé de faire ainsi, et je m'en trouve fort bien : les personnes que j'écoute disent que je suis aimable, et celles qui croient que leur beau langage me séduit se plaisent à me proclamer spirituelle. Il n'y a que dans l'intimité que je suis moi-même; mais Adrienne m'assure qu'il en est ainsi de toutes les personnes que nous voyons....

La soirée était magnifique, et moi j'étais charmante. Il faut bien que je le croie, on me l'a tant de fois répété. Mme la Princesse et Mme de Longueville elles-mêmes me l'ont dit, et je sais qu'elles ne voudraient ni se moquer de moi ni me tromper. Vers dix heures, M. le Prince est venu me prendre par la main pour me présenter à une dame qu'il a ramenée de son gouvernement de Bourgogne, et pour laquelle il paraît avoir autant d'affection que de respect.

— Madame la marquise, lui a-t-il dit, voici Mlle de Trémonts, ma pupille.

J'ai fait ma plus grande révérence ; mais quand j'ai relevé les yeux vers la marquise, j'ai vu les siens pleins de larmes. J'ai compris alors pourquoi elle ne m'adressait pas le moindre compliment ; et quand elle m'a embrassée, je me suis sentie tout attendrie.

Un grand et beau jeune homme, que je crois avoir déjà vu et qui se tenait derrière elle, s'est approché alors et a demandé à monseigneur la faveur de m'être présenté. C'est le marquis de Bellefontaine. Il a eu, comme moi, l'honneur d'être le pupille de Son Altesse ; car il a perdu son père à Nordlingue, comme j'ai perdu le mien à Rocroi. La marquise est sa mère, et je comprends qu'en me voyant cette dame ait donné des larmes au souvenir de son mari.

Toutefois, son émotion n'a duré qu'un instant ; elle m'en a gracieusement demandé pardon, en me priant de rester auprès d'elle aussi longtemps que je le pourrais. M. le Prince a souri, et, comme Mlle de Fierval causait à quelques pas de nous avec Mme de Longueville, il a demandé à la belle duchesse la permission de lui enlever Adrienne, et il nous l'a amenée.

— Maintenant, madame la marquise, a-t-il dit, vous pouvez être sûre que Mlle de Trémonts ne songera pas à vous quitter.

Monseigneur sait bien que partout où Adrienne n'est pas, il me manque quelque chose ; mais Mme de Bellefontaine est peut-être la personne avec laquelle il me serait le moins permis de regretter mon amie ; car elle m'a paru bonne, aimable, spirituelle et sensée comme Mlle de Fierval. Ce serait pour nous une amie, si son séjour à Paris devait se prolonger ; mais elle compte retourner en Bourgogne avant la fin de la belle saison.

XIV.

Marguerite est demandée en mariage. — Huit jours de retraite au couvent. — Une fête à l'hôtel de ville.

Je sais maintenant pourquoi M. le Prince m'a présentée à la marquise de Bellefontaine, et pourquoi cette présentation l'a si vivement émue. C'est qu'un mariage entre M. de Bellefontaine et moi sourirait à mon protecteur. Mme la Princesse m'a fait appeler pour me faire connaître les intentions de monseigneur ; mais elle a bien voulu me dire que je ne devais consulter que moi-même, pour accepter ou pour refuser le parti qu'il me propose.

Mme la Princesse m'a demandé si j'avais déjà pensé à me marier, et je dois avouer que je n'ai pas répondu bien franchement ; car j'ai dit non, et cependant l'idée m'était venue qu'il y avait quelque projet formé par M. le Prince entre son pupille et moi. Mme la Princesse m'a parlé de mon avenir avec une bonté toute maternelle.

— Qui sait, m'a-t-elle dit, ce que nous réservent les événements? Au temps où nous vivons, nul ne peut compter sur le lendemain. Mon fils est aujourd'hui en faveur auprès de la reine ; mais combien cette faveur durera-t-elle ? Il voudrait en profiter pour vous établir, et il croit que M. de Bellefontaine, dont il a pu apprécier les nobles qualités, serait pour vous un parti convenable. Il est de bonne maison, il a fait ses preuves à l'armée de Flandre, et M. le Prince pourrait sans doute obtenir pour lui un régiment. Vous avez vingt ans, le marquis en a vingt-cinq ; et comme il est fils unique, il aura quelque jour 10,000 livres de rente. Notre intention est de vous en constituer autant ; avec cela vous ne serez pas riches, mais vous pourrez vivre dans vos terres, et je suis persuadée que vous y serez aussi heureuse qu'à Paris, D'ailleurs, que vous deveniez marquise de Bellefontaine ou que vous restiez Mlle de Trémonts, vous serez toujours chez vous soit à l'hôtel de Condé, soit au château de Chantilly.

Je remerciai Mme la Princesse ; je lui dis combien j'étais touchée de sa bonté et de l'intérêt que daignait me témoigner M. le Prince ; mais j'ajoutai que je me trouvais si heureuse, que je ne changerais qu'en tremblant mon sort contre un autre, quelque brillant qu'il fût.

— Est-ce là l'expression bien vraie et bien entière de votre pensée ? me demanda Mme la Princesse, ou dois-je seulement croire que M. de Bellefontaine a le malheur de vous déplaire ? Soyez franche, mademoiselle, comment trouvez-vous ce jeune gentilhomme ?

— Je l'ai à peine remarqué, madame, répondis-je ; mais s'il ressemble à sa mère, il a autant d'esprit que d'amabilité.

— Il lui ressemble en effet ; et comme cette chère marquise vous adore déjà, je crois, ma chère Marguerite, que vous seriez heureuse entre elle et son fils. Mais comme un mariage est toujours chose très-grave, prenez le temps d'y songer.... Est-ce quinze jours qu'il vous faut ? Nous vous les accorderons, quoique Mme de Bellefontaine soit fort impatiente de connaître votre réponse.

— Quinze jours, ce n'est pas trop ; et puisque Votre Altesse veut bien m'accorder ce délai, je l'emploierai à réfléchir et à prier.

— Oui, mon enfant, priez. C'est de Dieu que vient toute lumière, aussi bien que toute consolation.

En quittant Mme la Princesse, j'allai trouver Mlle de Fierval, pour lui rapporter cette conversation. Elle n'en fut pas étonnée ; elle avait deviné, à l'attention avec laquelle Mme de Bellefontaine me regardait et m'écoutait, à l'adresse qu'elle mettait à m'interroger sur ce que je pensais de telle ou telle chose, qu'il devait être question d'un mariage entre son fils et moi. Je me rappelai seulement alors qu'en effet la marquise avait eu le talent de me faire raconter toute ma vie, de m'amener à lui dire quels sont mes goûts, et même quels seraient mes rêves de bonheur, si une fée bienfaisante voulait m'en promettre la réalisation. J'étais dans un de ces moments où l'on cause volontiers ; j'étais en veine de bonne humeur, peut-être parce que je me savais belle et que je me sentais admirée ; j'avais répondu gaîment à toutes ces questions, et Mme de Bellefontaine était enchantée de mon esprit, de mon caractère, en un mot, de toute ma petite personne.

Adrienne me le dit ; et comme je voulais avoir l'air d'en douter, elle reprit :

— Taisez-vous, Marguerite ; vous le savez aussi bien que moi ; car votre amour-propre n'a pas dû tarder à vous l'apprendre.

— Eh bien ! c'est vrai, Adrienne ; il m'a dit tout cela et beaucoup d'autres choses encore. C'est un flatteur de premier ordre.

— Et votre raison, que vous a-t-elle dit de ce mariage ?

— Rien encore ; mais l'amour-propre trouve que ce serait assez agréable d'être marquise, d'avoir des terres, un château en Bourgogne et un pied-à-terre à Chantilly ou à l'hôtel de Condé.

— Ainsi, je puis supposer que ce mariage vous sourit?

— Que feriez-vous à ma place, Adrienne?

— A votre place, Marguerite, je demanderais la permission d'aller passer huit jours auprès de la bonne mère Marie des Anges, et j'emploierais ces huit jours de solitude à m'interroger moi-même et à demander à Dieu de m'éclairer.

J'embrassai Mlle de Fierval, pour la remercier de ce bon conseil, et je lui demandai si elle voudrait se charger de me reconduire au couvent d'où elle m'a emmenée il y a cinq ans. Non-seulement elle y consentit, mais elle se chargea d'obtenir l'agrément de Mme la Princesse.

Le lendemain à cinq heures du matin, notre carrosse sortait de Paris et prenait la route de Chantilly, où nous devions coucher. Je ne m'étais jamais sentie plus heureuse, et je me demandais comment je n'avais pas encore, depuis cinq ans, témoigné le désir d'aller revoir la digne et sainte femme qui m'a servi de mère. J'avais pensé souvent à ce voyage; mais je n'avais pas osé demander de l'entreprendre; aussi je ne pouvais croire que la permission m'en eût été accordée avec tant de facilité.

Adrienne comprenait ma joie, et elle ne s'étonnait pas de me voir un peu plus silencieuse que de coutume; je retrouvais un à un tous mes souvenirs, et je causais avec mes pensées. J'aurais pu les exprimer tout haut devant elle; car la plus tendre confiance s'était établie entre nous; mais comme, à la suite de l'effervescence qui avait régné à Paris et dans les environs, Mme la Princesse craignait que les routes ne fussent pas tout à fait sûres, elle nous avait donné pour escorte un des officiers de M. le Prince et une dame depuis longtemps attachée à la maison de Condé. Le capitaine se tenait à la portière; mais Mme de Lancey était avec nous dans le carrosse, et sa présence nous obligeait à ne parler que de choses indifférentes.

Malgré cette petite gêne, notre voyage fut des plus agréables. Il est vrai qu'autour de Paris, les campagnes étaient quelque peu dévastées et les villages délabrés; mais à mesure que nous nous éloignions de cette capitale, nous trouvions de plus riches moissons, de plus belles vendanges, des villages plus riants et des physionomies plus heureuses. Chantilly nous parut beau dans sa silencieuse majesté, et je ne m'en serais arrachée qu'avec peine, sans l'impatience que j'éprouvais d'embrasser ma bonne mère Marie des Anges.

Je me figurais sa joie, lorsqu'elle me reverrait; j'essayais de deviner ce qu'elle me dirait, et je composais un petit compliment que je lui adresserais, pour lui demander l'hospitalité, si elle venait à ne pas me reconnaître. Je renouvelais connaissance avec les autres religieuses, je leur parlais à toutes; je me demandais si je retrouverais encore au couvent quelques-unes de mes compagnes, et je choisissais celles que j'aurais le plus de plaisir à y rencontrer. C'était plus d'occupations qu'il n'en fallait pour ne pas trouver le temps long pendant la route; et comme je n'étais jamais sortie de notre sainte maison que le jour où Mlle de Fierval était venue m'y chercher, comme ce jour-là je pleurais trop pour voir si nous traversions des bois, des plaines ou des villages, le carrosse s'arrêta devant la porte du couvent lorsque je croyais que nous en étions encore bien loin.

Je reconnus la grille en fer surmontée d'une croix; je reconnus l'avenue de tilleuls sous lesquels j'avais joué souvent, et au bout de l'avenue le beau portail de la chapelle. Je sautai en bas du carrosse, et, pendant que notre cocher frappait, je me mis à crier :

— Ouvrez, ouvrez, sœur Angèle ! C'est moi....

Une tourière parut. Ce n'était pas sœur Angèle, mais une novice dont le visage m'était inconnu.

— Ma sœur, lui demandai-je, où donc est sœur Angèle ?

— Elle est morte il y a six mois, madame, répondit la novice en se signant.

Je m'étais fait une joie de revoir la bonne sœur tourière, dont la vieille et douce figure était encore présente à mon esprit; la nouvelle de sa mort me serra le cœur, et les riantes idées qui m'avaient bercée le long du chemin s'évanouirent aussitôt.

— Nous désirerions parler à la mère Marie des Anges, dit Adrienne, devinant à ma pâleur que je n'osais pas prononcer ce nom.

— Notre mère est au chœur, répondit la tourière, je vais la prévenir.

A peine avait-elle fait quelques pas, que j'aperçus la digne prieure sur le perron de la chapelle. Je courus à elle les bras étendus, en criant :

— Ma mère ! ma mère !...

— Marguerite ! mon enfant !... répondit-elle, en descendant les degrés aussi vite que le lui permettait son âge.

Ma surprise était manquée, puisque j'avais été si promptement reconnue.

— Ne suis-je donc pas changée depuis que je vous ai quittée ? demandai-je à la bonne mère.

— Vous êtes devenue grande et belle, mademoiselle de Trémonts, me répondit-elle ; mais vous êtes telle que je vous voyais souvent dans mes rêves, telle que je vous attendais tous les jours.

— J'ai beaucoup tardé à venir, ma mère, il faut me le pardonner.

— Si c'est un malheur qui vous ramène, ma fille, soyez la bienvenue ; nous tâcherons de vous consoler.

— Ce n'est pas un malheur, ma mère ; c'est le besoin que j'ai de vos conseils et de votre affection.

— Chère Marguerite, Dieu est bien bon de permettre que je vous revoie. Mais quelles sont les personnes qui vous accompagnent? dit la supérieure, en s'avançant vers Adrienne et Mme de Lancey. Voici Mlle de Fierval, n'est-ce pas ? ajouta-t-elle. Mademoiselle, je suis bien heureuse de vous revoir, et je vous remercie de me ramener cette chère fille, que vous m'avez enlevée.

Adrienne présenta Mme de Lancey ; puis elle fit à la mère Marie des Anges les compliments de Mme la Princesse, accompagnés d'un éloge que je suis loin de mériter.

— A quoi pensez-vous donc, Adrienne ? lui dis-je en rougissant.

— Je m'acquitte de ma commission, Marguerite, me répondit-elle ; mais rassurez-vous, quand je parlerai d'après mes propres sentiments, mon langage ne sera pas tout à fait le même.

— A la bonne heure ! Si je veux tromper quelqu'un, ce n'est pas vous, ma mère bien-aimée.

— Ce ne serait pas le moyen d'obtenir un conseil utile, dit la prieure en souriant. Mais je suis bien sûre, Marguerite, que vous n'essaierez jamais de tromper personne.

— Madame, reprit Adrienne, il ne faut plus répondre de votre fille d'adoption ; elle a vécu bien près de la cour, où la vérité ne se montre jamais.

Tout en causant ainsi, nous descendîmes au réfectoire, où la mère Marie des Anges nous fit servir une collation, en attendant le dîner de la communauté ; puis elle nous conduisit elle-même dans les chambres qu'elle nous avait fait préparer. Mlle de Fierval et Mme de Lancey eurent les deux belles pièces de la maison, et moi, je retrouvai avec un véritable bonheur ma petite chambrette de pensionnaire. Rien n'y était changé : ni mon étroite couchette, enveloppée de ses rideaux blancs ; ni mon prie-Dieu, placé devant une gravure représentant l'*Ecce Homo* ; ni ma petite table, sur laquelle était posée une Vierge en bois, portant dans ses bras l'enfant Jésus ; ni la couronne en perles de jais que j'avais fait bénir par l'aumônier, avant d'en orner le front de ma sainte patronne et de son divin fils ; ni le reliquaire en cartonnage doré qui surmontait mon bénitier. On eût dit que j'avais quitté cette chambre la veille, tant ma seconde mère avait pris soin de veiller à ce que tout y demeurât dans le même état.

— Vous voyez bien, ma fille, me dit-elle, que je vous attendais toujours.

Je me jetai dans ses bras pour la remercier, et, la faisant asseoir sur l'unique chaise de ma cellule, je m'agenouillai près d'elle, appuyant, comme jadis, ma tête sur ses genoux, et je sentis des larmes me venir aux yeux en la regardant.

— Es-tu heureuse, mon enfant ? me dit-elle, en me serrant les mains et en déposant un long baiser sur mon front.

— Oui, ma mère, je suis heureuse ; et si je pleure, c'est de joie. Dieu m'a protégée, ma mère, sans doute parce que vous l'avez prié pour moi ; je n'ai pas retrouvé loin de vous la tendresse à laquelle vous m'aviez habituée ; personne ne m'aimera jamais comme vous m'aimez ; mais tout le monde me traite avec bonté dans l'illustre famille où j'ai été recueillie.

— J'y comptais, ma fille. La parole de si nobles personnages est un engagement sacré. Ainsi vos lettres m'ont tout dit, Marguerite ?

— Tout, ma mère. Seulement il me reste à vous consulter sur un projet de mariage formé pour moi.

— Eh bien ! mon enfant, je l'avais deviné ; il ne fallait rien moins qu'une si grave circonstance pour vous ramener vers nous.

— Oh ! ma mère, ne m'avez-vous donc pas pardonné ?

— Voilà qui est fini : je ne vous ferai plus de reproches, dit la bonne mère, en m'embrassant encore une fois.

Puis elle écouta ce que j'avais à lui apprendre, et, sans me rien conseiller, elle me promit de prier Dieu pour que sa volonté me fût révélée.

Nous devions passer une semaine au couvent ; ces huit jours s'écoulèrent si vite, que, quand Adrienne me rappela qu'on nous attendait à Paris, je ne pouvais croire que le congé qu'on m'avait accordé fût déjà expiré. La bonne mère n'avait pas plus que moi trouvé le temps long ; mais elle m'engagea elle-même à ne pas abuser de la bonté de Mme la Princesse.

— Quand vous serez mariée, me dit-elle, vous reviendrez.

— Je ne sais si je me marierai jamais, répondis-je ; mais ce ne sera pas encore maintenant. Ma mère, il me semble que le bonheur est auprès de vous ; et si je ne craignais d'être accusée d'ingratitude envers mes protecteurs, je vous demanderais la permission de ne plus vous quitter.

En effet, pendant les huit jours que j'ai passés dans cette sainte retraite, j'ai cru y trouver quelque chose de la paix du ciel, et je ne m'en suis arrachée qu'avec effort. Est-ce le premier indice d'une sincère vocation ? Je le voudrais ; mais je n'ose l'espérer. Je ne suis pas assez pieuse pour que Dieu me fasse la grâce de m'appeler au milieu de ses fidèles servantes. La mère Marie des Anges a reçu la confidence de tous mes sentiments, de toutes mes impressions ; elle m'a engagée à ne pas trop croire à une vocation née peut-être de la tendresse que je lui porte et du plaisir qu'on éprouve toujours à retrouver les doux souvenirs de son enfance.

— Ne vous inquiétez de rien, Marguerite, m'a-t-elle dit ; si Dieu veut que vous le serviez dans le monde, il vous donnera les grâces dont vous aurez besoin pour vous y sanctifier ; si, au contraire, il lui plaît que vous soyez toute à lui, il saura vous faire entendre sa voix puissante, à laquelle nulle créature ne peut résister. Allez donc en paix, ma fille, et dites au Seigneur, avec une confiance et une docilité toutes filiales : « Mon Dieu, je me remets entre vos mains ; faites de moi ce que vous voudrez. »

L'opinion de Mlle de Fierval étant absolument la même que celle de la mère Marie des Anges, je me laissai diriger par ces deux excellentes amies ; mais je quittai sans trop de chagrin la bonne supérieure ; car j'étais persuadée que je la reverrais bientôt. J'étais un peu embarrassée de ce que je dirais à Mme la Princesse ; Adrienne m'offrit de lui apprendre que je ne voulais pas me marier ; et cette crainte ne m'occupant plus, je retrouvai toute ma tranquillité d'esprit.

A mesure que nous approchions de Paris, le désir d'apprendre ce qui s'y était passé en notre absence remplaçait les douces émotions qui m'avaient récemment agitée ; Adrienne le vit, et elle me dit en riant que ma vocation ne devait avoir rien de sérieux. Je crois qu'elle a raison. En arrivant à l'hôtel de Condé, en revoyant toutes les magnificences dont mes yeux étaient déshabitués depuis quelques jours, je trouvai ma cellule bien triste et bien nue.

Mme de Longueville était avec Mme la Princesse, quand Mlle de Fierval me conduisit chez Son Altesse. Toutes les deux nous reçurent très-bien, et Mme la Princesse nous épargna la peine de répondre par un refus aux propositions de M. le Prince.

— Je suis sûre, dit-elle, que Mlle de Trémonts ne veut pas devenir marquise de Bellefontaine.

— Madame, répondit Adrienne, Mlle de Trémonts vous supplie de ne pas l'éloigner de Votre Altesse.

— Croyez bien, ma chère Marguerite, que je vous aurais vue partir avec regret. Restez donc avec nous, restez-y toujours : on n'a jamais trop d'amies comme vous et Mlle de Fierval. Je verrai M. le Prince avant ce soir, et je lui en parlerai.

Je voulais baiser la main de Mme la Princesse ; mais elle m'embrassa tendrement, et Mme de Longueville me donna la même preuve d'amitié.

— Quel dommage, dit-elle en s'adressant à sa mère, que cette fraîche petite Marguerite ne puisse venir demain au bal de l'hôtel de ville ! C'est à des beautés toutes jeunes comme elle qu'il convient de danser en plein jour, ainsi que Sa Majesté a eu l'idée de l'ordonner. On dit qu'elle a choisi cette heure pour punir quelques dames qui ont été Frondeuses, et qui, n'étant plus de la première jeunesse, ont besoin de mettre du fard.

— En ce cas, ma fille, dit Mme la Princesse en riant, la punition ne vous concerne pas.

— Non, pas encore, répondit la belle duchesse ; aussi je suppose que la reine a eu d'autres intentions, en commandant à messieurs de la ville de donner leur bal et leur collation l'après-midi plutôt que le soir. Sa Majesté n'est pas encore bien sûre des sentiments du bon peuple de Paris, et elle craint que la fête offerte au roi pour célébrer le onzième anniversaire de sa naissance, ne cache quelque coupable projet. La reine a tort ; ce n'est pas au roi qu'on en veut ; ce n'est qu'à son ministre.

— Ma fille, vous êtes une ingrate : c'est grâce à l'intervention de Son Eminence que vous avez été invitée à ce bal.

— Si je le savais, je m'abstiendrais d'y paraître : je ne veux rien devoir au Mazarin.

— Qu'est-ce que cela peut vous faire? Vous ignorez et je puis ignorer, comme vous, s'il nous a servies dans cette circonstance ; mais je sais que, quand j'ai prié la reine de vous convier à sa fête, elle m'a répondu qu'elle craindrait de vous incommoder.

La duchesse rougit légèrement, et elle dit avec un peu de dépit :

— Sa Majesté a trop de mémoire. N'est-ce pas votre avis, madame?

— En auriez-vous moins, si vous étiez à sa place? répondit Mme la Princesse. Il n'y a pas encore une année que vous avez refusé de suivre la reine à Saint-Germain.

— Aussi vous pouvez être sûre, madame, que Sa Majesté ne m'a pas pardonné, et que ce serait une grande joie pour elle de me voir bien laide à cette fête, où toute la cour est invitée.

— Je crois qu'elle ne goûtera jamais cette vengeance toute féminine, reprit Mme la Princesse, en regardant sa fille avec complaisance. Vous êtes toujours très-belle, madame la duchesse ; vous êtes peut-être plus belle que ne l'était Mlle de Bourbon.

— Je voudrais l'être demain, et ce n'est pas par vanité.

— En êtes-vous bien sûre? répliqua Son Altesse.

La duchesse sourit.

— On n'est jamais tout à fait sûre de soi, répondit-elle. Souvent femme varie, a dit le roi-chevalier, et cette parole est encore vraie sous le règne de Louis XIV, son gracieux successeur.

Mlle de Fierval et moi nous ne disions rien; mais nous écoutions cette causerie, animée par la bonne humeur des nobles dames, et nous faisions chacune cette réflexion que Mme la Princesse paraissait être devenue quelque peu Frondeuse.

Nous étions encore là, quand on apporta pour Mme de Longueville deux magnifiques robes de cour, entre lesquelles la duchesse devait choisir. L'une était d'une nuance gris de perle, si douce à l'œil, si chatoyante, si nacrée, que je jetai un cri d'admiration en la voyant étalée sur un fauteuil. Une parure d'émeraudes d'une incomparable richesse devait compléter cette toilette et relever l'éclat de ce teint de lis tant célébré par les poëtes, auquel les années n'avaient encore rien enlevé. Mais quand la seconde robe sortit du coffre où elle était enfermée, je ne pensai plus à la première. C'était une étoffe où l'argent et la soie se mêlaient en un si riche dessin, que je n'avais jamais rien vu de semblable. La soie était de couleur hyacinthe, et l'argent filé si menu, que ce tissu splendide était aussi souple, aussi ondoyant que le damas ordinaire. Des ferrets de diamants, aussi beaux que ceux de la reine, en formaient la garniture et s'assortissaient merveilleusement à un diadème du plus riche travail.

J'étais muette de surprise, et sans doute mes yeux exprimaient une certaine convoitise; car la duchesse me dit:

— Mademoiselle de Trémonts, voulez-vous que je prie madame ma mère de vous conduire à ce bal? Je me ferai un plaisir de mettre à votre disposition l'un de ces deux habits.

— Madame, répondis-je, si je désirais y aller, ce ne serait que pour vous admirer; mais je sais que je ne puis prétendre à l'honneur d'y être admise.

— Je pourrais faire demander une invitation à Sa Majesté, dit Mme la Princesse. Je crois qu'elle me serait accordée avec moins de difficulté que celle qui était destinée à la duchesse. Voulez-vous que je fasse cette démarche?

— Je vous supplie, madame, de n'y pas songer, répondis-je

avec confusion. Je n'ai pas le moindre désir d'assister à ce bal.

— Est-ce bien vrai, ma chère Fierval? demanda Mme la Princesse.

— Rien n'est plus vrai, madame. Je réponds de la sincérité de mon amie.

— Vous voilà toute rouge, ma chère Marguerite, reprit Mme de Longueville. Vous aurais-je offensée, en vous supposant une curiosité que j'aurais certainement éprouvée à votre âge?

— Je connais trop votre bonté, madame la duchesse, pour qu'aucune de vos paroles puisse me blesser.

— Prouvez-moi donc que vous êtes sans rancune, en me disant laquelle de ces deux robes vous semble la plus belle. Ma mère permet que je vous demande votre avis avant de m'adresser à elle, parce que Son Altesse sait bien que vous n'oseriez plus en avoir d'autre que le sien.

— Celle-ci est assurément plus riche, répondis-je en désignant l'étoffe glacée d'argent; mais quel que soit le choix de madame la duchesse, elle ne peut manquer d'être la reine de la fête.

— Chut! mademoiselle de Trémonts, voilà une réponse qui sent la Fronde. Partout où se trouve Sa Majesté, il n'y a pas d'autre reine.

— Cela n'empêche pas votre avis d'être bon, Marguerite, dit Mme la Princesse. Si j'étais Mme de Longueville, je voudrais devoir mon triomphe à ma propre beauté plutôt qu'à l'éclat de ma parure.

— Vos conseils sont des ordres pour moi, madame, reprit la duchesse; l'habit gris de perle me suffira.

Il y avait longtemps que je n'avais vu ces deux nobles dames causer avec tant de gaîté; elles nous retinrent une partie de la soirée, Mlle de Fierval et moi; elles nous firent raconter les détails de notre voyage, et Mme de Longueville me dit qu'elle se chargeait de faire ma paix avec M. le Prince, son frère, s'il était mécontent de me voir refuser le mariage qu'il m'avait proposé.

La charmante duchesse était enchantée de paraître au bal du lendemain; elle avait vraiment eu peur de n'y pas être invitée ; mais si elle était heureuse d'y aller, c'était par politique plutôt que par coquetterie. Elle voulait prouver à toute la cour que, malgré le rôle qu'elle avait joué pendant la Fronde, la reine la recherchait encore.

La fête fut splendide, et Mme de Longueville y reçut, comme toujours, les hommages les plus empressés. Elle figura dans le quadrille du roi, avec M. le duc de Rohan; M. le Prince menait Mlle de Chevreuse, M. le duc de Mercœur conduisait Mlle de Mancini, et notre jeune roi avait invité, selon son habitude, Mademoiselle, sa cousine germaine. On dansa toute l'après-midi ; et sur le soir, il y eut une magnifique collation, suivie d'un feu d'artifice.

J'avais refusé l'offre obligeante que la duchesse m'avait faite d'assister à cette fête; mais il faut bien que je dise la vérité, j'avais refusé par amour-propre, parce que je ne voulais pas qu'Adrienne pût me dire que des goûts si mondains s'alliaient mal avec ma prétendue vocation religieuse. Toute la nuit, je rêvai du bal, et je m'éveillai en dansant avec le roi. Cela m'humilia beaucoup, et je me gardai bien d'en parler, même à ma bonne Adrienne. Elle me trouva maussade pendant la journée, et, pour m'excuser, je me plaignis d'un mal de tête que je n'avais pas. Décidément, je crois bien que je ne serai pas religieuse.

Le soir du bal de l'hôtel de ville, j'ai revu la marquise de Bellefontaine. Elle m'a paru aussi bonne et aussi aimable que la première fois, mais un peu plus triste. Elle m'a dit qu'elle se disposait à quitter Paris, et qu'elle y laissait avec grand regret une illusion chèrement caressée. Elle a vu que je rougissais, et elle a repris, en me serrant la main :

— Parlons franchement, mademoiselle, je vous le demande

en grâce. J'aurais été bien heureuse de vous nommer ma fille ; mais vous ne le voulez pas. Est-ce mon fils ou moi qui vous avons déplu, ou bien dois-je croire, comme me l'a dit M. le Prince, que vous ne songez nullement à vous marier ?

— C'est l'exacte vérité, madame la marquise ; et je puis ajouter que si quelque chose avait pu m'amener à y penser, c'eût été le désir d'avoir une mère comme vous.

— S'il en est ainsi, mademoiselle, je ne perds pas tout espoir. Je dois revenir à Paris dans six mois ; me permettrez-vous de savoir si votre résolution ne se sera pas modifiée ?

— Madame, répondis-je, vous me faites trop d'honneur, et je pense que la meilleure manière de ne pas m'en montrer indigne sera de vous parler à cœur ouvert, comme je le fais aujourd'hui.

Mme de Bellefontaine me dit encore mille choses gracieuses ; elle chargea Mlle de Fierval de plaider auprès de moi sa cause et celle de son fils, et elle me quitta en me comblant de témoignages d'estime et d'amitié.

Je suis si peu sûre de moi-même depuis que l'idée d'une fête à laquelle je ne pouvais assister m'a tant troublée ; je me méfie tant de ce bel amour de la prière et de la solitude que j'ai ressenti près de la mère Marie des Anges, que je ne suis pas fâchée d'avoir six mois pour réfléchir, avant de refuser définitivement un mariage qui ne peut qu'être avantageux.

XV.

M. le Prince et le cardinal Mazarin. — Menées séditieuses des Frondeurs. — Tentative d'assassinat sur le prince de Condé. — Première communion du roi. — Pressentiments.

Il y a eu, ces jours derniers, entre M. le Prince et le cardinal Mazarin, une querelle qui occupe tout le monde, et dont plusieurs cabales espèrent tirer parti. Depuis que le roi est rentré à Paris, Mazarin se plaint des exigences de Son Altesse, et Son Altesse reproche au premier ministre d'avoir trop vite oublié les promesses qu'il a faites aux chefs de la Fronde, lorsqu'il voulait les désarmer.

M. le Prince n'est pas le seul qui remarque combien le cardinal est peu soucieux de faire honneur à ses engagements; Son Eminence, dit-on, promet toujours, au risque de ne pas tenir. Il est certain que, pour apaiser M. de Longueville, et en même temps pour reconnaître les services rendus par M. le Prince, le cardinal s'est engagé à donner le Pont-de-l'Arche au duc de Longueville. La duchesse a prié plusieurs fois devant moi son frère de rappeler cette promesse à la cour, et même elle l'a raillé finement du peu de succès de ses démarches.

Enfin, M. le Prince, décidé à en finir avec des sollicitations qui le fatiguaient et qui blessaient sa fierté, pria le cardinal de lui dire sans détour si M. de Longueville pouvait compter sur le gouvernement du Pont-de-l'Arche. Son Eminence, ne voyant plus aucun moyen de différer de s'expliquer, répondit que le Pont-de-l'Arche est une place si importante par sa position, que la reine voulait la garder, et que lui, premier ministre, et par conséquent plus étroitement obligé que personne à soutenir les intérêts de l'Etat, ne pouvait engager Sa Majesté à se dessaisir d'une ville dont la possession rendrait le duc de Longueville maître absolu de la Normandie.

M. le Prince crut pouvoir insister; il rappela au cardinal que si quelqu'un a vaillamment défendu le roi et l'Etat, c'est lui-même; et le raillant un peu de ce grand courage dont les preuves ont été si rares, il ajouta :

— Votre Eminence veut donc la guerre?

— Je ne la veux pas, répondit le cardinal; mais si Votre Altesse me la déclare, il faudra bien que je la soutienne.

M. le Prince, continuant la raillerie jusqu'au bout, prit son chapeau, et, saluant profondément le cardinal, il lui dit :

— Adieu, Mars !...

Le mot fut entendu et répété, si bien que les jours suivants on ne désigna plus M. de Mazarin que sous le nom du dieu Mars. Le cardinal en fut blessé, mais moins peut-être que la reine; et toute la cour, comptant sur une rupture sérieuse, prit parti pour M. le Prince ou pour le ministre; mais il faut dire que Son Eminence ne put compter qu'un bien petit nombre de fidèles, tandis que monseigneur vit accourir chez lui ceux sur l'amitié desquels il comptait le moins.

La reine témoigna du mécontentement de cette brouillerie survenue entre son ministre et M. le Prince, à qui elle avait de grandes obligations; mais elle déclara qu'elle ne donnerait pas à M. de Longueville le gouvernement du Pont-de-l'Arche, parce que le roi, son fils, pourrait lui reprocher un jour cette faiblesse. Sa Majesté chargea le duc d'Orléans d'amener un raccommodement entre ces deux grands personnages, et de ranimer dans l'âme de M. le Prince le désintéressement et la fidélité qui l'avaient animé jusque-là.

Monsieur accepta volontiers ce rôle de médiateur; mais M. le Prince, lié par la parole qu'il avait donnée à Mme de Longueville, ne voulut pas se départir de ses prétentions sur le Pont-de-l'Arche. Toutefois, comme il lui en coûtait de se montrer si exigeant envers la reine, il fit prier M. de Longueville de renoncer à ce gouvernement. Le duc répondit qu'il tenait à ce qui lui avait été promis, et M. le Prince crut, en conséquence, ne pouvoir se prêter à aucun accommodement.

Le cardinal, se voyant abandonné de beaucoup de gens qui lui doivent leur fortune, et comprenant que si l'ancien parti des Frondeurs venait à se relever et à se donner M. le Prince pour chef, cette seconde guerre serait infiniment plus sérieuse que la première, regretta de n'avoir pas tout d'abord accordé au duc de Longueville ce que M. de Condé demandait pour lui, et il conseilla à la reine de revenir sur sa décision. La reine répondit d'abord qu'elle n'en ferait rien; mais le cardinal lui prouva qu'il le fallait, et M. l'abbé de la Rivière vint, avec force compliments, annoncer à M. le Prince que Son Eminence avait enfin obtenu de la reine ce que Son Altesse désirait.

M. le Prince alla remercier Sa Majesté, et le même soir il donna à souper à Monsieur et au cardinal Mazarin. Le lendemain, il devait aller souper aussi chez Son Eminence; mais il se fit excuser en disant qu'il était malade; ce qui ne l'empêcha pas d'aller, le jour suivant, faire un grand repas chez Prudhomme, avec MM. de Beaufort, de Retz, de la Mothe, de Rohan, et beaucoup d'autres seigneurs, tous ennemis de Mazarin.

La reine, l'ayant appris, en fut blessée; mais M. le Prince dit qu'il était libre de se lier avec les Frondeurs, puisque Son

Eminence recherchait l'alliance de la maison de Vendôme, rivale de celle de Condé. En effet, M. le Prince voit toujours avec déplaisir le projet de mariage formé entre le duc de Mercœur et Mlle de Mancini.

Le cardinal ne s'offensa point de cette réponse. C'est un homme aussi adroit que souple. Il sait ou il croit savoir que le changement survenu dans les sentiments de M. le Prince à l'égard de la cour est l'ouvrage de Mme de Longueville, et c'est Mme de Longueville qu'il a résolu de gagner. Il lui a fait faire des protestations de dévouement et l'a fait supplier de croire qu'il fera tout ce qu'il pourra pour qu'elle daigne le compter au nombre de ses amis.

La duchesse a paru flattée de cette assurance, et, pour mettre à l'épreuve la bonne volonté de Son Eminence, elle a demandé pour Mme de Pons et pour Mme de Marsillac, ses amies, les honneurs du tabouret.

M. le Prince appuya la requête de sa sœur, et les deux tabourets furent accordés. Mais cette concession mit toute la noblesse en émoi. Il y eut chez le marquis de Monglat, grand-maître de la garde-robe, une réunion, qui se choisit pour chef le maréchal de l'Hôpital, et qui le chargea de porter plainte à la reine. Sa Majesté reçut sans colère les réclamations de la noblesse, et chaque jour augmenta le nombre de ceux qui protestaient contre la faveur accordée à Mmes de Pons et de Marsillac.

Enfin, le 4 octobre, le maréchal de l'Hôpital présenta à la reine un mémoire dans lequel la noblesse, après avoir signalé la grave infraction faite à l'étiquette, parlait de la nécessité de réformer une foule d'abus qui s'étaient introduits peu à peu dans le royaume. La chose menaçant de devenir grave à cause de la disposition des esprits, qui ne demandent qu'une occasion de trouble, Sa Majesté crut devoir donner satisfaction à la noblesse, et elle fit dire à l'assemblée qu'elle révoquait les honneurs trop légèrement accordés à Mme de Pons et à la princesse de Marsillac.

M. le Prince, qui s'est beaucoup mêlé de cette affaire et qui a soutenu les protégées de Mme de Longueville, comme si elles étaient les siennes, a été profondément blessé de cette décision. Il l'est encore, et je crains qu'il ne cherche quelque occasion de s'en venger....

Mlle de Fierval vient de m'apprendre que l'occasion est toute trouvée. Mme de Pons est veuve, et le duc de Richelieu, neveu du défunt cardinal, désire l'épouser. Ce projet n'a pas l'assentiment de la cour, parce que, M. de Richelieu étant gouverneur du Havre-de-Grâce, et Mme de Pons amie intime de Mme de Longueville, la reine craint qu'un tel mariage n'augmente encore le pouvoir du duc de Longueville en Normandie. Une autre difficulté se présente encore : la duchesse d'Aiguillon, tante de M. de Richelieu, voudrait le voir épouser Mlle de Chevreuse, qui est jeune, belle et riche, tandis que Mme de Pons a plus d'esprit que de jeunesse, de fortune et de beauté. Mme de Pons est fille de Mme du Vigean, une des meilleures amies de Mme la Princesse, et sœur de Mlle Marthe du Vigean, qui est religieuse carmélite, et dont M. le Prince a tant regretté de ne pouvoir faire sa femme.

Mme du Vigean était aussi très-liée avec la duchesse d'Aiguillon, qui lui voulait beaucoup de bien, à elle et à ses filles. La duchesse avait même engagé M. de Richelieu, son neveu, à voir souvent Mme de Pons, qu'elle jugeait plus capable que personne de le former aux bonnes manières. Il paraît qu'alors Mme de Pons dit à Mme d'Aiguillon : « Ne craignez-vous donc pas que monsieur le duc n'ait quelque jour la fantaisie de devenir mon second mari ? Je vous préviens, madame, que si cela arrivait, je ne lui répondrais pas par un refus. »

Mme d'Aiguillon rit de cette menace, qui lui parut une plaisanterie ; mais Mme de Pons prit au sérieux l'avertissement qu'elle lui avait donné ; elle se crut tout à fait dégagée de ce qu'elle devait à la duchesse ; et comme ce mariage devait lui créer une brillante position, elle en fit inspirer la pensée à M. de

Richelieu par plusieurs de ses amis, entre autres par Mme de Longueville. Et maintenant il suffit que la reine voie cette union avec déplaisir pour que M. le Prince y prête les mains. Voilà ce qu'Adrienne m'a dit avoir appris d'une personne qu'elle a sujet de croire bien informée....

Le Parlement et les Frondeurs sont contents de voir M. le Prince séparer ses intérêts de ceux du ministre; car leur ancienne haine contre Mazarin subsiste toujours. Les séances du Parlement sont souvent très-tumultueuses; le moindre motif suffit pour raviver les querelles mal éteintes. Il y eut du bruit, ces jours passés, dans une assemblée où l'on devait délibérer sur les rentes, et un sieur Joly, l'un des syndics nommés par le peuple, oublia le respect qu'il devait au premier président. Huit jours après, ce syndic, se rendant en carrosse chez le président Charton, l'un de ceux qui ont été arrêtés avec M. Broussel, reçut un coup de pistolet, dont, par bonheur, il n'eut pas grand mal. Le président accourut à son aide, et tous deux, après avoir inutilement essayé d'ameuter le peuple, allèrent au palais demander justice de cet assassinat. Les Frondeurs firent un grand vacarme; M. Broussel proposa de faire fermer les portes de la ville, pour que l'assassin ne pût s'échapper; mais les plus sages s'efforcèrent d'apaiser les autres, et ils les décidèrent à traiter cette affaire selon l'ordre accoutumé.

En même temps, M. de la Boulaye, gendre du duc de Bouillon, se mit à courir par la ville, le pistolet au poing, en appelant le peuple aux armes, pour venger cette prétendue trahison de Mazarin; mais le peuple demeura tranquille, et M. de la Boulaye, tout honteux de ce mauvais succès, alla se cacher à l'archevêché.

A la première nouvelle de ce désordre, M. le Prince courut au Palais-Royal, pour offrir ses services à la reine; mais le tapage ayant promptement cessé, Sa Majesté pria seulement monseigneur de l'accompagner à Notre-Dame, où elle désirait aller entendre la messe, comme elle a l'habitude de le faire tous les samedis.

Le trajet s'acccomplit sans le moindre incident fâcheux. Le duc de Bouillon alla trouver la reine, pendant qu'elle était à dîner, et lui dit que M. de la Boulaye, son gendre, l'avait prié de venir assurer à Sa Majesté qu'on l'accusait à tort d'avoir voulu exciter une sédition. Il ajouta que si M. de la Boulaye avait crié : Au secours ! aux armes ! c'était uniquement parce que des assassins l'avaient attaqué.

— J'ai bien ouï dire, répondit la reine, qu'on a tiré un coup de pistolet sur un conseiller du Châtelet, mais non pas sur votre gendre. Au contraire, on m'a assuré qu'il a couru les rues, un pistolet à la main, pour émouvoir le peuple, et qu'il a crié : Aux armes ! dans le palais. Je souhaite que ce que vous me dites pour sa défense soit vrai, et j'aurai soin de m'en informer.

Ce jour-là, M. le Prince resta assez tard au conseil, et le soir il alla souper chez Prudhomme, son baigneur, où l'on est toujours sûr de trouver bonne compagnie. Pendant qu'il y était, son écuyer courut l'avertir, de la part du président Perrault, son intendant, qu'on avait formé le projet de l'assassiner.

— Cela ne se peut pas, répondit M. le Prince. Perrault m'est si attaché, qu'il a pris peur sans sujet.

— Non, monseigneur, ce n'est pas sans sujet, reprit l'écuyer ; car, au moment où je traversais la place Dauphine dans le carrosse de Votre Altesse, des coquins ont tiré sur moi cinq ou six coups de pistolet, sans qu'aucun m'ait blessé.

— Mais ce n'est peut-être pas à moi qu'on en voulait, répliqua M. le Prince.

— Nous avons un moyen de nous en assurer, dit le chevalier de Grammont, qui accompagnait M. le Prince. Il faut envoyer un autre carrosse aux armes de Son Altesse ; et si on l'attaque encore, le doute ne sera plus possible.

L'épreuve fut tentée et justifia les craintes du président. On tira sur le carrosse qui était vide, puis sur celui de M. de

Duras, qui venait ensuite, et dans lequel un laquais fut tué.

Je n'oublierai jamais la surprise et l'effroi que la nouvelle de cet attentat répandit dans tout l'hôtel ; quant à moi, je me sentis le cœur rempli d'une tristesse profonde, et aujourd'hui encore je ne puis éloigner de mon esprit les plus noirs pressentiments. Qui donc peut avoir conçu l'idée d'un pareil crime ? A quel parti appartiennent les assassins, ou plutôt de quel parti sont-ils l'instrument ? De telles gens n'ont point d'opinion ; ils agissent pour le compte de ceux qui les paient. Je crois que M. le Prince voudrait bien savoir aussi quelle haine arme leurs bras. Est-ce celle du ministre ? est-ce celle des Frondeurs ? Au temps où nous vivons, il serait téméraire d'accuser quelqu'un ; car il y a tant d'intrigues ambitieuses, tant de jalousies politiques, tant de cabales, tant de passions de toutes sortes, qu'il est difficile de distinguer ses amis de ses ennemis.

Mme la Princesse a été vivement affligée du danger que monseigneur a couru, et son inquiétude est si grande, qu'elle voudrait pouvoir retenir sans cesse son fils auprès d'elle.

La reine a témoigné beaucoup d'indignation contre les misérables qui ont attenté aux jours de M. le Prince ; elle a ordonné que cette affaire fût instruite sur-le-champ, et que les coupables fussent traités avec la plus grande sévérité. Mais les coupables, où sont-ils ? M. le coadjuteur s'est présenté à l'hôtel pour voir monseigneur ; mais celui-ci lui a fait refuser sa porte ; de là, M. de Retz a été chez M. Perrault, qui l'a reçu froidement ; puis chez M. de la Moussaye, qui, par l'ordre de M. le Prince, lui a fait dire qu'il n'y était pas.

Cela semble prouver que Son Altesse accuse les Frondeurs plutôt que le cardinal du crime dont il aurait pu être la victime. Ce serait aussi mon avis, s'il m'était permis d'en avoir un sur cette affaire que je ne connais pas. On dit que M. de Vendôme a été offrir au cardinal l'amitié du duc de Beaufort, son fils, et que Son Eminence a répondu qu'il fallait, avant tout, que M. de Beaufort, soupçonné d'avoir pris part au complot formé contre M. le Prince, se justifiât de cette accusation.

M. le Prince porta plainte au Parlement contre les meurtriers apostés pour le tuer ; et comme le parti frondeur semblait compromis, M. le coadjuteur et M. de Beaufort demandèrent instamment à être jugés. Tout cela ne se fit pas sans beaucoup de bruit ; M. de Beaufort est toujours l'idole du public, et même en présence de M. le Prince et du duc d'Orléans, la foule crie : « Vivent le roi et le duc de Beaufort ! »

La cour est fort nombreuse et semble se passionner pour M. le Prince, à qui la reine témoigne le plus vif intérêt ; mais Mme la Princesse, qu'une longue habitude du monde rend difficile à tromper, est plus triste et plus inquiète que jamais. Il me semble aussi que monseigneur est préoccupé ; je le trouve même sombre et taciturne. Il y a quelques jours, j'étais chez Mme la Princesse quand il y est entré, en revenant du palais ; je voulais me retirer, après lui avoir fait la révérence ; mais il m'a retenue, et il m'a dit, en attachant sur moi ses yeux voilés par l'émotion :

— Laissez-moi vous regarder, mon enfant. C'est si rare de voir un visage ami !

— Dieu vous sauvera, monseigneur, lui ai-je dit, répondant plutôt à ma propre pensée qu'aux paroles qu'il venait de m'adresser.

— J'ai besoin de son aide, a repris Son Altesse. Priez-le pour moi, mademoiselle de Trémonts.

J'ai salué et je suis sortie ; car je ne pouvais plus retenir mes larmes.

Voici la fête de Noël arrivée, et le procès entamé contre les ennemis de M. le Prince n'est pas plus avancé que le premier jour. Nous avons été à la messe à Saint-Eustache, parce que le roi y a fait sa première communion. En le voyant s'approcher de la sainte table avec tant de recueillement et de piété, en le voyant prier de toute son âme, après avoir reçu l'hostie sacrée, je me disais que Dieu sans doute exaucerait ses vœux, qu'il pacifierait les discordes, éteindrait les haines et rendrait à la France sa gloire et sa prospérité. Moi aussi j'ai demandé cette grâce au Seigneur, et je l'ai supplié de garder de tout péril mon illustre protecteur.

Il faut croire que je n'ai pas bien prié ; car M. le Prince vient de donner à la reine un nouveau sujet de mécontentement. Il a conduit M. de Richelieu et Mme de Pons à Trie, dans la maison de Mme de Longueville ; il les a fait marier ; lui-même a servi de témoin au duc, et, aussitôt après la cérémonie, il a souhaité bon voyage aux nouveaux époux, qu'il avait engagés à partir sans retard pour le Havre.

La duchesse d'Aiguillon est désolée de ce mariage ; elle a dépêché un courrier au Havre, où elle doit commander jusqu'à la majorité de M. de Richelieu, pour défendre à la ville de le recevoir comme gouverneur ; de son côté, la reine y a envoyé M. de Bar, avec ordre de se saisir de la place ; mais déjà le jeune duc en avait pris le commandement.

M. le Prince est rentré tout joyeux ; et quoiqu'il sache bien que sa conduite a déplu à la reine, il s'est rendu au Palais-Royal, où il a raconté devant Sa Majesté les détails de ce mariage. Et comme la reine lui a dit que Mme d'Aiguillon espérait le faire rompre, attendu que son neveu n'est pas en âge de disposer de son sort, monseigneur a répondu fièrement qu'un mariage fait devant un témoin comme lui est de ceux qui ne peuvent se rompre. Malgré cette réponse, Sa Majesté a fait bon visage à M. le Prince, et, sans lui témoigner le moindre ressentiment de ce qu'il a aidé à marier un duc et pair sans la permission du roi, elle lui a demandé des nouvelles de son procès et a paru s'y intéresser beaucoup.

Cette grande bonté ou plutôt cette faiblesse de la part de la reine ne me rassure pas ; car Mme la Princesse a conseillé à son fils de ne pas s'y fier. Je crois que lui-même n'est pas aussi calme qu'il voudrait le paraître....

Le duc de Richelieu a écrit à la reine pour lui faire ses excuses et lui protester de son dévouement. Sa Majesté a dit au gentilhomme chargé de lui présenter ce message que M. de Richelieu avait mal agi, mais qu'elle oublierait sa faute, s'il se montrait à l'avenir fidèle et respectueux. M. de Bar a écrit aussi pour faire savoir à la reine que la citadelle du Havre est en son pouvoir, et que la ville seulement est à M. de Richelieu. Cette nouvelle a réjoui la cour, mais elle a contrarié beaucoup M. le Prince, qui espérait, en donnant le Havre à Mme de Pons, assurer au duc de Longueville la possession de toute la Normandie....

Mme de Chevreuse est décidément rentrée en grâce auprès de la reine. Le 1er janvier, elle a été très-gracieusement reçue par Sa Majesté. Elle est retournée le soir au Palais-Royal, après avoir eu une longue conférence avec M. le coadjuteur; et le lendemain, M. le coadjuteur lui-même s'est rendu à la cour. On dit tout bas qu'il s'est entretenu secrètement avec la reine et le cardinal, et qu'il ne s'est agi de rien moins dans cet entretien que des moyens de réunir les Frondeurs aux Mazarins contre M. le Prince.

Cela me paraît assez difficile; mais Mme la Princesse croit que tout est possible, et elle a sujet de redouter Mme de Chevreuse, qui est demeurée son ennemie depuis que Mme de Montbazon a été exilée pour avoir offensé Mme de Longueville. Elle sait aussi que M. le coadjuteur n'est pas content d'avoir vu ses avances repoussées par M. le Prince, que M. de Beaufort est furieux d'être soupçonné par Son Altesse, et que le mariage de Mme de Pons a fait encore à la maison de Condé une ennemie de plus dans la personne de Mme d'Aiguillon.

M. le Prince est fort ennuyé de son procès, quoique la majorité du Parlement se soit prononcée en sa faveur; mais on dit que cette majorité ne lui a pas été acquise sans beaucoup de peine, et qu'il a dû employer pour l'obtenir l'influence de tous ses amis. M. le coadjuteur et M. de Beaufort demandent avec instance d'être jugés sans délai, et le duc d'Orléans, sur l'amitié duquel M. le Prince croyait pouvoir compter, semble craindre, en le soutenant, de perdre la popularité qu'il s'est acquise par ses ménagements envers les Frondeurs, et surtout envers M. de Beaufort. Quand M. le Prince engage Monsieur à l'accompagner au palais, Monsieur répond qu'il est malade, et Mme la Princesse est persuadée que ces prétendues indispositions cachent beaucoup de mauvaise volonté. Elle pense que ce refroidissement pour les intérêts de M. le Prince est inspiré au duc d'Orléans par Mme de Chevreuse et Mme de Montbazon.

La gaîté est bannie de l'hôtel de Condé, où je l'ai vue régner si longtemps ; une atmosphère de trouble et d'inquiétude pèse sur les esprits; on se fait de tous côtés des confidences ; chacun répète ce qu'il a entendu dire, et ne le répète peut-être pas bien fidèlement ; enfin, M. le Prince lui-même est si agité, qu'il passe une partie des nuits à se promener dans son appartement. Un malheur nous menace, tout le monde le sent ; mais quel sera ce malheur, et de quel côté viendra-t-il ?

Mme la Princesse va très-souvent voir la reine ; elle la trouve affectueuse et bonne comme à l'ordinaire ; mais il lui semble que Sa Majesté prend aux affaires de M. le Prince un intérêt trop vif pour être bien sincère.

On a arrêté en Normandie un nommé Martineau, qui a, dit-on, pris part au complot formé contre les jours de monseigneur. Cet homme vient d'être amené à Paris, où l'on va procéder à son jugement. Je voudrais bien que ce procès fût terminé ; je voudrais que M. le Prince pût quitter Paris pour longtemps ; je voudrais qu'il eût encore une armée à commander, au risque d'acheter ses victoires par des blessures comme celles qu'il a reçues à Nordlingue. Tout me semble préférable à l'inquiétude que j'éprouve, parce qu'il m'est impossible d'en définir la cause.

C'est aujourd'hui, 18 janvier, que Martineau doit être interrogé ; on procédera ensuite au jugement de MM. de Retz et de Beaufort. M. le Prince dit que si on ne lui rend pas la justice qui lui est due, il se la fera lui-même. Je comprends sa colère et son indignation ; mais j'ai peur de ce qu'il en pourrait résulter.

Mme la Princesse est allée au Palais-Royal ce matin. La reine était souffrante et ne recevait personne. Mais cette défense ne concerne jamais Son Altesse. Elle est donc entrée chez la reine, qui se plaignait d'un violent mal de tête, et qui n'a répondu qu'avec embarras à ses témoignages de respectueuse tendresse. C'est du moins ce que Mme la Princesse nous a dit, à Mlle de Fierval et à moi, qu'elle a choisies pour confidentes de ses craintes et de ses ennuis. Adrienne s'est efforcée de la rassurer, et elle y a si bien réussi, que Son Altesse a fini par avouer que cet embarras qu'elle a cru voir n'existait peut-être que dans son imagination. Toutefois, il y a un fait certain, qui ne laisse pas d'être alarmant, c'est que M. le coadjuteur a eu plusieurs conférences avec M. de Mazarin, et que personne ne sait de quoi ils se sont entretenus.

Son Eminence traite toujours M. le Prince avec les plus grands égards ; aujourd'hui encore, pendant que sa mère était chez la reine, monseigneur a été voir le cardinal. Il l'a trouvé causant avec un des serviteurs de M. de Longueville, et lui recommandant de prier son maître de ne pas manquer au conseil, parce qu'on y doit traiter une affaire à laquelle le duc de Longueville s'intéresse, et qui regarde, je crois, le marquis de Beuvron. En voyant entrer M. le Prince, le cardinal voulut s'interrompre pour le saluer ; mais monseigneur lui fit signe de ne pas se déranger et s'approcha du feu pour causer avec M. de Lyonne. Son Eminence les rejoignit bientôt, et ils s'entretinrent de bonne amitié jusqu'à la fin de cette visite.

M. le Prince avait promis à sa mère de venir dîner avec elle ; il n'y manqua pas, et je le trouvai plus gai que je ne l'avais vu depuis longtemps. Le repas fini, Mme la Princesse lui recommanda encore une fois de se méfier de la cour, où elle était sûre qu'on ne lui voulait pas de bien.

— Rassurez-vous, madame, répondit M. le Prince ; Sa Majesté

m'a assuré de son amitié, il y a quelques jours à peine, et je suis en fort bons termes avec M. de Mazarin. Seulement je crois que l'abbé de la Rivière me trahit, et qu'il dispose Monsieur en faveur des Frondeurs. J'en veux avoir le cœur net aujourd'hui même, et tout à l'heure vous verrez, mon frère, que je le gourmanderai comme il le mérite.

Ces dernières paroles s'adressaient à M. de Conti.

— Irez-vous donc au conseil aujourd'hui, mon cher Armand? lui demanda Mme la Princesse. N'y allez pas, je vous en prie, de peur que M. de Longueville ne s'y trouve aussi. Vous savez que M. de Marsillac ne manque ni de sagesse ni de pénétration ; eh bien ! il m'a priée de vous dire de ne jamais y assister ensemble.

— Marsillac nous a fait à tous les trois la même recommandation, dit M. le Prince; mais ses craintes sont exagérées. S'il vous en faut une preuve, madame, ayez la bonté de jeter les yeux sur cette lettre.

Mme la Princesse lut à demi-voix un billet dans lequel le cardinal promet à M. le Prince le plus grand dévouement à ses intérêts, et le prie de lui conserver son appui.

Depuis que j'ai entendu cette lecture, je suis tout à fait rassurée ; mais je vois bien que Mme la Princesse ne l'est pas, quoiqu'elle n'ait plus rien dit pour empêcher ses fils de se rendre au conseil. Ils sont partis tous les deux, et M. le Prince, en nous quittant, m'a recommandé de chercher à distraire sa mère. Je n'ai pu lui obéir ; car à peine était-il sorti, que Son Altesse a demandé un carrosse pour se rendre au Palais-Royal, où elle veut revoir la reine.

Je suis restée seule avec ma bonne Adrienne ; et comme je la trouvais toute triste, je lui ai demandé si elle avait encore de l'inquiétude.

— J'en ai beaucoup, m'a-t-elle dit, parce que je crois aux pressentiments des mères. Le jour où M. de Beaufort a été arrêté,

Mᵐᵉ la duchesse de Vendôme le suppliait aussi de ne pas aller au palais.

— Mais vous n'estimez donc guère le cardinal, que vous avez si peu de confiance en ses protestations ?

— La raison d'Etat excuse bien des choses ; et si la cour regarde M. le Prince comme son ennemi, elle se dira que la ruse est de bonne guerre avec lui.

— Mais vous oubliez, ma chère amie, que M. le Prince a toujours été le plus zélé défenseur de la reine et de son ministre.

— Je n'oublie rien, Marguerite ; mais les rois sont ingrats....

— Les rois peut-être. Mais la reine est juste, elle est bonne....

— Elle est très-bonne, j'en conviens ; mais elle est très-fière, et je sais, entendez-vous, Marguerite, je sais, à n'en pouvoir douter, qu'elle est irritée contre M. le Prince, et qu'elle est décidée à ne plus rien supporter de sa part.

— Vous savez cela, Adrienne, et vous ne l'avez pas dit à monseigneur ?

— Parce que je ne pouvais nommer la personne qui me l'a confié, et que, quand je l'aurais pu, monseigneur n'aurait pas mieux écouté cet avis que ceux de Mᵐᵉ la Princesse.

— Que faire donc, mon Dieu ? que faire ?

— Prions, ma chère enfant, me dit Adrienne ; prions pour M. le Prince, pour la reine et pour la France entière, qui a tout à craindre de si fatales divisions.

Adrienne est la sagesse même ; je l'ai dit souvent, et je le répète encore ; mais il me semble qu'en cette occasion, elle ne montre pas assez d'affection et de dévouement à mon illustre protecteur. Elle a l'air de lui donner quelques torts, et moi je suis persuadée qu'il n'en peut pas avoir. Dieu veuille que la reine pense comme moi ! Voilà ce que je vais demander à Dieu de tout mon cœur.

XVI.

Arrestation des princes de la maison de Condé. — Joie du peuple. — Fuite de Mme de Longueville. — La princesse Palatine.

Le malheur que nous redoutions vient de nous frapper. M. le Prince, M. de Conti et M. de Longueville sont prisonniers à Vincennes. Margré toutes nos craintes, malgré tous nos pressentiments, cette nouvelle nous a plongées dans une consternation et une douleur aussi grande qu'aurait pu le faire la catastrophe la plus imprévue. Il y a quinze jours que les princes ont été arrêtés, et c'est aujourd'hui seulement que je me trouve assez calme pour écrire le récit de cet événement. Si je n'avais pas attendu jusqu'à présent, ces pages ne seraient qu'un long cri d'indignation, qu'une plainte amère contre ceux qui ont pu oublier les services du vainqueur de Rocroi, de Fribourg, de Nordlingue, de Lens, et regarder comme un ennemi du roi et de l'Etat un prince qui a donné des preuves sans nombre du dévouement le plus profond et le plus désintéressé.

Que de larmes j'ai versées pendant ces quinze jours ! Que de fiel j'ai senti dans mon cœur ! Que de projets de vengeance j'aurais voulu pouvoir former ! J'avais tort, Adrienne me l'a fait comprendre. Elle m'a rappelé que Dieu veut que nous pardonnions à nos ennemis, et elle me l'a rappelé de telle façon, que je n'osais plus réciter mon *Pater*, de peur de demander moi-même au Seigneur ma condamnation. J'ai encore bien de l'amertume dans l'âme ; mais Fierval me dit que c'est plutôt du chagrin que de la haine, et je veux m'en rapporter à elle.

C'est encore pour lui obéir que je continue d'écrire ces notes ; je n'y voulais plus rien ajouter ; mais j'ai pris l'habitude de me laisser conduire par cette bonne amie, et jusqu'à présent je n'ai pas eu à m'en repentir. Je ne sais quelles peines Dieu me réserve, j'en aurai peut-être une large part ; mais quand j'en serais accablée, il me semble que si je relis ceci, je reprendrai courage, en me rappelant ce que j'ai pu supporter.

Mme la Princesse était auprès de la reine, quand M. le Prince se rendit au Palais-Royal pour assister au conseil. Sa Majesté était toujours au lit, et l'on ne voyait point son visage, parce qu'elle avait ordonné qu'on abaissât ses rideaux. Monseigneur s'informa de la santé de la reine, qui lui répondit sans trop d'émotion. Il parla ensuite pendant quelques instants des nouvelles du jour ; puis, l'heure du conseil approchant, il prit congé de Sa Majesté et de Mme la Princesse, qui lui donna sa main à baiser.

M. le Prince passa dans un petit cabinet qui conduit à un autre servant de communication entre la galerie où se tient le conseil et l'appartement du cardinal. Il voulait aller chez M. de Mazarin ; mais dans ce second cabinet il rencontra Son Eminence, qui le salua fort agréablement et lui parla du procès qu'il soutenait devant le Parlement. Monseigneur, qui en était très-préoccupé, ne cacha pas la peine qu'il éprouvait de voir le Parlement favoriser ses ennemis, et le duc d'Orléans ne pas le soutenir avec tout le zèle qu'il attendait de l'amitié de Son Altesse Royale.

— Je soupçonne fort, ajouta-t-il, l'abbé de la Rivière de favoriser les Frondeurs auprès de son maître, et je désire trouver l'occasion de parler à l'abbé devant Votre Eminence.

— Il est chez M. de Villeroi, répondit le cardinal ; nous pouvons l'envoyer chercher.

M. de la Rivière, sachant qui l'appelait, se hâta de se rendre aux ordres de M. le Prince ; mais à l'entrée de la salle des Gardes, on refusa le passage à quelques personnes qui l'accompagnaient. M. de la Rivière, ne se sentant pas trop rassuré, se disposait à retourner sur ses pas, quand M. de Comminges, craignant de donner l'éveil par tant de sévérité, ordonna de laisser passer l'abbé et sa suite. Toutefois il entra seul dans le cabinet où se trouvaient M. le Prince et le cardinal.

M. le Prince se plaignit alors à M. de la Rivière du changement survenu dans les manières du duc d'Orléans.

— Vous devez vous rappeler, lui dit-il, les promesses que Son Altesse Royale m'a faites et l'engagement que vous-même avez pris de me servir en toute occasion. Quant à moi, je n'ai rien oublié ; et si je sais récompenser ceux qui me sont fidèles, je sais aussi me venger de ceux qui me trahissent.

M. de la Rivière essaya de se justifier : il ne trahissait point M. le Prince ; mais il s'apercevait comme lui de la froideur du duc d'Orléans, et il ne pouvait en déterminer la cause.

Il paraît que M. de la Rivière disait la vérité ; mais M. le Prince n'en crut rien, et il continua de lui faire des reproches jusqu'au moment où M. de Longueville arriva.

— Ne parlons plus de cette affaire, dit le cardinal ; M. de Longueville, étant des amis de M. le coadjuteur, n'aime pas à s'entretenir de ce procès.

M. de Longueville étant depuis longtemps souffrant, sa santé fit l'objet de la conversation, jusqu'à ce qu'on annonça M. de Conti. Dès que Mazarin vit les trois princes réunis, il appela un huissier et lui dit :

— Allez prévenir la reine que MM. de Condé, de Conti et de

Longueville sont ici, que tout est prêt, et que Sa Majesté peut venir au conseil.

Il était convenu entre la reine et son ministre que ces mots : *Tout est prêt,* seraient le signal des derniers ordres qu'Anne d'Autriche devait donner. Elle congédia Mme la Princesse, qui était restée auprès d'elle, et elle fit dire aux princes de passer dans la galerie du conseil, où elle irait les retrouver.

Le prince de Condé passa le premier, puis M. de Conti, le duc de Longueville, et les ministres.

— Excusez-moi, messieurs, dit le cardinal ; je vous rejoindrai dans un instant ; mais j'ai quelques mots à dire à M. de la Rivière.

En même temps il prit l'abbé par la main et l'entraîna dans son appartement.

La reine, qui s'était tenue tout habillée sur son lit, donna l'ordre à M. de Guitaut d'opérer l'arrestation des princes ; et pendant que le capitaine des gardes se disposait à obéir, elle emmena le roi dans son oratoire, où elle s'enferma avec lui. Louis XIV ne savait rien de ce qui se passait ; la reine le lui apprit, et, le faisant mettre à genoux, elle lui recommanda de prier Dieu avec elle pour le succès de cette entreprise. J'ignore si elle lui représenta comme un ennemi ce prince dont le sang a coulé sur les champs de bataille et dont la victorieuse épée a sauvé la monarchie pendant les premiers jours de la régence ; mais on me le dirait, que je le croirais sans peine, maintenant que je sais à quoi m'en tenir sur la sincérité des grands.

Tandis que la reine priait et faisait prier le roi, Mazarin demandait à l'abbé de la Rivière, fort intrigué de ce que le cardinal l'eût emmené chez lui, s'il savait ce qui avait lieu au moment même dans la galerie du conseil.

— Mais je suppose, monseigneur, répondit M. de la Rivière, qu'on vous attend pour y délibérer sur les affaires du jour.

— Ce n'est pas cela, mon cher abbé ; il s'y passe quelque chose de tout à fait extraordinaire ; devinez quoi.

— Comment Votre Eminence veut-elle que je devine ? Je la prie de me faire la grâce d'avoir pitié de ma curiosité.

— Eh bien ! monsieur l'abbé, la reine fait arrêter MM. de Condé, de Conti et de Longueville. C'est un beau coup de filet, n'est-ce pas ?

— Arrêter MM. de Condé, de Conti et de Longueville !... C'est impossible, monseigneur, et Votre Eminence veut se jouer de ma crédulité.

— Mais non, la chose est véritable.

— Ah ! monseigneur, je ne puis vous empêcher de vous égayer à mes dépens ; mais l'idée est trop plaisante pour que je puisse l'admettre un seul instant.

— Ainsi, vous n'en voulez rien croire ?

— Non, monseigneur, et je prie Votre Eminence de se rappeler que dès les premiers mots qu'elle m'en a dit, je me suis écrié que la chose était impossible.

— Soyez tranquille, j'ai bonne mémoire ; mais je vous répète, monsieur l'abbé, qu'à l'instant où je vous parle, les trois princes sont arrêtés ou ne tarderont pas à l'être.

M. de la Rivière, persuadé que ce n'était qu'une plaisanterie, se mit à rire de bon cœur de la persistance du cardinal à vouloir lui faire croire une pareille nouvelle, et le cardinal rit aussi de voir l'obstination de l'abbé à déclarer faux ce qui était vrai, de sorte que leur gaîté était devenue très-bruyante quand le comte de Servien entra, pour dire à Son Eminence que M. le Prince demandait à lui parler.

— Je sais ce que me veut Son Altesse, répondit le cardinal. Vous pouvez rester ici, monsieur de Servien.

M. de Miossens, capitaine des gendarmes du roi, entra presque aussitôt que le comte de Servien. Mandé par le cardinal, il venait prendre ses derniers ordres pour une affaire dont on lui avait parlé assez obscurément. Il était posté avec sa compagnie près de la porte Richelieu, et il croyait y avoir été envoyé pour défendre contre M. de Beaufort quelques personnes qu'on devait conduire en prison. Le cardinal lui apprit seulement alors qu'il s'agissait des princes et lui ordonna de prêter main-forte à M. de Guitaut pour les mener à Vincennes.

L'abbé de la Rivière, ne pouvant plus douter, fit de grands reproches à M. de Mazarin de lui avoir caché tout ce projet, et lui dit qu'il n'avait pas mérité de sa part un semblable traitement.

— Mon cher abbé, lui répondit le cardinal, ne vous êtes-vous pas engagé par serment à donner avis à M. le Prince de tout ce qu'on pourrait tramer contre sa liberté ?

— Cela est vrai, dit M. de la Rivière ; mais j'ai pris cet engagement au nom de M. le duc d'Orléans, qui sans doute ne sait rien non plus de l'arrestation des princes.

— Il sait tout depuis quinze jours.

— Et il ne m'en a pas parlé ?... s'écria l'abbé de la Rivière. Ah ! je suis perdu.

En effet, c'était la première fois que Monsieur manquait de confiance envers son secrétaire. Le cardinal s'efforça de le rassurer et lui offrit de le conduire chez la reine. Ils la trouvèrent encore dans son oratoire, et M. de la Rivière lui protesta que si elle lui avait fait l'honneur de se fier à lui, il aurait trouvé quelque moyen d'éluder, pour la servir, la parole qu'il avait donnée à M. le Prince. Sa Majesté lui dit qu'elle avait voulu lui épargner cet embarras, mais qu'elle lui voulait du bien, et qu'elle lui conserverait le chapeau de cardinal.

Pendant que s'échangeaient ces promesses si peu sincères, M. le Prince, arrivé au conseil, s'entretenait d'affaires de finances avec le comte d'Avaux et discutait sur quelques articles qui intéressaient un de ses amis. Il avait les yeux tournés vers la porte par laquelle la reine devait venir ; mais au lieu de la reine, ce fut le capitaine des gardes, M. de Guitaut, qui entra dans la galerie. M. le prince aime beaucoup M. de Guitaut ; comme il le vit venir de son côté, il crut que ce vieux gentilhomme avait quelque chose à lui demander, et, lui épargnant la moitié du chemin, il lui dit :

— Que me voulez-vous, mon cher Guitaut?

— Monseigneur, répondit le capitaine des gardes, j'ai l'ordre de vous arrêter, vous, M. le prince de Conti, votre frère, et M. de Longueville, votre beau-frère.

— Moi, Guitaut!... dit M. le Prince; moi, vous m'arrêtez!...

— Croyez, monseigneur, que j'en suis fort peiné, répliqua M. de Guitaut.

— Au nom de Dieu, mon ami, retournez vers la reine, et dites-lui que je la supplie de vouloir bien m'entendre.

— Cela ne servira de rien, monseigneur, soyez-en sûr; mais pour vous satisfaire, je consens à y aller, répondit M. de Guitaut en s'éloignant.

Tout ce dialogue avait eu lieu à demi-voix et à l'écart; personne ne savait donc de quoi s'étaient entretenus Son Altesse et M. de Guitaut. M. le Prince se rapprocha des membres du conseil, et leur dit :

— Messieurs, la reine me fait arrêter. Et vous aussi, mon frère; et vous aussi, monsieur de Longueville, ajouta-t-il en se tournant vers ces deux princes.

Tous les assistants jetèrent un cri de surprise.

— Cela vous étonne, n'est-ce pas, messieurs? reprit Son Altesse, et j'avoue que je partage votre étonnement; car j'ai toujours si bien servi le roi, qu'il devait m'être permis de compter sur la protection de la reine et l'amitié du cardinal.

Puis, se tournant vers le chancelier, il le pria d'aller demander pour lui une audience à Sa Majesté, et il chargea M. de Servien de lui rendre le même service auprès du cardinal. Tous deux s'y prêtèrent de bonne grâce; mais ni l'un ni l'autre ne revinrent. Au bout de quelques instants, M. de Guitaut rentra.

— Eh bien? lui demanda vivement M. le Prince.

— Eh bien! monseigneur, Sa Majesté ne peut vous recevoir, et elle m'a réitéré l'ordre de vous arrêter.

— Allons! dit Son Altesse, puisqu'il en est ainsi, obéissons. Mais où allez-vous nous mener? Que ce soit dans un endroit chaud, s'il est possible; car j'ai gagné des fraîcheurs au camp, et le froid me fait beaucoup de mal.

— J'ai l'ordre de conduire Votre Altesse au bois de Vincennes, dit M. de Guitaut.

— Partons donc, reprit M. le Prince, en essayant d'ouvrir une porte qui conduit dans l'appartement du cardinal.

— Vous ne pouvez sortir par là, monseigneur, dit le capitaine; Comminges y est avec douze de ses gardes.

— Alors, conduisez-nous, Guitaut, reprit Son Altesse avec la plus grande tranquillité. Adieu, messieurs, ajouta-t-il, en revenant vers les conseillers. Je vous prie de ne pas m'oublier, et, comme vous êtes tous gens de cœur, je compte que vous voudrez bien à l'occasion me rendre le témoignage d'avoir toujours été un bon et fidèle serviteur du roi. Adieu, comte, dit-il encore en s'adressant à M. de Brienne, secrétaire d'Etat; embrassez-moi; car nous sommes cousins.

M. de Guitaut fit entrer alors M. de Comminges et ses douze gardes; puis il s'approcha de M. le Prince, qui lui remit son épée. M. de Conti, qui s'était tenu, sans dire un mot, sur un petit lit de repos placé dans la galerie, se leva sans témoigner la moindre émotion et rendit son épée à M. de Comminges, pendant que le duc de Longueville donnait la sienne à M. de Cressy.

Les gardes allèrent ouvrir une petite porte qui donne dans le jardin, et M. de Comminges guida ses prisonniers vers un escalier dérobé, assez étroit et passablement sombre.

— Comminges, lui dit M. le Prince, vous êtes homme d'honneur et gentilhomme; n'avons-nous rien à craindre? Je vous ai toujours aimés, vous et les vôtres, j'ai le droit de vous demander la vérité.

— Monseigneur, répondit Comminges, vous avez raison, je suis homme d'honneur et gentilhomme ; s'il y avait eu quelque dessein formé contre la vie de Votre Altesse, je n'aurais pas consenti à en être l'instrument. Je n'ai reçu d'autre ordre que celui de vous conduire à Vincennes.

— C'est bien, Comminges, je me fie à votre parole, dit M. le Prince, en s'engageant le premier dans le passage secret.

Le prince de Conti le suivit sans montrer ni crainte ni chagrin ; mais M. de Longueville, qui est malade, paraissait fort triste ; et comme il ne se sert de ses jambes qu'avec difficulté, M. de Comminges fut obligé de le faire soutenir par deux de ses gardes.

M. le Prince arriva avant ses frères au bout du jardin, près de la porte qui donne sur la rue de Richelieu. Il y retrouva M. de Guitaut, qui venait d'annoncer à la reine que ses ordres étaient exécutés.

— Mon cher Guitaut, lui dit Son Altesse, comprenez-vous quelque chose à ce qui m'arrive ? Quant à moi, je ne puis assez m'en étonner, et je me demande comment vous avez pu vous charger de cette commission, vous qui savez que je vous aime.

— Oui, monseigneur, je le sais, répondit M. de Guitaut ; mais je vous supplie de considérer que je ne m'appartiens pas, et que, quand la reine commande, je ne puis me dispenser d'obéir. Ce n'est pas sans regret, monseigneur, et Votre Altesse peut croire que je paie chèrement aujourd'hui l'honneur d'être le capitaine des gardes de Sa Majesté.

— Merci, Guitaut, reprit M. le Prince ; les sentiments que vous m'exprimez me font plaisir. Donnez-moi la main, et soyez sûr que je ne vous en veux pas.

MM. de Conti et de Longueville ayant rejoint M. le Prince, M. de Guitaut ouvrit la porte devant laquelle stationnait un carrosse. Les prisonniers y montèrent avec le lieutenant et quelques-uns de ses gardes. Tout près de là se trouvaient M. de Miossens et ses gendarmes, qui se joignirent au reste de l'escorte. Le carrosse sortit par la porte Richelieu, car on ne voulait pas traverser Paris avec cette proie; mais au dehors de la ville les chemins sont si mauvais, que la voiture versa.

M. le Prince s'élança par la portière; et comme il est d'une adresse et d'une agilité incomparables, il prit sa volée à travers champs, comme un oiseau échappé de sa cage. M. de Miossens mit pied à terre et courut après lui.

— Ne craignez rien, Miossens, dit Son Altesse, je ne veux pas me sauver; mais l'occasion est belle pour vous et pour moi, convenez-en. Si vous la laissez échapper, vous ne la retrouverez jamais.

— Je le crois, monseigneur; mais l'honneur m'est plus cher que la fortune, et je vous supplie très-humblement de ne me rien demander qui soit contraire à la fidélité que je dois au roi et à la reine.

— Bien répondu, Miossens, dit M. le Prince. Remontons donc en voiture et n'en parlons plus.

Le carrosse étant relevé, et M. le Prince ayant repris sa place, le lieutenant des gardes ordonna au cocher d'aller le plus vite possible.

— Vous voulez donc que nous versions une seconde fois? interrompit Son Altesse. Soyez tranquille, Comminges, vous ne courez pas d'autre risque que celui-là. Personne ne doit venir à mon secours; car je n'ai pris, je vous le jure, aucune précaution contre ce voyage. Faisons-le donc doucement, et causons un peu pour nous distraire.

— Je suis aux ordres de Votre Altesse, répondit l'officier.

— S'il en est ainsi, Comminges, dites-moi, je vous prie, pour quel crime la reine m'a fait arrêter; car il m'est impossible de le deviner.

— Je l'ignore, monseigneur, repartit M. de Comminges; mais votre crime me paraît ressembler beaucoup à celui de Germanicus, qui devint suspect à l'empereur Tibère pour valoir trop, pour être trop aimé, pour être trop grand.

Cette réponse, qui est la pure vérité, causa un peu d'émotion à M. le Prince. Il garda le silence pendant quelques instants ; puis, songeant sans doute au triomphe de ses ennemis, il se plaignit de la trahison du duc d'Orléans et de l'abbé de la Rivière, qu'il soupçonnait d'avoir influencé Son Altesse Royale.

Quand on fut arrivé au pied du donjon, M. de Miossens vint prendre congé des prisonniers.

— Adieu, mon cher Miossens, lui dit M. le Prince ; joignez à vos bons procédés celui de dire à la reine que je suis, malgré tout, son très-humble serviteur.

Il était déjà tard ; mais comme on n'attendait personne dans cette prison d'État, il ne s'y trouva pas de lits. M. de Comminges demanda des cartes, et il passa la nuit à jouer avec les princes. M. de Conti et M. de Longueville s'y prêtèrent de bonne grâce, mais non pas avec le même entrain, la même gaîté que monseigneur. Il les railla fort agréablement l'un et l'autre ; et ce qui prouve combien il avait l'esprit libre, il soutint, tout en jouant, une discussion avec M. de Comminges sur l'astrologie.

Ces détails nous ont été transmis par une personne que M. de Comminges estime beaucoup, et à qui il les a confiés sans doute avec l'intention de nous les faire parvenir. Je ne veux pas la nommer, de peur de la compromettre ; car il y a autant de danger que naguère il y avait de gloire à se déclarer l'ami de la maison de Condé. M. de Comminges a passé huit jours au donjon de Vincennes, et il ne peut assez admirer la force d'âme de M. le Prince, son esprit enjoué, sa vaste instruction, son humeur égale et toujours agréable. Il dit que ces huit jours seront assurément les meilleurs de toute sa vie, et que s'il pouvait se défendre de compatir au malheur de cet illustre prisonnier, il aurait demandé comme une grâce de ne pas le quitter pendant toute sa captivité.

De son côté, monseigneur appréciait cet officier, qui, sans manquer à son devoir, lui témoignait les plus grands égards et s'efforçait d'adoucir pour lui les longues heures de la solitude. Le départ de M. de Comminges a donc été un chagrin pour M. le Prince; et tous deux ont versé des larmes en se disant adieu.

Quand la reine sut que les prisonniers étaient hors de Paris, elle envoya M. de la Vrillière, secrétaire d'Etat, ordonner à Mme de Longueville de venir la trouver sans retard au Palais-Royal. La duchesse était chez son amie, la princesse Palatine. Ses gens, qui le savaient et qui venaient d'apprendre de M. de la Vrillière de quel message il était chargé, pensèrent que les instants étaient précieux, et, courant chez la princesse Anne, ils la prièrent d'avertir leur maîtresse de ce qui s'était passé au palais.

Mme de Longueville était loin de s'attendre à une pareille nouvelle; elle en fut si saisie, qu'elle s'évanouit entre les bras de son amie. Des soins empressés la ranimèrent, et, tout son courage lui revenant aussitôt, elle pria Mme la Palatine de la conduire à l'hôtel de Condé.

Mme la Princesse ignorait encore l'arrestation de ses fils et de son gendre. M. de Brienne, que la reine avait chargé de la lui apprendre, était auprès d'elle depuis quelque temps et n'avait encore osé lui porter ce coup terrible. Mme la Princesse avait eu la bonté de nous mander auprès d'elle, Mlle de Fierval et moi, lorsqu'elle était revenue du Palais-Royal, et nous y étions encore lorsque M. de Brienne avait été introduit. Adrienne me dit depuis qu'elle l'avait trouvé fort pâle et tout bouleversé ; mais moi, qui ne savais pas qu'il apportât des nouvelles, je n'avais rien remarqué. Il causait donc de choses indifférentes avec Mme la Princesse, quand Mme de Longueville entra dans la chambre en criant :

— Ah ! madame !... madame ! mes frères....

— Qu'y a-t-il donc, mon Dieu! dit Mme la Princesse. Mes fils sont-ils morts ?

— Calmez-vous, madame, je vous en supplie, répondit

M. de Brienne ; ils ne sont ni morts ni blessés ; mais Sa Majesté les a fait arrêter et m'a donné mission de vous en avertir.

— Ils sont arrêtés !... Mes enfants sont prisonniers !... reprit Mme la Princesse. Où sont-ils, monsieur de Brienne ? Qu'en a-t-on fait ?

— Ils sont à Vincennes, madame.

— A Vincennes tous les deux ?

— Tous les trois, dit la duchesse. M. de Longueville a été arrêté avec mes frères.

— Voilà donc ce que je craignais.... Pourquoi ne m'ont-ils pas écoutée ?... Mais qu'ont-ils fait, monsieur de Brienne ? De quel crime sont-ils accusés ?

— Je l'ignore, madame ; et comme je ne doute pas de leur innocence, j'espère qu'ils seront bientôt mis en liberté.

— Que Dieu le veuille ! s'écria la pauvre mère, en joignant les mains. Je sens que s'ils ne me sont pas bientôt rendus, je ne pourrai survivre à cette perte.

— Votre douleur est bien légitime, madame, et je vous prie de croire que je la partage ; car personne n'a plus d'estime et d'amitié que moi pour messieurs mes cousins, et plus de respect pour Votre Altesse.

— Je le sais, monsieur de Brienne, et je remercie la reine de vous avoir choisi pour m'apporter cette triste nouvelle.

— Il me reste encore, madame, à vous apprendre que la volonté de Sa Majesté est que Votre Altesse se retire dans une de ses terres, et que Mme la princesse Clémence vous y accompagne, ainsi que M. le duc d'Enghien.

— J'obéirai à la reine, répondit Mme la Princesse ; mais je vous prie, monsieur de Brienne, de demander à Sa Majesté de me permettre de passer encore deux jours à Paris : l'un dans mon hôtel, que je ne reverrai peut-être jamais ; l'autre aux grandes Carmélites, afin que les prières de ces saintes filles m'aident à obtenir de Dieu la résignation dont j'ai besoin.

M. de Brienne promit de présenter sans retard cette requête

à la reine, et il s'éloigna, aussi touché de la douleur de Mme la Princesse que frappé du courage avec lequel cette noble dame s'efforçait d'en triompher.

Comme il se retirait, M. de la Vrillière fit demander une entrevue à Mme de Longueville, qui sortit pour le recevoir. Il lui dit, ce qu'elle savait déjà, que la reine la mandait au Palais-Royal.

— Avant de me rendre aux ordres de Sa Majesté, répondit la duchesse, je vais voir ma mère, qui a grand besoin de moi dans ce moment.

M. de la Vrillière, n'ayant pas mission de conduire Mme de Longueville chez la reine, s'éloigna, après avoir reçu cette réponse, et la duchesse rentra dans la chambre de sa mère.

— Madame, lui dit-elle, la reine me mande au Palais-Royal. Ce ne peut être que pour me traiter comme elle a traité mes frères et mon mari; cependant, si vous me conseillez de lui obéir, je le ferai pour l'amour de vous.

— Non, madame, n'y allez pas, c'est moi qui vous en prie. La reine m'a pris mes fils.... Ah! que du moins elle ne me sépare pas de ma fille!

Mme de Longueville se jeta dans les bras de sa mère. Leurs larmes et leurs sanglots se confondirent un instant. Mais la princesse Palatine, qui ne les avait pas quittées, leur rappela qu'elles n'avaient pas le temps de pleurer.

— Ma chère duchesse, dit-elle, si vous restez ici, vous y serez arrêtée aussi bien qu'au Palais-Royal. Il faut fuir au plus tôt, si vous tenez à votre liberté.

— La princesse a raison, ma fille, dit la courageuse mère en essuyant ses yeux. Fuyez, ou l'on viendra vous arracher de mes bras, sans qu'il me soit possible de vous défendre.

— Mais où irai-je, mon Dieu! pour me soustraire au courroux de la reine?

— Nous y réfléchirons, dit la princesse Palatine. Ce qui presse le plus, c'est de quitter cette maison. Qui sait s'il n'est pas déjà trop tard? Venez donc vite : mon carrosse est en bas.

— Je me livre à vous, ma chère Anne, répondit Mme de Longueville ; conduisez-moi où vous voudrez.

La duchesse embrassa encore une fois sa mère, et elle se laissa emmener par son amie, qui promit de revenir bientôt donner de ses nouvelles à Mme la Princesse. Demeurée seule avec Mlle de Fierval et moi, l'illustre dame donna un libre cours aux pleurs qui l'étouffaient ; puis, ce premier moment passé, elle alla s'agenouiller devant son prie-Dieu, où elle demeura longtemps comme abîmée dans sa douleur. Pour ne pas la troubler, nous nous étions retirées à l'écart, et nous priions aussi, du fond de notre cœur, pour les princes, pour Mme de Longueville, et surtout pour cette tendre mère, dont nous comprenions les cruelles angoisses.

Quand elle se releva, ses yeux étaient secs ; mais sa pâleur était si grande et ses traits si altérés, qu'on eût dit qu'elle avait fait une maladie grave. Elle nous tendit les mains avec affection et nous embrassa l'une après l'autre.

— Vous avez pleuré et prié avec moi, dit-elle, merci !... Allez vous reposer maintenant. Je suis calme, je suis forte. Le Consolateur tout-puissant a eu pitié de moi ; car, sans lui, ce coup terrible m'aurait tuée....

Et comme elle vit que j'avais le cœur si gonflé, que je ne pouvais parler, elle ajouta :

— Du courage, Marguerite ! Ils ne le tiendront pas toujours.... Si longue que soit sa captivité, vous êtes jeune et vous le reverrez.... Je le connais d'ailleurs : sa fermeté ne l'abandonnera jamais ; il ne sera pas tout à fait malheureux ; mais son frère, mon pauvre Armand..., c'est lui qu'il faut plaindre....

M. de Brienne rentra pendant que Mme la Princesse nous témoignait toutes ses craintes pour la santé de M. de Conti, qui est, en effet, délicat et souffreteux. Le comte avait vu la reine, et Sa Majesté accordait à Mme la Princesse les deux jours de délai qu'elle avait demandés avant de partir pour ses terres. Elle remerciait encore M. de Brienne, lorsque la princesse de Condé accourut chez elle pour lui demander s'il était vrai, comme elle venait de l'entendre dire dans les rues, que son mari et ses beaux-frères eussent été arrêtés.

Dès qu'elle aperçut Mme la Princesse, elle ne douta plus de ce malheur.

— C'est donc vrai !... s'écria-t-elle en pâlissant. Oh ! je les vengerai !... ajouta-t-elle si bas, que moi seule l'entendis.

M. de Brienne sortit. Adrienne et moi nous le suivîmes, ne voulant pas gêner, par notre présence, les deux princesses si péniblement éprouvées. Je remontai dans ma chambre, où ma chère Fierval me laissa, après m'avoir tendrement embrassée. Elle comprenait que moi aussi j'avais besoin d'être seule ; les larmes que je retenais depuis une heure menaçaient de m'étouffer. Je me jetai sur mon lit, et je cachai ma tête dans les couvertures, pour qu'on n'entendît pas mes sanglots ni mes cris. Cette explosion de douleur me soulagea, et je pleurai si longtemps, que je finis par m'endormir, comme cela arrive aux enfants. Mais dans mon sommeil je ne perdis pas le souvenir de ce qui nous affligeait tant ; je vis mon protecteur saisi par des gardes, brutalement désarmé, et conduit, chargé de chaînes, dans un obscur cachot. Le rêve dépassait de beaucoup la réalité. Toutefois, je n'étais pas seule à m'indigner de l'ingratitude de la cour ; je voyais la foule s'agiter ; j'entendais des plaintes, des menaces, des cris séditieux, comme j'en avais entendu lors de l'arrestation de M. Broussel et du départ de la reine pour Saint-Germain. Le peuple tout entier se soulevait, en redemandant les princes ; les chaînes se tendaient, les barricades s'élevaient ; Mme la Princesse, portée en triomphe par la foule, s'avançait vers le Palais-Royal, et la reine, donnant la main au prince de Condé, descendait le grand escalier pour la recevoir.

Je m'éveillai alors, et, en prêtant l'oreille aux bruits de la rue, je me persuadai que je n'avais pas rêvé. Je reconnus les pas pressés et le murmure confus de la foule qui s'assemble, puis les cris de gens qui s'appellent, puis cette rumeur grossissante du milieu de laquelle sortent des exclamations. Je sautai à bas de mon lit, je courus ouvrir la fenêtre, et je vis, à la lueur d'un immense feu de joie, la foule rire, chanter et danser, en criant : « A bas les princes ! Vivent les Frondeurs ! Vivent la reine et M. de Beaufort ! »

Je n'y comprenais plus rien ; mais un dialogue qui s'établit devant la porte même de l'hôtel m'apprit que les réjouissances publiques dont j'étais témoin étaient provoquées par l'arrestation des princes.

— Tu crois donc cela, toi ? disait un homme déjà vieux à un jeune ouvrier qui portait sous son bras un énorme fagot.

— Tiens ! répondait celui-ci, il faut bien que je le croie, puisque je l'ai vu.

— Qu'est-ce que tu as vu ?

— J'ai vu le lieutenant des gardes du roi dans un carrosse avec le prince de Condé, son frère le bossu, et un vieux qui doit être le duc de Longueville. Le carrosse allait du côté de Vincennes, et il y avait devant, derrière et alentour, tant de gendarmes et de gardes du corps, que cela n'en finissait pas.

— Ainsi tous ces Condé si fiers et si orgueilleux sont à l'ombre ?

— Oui, et pour longtemps, s'il plaît à la reine ! Ils peuvent dire qu'ils l'ont mérité.

— Ils ont mérité mieux que cela, l'aîné surtout.... Accuser M. de Beaufort d'avoir voulu l'assassiner.... Quelle infamie !...

— Qui est-ce qui parle de M. de Beaufort ? dit un nouveau venu. Qui est-ce qui peut nous en donner des nouvelles ?

— Ma foi ! répondit le jeune homme, il doit être bien content, à l'heure qu'il est, d'être délivré de son plus grand ennemi.

— Vous ne savez donc pas ce qu'on dit là-bas, vous autres ? On dit que M. de Beaufort est à Vincennes avec les Condé.

— Non, non, il n'y est pas. Je le connais et je ne l'ai pas

vu, reprit le jeune homme. Il est vrai que les chevaux allaient grand train ; mais il me semble que j'aurais reconnu M. de Beaufort.

— Est-ce qu'on ne peut pas le reconnaître ? Il n'y a pas deux hommes en France aussi beaux que lui. Et puis, le Mazarin n'aurait pas osé le faire arrêter pour la seconde fois.

— Vive Beaufort ! Vive Beaufort ! cria la foule assemblée autour du feu de joie.

Aussitôt cette foule s'ouvrit, et je vis se détacher sur la flamme rougeâtre un cavalier de haute taille, portant à son feutre un bouquet de plumes blanches. Il saluait à droite et à gauche pour répondre aux cris enthousiastes du peuple, qui le suivait avec des vivat et des bénédictions.

— Le voilà ! le voilà ! s'écria le jeune homme. Je cours jeter mon fagot au feu. Vive M. de Beaufort !

Je vis et j'entendis tout cela le plus distinctement du monde ; mais j'avais le cerveau si troublé, que je crus être le jouet d'un pénible cauchemar. Je sortis de chez moi sans songer à refermer ma fenêtre et j'allai frapper à la porte d'Adrienne. Elle était encore debout et elle vint m'ouvrir aussitôt. Je l'entraînai dans ma chambre, et je la forçai de regarder dans la rue.

— Oui, je sais ce qui se passe, me dit-elle ; la foule se réjouit de ce que les princes sont captifs. Ah ! si les rois sont ingrats, le peuple ne l'est pas moins.

— Ah ! ce n'est pas seulement de l'ingratitude, c'est de la folie. Tout ce monde a donc oublié que M. le Prince a sauvé la France à Rocroi ; que, sans lui, l'ennemi s'ouvrait un chemin jusqu'à Paris, et qu'il ne resterait pas pierre sur pierre de toute cette ville perfide, si son épée victorieuse ne s'était levée pour la défendre ?

Je me suis promis, en commençant ce récit, de renfermer dans mon cœur la douleur et l'indignation qui ne manqueraient pas de s'y réveiller. Je me tais donc ; mais quelle journée, mon Dieu ! quelle journée !

Pendant que la foule dansait autour des feux de joie allumés sur les places publiques, la reine faisait ouvrir les portes du Palais-Royal, et elle y voyait accourir la plupart des ennemis des princes. Les Frondeurs y étaient en grand nombre, et ils semblaient heureux de pouvoir pénétrer en ce lieu, où la veille encore ils n'auraient osé se montrer. Toutefois beaucoup de partisans de la maison de Condé s'y rendirent aussi, les uns par attachement pour les prisonniers, les autres pour ne pas se rendre suspects, et ceux-ci, comme on peut le croire, s'efforcèrent de prendre un visage satisfait. Il n'y eut que les amis intimes qui s'abstinrent de se présenter à la cour.

Plusieurs personnes se crurent obligées de faire compliment à la reine de la sévérité dont elle avait usé envers les princes; elle reçut froidement leurs félicitations; elle dit tout haut qu'elle regrettait d'avoir été forcée de faire arrêter M. de Condé, et que les intérêts de l'Etat avaient seuls pu la décider à agir ainsi, malgré toute son estime et son affection pour M. le Prince.

Cette réponse abattit un peu l'orgueil des ennemis de Son Altesse, et elle donna quelque consolation à ses amis. Le cardinal se vit aussi fort entouré et chaudement complimenté; M. de Beaufort lui-même envoya le saluer et fit prendre ses ordres pour la promenade qu'il voulait faire la nuit au milieu des rues. M. de Mazarin demeura modeste dans son triomphe; mais il ne parut pas insensible à la joie d'avoir prouvé qu'il est capable d'une action hardie. Quant à moi, je lui reproche beaucoup moins l'arrestation des princes que les manières humbles et doucereuses dont il s'est servi avec eux jusqu'à la fin. Voilà ce que je trouve indigne d'une grande âme. Et quand il serait vrai, comme beaucoup de gens le prétendent, que le cardinal était perdu, s'il eût balancé à faire arrêter M. le Prince, je dirai toujours qu'il n'est pas loyal de se servir de faux-semblants d'amitié pour endormir la défiance de celui qu'on regarde comme un ennemi.

XVII.

Mme de Longueville en Normandie. — La duchesse de Bouillon et sa fille. — Turenne et les Espagnols. — Les princesses quittent Chantilly. — Requête au Parlement.

En quittant l'hôtel de Condé, Mme de Longueville, toujours conduite par la princesse Palatine, s'arrêta dans une petite maison du faubourg Saint-Germain, où MM. de Marsillac et de Sillery vinrent la trouver, ainsi que Mlle de Longueville, sa belle-fille. Ils décidèrent tous ensemble qu'il fallait que la duchesse gagnât au plus tôt la Normandie, dont le duc de Longueville était gouverneur.

La duchesse partit dans le carrosse de son amie, qui lui promit de la servir fidèlement pendant sa disgrâce, et qui se chargea de recommander ses enfants à Mme la Princesse. Mme de Longueville voyagea toute la nuit avec MM. de Marsillac et de Sillery, qui s'étaient offerts à l'accompagner. Elle arriva à Rouen, brisée de douleur encore plus que de fatigue; mais le marquis de Beuvron, sur qui elle croyait pouvoir compter, lui dit franchement que, malgré toute son amitié pour le duc de Longueville, il ne pouvait manquer à la fidélité qu'il devait au roi.

Ce fut une grande déception pour la duchesse ; mais elle ne perdit pas courage, et elle continua sa route jusqu'à Dieppe, dont le gouverneur, M. de Montigny, était aussi de ses amis. Ce gentilhomme la reçut avec beaucoup d'égards ; mais il lui dit, comme M. de Beuvron, qu'il était, avant tout, bon serviteur du roi. Mme de Longueville fit alors demander au duc de Richelieu s'il pouvait la recevoir au Havre. Le duc répondit qu'il le ferait volontiers, mais qu'il ne le pouvait, attendu que tous les officiers de la garnison étaient à Mme d'Aiguillon, sa tante. Mme de Longueville s'est donc décidée à rester à Dieppe ; mais elle a fait fréter un bâtiment qui doit la transporter à l'étranger, si quelque danger sérieux vient à la menacer.

Mme la Princesse a choisi Chantilly pour sa retraite ; et pendant les deux jours qu'elle a passés à Paris avant de partir, elle a reçu la visite d'une foule de personnes de qualité. Si quelque chose pouvait adoucir son chagrin, ce serait assurément la part que tout le monde y prend, sans aucune distinction d'opinions ou de cabales. Un gentilhomme dévoué à la reine et au cardinal étant venu la voir comme les autres, Mme la Princesse le pria de demander une dernière grâce pour elle à Sa Majesté.

— Mon pauvre fils, le prince de Conti, dit-elle en pleurant, est infirme et délicat ; il souffrira beaucoup de sa prison ; mais si la reine consentait à ce qu'il pût recevoir les services de son valet de chambre, il me semble que je serais quelque peu soulagée.

Le gentilhomme, touché de voir dans cette fière princesse un cœur de mère, puisque le plus faible de ses enfants paraissait lui être le plus cher, alla sur-le-champ présenter sa demande à la reine, et il le fit de telle façon, que Sa Majesté donna aussitôt l'ordre de laisser entrer à Vincennes le valet de M. de Conti.

MM. de Bouillon et de Turenne, qui devaient avoir le même sort que les princes, ont heureusement réussi à s'enfuir ; mais le président Perrault a été arrêté et conduit au donjon. M. de Turenne a gagné Stenay, qui appartient à M. le Prince ; il y a déjà réuni des troupes, et il a pris le titre de lieutenant général de l'armée du roi pour la liberté des princes.

Le 23 janvier, M. de Bouteville, cousin de M. le Prince, a provoqué en duel M. de Beaufort, sous le prétexte de tirer vengeance de l'insulte qu'il en a reçue autrefois dans le jardin de Renard ; mais M. de Beaufort a refusé de se battre. Il est maintenant bien vu à la cour, ainsi que M. le coadjuteur, et ni l'un ni l'autre n'ont eu de peine à se faire acquitter par le Parlement de l'accusation portée contre eux, à propos du meurtre tenté sur la personne de M. le Prince. Je crois volontiers à leur innocence, dont chacun d'ailleurs est persuadé ; mais je suis tentée de croire aussi qu'ils ont beaucoup contribué, comme on le dit, à l'arrestation de mon cher protecteur. Si cela est, que Dieu leur pardonne !

La reine, s'étant décidée à aller en Normandie pour en chasser Mme de Longueville, n'a pas voulu partir avant de faire arrêter la duchesse de Bouillon. Toutefois, comme cette dame était malade, Sa Majesté se contenta de la faire garder dans son hôtel. La duchesse, qui a beaucoup d'esprit et d'adresse, est parvenue à faire évader ses fils et à s'évader elle-même, grâce à la complicité de sa jeune fille. Cette intelligente petite demoiselle, ayant la permission d'aller voir sa mère, quand elle le voulait, entra un soir dans la chambre de Mme de Bouillon et en ressortit aussitôt, en disant à la sentinelle qui veillait à la porte de la duchesse :

— Ma mère est endormie, je ne veux pas l'éveiller. Ayez l'obligeance de passer devant moi et de m'éclairer jusqu'au bout du corridor.

Le soldat prit la lanterne et marcha sans défiance devant Mlle de Bouillon, que sa mère suivait, toute courbée, afin de ne pas la dépasser. L'intéressante enfant gagna l'escalier de la cave, la duchesse y descendit, et toutes deux se sauvèrent par le soupirail, grâce à quelques serviteurs, qui les tirèrent dehors avec des cordes.

Elles se cachèrent dans la maison d'un de leurs amis ; mais au moment où tout était prêt pour leur fuite, Mlle de Bouillon tomba malade de la petite vérole. La duchesse, ne voulant pas la quitter, fut découverte et conduite à la Bastille avec la sœur du duc de Bouillon, son mari.

La reine se mit en route pour la Normandie avec une petite armée placée sous les ordres du duc d'Harcourt. Rouen lui ouvrit ses portes avec des transports de joie. Elle ôta le commandement de la ville au marquis de Beuvron ; elle envoya dire au duc de Richelieu de la venir trouver, et à Mme de Longueville de quitter Dieppe pour se rendre à Coulommiers. M. de Richelieu obéit ; et la reine, ayant reçu ses excuses et ses protestations de fidélité, lui pardonna de s'être marié sans l'agrément du roi. Elle fit plus : pour s'attacher tout à fait ce seigneur, elle accorda ses bonnes grâces et les honneurs du tabouret à Mme de Pons, devenue duchesse de Richelieu. Ainsi, M. le Prince, en se mêlant de ce mariage, n'a fait qu'indisposer la cour contre lui, et il n'en a retiré aucun des avantages sur lesquels il comptait.

Mlle de Longueville se retira à Coulommiers. La duchesse répondit à l'envoyé de la reine qu'elle était malade, mais que, dès qu'elle pourrait entreprendre ce voyage, elle obéirait aux ordres de Sa Majesté. Je ne sais si telle était alors son intention ; mais la reine ne le crut point, et elle commanda à M. le Plessis-Bellière de marcher sur Dieppe avec quelques troupes. A cette nouvelle, Mme de Longueville alla trouver le gouverneur, M. de Montigny, pour le prier de leur refuser l'entrée de la ville.

— Madame, lui répondit ce gentilhomme, je voudrais pouvoir vous donner cette preuve de mon dévouement ; mais quand mon devoir ne s'y opposerait pas, je ne pourrais, sans argent et sans soldats, faire ce que vous me demandez.

— Ainsi, vous m'abandonnez, monsieur ? dit la duchesse.

— Croyez, madame, que c'est avec le plus grand regret, et que si quelque occasion se présente de servir Votre Altesse sans manquer de fidélité au roi, je n'y épargnerai ni mes peines ni mon sang. Mais cette occasion, il faut l'attendre ; et si vous vouliez, madame, me permettre de vous donner un conseil, je vous engagerais à vous embarquer sans retard.

Avant de suivre ce conseil, Mme de Longueville, qui se rappelait quelle influence elle avait exercée sur les Parisiens pendant la Fronde, voulut essayer de gagner à la cause des princes les officiers, les bourgeois et le menu peuple de la ville. Elle leur parla donc à tous, les engageant, par des promesses, des prières et des larmes, à prendre sa défense, ou du moins à déclarer qu'ils n'ouvriraient leurs portes au roi que si Sa Majesté s'engageait à ne pas amener Mazarin. Mais il paraît que les Normands n'ont pas le même caractère que les Parisiens ; ils écoutèrent tranquillement la duchesse, puis ils lui répondirent qu'ils aimaient autant obéir à Mazarin qu'à un autre, et que le roi était bien libre de se faire servir par qui bon lui semblait.

Mme de Longueville, persuadée qu'elle n'avait plus rien à attendre d'eux, se prépara chrétiennement à mourir, parce qu'elle savait que sa fuite pouvait offrir de grands dangers. Cela fait, elle sortit par une porte à laquelle M. le Plessis-Bellière avait oublié de mettre des gardes, en assiégeant le château ; elle fit deux lieues à pied, suivie de quelques-unes de ses femmes et de deux ou trois gentilshommes décidés à ne pas la quitter. Il faisait un temps affreux, et la mer était si grosse, que les patrons des deux petites barques qu'elle faisait tenir là pour gagner le vaisseau qui l'attendait au large, la supplièrent de ne pas tenter Dieu en s'embarquant par un vent si terrible.

La duchesse n'avait pas un moment à perdre ; elle insista donc, et l'un des mariniers la prit dans ses bras pour gagner le canot, qui ne pouvait approcher du rivage. Mais une énorme lame renversa cet homme, et Mme de Longueville tomba dans la mer. On parvint à la sauver ; et tel est le courage de cette noble dame, qu'elle voulut aussitôt recommencer l'épreuve ; mais les matelots s'y refusèrent absolument. La duchesse résolut alors d'envoyer chercher des chevaux ; et quand ils furent arrivés, elle monta en croupe, ainsi que ses femmes. Elle marcha toute la nuit par le vent et la pluie, et elle arriva au petit jour chez un gentilhomme du pays de Caux, lequel, la voyant en cet état, après l'avoir jadis admirée dans tout l'éclat de sa prospérité, se sentit touché d'une si profonde pitié, qu'il la pria de disposer de lui et de ce qui lui appartenait.

Mme de Longueville ne demanda à cet honnête gentilhomme que de la cacher dans sa maison, jusqu'à ce qu'elle pût gagner le navire qui l'attendait ; car elle comprenait que la présence du roi et de la reine en Normandie lui ôtait tout espoir de conserver cette province au parti des princes. Elle envoya un de ses serviteurs aux environs de Dieppe, pour faire savoir au capitaine du bâtiment en quel lieu il devait venir la prendre ; mais cet homme de confiance découvrit que le capitaine, gagné par Mazarin, s'était engagé à lui livrer la fugitive.

La duchesse rendit grâces à Dieu de ce que la tempête l'avait empêchée de se jeter elle-même entre les mains de ses ennemis, et elle envoya son messager au Havre, où elle pensait qu'il trouverait quelque vaisseau étranger sur lequel il pourrait retenir passage pour elle et pour sa suite. En effet, l'intelligent serviteur s'arrangea avec le patron d'un navire anglais, et celui-ci, moyennant une certaine somme, consentit à recevoir à son bord un gentilhomme français obligé de fuir, après s'être battu en duel. Mme de Longueville prit donc le pourpoint de velours et le feutre à plumes des jeunes seigneurs, et elle s'embarqua pour la Hollande.

Elle n'y séjourna pas longtemps, malgré toutes les politesses que lui firent le prince d'Orange et la princesse sa femme. Il lui tardait de rentrer en France, où elle espérait travailler à la délivrance de son mari et de ses frères. Elle passa la frontière sans être reconnue, et elle se rendit à Stenay, d'où elle écrivit au roi pour demander, comme un acte de justice, la liberté des princes, arbitrairement arrêtés.

Toutes ces nouvelles nous parvinrent par la princesse Palatine, à laquelle Mme de Longueville les adressa, en se recommandant de nouveau à cette amie si dévouée et si fidèle. Cette princesse, sœur de la reine de Pologne, et plus remarquable encore par son esprit que par sa noble naissance, sa haute position et sa rare beauté, a promptement trouvé le moyen de communiquer avec les princes, et de nouer en leur faveur des intrigues avec l'ancien parti frondeur.

Mme de Longueville, à qui elle fit part de ses projets, les approuva; et, de son côté, la duchesse ayant vu M. de Turenne à Stenay, ce général conclut un traité avec les Espagnols et réunit des troupes auxquelles vinrent se joindre un grand nombre de gentilshommes, amis et partisans de M. le Prince.

Je ne sais de quel œil monseigneur, tant de fois vainqueur des Espagnols, verra cette alliance de ses amis avec les ennemis de la France. Il est vrai qu'on dit que ce n'est pas contre le roi que le vicomte de Turenne s'arme, que c'est seulement contre Mazarin; mais cette distinction me paraît un peu trop subtile, et je ne puis penser, sans en éprouver un grand chagrin, que mon protecteur devra sa liberté aux baïonnettes étrangères.

Tout est bien changé autour de nous. Chantilly n'est plus le riant séjour que j'aimais tant. On n'y voit plus les belles dames et les élégants seigneurs qui s'y pressaient naguère; les longues allées du parc sont désertes, et l'on ne voit dans les jardins couverts de neige que les pas des serviteurs. Mme la Princesse passe la moitié de ses journées à prier, et elle n'a pas d'autre distraction que les caresses de ses petits-enfants. Encore lui arrive-t-il souvent de verser des larmes, quand ceux de Mme de Longueville lui demandent où est leur mère, ou quand le jeune duc d'Enghien lui dit qu'il veut aller délivrer son père.

Mme la princesse Clémence est aussi affligée qu'il est possible de l'être de la détention de son mari et de ses beaux-frères; elle trouve que Mme de Longueville est heureuse de pouvoir travailler à leur délivrance, et elle dit qu'elle se sent aussi le courage de tout braver pour eux. Chantilly n'est pas ostensiblement gardé;

toutefois nous savons qu'on le surveille de près ; mais comme tous les gens des princesses leur sont dévoués, on parvient à déjouer cette surveillance, et il n'y a guère de jours où nous n'apprenions ce qui se passe au dehors ou ce que font nos chers prisonniers.

M. le Prince conserve, nous assure-t-on, toute sa gaîté, et il aide ses frères à se consoler. Le prince de Conti paraît assez indifférent à la perte de sa liberté ; mais M. de Longueville, qui n'est plus assez jeune pour compter sur de longues années, se demande s'il sortira jamais de ce triste donjon.

Mme la Princesse nous témoigne souvent, à Mlle de Fierval et à moi, la peine qu'elle éprouve de nous voir enveloppées dans sa disgrâce, c'est-à-dire privées des plaisirs auxquels on tient à notre âge ; mais elle ne nous a pas fait l'injure de nous engager à l'abandonner.

— Voyez, nous dit-elle, combien je suis égoïste ; j'aurais pu prier la princesse Palatine de se charger de vous, et elle s'y serait prêtée de grand cœur ; mais l'idée ne m'en est pas même venue. Comme j'ai pour vous deux les sentiments d'une mère, et que vous êtes, avec ma belle-fille, les seuls enfants qui me restent, je n'ai pas voulu me séparer de vous.

Nous ne pouvons répondre à ces bonnes paroles que par des témoignages de respectueuse tendresse. Quant à moi, je n'ai jamais tant aimé Mme la Princesse que depuis qu'elle est malheureuse. Malgré toute sa bonté, je la voyais dans une sphère si supérieure à la mienne, lorsqu'elle était au comble de la prospérité, que cette distance m'effrayait un peu ; maintenant qu'elle souffre et qu'elle pleure comme moi, cette commune douleur nous rapproche.

Je me rappelle à chaque instant, quand je la vois si pâle et si triste, la fausse idée que je me faisais du bonheur des grands, avant d'avoir vécu parmi eux, et je reconnais de plus en plus combien Adrienne avait raison de me dire qu'il y a des peines pour tout le monde, et que Dieu en envoie de bien cruelles à ceux dont on envie la richesse et la puissance.

Mme la Princesse ne murmure jamais contre la Providence; elle ne se plaint même pas de la reine, qu'elle a toujours aimée et que M. le Prince a si bien servie ; mais il est facile de voir qu'elle souffre autant que le premier jour. Elle n'est plus que l'ombre d'elle-même, et la vieillesse, dont elle n'avait pas encore ressenti les premières atteintes, est venue tout d'un coup effacer les restes de sa splendide beauté.

Ses inquiétudes sur le compte de Mme de Longueville sont un peu calmées, depuis qu'elle sait que la duchesse est à Stenay; mais j'ignore si elle approuve le manifeste lancé par cette dame et l'alliance de M. de Turenne avec les Espagnols. Ce sont des choses délicates, sur lesquelles la noble dame s'abstient de donner son avis, et ce n'est pas moi qui oserai le lui demander.

Clermont-en-Argonne et Damvillers, qui tenaient pour les princes, viennent de se rendre au roi. Le maréchal de la Ferté, ayant noué des intelligences dans la première de ces places, y est entré sans beaucoup de peine, et les officiers qui commandaient dans la seconde, sous les ordres du chevalier de la Rochefoucauld, s'étant emparés de ce gentilhomme, dévoué aux princes, l'ont garrotté et l'ont remis en cet état au pouvoir du roi.

La reine, instruite de l'embarquement de Mme de Longueville, et voyant la Normandie tranquille, y établit le duc d'Harcourt en qualité de gouverneur, et revint à Paris, d'où elle se rendit en Bourgogne, après avoir redemandé les sceaux au chancelier Séguier et les avoir remis à M. de Châteauneuf. La Bourgogne ne résista guère plus aux troupes royales que la Normandie ; la seule place de Bellegarde soutint un siége en règle; mais beaucoup de gentilshommes, voyant qu'il leur serait impossible d'y soutenir M. le Prince, allèrent offrir leurs services au vicomte de Turenne.

On donne comme certain maintenant que c'est Mme de Chevreuse, M. le coadjuteur et le chevalier de Laigues qui ont contribué à exciter la reine contre monseigneur; on assure même que c'est le chevalier de Laigues qui a osé le premier conseiller l'arrestation des trois princes. Et cependant, chose étrange, que je me refuserais à croire, si Mlle de Fierval ne me l'affirmait, Mme de Chevreuse et M. le coadjuteur sont décidés à travailler le Parlement dans l'intérêt des prisonniers. Ce beau succès est l'ouvrage de la princesse Palatine, qui a eu l'adresse de les détacher de la cour en se servant de l'entremise de Mme de Rhodes, l'une de ses amies. Le duc de Nemours, le président de Viole, et plusieurs membres du Parlement, se sont aussi déclarés pour MM. de Condé.

M. le Coigneux, fils du président de ce nom, proposa le premier, dans la chambre des enquêtes, de faire le procès aux princes, afin qu'ils fussent mis en liberté, s'ils étaient reconnus innocents. Il s'appuya sur le décret du Parlement qui porte qu'aucun prisonnier d'Etat ne pourra être retenu plus de vingt-quatre heures, sans qu'on instruise l'affaire qui le concerne.

Oh! que M. le Prince a bien fait de donner son adhésion à ce décret! Il ne croyait sans doute pas travailler pour lui-même; il n'obéissait qu'à son équité naturelle; ce qui prouve que les inspirations d'une âme droite sont toujours bonnes à suivre. Il me semble que le Parlement, si fier de son indépendance, aurait dû accueillir avec joie la proposition de M. le Coigneux; mais les princes n'ont pas encore beaucoup de partisans dans cette compagnie; car la demande de ce conseiller n'y a pas trouvé d'écho.

M. de Beaufort a passé cinq ans à Vincennes.... Si la captivité de nos chers prisonniers devait être aussi longue!... Cette pensée m'effraie tellement, qu'il m'est impossible de m'y arrêter, et elle me revient sans cesse, quoi que je fasse pour m'en débarrasser.

La vie que nous menions à Chantilly depuis l'arrestation des princes n'était pas gaie, mais du moins elle était paisible, et ce séjour, tout peuplé du souvenir de ses enfants, était encore celui que Mme la Princesse préférait. Souvent elle nous avait dit, avec la pieuse résignation qu'elle s'efforce d'acquérir, qu'elle se trouvait heureuse, dans son malheur, de ce qu'on lui eût permis de choisir le lieu de son exil, plutôt que de l'envoyer loin de Paris, dans une maison inconnue. Cette dernière consolation vient de nous manquer.

La reine, ayant appris qu'on travaille à disposer le Parlement en faveur des princes, a envoyé l'ordre à Mme la Princesse d'aller à Montrond, et a commandé au lieutenant des gardes du corps de retenir la princesse Clémence à Chantilly et de l'y garder à vue.

Grâce à leurs amis, les princesses, averties à temps, résolurent de ne pas obéir. Mme la Princesse douairière se sauva de Chantilly et se tint cachée pendant quelques jours à Paris, sans qu'on pût découvrir sa retraite. Mme de Condé mit une de ses femmes dans son lit, et, trompant, comme sa belle-mère, la surveillance des gardes du château, elle s'enfuit avec le petit duc d'Enghien et prit la route de Montrond, où elle désirait arriver avant les gens du roi qui avaient l'ordre de s'emparer de cette place.

Nous étions du complot, Fierval et moi; nous avions aidé ces dames à se déguiser; nous ne devions pas les suivre, mais rester à Chantilly, afin de donner, si l'on nous interrogeait, des indications contradictoires. Nous avions l'une et l'autre notre leçon faite; mais cette précaution fut inutile. On ne nous demanda rien, soit qu'on nous crût ignorantes des projets des princesses, soit plutôt qu'on nous sût trop attachées à elles pour les trahir.

Cette nuit se passa pour nous dans de cruelles transes; nous tremblions d'apprendre que notre chère protectrice avait été arrêtée; car elle n'était plus soutenue que par l'espoir d'être utile à ses enfants; et si elle s'était vue dans l'impossibilité de travailler à leur délivrance, elle en serait morte de douleur. Nous n'étions guère moins inquiètes sur le sort de Mme de Condé ; car elle avait une longue route à faire, et il ne fallait qu'un traître ou un imprudent pour la livrer à ses ennemis.

Le lendemain, il se trouva dans les provisions qu'on nous envoyait de Paris de temps à autre un gâteau enveloppé de papier bleu ; ce qui voulait dire que Mme la Princesse était arrivée sans encombre dans une maison amie, où elle était en parfaite sûreté. Un papier blanc eût signifié qu'elle était prisonnière ; un gris, qu'elle avait été inquiétée et qu'elle n'était pas encore tranquille.

Deux jours après, les sentinelles qui veillaient autour de Chantilly furent rappelées ; il n'y avait plus que nous à garder, et nous ne sommes pas des personnages assez considérables pour qu'on nous fasse tant d'honneur.

Nous ne savons où nous pourrons revoir Mme la Princesse, et, malgré tout le désir que nous éprouvons de lui offrir nos services, nous ne faisons aucunes démarches pour la retrouver, de peur de la compromettre. Nous irions volontiers à Paris pour avoir plus souvent des nouvelles ; mais l'hôtel de Condé a été placé sous le séquestre, et sans doute aussi celui de Longueville. D'ailleurs les enfants de la duchesse sont restés à Chantilly, jusqu'à ce que Mme la Princesse puisse les appeler auprès d'elle ; et nous ne quitterons le château que pour les remettre à leur vénérable aïeule.

Un des serviteurs de Mme la princesse Clémence est revenu à Chantilly, et nous avons appris par lui que cette noble dame s'est enfermée à Montrond, avec la résolution de s'y défendre, si les troupes du roi viennent l'y attaquer. Toutefois, la place n'est pas assez forte pour soutenir un siége en règle, et les amis des princes voudraient que la ville de Bordeaux se déclarât pour eux, en consentant à recevoir dans ses murs la princesse de Condé et son fils. Les Bordelais sont mécontents de la cour et du duc d'Epernon, leur gouverneur ; ce mécontentement a déjà produit des actes de révolte, qui auraient été punis sévèrement sans l'intervention de M. le Prince, et c'est sur la reconnaissance de la cité que comptent MM. de Bouillon et de la Rochefoucauld.

Il y a près de trois semaines que nous sommes seules à Chantilly, et nous n'avons eu que deux fois des nouvelles de Mme la Princesse; mais, Dieu merci! nous allons partir pour la rejoindre.

Le 27 avril, cette illustre dame s'est présentée au Parlement pour demander, avec toute l'autorité d'une mère à laquelle on a enlevé ses enfants, qu'on instruise le procès des princes ses fils et du duc de Longueville, son gendre. Vêtue de deuil et accompagnée de la duchesse de Châtillon et du marquis de Saint-Simon, elle se rendit au palais. Elle se plaignit de la nouvelle persécution dirigée contre elle et de la violence qu'on lui a faite en la forçant de quitter Chantilly, où elle vivait étrangère à toute intrigue, sans songer à autre chose qu'à prier Dieu. Elle demanda au Parlement de lui accorder toute sûreté pour sa personne, et de se prononcer aussitôt que possible sur le sort des princes. « Je ne réclame de Messieurs du Parlement que la justice, dit-elle; si mes fils sont coupables, s'ils ont trahi la fidélité qu'ils doivent au roi, je n'implorerai point leur grâce; mais s'ils sont innocents, je compte sur l'équité de cette compagnie pour qu'ils puissent jouir de la liberté que la loi garantit à tous les Français. »

Tout en parlant si fièrement, Mme la Princesse ne pouvait retenir ses larmes; elle s'adressait en particulier à chacun des conseillers, rappelant aux uns les services que leur avait rendus M. le Prince, et touchant les autres par les témoignages de sa profonde douleur. Le premier président alla trouver le duc d'Orléans, qui, en l'absence du roi, de la reine et du cardinal, était le maître de toutes choses, pour lui demander, au nom du Parlement, que Mme la Princesse pût demeurer à Paris en sûreté. Le duc d'Orléans n'ayant rien répondu de positif, le Parlement déclara qu'il prenait Mme la Princesse sous sa protection, et la pria de rester dans l'enceinte du palais jusqu'à ce que Monsieur se fût prononcé plus clairement.

Le lendemain, le premier président retourna vers ce prince, qui lui dit que Mme la Princesse devait, avant tout, obéir aux ordres du roi, en quittant Paris; et le 29, il se rendit au Parlement pour donner sa réponse définitive. Au moment où il y entrait, Mme la Princesse alla vers lui, et, s'inclinant profondément, elle lui dit :

— Monseigneur, Votre Altesse Royale n'aura-t-elle pas pitié d'une mère qui demande la liberté de ses enfants et qui ose vous rappeler que deux de ces prisonniers ont l'honneur de porter votre nom ?

— Madame, répondit le duc d'Orléans, je suis tout disposé à vous servir, ainsi que les princes mes cousins ; mais pour que je le puisse faire, il faut d'abord que vous obéissiez au roi.

Le premier président insista pour que Mme la Princesse pût rester à Paris, afin de demander à la reine la délivrance de ses fils, dès que Sa Majesté reviendrait de la Bourgogne. Monsieur ne put donc refuser à Son Altesse trois jours de sûreté, lorsque la reine serait de retour; mais il y mit pour condition que Mme la Princesse s'éloignerait de Paris sans le moindre retard.

Le premier président, désespérant d'obtenir autre chose, remercia Monsieur et engagea Mme la Princesse à partir le soir même pour aller à Chilly.

La reine arriva le surlendemain; elle ne voulut point voir Son Altesse, et elle lui envoya, par le maréchal de l'Hôpital, l'ordre de se rendre à Montrond. Mais Mme la Princesse n'est pas en état d'entreprendre ce voyage. Ses amis l'ont fait observer à la reine, et Sa Majesté a consenti à ce que Mme la Princesse n'aille qu'à Villery, l'une des maisons de campagne de M. le Prince.

C'est là que nous irons la retrouver. Dieu veuille que nous parvenions à la consoler ! Car il nous paraît certain que c'est le chagrin qui détruit sa santé, jusque-là si belle. Je crois aussi qu'il lui est bien amer de se voir tombée dans la disgrâce de la reine, qui la traitait comme sa meilleure amie, et qu'elle a toujours fort tendrement aimée. Enfin, comme je connais la fierté de Mme la Princesse, je comprends tout ce qu'il doit lui en coûter de solliciter la bienveillance des membres du Parlement, et je ne m'étonne pas qu'elle ne puisse résister à tant d'émotions et de souffrances.

Les prisonniers, du sort desquels Son Altesse se préoccupe sans cesse, sont beaucoup moins à plaindre qu'elle. M. de Longueville semble maintenant prendre en patience sa captivité; M. de Conti a demandé une *Imitation de Jésus-Christ*, et la lecture de ce saint livre lui inspire la résignation. Quant à M. le Prince, dès qu'il a vu reparaître le soleil du printemps, il a témoigné le désir d'avoir des fleurs, qu'il soigne, qu'il arrose, et qu'il voit pousser avec un véritable intérêt. On dit cependant que, malgré cette distraction, il brûle de recouvrer sa liberté; on ajoute même qu'il a fait promettre au cardinal de le soutenir et d'être son ami, si cette liberté lui est accordée; mais j'ai peine à croire que M. le Prince ait fait cette proposition à Son Eminence, et que, s'il l'a faite, Son Eminence l'ait refusée.

Nous sommes parties de Chantilly avant-hier, pour venir retrouver Mme la Princesse. Pendant les trois semaines qui viennent de s'écouler, elle a vieilli de dix ans. Elle nous a paru si abattue, si accablée, qu'en la voyant nous n'avons pu retenir nos larmes.

— Rien, toujours rien, nous a-t-elle dit en nous embrassant. La reine est implacable.... Je ne reverrai plus mes fils.

— Dieu est plus puissant que la reine, madame, a répondu Adrienne, et il est aussi plus clément. Il écoutera les prières de Votre Altesse et lui rendra bientôt ceux qu'elle aime tant.

J'aurais voulu pouvoir dire aussi quelques mots à ma bien-aimée protectrice; mais cette pensée qu'elle ne reverrait plus les princes m'avait saisie avant qu'elle l'exprimât, et j'en étais si consternée, qu'il me fut impossible de prononcer une parole.

— Je suis contente de vous revoir, nous dit ensuite Mme la Princesse ; vous m'avez manqué, quoique je n'aie guère été seule, depuis mon départ de Chantilly. Le malheur, qui d'ordinaire met les amis en fuite, a doublé le nombre des miens. J'ai reçu la visite d'une foule de gens de qualité, même de ceux qui approchent le plus de Leurs Majestés ; et quoique je les aie engagés à ne pas risquer de se compromettre, tous ont voulu me témoigner de la considération et de l'amitié.

On voyait que Mme la Princesse n'était pas insensible à ces marques de sympathie, et Adrienne sut les lui rendre encore plus précieuses, en lui disant qu'il fallait qu'on eût un bien grand respect pour sa personne et une admiration bien vive pour M. le Prince, puisque les courtisans, qui craignent par-dessus tout de perdre la faveur de la cour, avaient pu oublier un instant leurs propres intérêts pour s'associer à ceux des illustres prisonniers. Ma chère Fierval sait toujours ce qu'il faut dire, et elle s'en acquitte à merveille, tandis que je reste muette chaque fois qu'il m'arrive d'éprouver quelque émotion un peu vive.

Nous ne sommes pas au courant de ce qui se passe et nous n'osons pas interroger Mme la Princesse, parce qu'il nous semble qu'elle n'approuve qu'à demi l'alliance de Mme de Longueville avec les Espagnols et les dispositions belliqueuses que montre aussi Mme de Condé. Adrienne pense d'ailleurs qu'il vaut mieux que nous nous efforcions de distraire cette tendre mère, en l'entretenant d'autre chose que de ses chagrins. C'est une affaire très-difficile ; mais Adrienne y réussit, avec l'aide des enfants de Mme de Longueville, qui sont vraiment très-intéressants.

Elle se fait leur institutrice et la compagne de leurs jeux ; elle provoque leurs questions et leurs naïves réflexions ; elle excite leur gaîté, et force en quelque sorte Mme la Princesse à s'occuper d'eux beaucoup plus souvent que Son Altesse ne le voudrait. Je seconde de mon mieux mon adroite amie ; mais je suis bien loin d'avoir son talent, et ce que je puis faire pour me rendre utile à ma protectrice se borne à la dédommager quelque peu par la lecture des ouvrages qu'elle aime. Autrefois, les romans de Mlle de Scudéry lui plaisaient assez, et elle se passionnait pour les tragédies de Corneille ; mais ce qu'elle préfère à tout aujourd'hui, ce sont les livres qui parlent de Dieu, de sa grandeur, de sa bonté, de la nécessité où nous sommes de nous soumettre à sa volonté, des récompenses qu'il réserve dans le ciel à ceux qui auront souffert sur cette terre. Elle écoute ces lectures avec une attention pleine de recueillement ; quelquefois elle me prie de recommencer les passages qui l'ont frappée, et quelquefois aussi elle médite tout haut sur ces passages avec tant de foi, tant de piété, que j'en suis profondément édifiée.

Est-ce bien un malheur pour cette tendre mère que M. le Prince ait été arrêté, et que, pour empêcher tout soulèvement en sa faveur, la reine ait cru devoir s'assurer en même temps de MM. de Conti et de Longueville ? Je me le demandais il y a quelques jours, et, n'osant résoudre cette question, je l'ai proposée à ma chère Adrienne.

— Bien ! m'a-t-elle dit. Vous commencez à comprendre que dans tous les maux qui nous frappent, nous pouvons reconnaître la main du Dieu miséricordieux. Ne l'oubliez jamais, Marguerite, et n'oubliez pas non plus qu'au milieu des plus grandes douleurs, la religion seule peut nous soutenir et nous consoler.

Nous menons une vie aussi calme, aussi uniforme et beaucoup moins gaie que celle du couvent ; je n'ai plus rien à écrire que des réflexions assez tristes, et je suis décidée à ne rouvrir ce cahier que quand j'aurai quelques nouvelles à y consigner.

XVIII.

Marguerite à Stenay. — Siége de Guise. — Révolte des Bordelais. — Anne d'Autriche et la princesse de Condé. — Succès de Turenne. — Frayeur des Parisiens. — Translation des princes au Havre. — Mort de Mme la Princesse douairière.

Il y a huit mois que j'ai fermé mon journal; mais si j'ai été si longtemps sans y rien ajouter, ce n'est pas que les nouvelles m'aient manqué. C'est plutôt le temps et la tranquillité d'esprit qui m'ont fait défaut. Mon Dieu! quand, au commencement de l'année dernière, j'ai appris l'arrestation des princes, j'ai cru que jamais plus grand malheur ne pourrait fondre sur moi, et que jamais je ne parviendrais à m'en consoler. Il est vrai que je ne suis pas consolée, et que je ne passe pas un jour, pas une heure peut-être, sans songer à mon noble protecteur, qui languit dans une étroite captivité, pendant qu'il devrait augmenter sa gloire en défendant, à la tête des armées, l'honneur de la France et du roi. Toutefois, un moment viendra certainement où les portes de sa prison s'ouvriront; il en sortira jeune encore, mûri par l'adversité, et plus que jamais capable de grandes choses ; je le reverrai sans doute et je ne me rappellerai plus ses ennuis, dès que lui-même les aura oubliés.

Mais il y a quelqu'un que j'aimais, que je vénérais, et que je ne verrai plus : Mme la Princesse est morte…. Elle est morte comme une sainte, en pardonnant à la reine, au cardinal, à tous les ennemis de sa famille ; en bénissant les princes ses fils, et moi, sa pupille, à qui elle avait donné une précieuse part de son affection. Elle est morte, et je n'étais pas auprès d'elle, pour essayer d'adoucir sa dernière heure par les témoignages de ma reconnaissance et de ma tendresse, pour recueillir ses dernières paroles et redire un jour ses adieux à ses enfants.

Il y avait à peine un mois que nous étions à Villery, Adrienne et moi, quand la princesse Palatine témoigna le désir d'envoyer à Mme de Longueville une personne sûre, qu'elle voulait charger d'un message verbal. Il fallait partir sans éveiller les soupçons de qui que ce fût, et pouvoir donner à son voyage quelque prétexte plausible. Adrienne, à qui la princesse Anne confia l'embarras où elle se trouvait, lui dit que le couvent où j'ai été élevée n'est qu'à deux jours de marche de Stenay, et que je pourrais y aller sans qu'on s'en étonnât, puisque j'avais déjà fait ce voyage l'année précédente.

Cette idée sourit à Mme la Palatine, et Mme la Princesse l'approuva. Il fut convenu que je prendrais un air triste, comme si j'avais appris que la mère Marie des Anges était gravement malade ; que je demanderais la permission d'aller la voir, et que je profiterais, pour faire cette demande, du moment où Mme la Princesse serait entourée de ses serviteurs. Tant de précautions paraissaient nécessaires, attendu que nous savions qu'il y avait un traître dans la maison. Le hasard nous servit à souhait ; le jour où je devais commencer ma petite comédie, je reçus précisément une lettre de ma mère adoptive, qui, sans être très-sérieusement indisposée, se plaignait pourtant de sa santé.

Le soir même, quand l'heure de la prière réunit autour de

Mme la Princesse toute sa maison, si différente de ce qu'elle était naguère, je m'approchai de Son Altesse, et je la priai de vouloir bien m'autoriser à partir. Elle hésita un peu ; puis elle me fit promettre de revenir aussitôt que possible, et elle chargea Mlle de Fierval de m'accompagner.

Nous partîmes le lendemain, dans une voiture sans armoiries ; mais notre cocher, dont les allures semblaient être toutes pacifiques, n'en était pas moins bien armé, et, malgré son costume très-simple, sa perruque rousse et la teinte bistrée de son visage, je reconnus aussitôt M. de Bellefontaine. Il était arrivé de Bourgogne après la prise de Bellegarde, et il allait se mettre à la disposition de Mme de Longueville.

La princesse Anne avait confié son message à Adrienne et à moi, pour qu'il parvînt à la duchesse, quand même nous serions séparées par quelque événement imprévu. M. de Bellefontaine n'avait pas été mis dans la confidence ; on avait seulement saisi cette occasion de le faire sortir de Paris, où il se tenait caché, parce que sa résistance aux troupes du roi l'avait compromis.

Nous avions l'ordre de nous arrêter au couvent et d'y laisser notre voiture, afin que si nous étions suivies, ce que nous ne croyions pas, on nous jugeât arrivées au terme de notre voyage. Quant à notre cocher, il devait se faire remplacer par quelque honnête paysan, qui endosserait son déguisement et qui nous attendrait pour nous ramener à Paris.

La mère Marie des Anges fut ravie de nous voir ; mais quand elle sut que nous servions d'émissaires aux révoltés, peu s'en fallut qu'elle ne nous mît hors de son couvent.

— La captivité des princes m'afflige beaucoup, nous dit-elle ; je prie Dieu de les délivrer ; mais le roi est le maître ; et quiconque s'arme contre lui se rend coupable d'un grand crime.

— Rassurez-vous, ma mère, lui dis-je, M. de Turenne ne combat pas contre le roi ; mais pour le roi, contre Mazarin.

— Je sais, me répondit-elle, que les deux partis prétendent également servir le roi ; mais les Espagnols, qui sont devenus les alliés de M. de Turenne, n'en sont pas moins les ennemis de la France.

J'avais fait moi-même trop souvent cette réflexion pour n'en pas apprécier la justesse ; je baissai la tête en rougissant.

— Vous vous êtes chargée d'un message, reprit la digne supérieure, il faut le remplir ; mais à l'avenir, n'en acceptez plus, à moins qu'ils ne tendent au rétablissement de la paix.

Nous étions arrivés à midi, et la nuit était à peine venue, que nous nous remettions en route dans un lourd carrosse appartenant au couvent. J'avais repris mes habits de pensionnaire ; Adrienne portait la robe noire et la grande pèlerine des novices, et M. de Bellefontaine s'était revêtu de la veste, du bonnet de laine et des gros sabots d'André le jardinier. Je vis bien qu'il ne pensait pas du tout à m'épouser, et qu'il n'en avait été question qu'entre sa mère et mon protecteur ; car, sans cela, le marquis n'aurait pu se décider à paraître devant moi sous ce grotesque accoutrement.

Nous ne ressemblions à rien moins qu'à des conspirateurs ; aussi nous arrivâmes à Stenay sans avoir une seule fois été inquiétés. Grâce au mot d'ordre qui nous avait été donné par la princesse Anne, et qui avait déjà servi à plusieurs de ses envoyés, la porte nous fut ouverte sans résistance, et l'on nous conduisit à Mme de Longueville.

Elle nous reçut comme des amies qu'elle était heureuse de revoir, et elle s'informa de nous et de sa mère, avant de nous demander des nouvelles des affaires de son parti. Mais Adrienne, comprenant quelle devait être son impatience, s'acquitta aussitôt, en ma présence, du message dont la princesse Palatine nous avait chargées. Il s'agissait de faire accepter par la duchesse les termes d'un traité dont nous avions appris les clauses par cœur, traité qui devait assurer aux princes de nouveaux et puissants défenseurs. Mme de Longueville donna son consentement à tout ; mais elle ne voulut pas nous laisser retourner vers la princesse Anne. Elle en chargea un homme du pays, qui allait vendre à

Paris la laine de ses moutons, et qui, n'étant nullement suspect, pouvait porter une réponse écrite.

— Il y a trop longtemps que je suis seule ici, nous dit-elle ; puisque vous êtes venues m'y trouver, je vous garde.

J'insistais pour aller au plus tôt rejoindre Mme la Princesse ; mais Adrienne me dit que Son Altesse avait prévu ce qui arrivait et nous avait autorisées à rester auprès de Mme de Longueville, si cette dame essayait de nous y retenir. Nous causions encore de tout ce que Mme la Palatine nous avait chargées de dire à son amie, quand M. de Bellefontaine fut introduit.

— Madame, lui dit-il, je n'ai pas voulu partir sans venir saluer Votre Altesse, et le détachement qui se dispose à aller rejoindre M. de Turenne attend vos derniers ordres.

En effet, nous avions vu dans la cour du château une centaine de cavaliers qui paraissaient prêts à se mettre en marche. L'occasion était trop belle pour que le marquis la laissât échapper. Mme de Longueville, ayant reconnu ce gentilhomme, lui fit un très-gracieux compliment sur le courage qu'il avait montré en Bourgogne et sur l'empressement qu'il témoignait de rejoindre l'armée ; elle le remercia de son dévouement, au nom de ses frères et de son mari, lui souhaita bonne chance et lui tendit sa belle main, qu'il baisa avec un profond respect. On eût dit une reine, tant il y avait de majesté dans ses gestes et dans ses paroles ; mais il y avait peut-être encore plus de grâce, et l'on sentait, en la voyant, quel pouvoir devait exercer cette enchanteresse sur ceux qu'elle entreprenait de gagner à sa cause.

M. de Bellefontaine nous fit ses adieux et courut, avec quelques gentilshommes nouvellement arrivés à Stenay, se mettre à la tête du détachement qui se rendait en Picardie. M. de Turenne avait levé une petite armée, qui, après avoir pris le Catelet, assiégeait Guise.

Le siége durait depuis huit jours, quand la reine se rendit à Compiègne, avec l'intention de se rapprocher du théâtre de la guerre. Mais les affaires du roi n'allaient pas mieux dans le Midi que dans le Nord, et le cardinal engagea Sa Majesté à demeurer à Compiègne, d'où il s'avança seul jusqu'à Saint-Quentin, pour conférer avec le maréchal Duplessis, général de l'armée royaliste. Le cardinal, qui savait que cette armée manquait de tout, y envoya de l'argent, des vivres, des habits, et promit un prompt secours aux assiégés. Ceux-ci, reprenant courage, se défendirent si bien, qu'ils tinrent M. de Turenne en échec pendant dix-huit jours, après lesquels ce grand capitaine, instruit de l'approche du maréchal Duplessis, jugea prudent de se retirer.

La levée du siége de Guise décida la reine et le cardinal à partir pour la Guyenne, où tout était en fermentation. M. le prince de Marsillac, devenu duc de la Rochefoucauld par la mort de son père, assembla quatre cents gentilshommes, sous le prétexte d'assister aux funérailles du défunt, mais en réalité pour s'emparer de la ville de Saumur. Ce dessein ayant échoué, il envoya ces gentilshommes à Montrond pour en tirer Mme la princesse Clémence, pendant que lui-même irait trouver le duc de Bouillon, qu'il savait avoir des intelligences dans Bordeaux.

La princesse quitta volontiers Montrond ; car elle craignait d'être attaquée dans cette place, trop faible pour résister au roi. Elle partit avec le jeune duc d'Enghien, et arriva le 14 mai à Mauriac, où M. de la Rochefoucauld l'attendait. M. de Bouillon avait fait travailler les Bordelais par son secrétaire, homme habile et insinuant, lequel s'était attaché à leur persuader que M. le Prince n'était prisonnier que pour avoir trop chaudement soutenu leurs intérêts, lorsqu'ils s'étaient révoltés contre le duc d'Epernon.

Beaucoup de gens ajoutèrent foi à ces paroles et dirent que ce serait montrer une révoltante ingratitude que de ne pas donner asile dans leur cité à la femme et au fils de leur généreux protecteur. Cette opinion avait des partisans dans le Parlement et dans la bourgeoisie ; mais elle avait aussi des adversaires. Ceux qui aimaient la paix n'envisageaient qu'avec effroi les conséquences d'une révolte ouverte contre le roi, et ils disaient hautement qu'il fallait refuser à Mme de Condé l'entrée de la ville.

Mais la princesse, non moins courageuse que Mme de Longueville, se mit en route avec sa petite armée, persuadée qu'à sa vue les Bordelais écouteraient la voix de leur cœur plutôt que celle de leur raison. En effet, les portes de la ville s'ouvrirent pour la recevoir, ainsi que son fils ; mais les magistrats la prièrent de trouver bon que son escorte demeurât hors de la place.

Cette condition ne lui fut sans doute pas agréable ; mais elle n'en témoigna rien, non plus que MM. de Bouillon et de la Rochefoucauld. C'était déjà beaucoup que la princesse et son fils y fussent accueillis avec enthousiasme ; et ces seigneurs pensaient bien qu'avec un peu de patience ils finiraient par y entrer aussi. Ils s'installèrent le mieux qu'ils purent dans les faubourgs, et ils engagèrent leurs amis à disposer le peuple et les magistrats en leur faveur. Quand ils crurent le moment favorable, ils demandèrent la permission d'aller voir la princesse, pour s'entretenir avec elle de ses affaires ; et comme ils y allèrent fort avant dans la soirée, ils ne sortirent pas de la ville ce jour-là.

Le lendemain, ils prièrent le Parlement de les autoriser à y rester six semaines, pendant lesquelles ils travailleraient à se justifier auprès du roi. Ce délai leur ayant été accordé, ils envoyèrent un des gentilshommes du duc de Bouillon au roi d'Espagne, pour lui demander du secours. Ce monarque leur promit des vaisseaux, de l'argent et des troupes. Forts de cette promesse, les Bordelais cédèrent au désir de se venger du duc d'Epernon, leur gouverneur, dont ils croyaient avoir à se plaindre ; ils prièrent la princesse de rester dans leur ville, nommèrent le duc d'Enghien leur généralissime ; et comme la grande jeunesse du duc rendait ce titre à peu près nul, les ducs de la Rochefoucauld et de Bouillon furent choisis pour commander sous son autorité.

Mme la princesse Clémence se vit alors maîtresse de Bordeaux, comme Mme de Longueville l'avait été de Paris pendant la première Fronde; elle envoya une seconde ambassade en Espagne, et elle reçut à son tour don Osorio, envoyé du roi d'Espagne, qui renouvela tous les engagements pris par son maître envers les premiers ambassadeurs. Mme de Longueville, instruite de ce qui se passait à Bordeaux, fit prier le duc de Saint-Simon, gouverneur de Blaye, de se joindre au parti des princes. M. de Saint-Simon est fort attaché à la maison de Condé; mais il l'est plus encore à son devoir; il se fit excuser auprès de la duchesse, et il refusa 800,000 fr. que le roi d'Espagne lui offrait pour oublier les serments qu'il avait faits au roi.

Les choses en étaient là, quand M. de Turenne leva le siége de Guise. Cet heureux événement, sur lequel la reine n'osait compter, l'engagea à retourner promptement à Paris, pour essayer de calmer l'agitation des Frondeurs, avant de se rendre en Guyenne, où l'appelait la révolte de Bordeaux. Elle ne parvint pas à apaiser les troubles, et elle ne put décider le duc d'Orléans à se charger de mettre les Bordelais à la raison; elle le laissa donc dans sa capitale, avec le titre de lieutenant général du royaume en deçà de la Loire.

La reine emmena le roi; et ce ne fut pas sans inquiétude qu'elle entreprit ce voyage, en laissant une armée ennemie sur la frontière du Nord et les Frondeurs à Paris. Aussi, comme elle regardait sans cesse en arrière, elle fut près d'un mois avant d'arriver à Libourne.

Sa Majesté envoya, de Poitiers, un courrier aux Bordelais, pour les avertir de son approche. Ce courrier fut mal reçu par la populace; et il eût été mis en pièces, sans l'intervention de Mme de Condé. Cette princesse, d'après le conseil de MM. de Bouillon et de la Rochefoucauld, se rendit au Parlement avec son fils, et, faisant ce qu'avait fait jadis en Bretagne la comtesse Jeanne de Montfort, elle implora la justice et la pitié de ces magistrats avec tant d'éloquence, qu'ils se déclarèrent les fidèles serviteurs des princes et décidèrent que la femme et le fils du vainqueur de Rocroi, méchamment emprisonné par Mazarin, pouvaient demeurer en sûreté sous leur protection et sous celle du roi, dont ils continuaient à se dire les très-fidèles sujets. Ils résolurent d'adresser à Sa Majesté des remontrances écrites, et ils députèrent vers le Parlement de Paris pour le prier de travailler à la liberté des princes.

Cette demande des Bordelais mit encore une fois en émoi ce Parlement, où le calme ressemblait à un feu caché sous la cendre; on y discuta toutes sortes de propositions, plus ou moins avantageuses aux prisonniers, mais toutes contraires au ministre; on le déclara encore une fois l'auteur de tous les maux de la France, et l'on parla de nouveau de son expulsion.

La reine, étant à Libourne, fit assiéger le petit fort de Vayres, qui tenait pour les princes, et qui, n'étant pas en état de se défendre, fut pris sans difficulté. Un conseil de guerre condamna à être pendu celui qui y commandait, et la sentence fut exécutée. Dès que le duc de Bouillon l'apprit et qu'il en eut informé le peuple, chacun cria vengeance, et le duc, pour achever de brouiller les Bordelais avec la cour, répondit à cette exécution par de cruelles représailles. Il envoya quérir le baron de Canolles, major du régiment de Navailles, alors prisonnier de guerre, et lui annonça qu'il allait être mis en jugement. Ce jeune officier parut devant un tribunal établi pour la forme, et fut condamné à être pendu, malgré sa qualité de gentilhomme.

Mme la Princesse présidait ce tribunal; mais on lui fit regarder cette condamnation comme absolument nécessaire, et elle imposa silence à la pitié qui remplissait son cœur. Le baron de Canolles fut conduit à la potence, au milieu des cris et des injures de la foule, et l'on attacha son cadavre en dehors des murailles, afin de montrer à la reine comment on répondrait à sa sévérité.

Le siége de Bordeaux commença. Il s'y fit de part et d'autre des prodiges de valeur, et sans doute beaucoup de braves gens y auraient versé leur sang, si le Parlement, soutenu par le duc d'Orléans, n'avait pas fait faire à la reine des propositions de paix. Le cardinal ne se souciait guère de les accepter ; mais Paris lui était devenu tellement hostile, et la France était si disposée à suivre l'exemple de Paris, qu'il ne pouvait, sans danger, méconnaître l'autorité du duc d'Orléans et du Parlement réunis. Il engagea donc la reine à traiter avec ses sujets rebelles, en leur accordant une amnistie complète, en permettant à Mme la princesse Clémence de se retirer avec son fils dans celle de ses maisons qui lui conviendrait le mieux, en pardonnant aux ducs de Bouillon et de la Rochefoucauld, enfin en reprenant au duc d'Epernon le gouvernement de la Guyenne.

Cette paix fut conclue le 1er octobre, et Mme de Condé sortit de Bordeaux le 5, avec M. le duc d'Enghien, MM. de Bouillon, de la Rochefoucauld, et bon nombre de gentilshommes. Elle s'embarqua sur sa galère pour gagner Coutras, où elle devait s'arrêter quelques jours. Le maréchal de la Meilleraie, l'ayant aperçue au milieu de la rivière, fit approcher son bateau pour la saluer. La princesse dit au maréchal qu'elle allait à Bourg, où était la reine, et qu'elle emploierait tous les moyens possibles pour avoir une audience de Sa Majesté.

— Personne ne pourrait me servir mieux que vous en cette occasion, monsieur, lui dit-elle ; et si vous vouliez retourner à Bourg, vous m'obtiendriez certainement la faveur que je désire.

M. de la Meilleraie, heureux de pouvoir se rendre agréable à Mme de Condé, alla sur-le-champ s'acquitter de sa commission. La reine parut surprise de ce que la princesse voulût la voir, et, ne sachant comment se dispenser de lui faire accueil, elle répondit qu'elle n'avait point de logement à lui donner.

— Qu'à cela ne tienne ! reprit le maréchal ; Mme la Princesse passera la nuit dans sa galère et ne croira pas payer trop cher l'honneur de se jeter aux pieds de Votre Majesté. Et d'ailleurs, si Son Altesse veut accepter l'hospitalité dans ma maison, rien ne m'empêchera de la lui offrir.

— Qu'elle vienne donc! dit la reine, ne trouvant plus d'objections à faire.

Quelques minutes plus tard, la galère de Mme la Princesse fut signalée. Sa Majesté lui envoya dire qu'elle serait la bienvenue, et Mme de la Meilleraie alla l'attendre sur le rivage. En même temps, la reine dépêcha un courrier au cardinal, qui avait donné un rendez-vous au duc de Bouillon. Son Eminence revint en toute hâte, et Mme la Princesse fut introduite. Elle se jeta aux genoux de la reine, en lui demandant avec larmes la liberté de son mari. Le jeune duc d'Enghien joignit ses instances à celles de sa mère; mais la reine ne promit rien. Toutefois, elle traita la princesse avec douceur, et la vue de la douleur de cette dame lui fit excuser sa rébellion.

Le cardinal emmena souper chez lui MM. de Bouillon et de la Rochefoucauld; et sans doute ils s'entretinrent de choses fort graves; car il était tard lorsqu'ils se séparèrent.

Mme la Princesse avait passé quatre mois à Bordeaux. Deux jours après qu'elle en fut sortie, Sa Majesté y fit son entrée avec le roi, le duc d'Anjou, Mademoiselle et le cardinal. Les Bordelais la reçurent froidement; ils donnèrent au roi une mauvaise collation, un médiocre feu d'artifice et un bal où la chaleur fut si grande, que la reine s'y enrhuma. Le cardinal fut encore moins bien accueilli que Leurs Majestés; on ne lui fit aucun compliment, et l'on affecta même de ne pas lui rendre le moindre respect. Aussi la reine n'attendit pas qu'elle fût guérie pour quitter cette ville, et la fatigue du voyage, jointe aux déplaisirs qu'elle avait éprouvés, la rendit tout à fait malade à Amboise, où elle fut obligée de s'arrêter pendant douze jours. De là elle se rendit à Fontainebleau, où elle invita le duc d'Orléans à venir la voir. Les Frondeurs essayèrent d'empêcher le prince d'obéir à cet ordre, et, n'y pouvant réussir, ils tâchèrent de l'indisposer contre le ministre, qui, à les entendre, avait comploté à Bourg avec MM. de la Rochefoucauld et de Bouillon. Monsieur les écouta ; mais, hésitant comme toujours à prendre une résolution qui l'entraînerait plus loin qu'il ne voulait aller, il se rendit à Fontainebleau, et se laissa calmer par les explications du cardinal et les bonnes paroles de la reine.

Il s'était passé bien des choses à Paris en l'absence de la cour, et Mazarin y était moins aimé que jamais. M. de Turenne, qui combattait avec les Espagnols, voulait marcher droit sur cette capitale et enlever les princes ; mais les Espagnols aimaient mieux prendre des places en Picardie et en Champagne que de mettre en liberté M. le Prince, dont ils ne se rappelaient que trop les succès. Après de longues instances, M. de Turenne obtint de l'archiduc l'autorisation de pousser vers Paris. Il prit la Capelle, Vervins, Château-Porcien, Rethel, et quelques autres places. Le maréchal Duplessis sauva Reims ; mais M. de Bouteville vint hardiment jusqu'à Dammartin, qui n'est qu'à dix lieues de Paris. Beaucoup de gentilshommes et de paysans accoururent à Paris pour y chercher un refuge, et ils y jetèrent une si grande terreur, qu'on n'osa laisser les princes à Vincennes, et que, pour les mettre à l'abri d'un coup de main, on les transporta au château de Marcoussis, derrière la Seine et la Marne.

Il fut ensuite question de lever des troupes, pour les opposer aux Espagnols. Le Parlement s'imposa lui-même, et le duc d'Orléans donna pour sa part 60,000 livres ; mais en faisant ces sacrifices, les membres du Parlement murmuraient contre le ministre, qui les y contraignait par son obstination à demeurer en France.

Sur ces entrefaites, un trompette, envoyé au duc d'Orléans par l'archiduc, vint lui proposer de se rendre à Soissons pour conférer avec les députés de son maître, qui, disait-il, était disposé à donner la paix aux Français à des conditions raisonnables. Cela fit grand bruit dans la ville. Le duc d'Orléans ne demeura point insensible à la gloire de mettre fin à cette guerre ; il envoya donc à Soissons ; mais les députés de l'archiduc ne s'y trouvèrent pas.

Il n'y avait encore rien de fait, quand Monsieur alla voir la reine à Fontainebleau. Il y resta quelques jours, et revint à Paris le 14 novembre. La reine et son ministre devaient y rentrer le lendemain ; aussi le lieutenant criminel s'empressa de faire enlever des carrefours les potences où Mazarin était pendu en effigie, et de faire effacer les vers insultants placardés sur tous les murs de la bonne ville.

Mme de Chevreuse avait aussi vu la reine à Fontainebleau, et elle lui avait demandé le chapeau de cardinal pour M. le coadjuteur. La reine refusa net ; mais, sur les instances du duc d'Orléans, elle dit qu'elle soumettrait cette demande à son conseil. M. le coadjuteur en fut blessé ; cependant il tenta une nouvelle démarche auprès du ministre ; il lui promit de ne plus se mêler de rien et même de s'en aller à Rome, dès qu'il aurait obtenu ce chapeau, depuis si longtemps l'objet de son ambition. Mazarin répondit d'une manière évasive, et M. le coadjuteur s'unit décidément aux partisans des princes.

Le cardinal, ne croyant pas les prisonniers en sûreté au château de Marcoussis, décida la reine à les transférer au Havre, et le comte d'Harcourt, gouverneur de la Normandie, fut chargé de les y conduire avec une bonne escorte. M. le Prince essaya de s'enfuir d'une hôtellerie où l'on s'était arrêté pour se reposer ; mais un gentilhomme, nommé de Bar, qui le surveillait de tout près, déjoua ses projets d'évasion. Monseigneur ne se désola pas, et, pour égayer M. de Longueville, qui ne traversait pas sans une grande tristesse la Normandie, où il avait si longtemps commandé en maître, il composa contre son successeur, le comte d'Harcourt, le couplet que voici :

> Cet homme gros et court,
> Si connu dans l'histoire,
> Ce grand comte d'Harcourt,
> Tout rayonnant de gloire,

Qui secourut Casal et qui reprit Turin,
   Est maintenant
   Est maintenant
Recors de Jules Mazarin.

Si quelque chose pouvait augmenter la peine de M. le Prince, c'était de se voir au Havre, entre les mains de la duchesse d'Aiguillon, son ennemie; mais il n'en laissa rien paraître, et l'on dit que cette dame, touchée de l'infortune d'un si grand homme, oublia la haine qu'elle lui portait. Jamais peut-être M. le Prince n'a eu plus d'admirateurs que pendant sa captivité. Dès qu'il eut quitté Vincennes, une foule de gens de qualité allèrent visiter la chambre qu'il y avait habitée. Cette sorte de pèlerinage devint à la mode; les auteurs en parlèrent dans leurs écrits et célébrèrent à l'envi la gloire de ce héros. Mlle de Scudéry alla, comme tout le monde, à Vincennes, et, remarquant dans des pots des œillets que M. le Prince avait pris plaisir à cultiver sur sa terrasse, elle écrivit sur le mur le quatrain suivant :

En voyant ces œillets qu'un illustre guerrier
Arrosa d'une main qui gagnait les batailles,
Souviens-toi qu'Apollon a bâti des murailles,
Et ne t'étonne pas de voir Mars jardinier.

Mme la Princesse, ma chère et noble protectrice, était alors sérieusement malade. Le chagrin de voir transporter ses fils au Havre, et de les savoir sous la domination de leurs ennemis, qui pourraient les livrer aux étrangers, aggrava sa position, et elle comprit que le moment était venu pour elle de se préparer à la mort. Elle manda l'archevêque de Sens, qui était de ses amis, et qui passe pour un homme de mœurs sévères et de haute capacité; elle lui dit qu'elle voulait faire une confession générale de toute sa vie, afin que Dieu daignât la regarder dans sa miséricorde et prendre en pitié ses enfants, pour lesquels elle ne pouvait plus rien.

Elle engagea sa belle-fille à continuer ce qu'elle-même avait commencé dans l'espoir de les délivrer, c'est-à-dire à présenter une requête au Parlement, pour que les princes, au lieu d'être détenus au Havre, fussent ramenés au Louvre et gardés dans ce palais par un officier du roi.

Mme la Princesse ressentait cruellement la douleur d'être séparée de ses enfants dans un pareil moment, et de les quitter pour toujours sans pouvoir leur dire un dernier adieu ; mais elle fit chrétiennement ce sacrifice. Elle alla jusqu'à remercier Dieu de l'avoir frappée dans ce qu'elle avait de plus cher, et d'avoir ainsi daigné lui donner une croix à porter à la suite de Notre-Seigneur. Elle était si pieuse, si fervente, si résignée, que tous ceux qui l'approchaient ne pouvaient retenir leurs larmes. Ils l'avaient connue si fière et si peu disposée à pardonner dans les jours de sa prospérité, qu'ils regardaient ce changement comme un miracle.

Mme de Brienne, qui était fille de M. de Montmorency-Bouteville, et qu'elle avait toujours beaucoup aimée, alla lui offrir ses consolations et ses soins, dès que la reine fut rentrée à Paris. Cette dame avait accompagné Leurs Majestés à Bordeaux ; et quand elle vit Mme la Princesse si dangereusement malade, elle ne voulut plus la quitter. Ce fut elle qui reçut les confidences de Son Altesse et qui recueillit son dernier soupir.

Adrienne et moi, nous étions à Stenay avec Mme de Longueville, qui n'avait pas, plus que nous, été informée de l'état de sa mère. Si elle avait su ce qui se passait, je suis sûre qu'elle aurait bravé tous les dangers pour aller l'embrasser encore une fois et recevoir sa bénédiction. On lui écrivait bien que Mme la Princesse était souffrante ; mais nous-mêmes nous lui en avions dit autant ; et quoiqu'elle s'en montrât fort affligée, elle pensait moins à se rendre auprès de cette incomparable mère qu'à travailler à la liberté des princes ; car elle était persuadée que leur délivrance seule pourrait guérir Mme la Princesse.

Il est vrai aussi que cette langueur dans laquelle ma protectrice était tombée devait, selon toutes probabilités, durer longtemps ; mais une fièvre violente qui lui survint la conduisit en quelques jours aux portes du tombeau. Quand elle sentit que l'heure de sa mort approchait, elle pria M. l'abbé de la Roquette de se charger d'un message pour la reine ; et comme il se mit entièrement à ses ordres, elle lui dit :

— Vous irez donc, s'il vous plaît, trouver Sa Majesté, dès que je ne serai plus ; vous lui direz que j'ai été jusqu'à la fin sa très-humble servante, quoique je meure du chagrin que m'a causé la persécution exercée contre mes enfants. Vous ajouterez que je supplie la reine de se rappeler que personne n'est exempt des coups de la fortune, et que je la conjure, au nom de tout le sang de notre Seigneur Jésus-Christ, de se laisser fléchir par ma mort.

M. de la Roquette ayant solennellement promis de s'acquitter de cette mission, Mme la Princesse chargea Mme de Brienne de quelques mots d'amitié pour les personnes qui lui avaient été le plus fidèles ou qui lui avaient inspiré les plus affectueux sentiments. J'eus ma part de ce souvenir, et Mme la Princesse me légua, avec le livre d'heures dont elle se servait habituellement, un magnifique portrait de M. le Prince, et son portrait, à elle, enfermé dans un médaillon. Elle laissa à Adrienne une croix qu'elle portait à son cou et une *Imitation de Jésus-Christ*, et elle partagea entre quelques-unes de ses dames divers autres objets qui lui avaient appartenu.

Sa dernière pensée fut pour Mme de Longueville.

— Ma chère amie, dit-elle à Mme de Brienne, faites savoir à ma fille dans quel état vous me voyez ; rappelez-lui que son tour viendra, et engagez-la de ma part à ne pas attendre ce moment pour apprendre à mourir.

Elle dit ces paroles au plus fort de son agonie, et peu d'instants après elle rendit à Dieu sa grande âme, purifiée par la souffrance et sanctifiée par la résignation.

La nouvelle de cette mort produisit à la cour une vive sensation. Mme la Princesse n'avait que cinquante-sept ans, et jusqu'au jour de son malheur elle était restée forte et belle. Chacun la plaignit sincèrement, et son éloge se trouva dans toutes les bouches; car elle était aimée autant que respectée.

M. de la Roquette s'empressa de transmettre à la reine le message dont elle l'avait chargé. Sa Majesté l'écouta avec une religieuse attention, et elle en parut touchée ; mais elle répondit peu de chose; car elle était elle-même malade et fort accablée de ses souffrances.

Mme la duchesse d'Orléans et Mademoiselle, sa belle-fille, furent peut-être les deux personnes que cette mort affligea le moins. La hauteur avec laquelle Mme la Princesse avait, en plusieurs rencontres, prétendu se mettre à leur niveau, les avait blessées ; et comme elles ne voulaient pas se rapprocher de Son Altesse, elles avaient hésité jusque-là à se déclarer pour les princes, quoique le duc de Lorraine, frère de Madame, se fût entendu avec Mme de Longueville et les Espagnols.

Madame et Mademoiselle résolurent donc alors d'user de leur influence sur le duc d'Orléans pour le faire entrer dans les intérêts de MM. de Condé, de Conti et de Longueville. Mme de Chevreuse y travaillait aussi, et l'on pouvait espérer que tant d'efforts seraient enfin couronnés de succès.

Tous ces détails, qui nous furent transmis à Stenay avec la terrible nouvelle de la mort de Mme la Princesse, n'adoucirent point notre douleur. Mme de Longueville en fut anéantie, et son désespoir muet nous causa les plus cruelles inquiétudes. Je comprenais tout ce qu'elle devait éprouver en perdant une telle mère, puisque moi, qui étais une étrangère pour Mme la Princesse et qui ne la connaissais que depuis peu d'années, je ressentais si vivement la douleur de cette séparation. Je vis une fois de plus que la religion seule a le pouvoir de consoler ceux qui souffrent ; car, lorsque notre chère duchesse sortit de son accablement, elle se fit répéter avec quelle patience et quelle soumission madame sa mère avait accepté tant de croix, avec quelle foi, quelle piété Son Altesse s'était préparée à la mort, et elle reprit courage en pensant que Dieu avait reçu cette belle âme dans ses tabernacles éternels.

Mme de Brienne lui fit savoir ce que Mme la Princesse l'avait spécialement chargée de lui dire, et elle reçut ces dernières recommandations avec un religieux respect.

— Hélas! nous dit-elle, il est vrai qu'il faudra mourir, et que nous n'y pensons pas. Oh! que notre conduite serait différente de ce qu'elle est, si nous envisagions toutes choses comme nous les verrons à l'heure de la mort! J'espère ne jamais oublier cet adieu de ma mère ; mais si cela m'arrivait, je vous supplie, et au besoin je vous ordonne, à vous qu'elle a aimées et qui m'aimez, de me le rappeler en son nom.

Cette prière et cet ordre s'adressaient à Mlle de Fierval et à moi. Il me vint aussitôt à l'esprit de demander à Mme de Longueville si elle ne se repentirait pas, en mourant, d'avoir armé des Français contre leur pays et contre leur roi ; mais comme Adrienne devait avoir la même pensée et qu'elle gardait le silence, je me décidai à l'imiter. Quand je me trouvai seule avec elle, je lui demandai si le moment ne lui avait pas paru bien choisi pour hasarder cette réflexion.

— Non, me répondit-elle ; ces paroles de Mme la Princesse ressemblent à la semence dont parle l'Evangile. Elles sont tombées dans une bonne terre ; mais il faut leur laisser le temps de germer et de se développer, si l'on veut qu'un jour elles produisent des fruits abondants.

XIX.

Le Parlement demande la liberté des princes. — Le duc d'Orléans et Mademoiselle. — Départ du cardinal. — Troubles à Paris. — Le roi dort.... — Délivrance des princes. — Lettre de Son Eminence à la reine.

La veille de la mort de ma protectrice, Mme la Princesse, sa belle-fille, avait présenté une requête au Parlement pour obtenir la liberté de son mari et de ses beaux-frères. Le jour où l'on devait délibérer là-dessus, le premier président dit que cette requête n'étant pas autorisée par les princes, on ne pouvait l'examiner. Mais à peine avait-il parlé, qu'un gentilhomme se présenta avec une lettre signée des trois prisonniers et écrite pendant leur voyage. Plusieurs membres du Parlement prétendirent que cette lettre était fausse ; le premier président ajouta qu'il n'était pas impossible qu'elle vînt des princes, mais que cela lui paraissait difficile, et la délibération fut remise au lendemain, à cause du bruit qui se fit dans la chambre à cette occasion.

Le lendemain, la reine, avertie de ce qui se passait, envoya demander au Parlement de ne s'occuper de cette affaire que quand elle-même aurait eu le temps d'y penser ; ce qu'elle ne pourrait faire avant huit jours, parce qu'elle était malade. Le Parlement consentit à attendre quatre jours ; mais ce délai passé, la chose n'en fut pas plus avancée, parce que les différents partis ne purent se mettre d'accord.

Le cardinal, qui était à l'armée, fit alors annoncer à la reine que l'armée du roi avait pris Rethel, puis battu M. de Turenne et les Espagnols ; ce que Sa Majesté apprit avec la joie la plus vive. Mais pendant que le ministre repoussait les ennemis de l'Etat, les siens profitaient de son absence pour se liguer contre lui. La princesse Palatine signait un traité avec les Frondeurs, au nom de Mme de Longueville et des prisonniers. En vertu de ce traité, ils se réunissaient au parti des princes, pour travailler à les délivrer et à ruiner l'autorité du cardinal.

Le 28 décembre, un *Te Deum* fut chanté à Notre-Dame, en action de grâces des victoires remportées à la frontière, et le 29, après une longue délibération, le Parlement décréta que des remontrances seraient faites à la reine sur la prison des princes, et que, comme on ne pouvait leur reprocher aucun crime, Sa Majesté serait très-humblement priée de les mettre en liberté.

Ces remontrances et cette prière méritaient considération ; car le Parlement était devenu si puissant pendant la régence d'Anne d'Autriche, que le président Molé disait à ses collègues, peu de jours avant cette décision :

— Vous avez tort, messieurs, de parler avec si peu d'ordre et de modération, puisque, par la grâce de Dieu, nous sommes en pouvoir de donner notre avis sur les plus grandes affaires de l'Etat.

La reine attendit, pour répondre au Parlement, le retour de Mazarin, qu'elle avait engagé à revenir au plus tôt. Il arriva le dernier jour de l'an, et le peuple ne lui fit pas mauvais accueil. Le duc d'Orléans fit prier la reine de l'excuser, s'il n'allait pas la saluer le 1er janvier, attendu qu'il recevait de tous côtés l'avis qu'on devait l'arrêter. La reine lui fit dire aussitôt qu'il pouvait venir en toute sûreté, et qu'aucun projet semblable n'avait été formé contre sa personne. Il y alla ; mais toute l'entrevue se passa, de part et d'autre, en plaintes plus ou moins fondées.

Les jours suivants, le cardinal, voyant que Monsieur penchait vers le parti des princes, fit ce qu'il put pour le regagner ; mais Monsieur était en ce moment sous l'influence de M. le coadjuteur et de M. de Beaufort, et il ne voulut pas les abandonner. Le cardinal s'adressa à Mademoiselle, dont j'ai déjà parlé plusieurs fois dans ces pages. Mademoiselle, née d'un premier mariage du duc d'Orléans, possède de grands biens, que lui a laissés Mlle de Montpensier, sa mère. Cette princesse est belle, aimable, pleine d'esprit, mais d'un caractère un peu absolu et d'une imagination ardente, qu'elle prend trop souvent pour règle de ses actions. Mademoiselle a toujours désiré devenir reine de France, et quoiqu'elle soit plus âgée que le roi de dix ou douze ans, elle n'a pas renoncé à l'espoir de l'épouser. Tout le monde sait cela, par conséquent le cardinal ne l'ignore pas.

Lorsqu'il vit le duc d'Orléans sur le point de devenir son ennemi, il chargea Mlle de Neuillant, fille d'honneur de la reine, d'aller trouver Mademoiselle et de lui offrir le roi pour mari, si elle voulait empêcher son père de se joindre aux princes contre Son Eminence. Mademoiselle n'ajouta peut-être pas foi aux promesses du ministre, ou peut-être n'y réfléchit-elle pas assez ; mais elle répondit qu'elle et Monsieur tenaient à la parole qu'ils avaient donnée à M. le Prince.

— Mademoiselle, dit Mlle de Neuillant, faites-vous reine d'abord ; et quand vous le serez, vous pourrez rendre la liberté aux princes.

Cela me paraît fort juste ; mais Mademoiselle n'en jugea pas ainsi, et le cardinal s'inquiéta beaucoup de ce refus sur lequel il était loin de compter. Toutefois, il voulut faire encore un effort, et il invita Monsieur à faire les Rois chez lui. Monsieur s'y rendit et s'y montra si gai, que, l'occasion s'en étant présentée, il railla les Frondeurs avec une verve qui mit tous les convives en train. Le chevalier de Guise chanta les couplets faits contre le duc de Beaufort, et, buvant à la santé de la reine, qui était encore souffrante, il dit que, pour la guérir, il fallait jeter le coadjuteur par les fenêtres la première fois qu'il viendrait au Palais-Royal. Les plaisanteries allèrent si loin, que le cardinal emmena le roi dans un cabinet voisin et y demeura avec lui.

Les Frondeurs, apprenant, le lendemain, tout ce qui s'était dit dans ce repas, s'en irritèrent encore et décidèrent qu'il était temps de renverser le cardinal. Pour y réussir plus sûrement, ils persuadèrent au duc d'Orléans que le ministre commençait à se rapprocher des princes et qu'il avait l'intention de les mettre en liberté, sans consulter personne, afin que, n'étant redevables qu'à lui de leur délivrance, ils devinssent ses amis dévoués. Monsieur comprit que son crédit serait sérieusement menacé ou plutôt complétement détruit par l'alliance des princes et du cardinal, et il se décida à servir les prisonniers, d'accord avec les Frondeurs.

Le 7, le Parlement envoya une députation au duc d'Orléans, pour le prier de demander à la reine la liberté de MM. de Condé, de Conti et de Longueville. Monsieur accepta cette mission et s'en acquitta fidèlement, au grand étonnement de Sa Majesté, qui le croyait toujours opposé au parti des princes. Le clergé députa aussi vers la reine en faveur de M. de Conti; et enfin le Parlement demanda avec une hauteur inaccoutumée que les prisonniers fussent déclarés innocents.

Le cardinal répondit alors qu'il verrait avec plaisir les princes en liberté, mais que certainement Monsieur s'y opposerait. Cela fit beaucoup rire Monsieur, et il chargea le maréchal de Grammont de dire à la reine et au ministre qu'il déclarerait publiquement que le cardinal se trompait sur ses sentiments; et peu de jours après, il ordonna au maréchal de Villeroi et à M. Letellier d'avertir la reine que si elle n'éloignait pas cet Italien de ses conseils, jamais lui, Gaston d'Orléans, n'y prendrait place. En même temps il manda aux quarteniers de la ville de se tenir prêts à prendre les armes pour le service du roi, et leur défendit, en sa qualité de lieutenant général du royaume, de recevoir d'autres ordres que les siens.

Cette grande colère de Monsieur venait de ce que le cardinal avait comparé le Parlement de France à celui d'Angleterre, M. le coadjuteur à Fairfax, et M. de Beaufort à Cromwell. Ce discours, répété en plein Parlement, porta au comble l'irritation des esprits. Il y eut une rumeur terrible contre le cardinal, et l'on y fit les propositions les plus violentes ; les uns voulaient le faire arrêter, les autres le citer devant eux, pour qu'il répondît de son administration et fît réparation de ce qu'il avait dit contre l'honneur de la nation ; les plus modérés décidèrent qu'on demanderait à la reine son éloignement, et toute la compagnie se sépara en criant : « Vive le roi ! et point de Mazarin ! »

Le soir de ce jour si orageux, le cardinal vint chez la reine ; il dit qu'il avait prévu tout ce qui arrivait, et qu'il était prêt à partir, si son absence pouvait rendre le calme à la France ; car il ferait volontiers tous les sacrifices nécessaires au service du roi. Il ajouta que si Sa Majesté jugeait à propos de le retenir, il obéirait également, dût-il mourir à son poste. Plusieurs officiers, qui s'étaient distingués dans les derniers combats, lui conseillèrent de faire venir des troupes à Paris et de tenir bon contre le duc d'Orléans ; mais ni le cardinal ni la reine ne goûtèrent cet avis.

Sa Majesté, ne pouvant croire que l'empire qu'elle avait exercé jusque-là sur Monsieur se fût évanoui sans retour, fit dire à ce prince qu'elle voulait aller le voir avec le cardinal ; il lui répondit de n'en rien faire, attendu qu'il n'y avait pas de sûreté pour elle. La reine insista, en disant qu'elle ne craignait rien du peuple, et qu'elle irait seule ; mais Monsieur répliqua de nouveau que la reine ferait bien de renoncer à cette visite.

Là-dessus, il alla au Parlement, pour faire rendre un décret contre le cardinal. Sa proposition souleva de grands applaudissements; mais le premier président engagea Son Altesse Royale à chercher, pour accommoder les affaires, des remèdes plus doux que celui-là, et il dit que Monsieur s'était toujours montré trop bon pour vouloir mettre ainsi le feu aux quatre coins de la France.

Le premier président parlait encore, lorsque la reine envoya mander à Messieurs du Parlement de se rendre auprès d'elle; et toute malade qu'elle était encore, elle les entretint longtemps des difficultés survenues entre le duc d'Orléans et le cardinal, ainsi que de la peine qu'elle éprouvait de ce que Monsieur eût refusé de la voir. Elle dit ensuite qu'elle avait le plus grand désir de tirer les princes de leur prison, et qu'elle allait s'en occuper sans retard.

Le Parlement, qui attendait, tout assemblé, le retour de la députation demandée par la reine, ne fit pas grande attention au compte que le premier président lui rendit de cette audience, et, après beaucoup de disputes, il décida que Sa Majesté serait très-humblement priée de mettre au plus tôt les princes en liberté et d'éloigner le cardinal de ses conseils, auxquels le duc d'Orléans ne pouvait ni ne voulait prendre part, tant que Son Eminence y serait.

La reine reçut cette prière; mais elle remit sa réponse au lendemain, pour gagner du temps; car Mazarin commençait à s'effrayer de toutes ces tempêtes, et il songeait à la retraite. Mme de Chevreuse, étant allée ce même jour au Palais-Royal, lui conseilla de s'éloigner pour quelque temps, et lui promit que s'il feignait de céder la place au duc d'Orléans, elle le réconcilierait facilement avec ce prince. Le cardinal, qui la croyait son amie, et qui ne se doutait nullement des arrangements qu'elle avait pris avec les princes, par l'entremise de la princesse Palatine, résolut de suivre ce conseil et d'aller lui-même au Havre délivrer les prisonniers.

Il n'y avait pas de temps à perdre; car la ville était en émoi, et de toutes parts on entendait crier : « Aux armes ! » Le cardinal se rendit le soir au cercle de la reine ; il y demeura comme à l'ordinaire, sans que personne pût remarquer la moindre altération sur son visage ni sur celui de Sa Majesté. A dix heures, il prit congé d'elle, comme s'il eût dû la revoir le lendemain, et il rentra chez lui. Il se revêtit à la hâte d'une casaque rouge, prit un feutre à plumes, et sortit à pied du Palais-Royal, suivi de deux de ses gentilshommes. Il gagna la porte Richelieu, où ses gens l'attendaient avec des chevaux, et il alla coucher à Saint-Germain.

Quand on apprit dans Paris le départ du cardinal, on craignit qu'il n'allât au Havre pour rendre plus étroite encore la captivité des princes, et le duc d'Orléans, que la reine avait invité à se rendre au conseil, répondit qu'il n'irait pas avant que les prisonniers fussent sortis du Havre. Cependant le Parlement alla remercier Sa Majesté de l'éloignement du ministre, et la supplia de donner promptement des ordres pour la liberté des princes.

Ces ordres avaient été remis au cardinal ; mais ils étaient conçus de manière à ce qu'il pût en faire ce qu'il voudrait.

« Monsieur de Bar, écrivait la reine, je vous fais celle-ci pour vous dire que vous exécutiez ponctuellement tout ce que mon cousin, le cardinal Mazarin, vous fera savoir de mon intention touchant la liberté de mes cousins, le prince de Condé, le prince de Conti et le duc de Longueville, qui sont en votre garde, sans vous arrêter à quelque autre que vous pourriez recevoir du roi, monsieur mon fils, et de moi, contraire à celle-ci ; priant Dieu qu'il vous ait en sa sainte garde. »

Nous n'avons connu que plus tard le texte de ce billet, qui laissait au cardinal toute liberté d'ouvrir la prison des princes ou de la tenir fermée. Mais avant l'arrivée de Son Eminence au Havre, les illustres captifs étaient instruits de son départ, et sans doute ils attendaient avec anxiété le changement que sa présence allait apporter à leur sort. La princesse Palatine l'avait aussi fait mander à Mme de Longueville, en lui disant qu'elle savait de source certaine que le cardinal désirait se raccommoder avec les princes ;

mais nous n'étions pas rassurées pour cela, parce que Mazarin, qui ne peut diriger les événements, est souvent obligé de leur obéir.

Dans la nuit du 9 au 10 février, pendant que la reine tenait cercle comme à l'ordinaire, le bruit courut tout à coup dans Paris qu'elle voulait enlever le roi, comme elle l'avait déjà fait. On disait même que ce bruit avait pris naissance par l'indiscrétion de quelques personnages haut placés, et l'on nommait les maréchaux de Villeroi, d'Aumont et d'Albret. Il y eut aussitôt de l'émotion dans les rues, et les Frondeurs ne furent pas les derniers à s'en mêler. Mme de Chevreuse, étant malade, envoya sa fille u Luxembourg pour avertir Monsieur du projet de la reine, et celui-ci manda sur-le-champ M. de Retz, dont il prenait l'avis dans toutes les circonstances importantes.

Monsieur se leva à la hâte pour recevoir M. le coadjuteur, et il lui demanda ce qu'il y avait à faire.

— Il faut vous emparer des portes de Paris, répondit M. de Retz. Votre Altesse Royale en a le droit, comme lieutenant général du royaume.

Mais Monsieur, qui n'a jamais aimé les mesures violentes, dit que cela n'était pas nécessaire, qu'il allait envoyer un de ses gentilshommes à la reine, pour la prier de réfléchir aux suites de l'enlèvement du roi et la conjurer d'y renoncer.

— Eh ! Monsieur, lui dit Madame, si vous n'avez pas assez de résolution pour donner les ordres nécessaires, laissez-moi les donner à votre place.

Et, prenant une feuille de papier, elle écrivit aussitôt :

« Il est ordonné à M. le coadjuteur de faire prendre les armes et d'empêcher que les créatures du cardinal Mazarin fassent sortir le roi de Paris. »

Madame signa ces deux lignes et les remit à son mari, qui les jeta de côté ; mais Madame, ne se tenant pas pour battue, reprit :

— Faites donc tout ce qu'il faudra faire, monsieur le coadjuteur, pour que le roi reste à Paris; car, s'il venait à quitter la ville, il en résulterait de grands malheurs.

— Monsieur le coadjuteur, répliqua Monsieur, n'oubliez pas, je vous en supplie, que pour rien au monde je ne voudrais me brouiller avec le Parlement.

M. de Retz fit avertir M. de Beaufort, le maréchal de la Mothe et les principaux amis des princes, pendant que M. de Souches, envoyé de Monsieur, se rendait au Palais-Royal. Mais avant qu'il y fût arrivé, la reine savait déjà que les bourgeois prenaient les armes et que toute la ville était en rumeur. On assura même à Sa Majesté que le duc d'Orléans voulait lui enlever le roi. Je ne sais si elle en fut effrayée; mais elle n'en laissa rien paraître, et elle dit à ceux qui l'entouraient que, comme elle ne songeait point à fuir, il lui était indifférent que les portes de la ville fussent fermées. Cependant elle ordonna de doubler les gardes du palais, et elle avertit les gentilshommes dont le dévouement lui était connu de se tenir prêts à se rendre auprès d'elle au premier appel.

Dès que M. de Souches se présenta de la part du duc d'Orléans, il fut introduit chez la reine, selon l'ordre qu'elle en avait donné.

— Madame, lui dit-il, Son Altesse Royale m'envoie supplier Votre Majesté de faire cesser tout ce bruit. De tous côtés Monsieur a reçu avis que vous aviez le dessein de sortir de Paris avec le roi, cette nuit, et Son Altesse a engagé les bourgeois à s'y opposer, quoiqu'elle soit au désespoir de ce désordre et de l'inquiétude qu'en doit éprouver Votre Majesté.

— Monsieur, répondit la reine, puisque c'est votre maître qui a fait prendre les armes aux bourgeois, c'est lui qui a causé toute cette émotion. C'est donc à lui de la faire cesser. Dites-lui que ses terreurs sont mal fondées, et qu'il peut affirmer à tout le monde que je ne songe pas à quitter Paris. Le roi est couché; il dort paisiblement, ainsi que son frère; moi-même je dormais, quand tout ce bruit m'a réveillée. Et si ce que je vous dis ne vous suffit pas, vous pouvez entrer dans la chambre du roi pour vous en assurer.

M. de Souches s'inclina et répondit qu'il allait porter à son maître les paroles de Sa Majesté.

— Non, reprit la reine, Monsieur pourrait n'être pas convaincu. Je veux que vous puissiez lui dire que vous avez vu le roi.

En effet, la reine conduisit elle-même le gentilhomme dans l'appartement du roi; elle lui ordonna de lever les rideaux du lit, et il vit le jeune monarque profondément endormi. Il le regarda quelques instants avec attendrissement; puis il se retira, en accusant les Frondeurs d'avoir inutilement inquiété Monsieur.

Au dehors du Palais-Royal, le tumulte allait croissant. M. de Souches s'efforça d'apaiser le peuple, en disant que le roi dormait, qu'il venait de le voir, et qu'il leur conseillait à tous d'en aller faire autant.

— Vous l'avez vu, lui répondit-on, nous voulons le voir aussi.... Le roi!... le roi!... Nous voulons voir le roi!...

Il y eut des gens qui pénétrèrent dans la cour du palais en répétant ces cris, qui arrivèrent jusqu'à la reine. Elle eut alors une bonne inspiration. Elle envoya aux gardes l'ordre de laisser entrer tout ce monde jusque dans la chambre du roi, et elle se contenta de recommander qu'on ne fît pas de bruit, dans la crainte de l'éveiller. Chacun alors s'avança sur la pointe des pieds et en retenant son haleine; et quand la chambre fut pleine, la reine écarta les rideaux du lit. Alors ces mutins tombèrent à genoux, regardant leur roi, l'admirant, et suppliant le Seigneur de le conserver à la France. Après ceux-là, il en vint d'autres, qui se conduisirent absolument de même, et cette procession dura jusqu'à trois heures du matin.

La reine, pour achever de calmer le peuple, envoya chercher deux officiers de la garde bourgeoise; elle leur fit voir le roi, et les pria d'aller rendre compte à la foule de ses intentions. Ils lui obéirent avec joie ; et quand l'émeute fut apaisée, ils revinrent vers Sa Majesté, qui les retint toute la nuit auprès d'elle et leur parla toujours avec la plus grande cordialité. Elle retint aussi quelques-unes de ses dames, leur proposa de ne pas se coucher avant d'avoir entendu la messe, et fit dresser une table de jeux dans sa chambre.

Un peu avant la messe, Sa Majesté se leva, et, pour récompenser les deux bourgeois de leur zèle, elle leur fit voir son oratoire et les diamants qui ornaient ses reliquaires. Ils en furent enchantés, et ils se retirèrent en disant qu'ils seraient toujours fiers d'avoir eu le bonheur d'être nécessaires, pendant cette nuit, à la tranquillité de la plus grande reine du monde.

Cependant l'inquiétude publique n'était pas assez complétement apaisée pour ne plus se réveiller. Il y eut encore du bruit dans les rues, et les abords du Palais-Royal furent gardés nuit et jour, de telle sorte que la reine se vit réellement prisonnière. Et comme aussi ces précautions n'eussent pas suffi, Monsieur lui envoya dire de nouveau qu'on l'accusait de vouloir emmener le roi, et qu'il la suppliait de lui donner quelque garantie du contraire, afin qu'il ne fût pas obligé de s'en assurer par lui-même. La reine comprit que Monsieur la menaçait de lui enlever le roi ; mais elle dissimula son chagrin, et elle répondit :

— Je ne puis donner à Monsieur de meilleure garantie que ma parole ; mais s'il en veut d'autres, je ne m'oppose pas à ce qu'il ordonne à ses propres gardes de coucher dans la chambre du roi.

On dit que le projet de la reine avait vraiment été de s'enfuir, et que le cardinal, ayant pris la route du Havre, allait à petites journées pour laisser à Leurs Majestés le temps de le rejoindre. On ajoute que, forcée de rester à Paris, Anne d'Autriche dépêcha un courrier à Mazarin pour lui dire de ne plus l'attendre. Elle envoya en même temps au Havre M. de la Vrillière, secrétaire d'Etat, avec les pouvoirs nécessaires à la délivrance des princes, et elle chargea M. de Comminges, qu'elle savait être leur ami, d'aller les complimenter de sa part. M. de la Rochefoucauld accompagna M. de Comminges, et M. Arnauld se rendit au Havre pour féliciter les prisonniers au nom du duc d'Orléans.

Enfin, le cardinal arriva au Havre, où M. de Bar, gouverneur de la place pour la duchesse d'Aiguillon, refusa de laisser entrer ceux qui le suivaient, à l'exception de M. l'abbé de Palluau. Le cardinal alla droit à la prison des princes, voulant, disait-il, être le premier à leur annoncer qu'ils étaient libres. Il entra d'un air joyeux dans la chambre de M. le Prince, et lui dit qu'il s'était chargé d'apporter l'ordre de la reine qui lui rendait la liberté, ainsi qu'à MM. de Conti et de Longueville.

— Sa Majesté, ajouta-t-il, n'y met aucune condition; cependant elle vous prie d'aimer le roi, la reine et moi, qui suis votre très-humble serviteur.

— Je remercie Sa Majesté de la justice qu'elle nous rend, répondit M. le Prince. Je serai toujours son serviteur et celui du roi, le vôtre aussi, monsieur, ajouta Son Altesse, en saluant le cardinal, avec une légère nuance d'ironie.

— Les portes sont ouvertes, monseigneur, reprit Mazarin; vous pouvez sortir lorsqu'il vous plaira.

— Rien ne presse, dit M. le Prince. Nous partirons après notre dîner, que Votre Eminence voudra bien nous faire l'honneur de partager, ainsi que MM. de Grammont et de Comminges, que je revois avec le plus grand plaisir.

Le dîner fut fort agréable, et le cardinal s'y montra aussi gai que les princes, quoiqu'il ne le fût sans doute pas autant. Après le repas, il eut avec monseigneur une conversation de quelques minutes; puis Son Altesse donna le signal du départ. Les princes montèrent dans le carrosse du maréchal de Grammont et prirent, avec une joie facile à comprendre, la route de Paris.

Le lendemain, 16, le duc d'Orléans alla au-devant d'eux jusqu'à Saint-Denis, avec MM. de Retz, de Beaufort, et un grand nombre de gentilshommes. M. le Prince, en apercevant la voiture de Son Altesse Royale, fit arrêter la sienne et en descendit, pour remercier Monsieur et lui protester de son dévouement. Il embrassa M. le coadjuteur et remercia aussi M. de Beaufort, son ancien ennemi. Monsieur fit place aux trois princes dans son carrosse, et les chevaux reprirent au pas le chemin de Paris; car la foule était grande et fort empressée de voir et d'acclamer les prisonniers. C'était pourtant cette même foule qui avait allumé des feux de joie le jour de leur arrestation; mais rien n'est plus mobile que les sentiments du peuple, et l'on a raison de le comparer à un enfant, qui ne sait ni ce qu'il aime ni ce qu'il hait.

La reine était déjà couchée quand les princes arrivèrent au Palais-Royal, conduits par le duc d'Orléans. Ils saluèrent Sa Majesté, restèrent auprès d'elle pendant quelques instants, et allèrent ensuite souper au Luxembourg. Mais avant de prendre le repos dont ils avaient grand besoin, ils se rendirent chez la princesse Palatine, qui les avait servis avec tant de zèle et d'intelligence, que c'était vraiment à elle qu'ils devaient leur liberté.

A peu près à l'heure où ils allaient présenter leurs hommages à la reine, Mme de Longueville recevait un courrier qui lui rendait compte de leur délivrance. La joie de notre bien-aimée duchesse fut aussi grande que l'avait été sa douleur; mais la pensée que Mme la Princesse ne pouvait plus se réjouir avec elle, et que ses frères ne retrouveraient point cette mère si tendre et si courageuse, vint bientôt mêler à ses larmes de joie d'autres larmes bien amères. Elle n'eut pas besoin de nous exprimer ses sentiments; car nous les éprouvions comme elle, et, comme elle aussi, nous étions, moi surtout, fort impatientes de revoir les prisonniers.

Le lendemain de leur retour à Paris, les princes se rendirent au Parlement et y furent salués par de nombreuses acclamations. Le premier président fit l'éloge de M. le Prince et le récit des maux que son absence avait causés à l'Etat. Une députation du Parlement fut chargée d'aller remercier la reine d'avoir éloigné le cardinal, lui demander d'exclure désormais de son conseil tout étranger ou toute personne qui aurait prêté serment à quelque autre prince que le roi, et la supplier de reconnaître l'innocence des princes.

Sa Majesté consentit de grand cœur à donner la déclaration que le Parlement désirait touchant les cardinaux, qui, prêtant serment au pape, ne pouvaient être ministres du royaume de France. Cette déclaration entraînait la chute de Mazarin ; mais elle devait aussi anéantir les espérances de M. le coadjuteur, dont la reine croyait avoir beaucoup à se plaindre. Elle proclama aussi de bonne grâce l'innocence des princes, dit qu'elle les rendait volontiers aux vœux du peuple, qu'elle les remettait en possession de leurs biens, de leurs dignités, et qu'elle annulait tous les arrêts rendus contre Mme de Longueville, M. de Turenne, et les gentilshommes de leur parti.

En même temps, Sa Majesté envoya dire au cardinal, qui s'était arrêté à Dourlens pour attendre des nouvelles, qu'elle le priait de sortir de France, puisqu'il n'y pouvait rester sans que sa présence y occasionnât de grands troubles. Il répondit en des termes que je crois devoir transcrire ici, parce qu'ils ont été publiquement applaudis :

« Madame,

« Aussitôt que j'ai vu, par la lettre que Votre Majesté m'a fait l'honneur de m'écrire, et par ce que M. de Ruvigny a ajouté de sa part, que le service du roi et le vôtre demandaient que ma retraite de la cour fût suivie de ma sortie du royaume, j'ai souscrit très-respectueusement à l'arrêt de Votre Majesté, dont les commandements seront toujours la règle de ma vie.

« J'ai déjà dépêché un gentilhomme pour m'aller chercher quelque asile, et quoique je sois sans équipage et dénué de toutes les choses nécessaires pour un long voyage, je partirai demain sans faute, pour m'en aller droit à Sedan, et de là passer au lieu qu'on aura pu obtenir pour ma demeure. Je dois trop de déférence aux ordres de Votre Majesté pour avoir hésité le moins du monde à prendre cette résolution. Ce n'est pas, Madame, que beaucoup d'autres à ma place, avec la justice de ma cause et le nombre d'amis que je puis avoir, n'eussent trouvé des moyens pour se mettre à couvert des persécutions que je souffre ; mais je n'y veux point penser, aimant mieux contenter la haine de mes ennemis que de rien faire qui puisse préjudicier à l'Etat ou déplaire à Votre Majesté. Bien qu'en cette occasion ils aient eu le pouvoir d'empêcher Son Altesse Royale de suivre les mouvements de sa bonté naturelle, ils n'ont pas laissé de lui témoigner, contre leur intention, qu'ils avaient fort bonne opinion de ma fidélité, de mon zèle pour le bien de l'Etat et de mon entière résignation aux ordres de Votre Majesté ; car, à moins d'être entièrement persuadés que je suis inébranlable dans ces sentiments-là, ils n'auraient pas été assez peu prudents pour me pousser avec tant de violence, sans faire aucune réflexion sur la connaissance que je dois avoir des affaires les plus secrètes et les plus importantes du royaume, dont j'ai eu si longtemps le maniement, ni sur les amis que mes services et la bienveillance de Votre Majesté m'ont acquis, et qui sont assez considérables par leur nombre, par leur qualité et par la passion qu'ils m'ont témoignée en cette rencontre. Mais j'ai trop de ressentiment, Madame, des grâces que j'ai reçues de Votre Majesté, pour être capable de lui déplaire ; et quand il faudrait sacrifier ma vie, je le ferais avec plaisir pour la moindre de ses satisfactions.

« J'en aurai beaucoup dans mon malheur, si Votre Majesté a la bonté de conserver quelque souvenir des services que j'ai rendus à l'Etat, depuis que le feu roi, de glorieuse mémoire, me fit l'honneur de me confier la principale direction de ses affaires, et de prier plusieurs fois Votre Majesté, avant sa mort, de me maintenir en la même place. Je me suis acquitté de cet emploi avec la fidélité, le zèle et le désintéressement que Votre Majesté sait, et, s'il m'est bienséant de le dire, avec quelque succès, puisque toutes les personnes sensées, et les Espagnols eux-mêmes, avouent qu'ils sont moins étonnés des grandes conquêtes que les armées ont faites dans les cinq premières années de votre régence que d'avoir vu, pendant les trois dernières années, soutenir les assauts et sauver du naufrage le vaisseau de l'Etat, battu de tous côtés par la furieuse tempête que les divisions domestiques avaient excitée.

« J'eusse bien souhaité, Madame, cacher aux étrangers le mauvais traitement que je reçois, pour empêcher que le blâme n'en rejaillisse sur une nation que j'ai toujours honorée et chérie avec tant de tendresse ; mais quand ils me verront errant parmi eux, avec mes proches, pour chercher un abri, ils auront quelque sujet de s'étonner de ce qu'un cardinal qui a eu l'honneur d'être parrain du roi soit traité de cette sorte, et que vingt-deux ans d'un service fidèle ne lui aient pu acquérir une retraite sûre en quelque endroit du royaume, dont les limites ont été assez notablement étendues par ses soins.

« Je prie Dieu, Madame, que, comme ce qui m'est arrivé n'altérera jamais la passion inviolable que je conserverai jusqu'à la mort pour la prospérité de Vos Majestés et pour la grandeur de l'Etat, il daigne en faire bientôt cesser les désordres et montrer que ceux qui m'ont attaqué n'en voulaient qu'à ma personne. »

Malgré cette lettre, que la reine ne jugea pas à propos de tenir secrète, le Parlement, trouvant que le cardinal ne s'éloignait pas assez vite, rendit un décret par lequel il ordonnait de se saisir de sa personne, si on le trouvait encore sur les terres du roi, et de l'amener à la conciergerie du palais, afin qu'on le mît en jugement, comme coupable d'avoir exercé des déprédations sur les vaisseaux étrangers, dissipé les finances, transporté les deniers publics hors du royaume, empêché la paix et donné au roi de mauvais conseils. En attendant qu'il fût arrêté, tous ses biens devaient être confisqués.

Mazarin se trouva alors dans un grand embarras ; il avait tout à craindre de ses ennemis, et il souhaitait vivement leur échapper en sortant du royaume ; mais il ne trouvait de sûreté pour sa retraite ni en Suisse, ni sur le Rhin, et la présence de ses nièces, qui, comme lui, étaient obligées de quitter la France, augmentait encore les difficultés de sa fuite. Il fit prier le roi de vouloir bien écrire en sa faveur à l'électeur de Cologne, et, sans attendre la réponse de ce prince, il alla s'établir à Bruhl, petite ville peu éloignée de notre frontière.

XX.

Entrevue de Marguerite et des princes. — Le comte Étienne de Trémonts. — Divisions entre la reine et le duc d'Orléans. — Mariage de Mlle de Fierval. — Marguerite quitte l'hôtel de Condé. — Retraite de M. le prince à Saint-Maur. — Le roi l'accuse devant le Parlement. — Séance du 21 août.

Mme de Longueville, avant même de savoir que la reine lui permettait de revenir à Paris, avait envoyé Sarrasin aux Espagnols, pour remercier l'archiduc et le comte de Fuensaldague des secours qu'ils lui avaient donnés, et pour les prier de trouver bon qu'elle retournât à la cour, où elle pourrait travailler à la paix. Elle s'était engagée à ne pas séparer sa cause de la leur, jusqu'à ce que cette paix fût conclue ; aussi leur promit-elle de rentrer à Stenay, si elle ne réussissait pas à les satisfaire.

L'archiduc et le comte répondirent courtoisement qu'ils remettaient avec confiance leur intérêt entre ses mains, et la duchesse, qui d'avance était sûre de cette réponse, prit avec joie la route de Paris, où son mari et ses frères l'attendaient.

J'ignore ce qui se passa dans la première entrevue des princes et de Mme de Longueville ; car je n'y assistai pas ; mais quand nous entrâmes ensuite, Adrienne et moi, pour faire la révérence aux illustres prisonniers, sur le sort desquels nous avions tant de fois gémi, nous ne vîmes que des visages rayonnants de bonheur. M. le Prince vint à nous avec le plus aimable empressement, et, après avoir adressé quelques paroles à Mlle de Fierval, il me dit :

— Je suis sûr, mademoiselle de Trémonts, que vous avez prié pour moi.

— Oui, monseigneur, répondis-je en rougissant.

— Eh bien ! je vous en remercie, reprit-il ; vos prières et celles de ma mère ont autant contribué à notre délivrance que les courageux efforts de Mme de Longueville et de la princesse de Condé.

— Oh ! monseigneur, lui dis-je, si je pouvais le croire, j'en serais bien heureuse ; mais il ne faut pas comparer mes prières à celles de Mme la Princesse, qui était une sainte.

Je vis briller une larme dans les yeux de mon bienfaiteur ; mais il ajouta presque aussitôt en souriant :

— Que me demanderez-vous, mademoiselle, pour l'aide que vous m'avez donnée ? Ne soyez pas trop exigeante, je vous en prie ; car, si j'avais à ma disposition tout le royaume de France, j'aurais encore peine à contenter tous ceux qui m'ont servi.

— En effet, dit Mme de Longueville, les prétentions de nos amis me paraissent passablement ambitieuses. Il ne nous sera pas possible de les satisfaire tous.

— M. de Beaufort est bien heureux de n'avoir eu besoin que de ses serviteurs pour sortir de prison, ajouta gaîment M. le Prince. Mais soyez tranquille, mademoiselle de Trémonts, j'ai votre récompense toute prête.

Ah ! s'il est vrai que mes faibles prières aient aidé à la délivrance des princes, j'en suis bien récompensée par la joie de les revoir.

Pendant les jours qui suivirent notre arrivée à Paris, Mme de Longueville eut de fréquentes conférences avec monseigneur, et je crois qu'il y fut décidé que M. de Conti n'épouserait pas Mlle de Chevreuse, comme cela avait été convenu pendant la captivité des princes. Quant au mariage de Mlle d'Alençon, fille du duc d'Orléans, avec le jeune duc d'Enghien, je pense qu'il se fera ; mais on n'en a pas encore déterminé l'époque.

Hier, pendant que j'étais occupée à ranger le petit appartement que j'habite à l'hôtel de Condé ; M. le Prince me fit demander la permission de m'amener un gentilhomme qui désirait m'être présenté. Je pensai aussitôt que ce devait être M. de Bellefontaine, et je regrettai de ne pouvoir refuser ; car j'étais embarrassée de ce que je répondrais, s'il était encore une fois question de mariage. Ce fut donc avec plaisir que je vis entrer M. le Prince, suivi d'un cavalier qui m'était inconnu.

— Mademoiselle, me dit monseigneur, j'ai l'honneur de vous présenter M. le comte de Trémonts, neveu du brave gentilhomme de ce nom qui a été tué à Rocroi.

Je savais que mon père avait eu un frère aîné ; mais je le croyais mort depuis longtemps, et j'ignorais qu'il eût été marié ; car il était parti fort jeune pour le Canada et n'avait jamais donné de nouvelles. De son côté, le comte Etienne de Trémonts se croyait absolument sans famille, toutes les démarches qu'il avait faites pour retrouver le vicomte mon père étant demeurées sans résultat. Il parut enchanté d'avoir une cousine, et j'éprouve aussi de la satisfaction à me dire que cet élégant gentilhomme est mon cousin.

M. le Prince l'a rencontré, il y a quelques jours, chez Mme la princesse Palatine ; en l'entendant nommer, il s'est informé de sa famille, et s'est fait un plaisir de me l'amener. Nous avons causé longtemps ; mon cousin est aimable, il a de l'esprit et, je crois, du mérite. M. le Prince en a paru content, et, devant moi, il lui a promis sa protection. Si, comme je n'en doute pas, c'est la récompense que monseigneur me destine, il ne pouvait m'en offrir une qui me fût plus agréable.

Adrienne était avec moi, quand j'ai reçu le comte de Trémonts ;

elle l'a jugé très-favorablement ; ce qui suffirait pour me persuader que je ne me trompe pas dans la bonne opinion que j'ai de lui. Avant de me quitter, mon cousin a demandé à M. le Prince la permission de venir me voir quelquefois, et il a adressé à ma chère Fierval un compliment fort bien tourné sur le plaisir qu'il aurait toujours à la rencontrer auprès de moi.

Ce qui préoccupe le plus les esprits dans ce moment, c'est la convocation des états généraux, demandée par les uns et repoussée par les autres ; puis la majorité du roi, qui sera déclarée le 7 septembre prochain, avec beaucoup de solennité.

Il y a du froid entre la reine et le duc d'Orléans, et je doute que Sa Majesté voie M. le Prince avec plus de plaisir que Son Altesse Royale. La reine a rappelé M. de Chavigny, sans en parler à Monsieur, qui s'est plaint vivement de ce manque de confiance.

— Vous avez fait tant de choses sans moi depuis quelque temps, lui a répondu Sa Majesté, que vous ne devez pas trouver étrange de me voir suivre l'exemple que vous m'avez donné. Tant que vous avez vécu avec moi comme un frère et comme un ami, je n'ai rien fait sans prendre votre avis ; mais vos procédés ont changé les miens, et je vous assure que j'en suis fâché.

— Madame, a repris le duc d'Orléans, je n'ai que faire de me défendre. Votre Majesté a commencé à mépriser mon amitié en envoyant M. le Prince au Havre, malgré moi ; M. de Mazarin a aussi été le premier à m'offenser, et je me suis vu forcé d'agir comme je l'ai fait par le soin de mon honneur.

Quelques jours après, la reine redemanda les sceaux à M. de Châteauneuf, pour les donner au premier président, et cet acte d'autorité mit le comble à la colère de Monsieur. Ses amis lui conseillèrent de se venger de la reine et d'user de ses droits de lieutenant général du royaume, puisqu'elle usait de ses droits de régente. On parla de faire prendre les armes aux bourgeois, d'enlever le roi, d'aller chez le premier président, de lui arracher les sceaux, de le jeter par les fenêtres, s'il essayait de résister, et de faire une guerre sans merci à tous les partisans de Mazarin. M. le Prince, instruit de ce qui se préméditait, s'efforça de calmer Son Altesse Royale. Il lui assura qu'il était prêt à verser tout son sang pour lui prouver sa reconnaissance et son amitié, mais qu'il ne pouvait s'associer à des projets qui n'obtiendraient pas l'approbation des gens de bien. Il parla avec tant de conviction et d'autorité, que Monsieur s'apaisa peu à peu et revint aux sentiments que sa bonté naturelle lui inspire, lorsqu'il n'est pas conseillé par des hommes violents et ambitieux.

Mme de Longueville, qui connaissait les intentions du duc d'Orléans, s'en montra fort inquiète ; elle passa la journée et la nuit dans une agitation extraordinaire, tant elle craignait que M. le Prince ne réussît point à détourner cet orage, qui ne pouvait manquer de faire un grand nombre de victimes.

Tout en abandonnant ses projets coupables, le duc d'Orléans continua de garder rancune à la reine, jusqu'à ce qu'elle consentît à reprendre les sceaux au premier président. Les personnes les plus dévouées à Sa Majesté l'engagèrent à céder, et les amis du premier président aimèrent mieux l'abandonner que de voir la guerre civile se renouveler. La reine envoya donc chercher le nouveau garde des sceaux, et lui dit que, pour satisfaire Monsieur, elle se voyait forcée, à son grand regret, de lui reprendre la dignité qu'elle lui avait confiée. Le premier président répondit qu'il était trop heureux de pouvoir, par sa retraite, contribuer au repos de l'Etat ; il ôta aussitôt de son cou la clef des sceaux, et la remit à la reine.

Le duc d'Orléans, un peu calmé par cette concession, se rapprocha de la reine, et Sa Majesté, pour s'attacher M. le Prince, lui accorda le gouvernement de Guyenne, au lieu de celui de Bourgogne, qui fut donné au duc d'Epernon. Toutefois la reine eut beaucoup de peine à se décider à céder là-dessus à la demande de M. le Prince. On lui avait fait entendre que c'était compromettre l'autorité du roi son fils que de rendre le prince de Condé si puissant. Monseigneur, informé des hésitations d'Anne d'Autriche, lui offrit, en présence de M. de Chavigny, de lui rendre la parole qu'elle lui avait donnée, et lui assura qu'il ne voulait demander rien qui lui déplût ou qui lui donnât de l'inquiétude. Mais la reine changea d'avis, et l'on suppose que ce fut d'après les conseils du cardinal qu'elle consentit à remettre la Guyenne entre les mains de M. le Prince.

Sa Majesté ne fait rien, dit-on, sans consulter le cardinal, si bien que, du fond de sa retraite, c'est encore lui qui gouverne la France. Chacun est persuadé qu'il viendra bientôt reprendre sa place et qu'il sera plus puissant que jamais ; aussi toutes les personnes qui ont de l'ambition, et le nombre en est grand à la cour, font le voyage de Bruhl pour aller visiter M. de Mazarin et lui demander sa protection. Ses ennemis ne s'épargnent pas plus que ses amis, et je crois qu'il n'y a guère que le duc d'Orléans et M. le Prince qui ne se soucient pas de traiter avec lui. On dit que M. de Longueville et même la duchesse lui ont fait faire des compliments et des protestations d'amitié. Le cardinal reçoit bien les visites et les messages ; mais il ne laisse voir à personne le désir qu'il éprouve sans doute de revenir en France. Il souhaite seulement, dit-il, que le Parlement le justifie des accusations portées contre lui ; il ne tient ni à la fortune ni au pouvoir, mais il tient à son honneur.

M. le Prince, ayant obtenu le gouvernement de Guyenne, demanda celui de Provence pour M. de Conti, et la citadelle de Blaye pour M. de la Rochefoucauld. La reine en écrivit à M. de Mazarin, qui lui répondit de ne point céder, et de se rapprocher de M. le coadjuteur plutôt que d'acheter si cher l'amitié de M. le Prince. Sa Majesté entra donc en pourparler avec M. le coadjuteur, M. de Châteauneuf et Mme de Chevreuse, qui représentaient l'ancien parti des Frondeurs. Ce parti consentit à servir la reine, à favoriser adroitement le retour du cardinal, et à ruiner l'autorité des princes. Je ne sais comment tout ce qui fut dit et comploté contre monseigneur dans ces conférences vint à transpirer ; mais il en fut informé ; on lui assura même que ses jours étaient en danger, et ses amis le supplièrent de se tenir sur ses gardes.

M. le Prince est trop brave pour s'inquiéter sans motif ; il rassure ceux qui s'alarment pour lui ; mais, sachant bien que les dispositions de la cour ne lui sont pas favorables, il évite de s'y présenter. Il y a toujours beaucoup de monde à l'hôtel de Condé, ce qui prouve que monseigneur est de plus en plus puissant. Le comte Etienne de Trémonts ne passe pas un jour sans s'y présenter ; mais ce n'est pas le soin de sa fortune qui l'y amène, quoique beaucoup de personnes disent que ce gentilhomme est fort assidu à cultiver la faveur de M. le Prince. Ce n'est pas non plus l'amitié qu'il a pour moi qui l'attire à l'hôtel ; cependant il m'aime bien, j'en ai la certitude ; mais il aime encore mieux Adrienne. Elle lui a plu dès la première fois qu'il l'a vue ; chaque jour il lui a découvert quelque aimable qualité, et son plus grand désir est de faire de cette bonne et charmante personne la compagne de sa vie.

Il m'a fait ses confidences, en me chargeant de savoir si Mlle de Fierval consentirait à se marier, et s'il pourrait, sans crainte d'essuyer un refus, demander sa main à M. le Prince. Toute fière de me voir choisie pour négociatrice de ce mariage, qui comblerait tous mes vœux, j'ai parlé à Adrienne, et je n'ai pas oublié de lui dire combien je serais heureuse, si elle voulait devenir ma parente, après avoir été ma meilleure amie. Je n'ai pas manqué non plus de lui faire l'éloge de M. de Trémonts, qui est réellement un homme d'esprit et un homme de cœur, et je lui ai promis qu'il la rendrait la plus heureuse de toutes les femmes. Enfin, j'ai été si éloquente et si pressante, qu'elle m'a répondu :

— Puisque vous tenez tant à ce que je sois votre cousine, j'y consens, à une seule condition.

— Laquelle? lui demandai-je vivement. Si elle n'est pas impossible à remplir, vous pouvez croire que le mariage est fait : le comte Etienne ne vous refusera rien.

— Ce n'est pas du comte Etienne qu'elle dépend, mais de vous, Marguerite. Je serai plus que votre cousine, si j'épouse M. de Trémonts, puisqu'il est le chef de votre famille.

— Cela est vrai, Adrienne ; vous deviendrez en quelque sorte ma tutrice et ma mère. A ce double titre, je m'engage à vous obéir en tout.

— Et à me suivre partout, n'est-ce pas, chère enfant ?

— Oh ! de grand cœur, ma bonne Adrienne.

— Ainsi, vous ne regretteriez pas trop l'hôtel de Condé ?

— Je ne le regretterais pas. Depuis la mort de Mme la Princesse, ma chère et noble protectrice, il me semble que je n'y suis plus chez moi.

— Je n'ai pas voulu vous en faire la remarque, de peur de vous affliger, Marguerite ; mais nous ne sommes, vous et moi, que des étrangères pour la princesse Clémence ; nous ne faisons pas même partie de sa maison, et j'ai entendu, il y a quelques jours, une dame demander à M. de Vineuil à quel titre nous habitions l'hôtel. M. de Vineuil a fort bien répondu ; mais j'ai pensé que pareille question ne devait pas se renouveler, et mon intention était d'en parler à Mme de Longueville, dès qu'elle serait revenue de Trie.

— Eh bien ! chère amie, vous ne lui en parlerez pas. Quand vous serez ma cousine, vous vous arrangerez pour me donner une chambre dans votre maison. Si petite et si simple que soit cette chambre, je m'y trouverai bien, puisque j'y serai près de vous. D'ailleurs, mon Adrienne, si vous n'êtes pas riche, je le suis ; et si vous voulez être véritablement ma mère, vous ne pourrez refuser de partager ce que je dois aux bontés de monseigneur et de Mme la Princesse.

— Je vous promets d'accepter ce que vous m'offrez, si jamais je puis en avoir besoin, me répondit simplement Mlle de Fierval.

Je la quittai pour aller écrire à mon cousin, et je lui envoyai sans retard le petit billet qu'il attendait avec impatience. Il arriva deux heures après ; et comme M. le Prince était chez lui, le comte, qui s'était fait accompagner de M. de Chavigny, alla faire officiellement sa demande. M. le Prince parut étonné.

— Comment ! dit-il, c'est Mlle de Fierval que vous voulez épouser ? Je croyais que vous me demanderiez Mlle de Trémonts.

— C'est en effet Mlle de Fierval que je désire épouser, répondit Etienne ; mais je réclame aussi, monseigneur, la permission d'emmener ma cousine ; et si Votre Altesse me la refusait, elle mettrait à mon bonheur un obstacle insurmontable.

Le comte redit à M. le Prince ce qui avait été convenu entre Adrienne et moi.

— Ainsi, dit monseigneur, ce sera vous qui deviendrez le tuteur de ma chère pupille. Elle ne perdra pas au change ; car je n'ai guère le loisir de m'occuper d'elle, et Mme de Longueville la néglige un peu depuis quelque temps. Quand vous lui trouverez un bon mari, je me charge de sa dot ; et comme Mlle de Fierval a été fort aimée de ma mère, vous lui remettrez ce pli de ma part : ce sera son cadeau de noces.

Le comte Etienne accourut chez moi, en sortant de chez M. le Prince. Il était si joyeux, qu'il ne put retenir ses larmes, lorsqu'il m'embrassa pour me remercier de l'avoir si bien servi. Il me raconta ce que lui avait dit Son Altesse ; et comme Adrienne était sortie pour aller voir la mère Agnès aux Carmélites, il me laissa le parchemin que lui avait remis M. le Prince.

— Je reviendrai ce soir, me dit-il, et je m'entendrai avec Son Altesse pour que mon mariage soit célébré le plus tôt possible.

— Avez-vous donc peur, lui demandai-je, que Mlle de Fierval ne vous reprenne son consentement ?

— Non, ma cousine, répondit-il ; mais il se passe tant de choses, il se noue tant d'intrigues depuis quelque temps, on entend parler de tant de projets qui se contredisent, qu'on ne peut compter sur rien, et que je dois me hâter de terminer une si grande et si importante affaire.

— Mais, répliquai-je, toutes ces intrigues, tous ces projets dont vous parlez ne nous concernent point.

— Oh ! sans doute, reprit-il, nous sommes trop obscurs pour qu'on s'occupe de nous en haut lieu ; mais ils concernent peut-être notre protecteur. Je dis *notre*, ma cousine, parce que M. le Prince m'ayant accordé la main de Mlle de Fierval, je le regarde comme mon père et mon bienfaiteur.

— Ainsi, vous croyez, monsieur de Trémonts, que Son Altesse a beaucoup d'ennemis ?

— Et des ennemis très-violents, très-passionnés, je vous l'affirme.

— Ne feriez-vous pas bien de l'en prévenir ?

— D'autres que moi l'ont fait, ma cousine, et ils le font encore tous les jours. Je crois que M. le Prince est sur ses gardes.

— Deux avis valent mieux qu'un, monsieur le comte. Promettez-moi de tout écouter, de tâcher de découvrir quel péril peut menacer monseigneur ; et si vous ne voulez pas vous charger de l'en informer, vous le direz soit à Mlle de Fierval, soit à moi.

M. de Trémonts sortit, après avoir pris l'engagement que je lui demandais. A peine était-il au bout de la rue, qu'Adrienne rentra. Je regrettai de ne pouvoir le rappeler ; car je l'aime assez pour vouloir lui faire plaisir, et j'avais remarqué qu'il ne s'en allait pas de bon cœur. Je remis à ma chère Fierval le parchemin que M. le Prince avait donné au comte, et je la pressai de l'ouvrir. C'était un brevet de capitaine au régiment de Condé. Je courus à la fenêtre. Si j'avais pu apercevoir encore le comte Etienne, bien certainement je l'aurais rappelé ; mais il devait être déjà loin, et je me vis forcée, bien malgré moi, d'attendre au soir pour lui annoncer cette bonne nouvelle.

Il n'y avait encore que deux ou trois personnes au salon, quand il y arriva ; mais j'étais sûre qu'il ne se ferait pas attendre, et je lui fis remettre le brevet, afin qu'il pût remercier Son Altesse aussitôt qu'il l'apercevrait ; car je savais que s'il attendait trop tard, M. le Prince serait trop entouré pour qu'il pût lui parler librement. Tout se passa comme je l'avais prévu, et ce soir-là, monseigneur annonça que le mariage de M. le comte de Trémonts et de Mlle de Fierval aurait lieu le 2 juillet.

Nous étions au 25 juin ; il nous restait sept jours pour faire nos préparatifs. Ce n'était pas trop, mais c'était assez, parce que ma chère Adrienne voulait se marier sans éclat, et que M. de Trémonts occupait déjà, dans un quartier retiré, une maison dans laquelle nous pouvions facilement trouver place tous les trois.

Mme de Longueville fit cadeau à la mariée d'une montre enrichie de diamants, et Mme la Princesse la pria d'accepter un fort beau bracelet. Cette noble dame me fit l'honneur de me dire qu'elle me voyait avec peine quitter l'hôtel de Condé, et elle me demanda de garder, en souvenir d'elle, un riche médaillon renfermant une parcelle de la vraie croix.

Cette précieuse relique et la manière dont Mme la Princesse me l'offrit me causèrent une joie extrême. Je ne pus m'empêcher de la laisser voir, et M. le Prince en parut très-satisfait.

Le mariage se fit de grand matin à l'église Saint-Thomas du Louvre, et, après le dîner, qui eut lieu à l'hôtel de Longueville, et dont la duchesse fit les honneurs avec sa grâce accoutumée, Mme de Trémonts, ma bien-aimée cousine, prit possession de sa maison. Un joli appartement y avait été préparé pour moi, et le comte Etienne avait si bien donné ses ordres, que j'y trouvai tout le mobilier de la chambre et du petit salon que j'occupais à l'hôtel de Condé. J'y trouvai en outre, par les soins de Mme de Longueville, le beau portrait de M. le Prince que m'a légué Mme la Princesse douairière, et qui jusque-là était resté à Chantilly. A ce portrait en était joint un autre destiné à la nouvelle comtesse. C'était une copie du mien. Mme de Longueville l'avait fait faire, parce qu'elle se rappelait que j'en avais promis une à

Adrienne, et que toutes sortes d'événements m'avaient empêchée de tenir ma parole.

Cette attention si délicate fut vivement appréciée de ma bien-aimée cousine, et j'y fus aussi très-sensible ; mais il faut que je dise qu'en me reconnaissant dans ce cadre que je vis déballer, je passai un bien pénible moment. L'idée me vint que c'était le portrait fait par M. d'Egmont pour Mme la Princesse, et que personne ne tenant plus à le conserver, on l'envoyait à Adrienne. Ce procédé eût suffi pour m'ôter tout le plaisir de mon installation chez le comte ; mais comme un mot de notre chère duchesse apprit à ma cousine que le portrait de Marguerite de Trémonts restait à l'hôtel de Longueville, je me trouvai heureuse, mille fois heureuse de commencer la vie de famille, dont je me rappelais à peine avoir goûté les douceurs.

Ma joie ne tarda guère à être troublée. Quatre jours après son mariage, le comte Etienne rentra soucieux et nous apprit que M. le Prince venait de se retirer, avec tous les siens, dans sa maison de Saint-Maur, parce qu'il avait appris qu'on en voulait à sa liberté et peut-être à sa vie. Ses amis le lui disaient depuis longtemps ; mais la veille au soir, on vint l'avertir que plusieurs compagnies des gardes se dirigeaient vers l'hôtel de Condé. M. le Prince chargea quelques-uns de ses serviteurs d'aller s'assurer de ce fait ; et comme on vint le lui confirmer, il commanda aussitôt ses carrosses et partit pour Saint-Maur, accompagné de Mme la Princesse, sa femme, du duc d'Enghien, du prince de Conti et de Mme de Longueville.

Le lendemain, M. le Prince envoya le duc de la Rochefoucauld vers la reine, qui était déjà instruite du départ de Son Altesse, avec mission de dire à Sa Majesté qu'il s'était retiré à Saint-Maur, parce qu'il n'y avait pas de sûreté pour lui à Paris, et qu'il n'y en aurait pas tant que les Mazarins et les Frondeurs seraient les maîtres à la cour. La reine répondit que M. de Condé n'avait absolument rien à craindre, et elle chargea le maréchal de Grammont d'aller le lui répéter de sa part.

M. de la Rochefoucauld alla aussi voir le duc d'Orléans, pour lui rendre compte des motifs qui avaient décidé M. le Prince à sortir de Paris, sans prendre le temps d'aller saluer Son Altesse Royale et l'assurer de son respect, de son affection et de sa reconnaissance.

Le maréchal de Grammont alla ce jour même voir M. le Prince à Saint-Maur. Il lui dit que les troupes dont la présence avait éveillé ses soupçons avaient été placées là par un capitaine du régiment des gardes, qui voulait faire entrer une provision de vin sans acquitter l'impôt; il ajouta que la reine engageait Son Altesse à revenir à Paris, et lui promettait une entière sûreté. M. le Prince répondit qu'ayant déjà été trompé par Sa Majesté, il hésitait à se fier à sa parole; que jamais la reine ne l'avait mieux traité que peu d'instants avant de le faire arrêter, qu'il la priait donc de trouver bon qu'il demeurât loin de la cour, tant que ses ennemis y auraient du crédit.

Au retour de M. de Grammont, la reine manda Messieurs du Parlement, avant que M. de Conti, qui devait assister à leur séance du lendemain, leur adressât les plaintes de M. le Prince. Non-seulement M. de Conti prit la parole au nom de son frère, mais M. le Prince écrivit au Parlement une lettre dont on fit publiquement la lecture, et dont le comte de Trémonts me remit une copie.

« Messieurs, disait cette lettre, l'estime que j'ai toujours faite de votre compagnie, de sa justice, de son zèle pour le bien de l'Etat, et la protection que vous avez donnée à mon innocence pendant ma prison, m'obligent à vous informer des sujets qui m'ont porté à me retirer de Paris dans ma maison de Saint-Maur. Pour empêcher que les calomnies et les artifices de mes ennemis ne fassent quelque impression sur vos esprits, je vous dirai donc, Messieurs, qu'après le grand nombre d'avis qui m'ont été donnés des mauvais desseins que l'on avait contre moi, des bruits que l'on semait dans le public pour rendre ma conduite suspecte au roi et odieuse à tout le monde, j'ai été contraint de m'abstenir de rendre mes respects à Leurs Majestés, et d'assister à leurs conseils aussi souvent que je l'aurais souhaité. J'ai attendu, comme chacun le sait, la meilleure sûreté de M. le duc d'Orléans, espérant que Son Altesse Royale dissiperait les défiances que mes ennemis auraient pu donner de moi à la reine, et rétablirait enfin dans la maison royale la confiance et l'union tant désirée et si nécessaire à l'Etat, et que Son Altesse Royale et moi nous avons toujours recherchée depuis ma liberté, comme il était de notre devoir. Mais voyant que les soins de Son Altesse Royale n'ont pu produire l'effet que j'espérais d'une entremise aussi considérable, outre plusieurs avis d'entreprises contre ma personne, les divers voyages faits à Cologne, et particulièrement celui de M. de Mercœur, pendant que vous renouvelez vos défenses, les mauvais effets de ce commerce, les négociations de Sedan, ce qui s'est passé à Brisach, et enfin toutes les affaires suspendues à la cour, jusqu'à ce qu'on ait reçu les dernières résolutions du cardinal Mazarin, le crédit extraordinaire de ses créatures engagées à ma perte, lesquelles ont déjà été nommées dans la compagnie, j'ai cru devoir, non-seulement pour la sûreté de ma personne, mais aussi pour celle de l'Etat, me mettre à couvert des accidents que j'ai déjà éprouvés, dont les suites ne pourraient être que funestes à la France ; car elle ne souffrirait non plus que l'année passée, qu'un prince qui a eu l'honneur de rendre des services aussi avantageux au roi et à l'Etat, et qui n'a pas eu la moindre pensée, comme il proteste de n'en avoir jamais, contre le service du roi et le bien public, fût encore une fois opprimé pour les intérêts et par les conseils du cardinal Mazarin, parce qu'il n'a jamais voulu consentir à son retour. Je n'ajouterai rien, si ce n'est la protestation que je vous fais, et qui est la même que j'ai donné charge de faire à la reine, que je n'ai aucune prétention ni pour moi ni pour mes amis, et que, quand on pourra s'assurer que le cardinal Mazarin sera hors de toute espérance de retour, et que l'éloignement de ses créatures me rendra la sûreté, je ne manquerai pas de me rendre auprès de Leurs Majestés, pour continuer mes soins au service du roi et de l'Etat. »

Le Parlement apprit avec regret la retraite de M. le Prince ; il pria le duc d'Orléans de travailler à dissiper les craintes de Son Altesse, et il déclara que cette affaire était des plus importantes ; car elle pouvait amener une guerre civile. M. de Conti protesta de toutes ses forces des bonnes intentions de son frère ; le duc d'Orléans soutint aussi M. le Prince, et le Parlement résolut d'aller en corps trouver la reine pour lui adresser de respectueuses remontrances sur la retraite de M. de Condé, et la supplier, pour empêcher de nouvelles dissensions, d'éloigner du gouvernement MM. de Servien, de Lyonne et Letellier.

La reine y consentit, et quelques jours après avoir quitté Paris, M. le Prince y rentra. Il se rendit au Parlement ; mais il ne se pressa pas d'aller voir Leurs Majestés. Il fallut que le duc d'Orléans l'y entraînât presque malgré lui ; et après cette courte visite, il n'y retourna plus.

M. de Trémonts nous conduisit, sa femme et moi, à l'hôtel de Condé ; car ni lui ni Adrienne n'avaient encore remercié Son Altesse d'avoir daigné assister à leur mariage. Monseigneur témoigna beaucoup de plaisir à nous voir ; il me demanda si je me plaisais dans la maison de ma cousine ; et sur ma réponse affirmative, il dit d'un air tout pensif :

— Vous êtes heureuse, mademoiselle de Trémonts ; vous êtes heureux tous les trois, mes amis, et j'envie sincèrement votre sort. Vous n'êtes pas princes, vous n'avez pas d'ennemis, et le devoir vous est facile, tandis que moi je ne sais souvent ce que je dois faire, ni même ce que je dois désirer.

M. le Prince nous dit cela si tristement, je le trouvai si préoccupé, si abattu, que j'en éprouvai de la peine. Je ne sais s'il s'en aperçut ou s'il eut regret d'avoir laissé deviner ses inquiétudes et ses ennuis ; mais il reprit aussitôt son air enjoué, pour nous inviter à aller passer quelques jours à Chantilly, où il compte aller se reposer dans le mois d'août.

J'aurais du plaisir à revoir encore mon bien-aimé Chantilly ; mais je crois que nous n'irons pas. La nouvelle comtesse de Trémonts serait obligée d'y paraître avec un certain luxe de toilette, qui ne convient ni à ses goûts ni à sa modeste fortune. Adrienne ne m'a pas dit cela ; elle m'a même offert le plus gracieusement du monde d'accepter l'invitation de M. le Prince ; mais je sais qu'elle le ferait uniquement pour moi, et je ne veux pas lui causer la moindre contrariété.

Je crois que le séjour de Chantilly ne sera pas très-agréable aux invités de M. le Prince. D'abord ni Mme la Princesse ni Mme de Longueville n'en feront les honneurs ; car Son Altesse les a envoyées à Montrond avec le duc d'Enghien. Puis M. le Prince lui-même ne sera guère disposé à s'occuper des plaisirs de ses hôtes. Il a bien autre chose à faire ; car le roi vient d'adresser contre lui au Parlement une plainte dans laquelle Sa Majesté l'accuse, entre autres griefs, d'avoir des intelligences avec les ennemis de l'Etat, de lever des troupes assez nombreuses pour former une armée, de fortifier ses places, de laisser les gens de guerre ruiner la Picardie et la Champagne, enfin de semer dans Paris des bruits défavorables à l'autorité royale, et de ne pas rendre à Leurs Majestés les respects qui leur sont dus.

M. le Prince s'est rendu au Parlement pour se justifier ; il y a, dit-on, fort bien parlé ; il a ensuite publié un écrit que je regrette de ne pouvoir transcrire, et dans lequel il répond victorieusement à tous les faits allégués contre lui. Il s'indigne surtout de ce qu'on l'accuse d'avoir des intelligences avec les Espagnols ; il en demande réparation, comme du plus grand outrage qui puisse être fait à son rang et à sa dignité de prince du sang ; il supplie le Parlement d'obtenir de Sa Majesté le nom des auteurs de cette calomnie, et il demande qu'on les châtie ou qu'on le punisse lui-même, s'il a été assez coupable pour oublier la fidélité qu'il doit au roi et à l'Etat.

Le duc d'Orléans a donné à M. le Prince une déclaration qui

établit complétement son innocence, et le Parlement s'occupe de cette affaire, au milieu du bruit et des cabales des deux partis. M. le Prince a beaucoup d'amis et de serviteurs qui l'accompagnent partout, autant pour lui faire honneur que pour le mettre à l'abri de tout ce qui pourrait être tramé contre lui. D'un autre côté, les Frondeurs recrutent aussi des partisans, dont ils se font suivre, afin d'égaler le cortége de M. le Prince, et c'est comme par miracle qu'il n'y a pas eu de sang versé dans la séance du 21 août. La grand'salle s'étant trouvée pleine de gens armés, le duc de la Rochefoucauld et M. de Gondy sortirent pour leur ordonner de se retirer; mais au moment où ce dernier voulait rentrer, M. de la Rochefoucauld, qui le regarde comme le plus terrible ennemi de M. le Prince, lui ferma vivement la porte. M. le coadjuteur fit de si grands efforts pour l'ouvrir, qu'elle céda à moitié. M. de la Rochefoucauld la repoussa, si bien que M. de Gondy resta dans cette ouverture sans pouvoir ni avancer ni reculer. M. le coadjuteur demeura longtemps dans cette position, rendue plus pénible encore par le bruit et les menaces des gens armés, qui pouvaient l'assaillir par derrière. Il fallut que le premier président, averti par les cris des Frondeurs, vînt lui-même dégager M. de Retz.

Celui-ci, ayant repris sa place au Parlement, se plaignit du traitement qui venait de lui être infligé et reprocha au duc d'avoir voulu l'assassiner. M. de la Rochefoucauld répondit que ce n'eût pas été grand dommage, et M. de Brissac, parent de M. de Gondy, releva cette réponse; mais le coadjuteur imposa silence au duc de Brissac et dit à M. de la Rochefoucauld :

— Mon ami la Franchise (c'est le surnom donné à ce gentilhomme pendant la guerre de la Fronde), vous êtes un peu poltron; moi, je suis prêtre; donc nous ne nous ferons pas grand mal ni l'un ni l'autre.

Le lendemain, le Parlement décida que les écrits du duc d'Orléans et de M. le Prince seraient portés à la reine, et que Sa

Majesté serait suppliée de rétablir la paix dans la maison royale, afin d'éviter les maux que de telles divisions causeraient certainement à la France.

Le duc d'Orléans conseilla à la reine de répondre au Parlement qu'elle croirait volontiers à l'innocence de M. le Prince, et que s'il envoyait ses troupes à l'armée, s'il faisait sortir les Espagnols de Stenay, et s'il témoignait désirer ses bonnes grâces et celles du roi, il serait reçu de Leurs Majestés avec une sincère amitié.

Mais pendant qu'on travaillait à cet accord, un traité perdu sur le chemin de Cologne par un courrier appartenant au marquis de Noirmoutiers prouva que le cardinal Mazarin, le garde des sceaux, le coadjuteur et la duchesse de Chevreuse, s'entendaient pour ruiner le crédit de M. le Prince, ou du moins pour l'éloigner de la cour, afin que le rétablissement du cardinal pût s'effectuer sans obstacles sérieux.

XXI.

Majorité du roi. — M. le Prince part pour Bordeaux. — Guerre civile. — Retour du cardinal. — Mademoiselle à Orléans.

Le roi a été déclaré majeur le 7 septembre, et il a tenu solennellement son lit de justice en la chambre du Parlement.

La veille au soir, le marquis de Gesvres, capitaine des gardes du corps, le grand maître et le maître des cérémonies, accompagnés du lieutenant des gardes et de plusieurs exempts, visitèrent tout le palais et les prisons, en prirent les clefs et y restèrent, pour faire les préparatifs nécessaires à la solennité.

Le 7, au matin, M. de Rhodes, grand maître des cérémonies, alla dire au roi, dans sa chambre, que la reine venait le voir, suivie du duc d'Anjou, du duc d'Orléans, et d'un grand nombre de dames et de seigneurs.

Louis XIV envoya recevoir cette illustre compagnie par le duc de Joyeuse et le marquis de Soubré, et lui-même, s'avançant jusqu'à la balustrade de son lit, embrassa la reine, qui lui fit un compliment très-court. Le roi donna ensuite l'ordre de monter à cheval, et, se tenant au balcon avec la reine et le duc d'Anjou, il regarda cette somptueuse cour défiler, trompettes en tête, à la suite de la compagnie des guides, couverte des livrées de Sa Majesté.

Derrière la noblesse, représentée par sept à huit cents gentilshommes très-bien équipés et montés, venaient, en bel ordre, les chevau-légers de la reine, conduits par le chevalier de Saint-Mesgrin, lequel était vêtu d'un habit tout couvert de broderies d'or et d'argent, et monté sur un magnifique cheval blanc, dont les crins étaient garnis de rubans et la housse enrichie de broderies semblables à celles de l'habit du chevalier.

Les chevau-légers du roi, commandés par le comte d'Olonne, suivaient ceux de la reine, et l'on admirait leur bonne mine, leur riche uniforme, dans lequel on ne voyait qu'or et argent, leurs grands et beaux chevaux, leurs trompettes vêtus de velours bleu chamarré de broderies, le baudrier du comte d'Olonne, garni de perles fines, ainsi que les plumes blanches, feuille morte et couleur de feu, qui relevaient encore sa tenue élégante et martiale.

Le grand prévôt, monté sur un cheval magnifique, était suivi de sa compagnie à pied. Celle des Cent-Suisses venait immédiatement après, conduite par le lieutenant français de Sainte-Marie et par le lieutenant suisse Diespach, vêtu à la mode de son pays, d'un habit de satin couleur de feu et d'un manteau recouvert de dentelles d'or et d'argent. Il portait des bas de soie couleur de feu ; ses jarretières et les rosettes de ses souliers étaient d'or et d'argent ; son haut-de-chausses de satin avait des bouffantes de brocatelle ; sa chaîne d'or, à laquelle pendait une grande médaille, faisait plusieurs fois le tour de son cou ; sa toque de velours noir avait une aigrette de héron retenue par une agrafe de diamants, et son cheval barbe, tout empanaché, portait une housse de velours feu, couverte d'une dentelle d'or et d'argent, ainsi que des houppes de soie et des glands d'or attachés à ses crins. Autour de ce lieutenant se groupaient douze petits Suisses, portant gracieusement la hallebarde, et se tenant si fièrement dans leurs jolis uniformes, qu'ils excitaient partout, sur leur passage, les applaudissements de la foule.

Les gouverneurs des provinces et des places, les officiers de la maison du roi, les chevaliers de l'ordre, les premiers gentilshommes de la chambre, tous splendidement vêtus et parfaitement montés, étaient suivis de six trompettes, habillés de velours bleu, et de six hérauts à cheval, revêtus de leurs cottes d'armes de velours cramoisi, semé de fleurs de lis d'or, leur caducée en main et leurs toques de velours en tête.

Le maître des cérémonies et le marquis de la Meilleraie, grand maître de l'artillerie, précédaient les maréchaux de France, marchant deux à deux, tous richement vêtus et montés sur de grands chevaux, dont les housses étaient chargées d'or et d'argent.

Derrière eux, venait seul le comte d'Harcourt, grand écuyer de France, portant en écharpe l'épée du roi, attachée à son baudrier, et qu'il relevait sur son bras, dans un fourreau de velours bleu, semé de fleurs de lis d'or. Il était vêtu d'un pourpoint de toile d'or et d'argent, et d'un haut-de-chausses plein de broderies semblables, monté sur un cheval de bataille gris-pommelé, en housse de velours cramoisi, garnie de passements d'or, à points d'Espagne, ayant, au lieu de rênes, deux écharpes de taffetas noir.

Les pages et les valets de pied, en grand nombre, vêtus de neuf, avec force plumes blanches, bleues et rouges, la tête nue, suivaient ce comte, devant les gardes du corps à pied, le portemanteau, les huissiers et les massiers.

Alors paraissait le roi, dont l'auguste contenance et la douce gravité attiraient les cœurs en même temps que les regards. Il était vêtu d'un habit tellement couvert de broderies d'or et d'argent, qu'on n'en pouvait distinguer ni l'étoffe ni la couleur. Il semblait être de si haute stature, qu'on ne pouvait croire qu'il n'eût que quatorze ans. Cela fit qu'un jeune seigneur, du même âge que Sa Majesté, mais beaucoup plus petit que lui, fut salué des cris de vive le roi ! Mais aussitôt qu'on aperçut Louis XIV, maîtrisant avec adresse son cheval barbe, qui faisait des sauts et des courbettes, chacun le reconnut sans hésitation.

Les écuyers du roi marchaient à sa droite et à sa gauche, entourés par les exempts des gardes, rangés sur deux lignes ; puis les gardes écossais, avec leurs lieutenants, tous à pied.

Près de Sa Majesté se tenaient le maréchal de Villeroi, son gouverneur, puis son grand chambellan, son premier écuyer, et les capitaines de ses gardes.

Les princes suivaient en grand nombre ; les ducs, les pairs, marchant en groupes, fermaient cette magnifique cavalcade, derrière laquelle venaient les Suisses de la reine, ses pages, ses valets de pied, son chevalier d'honneur et son premier écuyer.

Dans le carrosse de la reine se trouvaient Monsieur, frère unique du roi, le duc d'Orléans, la princesse de Carignan, et plusieurs personnes de haute naissance. Il était entouré des gendarmes du roi, de ceux de la reine, et suivi des carrosses des filles d'honneur et des autres dames de la cour. Il est inutile de dire que toutes ces belles dames s'étaient surpassées pour le choix et la richesse de leurs ajustements.

Sur tout le parcours du cortège, on avait élevé des amphithéâtres, qui montaient jusqu'au second étage des maisons, et ces gradins étaient remplis d'une foule de spectateurs, dont les brillantes toilettes formaient un coup d'œil des plus agréables. Toutes les fenêtres étaient garnies ; il y avait des curieux jusque sur les toits, et cette immense multitude saluait le roi des acclamations les plus enthousiastes.

Sa Majesté fut reçue à l'entrée de la Sainte-Chapelle par l'évêque de Bayeux, revêtu de ses habits pontificaux et accompagné de son clergé. Le prélat adressa au roi une docte harangue et le conduisit au chœur, où il entendit une messe basse, célébrée par un de ses chapelains.

Après la messe, quatre présidents et six conseillers de la cour vinrent au-devant de Sa Majesté, qui se rendit au Parlement, précédée des Cent-Suisses, tambours battant et trompettes sonnantes. Le roi prit place sur son lit de justice; la reine s'assit à sa droite, avec Monsieur, le duc d'Orléans, le prince de Conti, les ducs, les maréchaux de France et le grand maître de l'artillerie. Les évêques, pairs du royaume, se placèrent à la gauche du roi, et à ses pieds son grand chambellan, ses capitaines des gardes et plusieurs officiers de sa maison.

Le chancelier de France, qui, en attendant l'arrivée de Sa Majesté, s'était assis au-dessus de tous les présidents, prit alors place à l'angle du lit de justice, et le prévôt de Paris sur la première marche de l'estrade.

Quand le silence fut établi, le roi, assis et couvert, dit à haute voix :

— Messieurs, je suis venu en mon Parlement pour vous dire que, suivant la loi de mon Etat, j'en veux prendre moi-même le gouvernement, et j'espère de la bonté de Dieu que ce sera avec piété et justice. Mon chancelier vous dira plus particulièrement mes intentions.

D'après cet ordre, le chancelier, qui avait reçu le roi debout, reprit son siége et fit un long discours sur les paroles de Sa Majesté.

La reine, ensuite, s'inclinant un peu vers Louis XIV, lui dit :

— Monsieur, voici la neuvième année que, par la volonté dernière du défunt roi, mon très-honoré seigneur, j'ai pris le soin de votre éducation et du gouvernement de votre Etat. Dieu ayant, par sa bonté, donné bénédiction à mon travail et conservé votre personne, qui m'est si chère et si précieuse, ainsi qu'à tous vos sujets, à présent que la loi du royaume vous appelle au gouvernement de cette monarchie, je vous remets, avec grande satisfaction, la puissance qui m'avait été donnée pour la gouverner, et j'espère que Dieu vous fera la grâce de vous assister de son esprit de force et de prudence, pour rendre votre règne heureux.

— Madame, répondit le roi, je vous remercie du soin qu'il vous a plu de prendre de mon éducation et de l'administration de mon royaume. Je vous prie de continuer à me donner vos bons avis, et je désire qu'après moi vous soyez le chef de mon conseil.

A ces mots, la reine se leva de son siége et s'approcha pour saluer le roi ; mais Louis XIV, descendant de son lit de justice, vint à elle et l'embrassa ; puis chacun d'eux s'en retourna à sa place. Le duc d'Anjou fléchit ensuite le genou devant le roi son frère, et, lui baisant la main, il l'assura de sa fidélité. Le duc d'Orléans en fit autant, mais avec une humilité plus profonde ; puis ce fut le tour du prince de Conti, des autres princes, du chancelier, des ducs et pairs, des maréchaux de France et des officiers de la couronne. Enfin, tous ceux qui assistaient à cette cérémonie se levèrent en même temps et s'inclinèrent pour rendre hommage au roi.

Le premier président, debout et tête nue, prit la parole et loua, dans un éloquent discours, la sage administration de la reine ; il dit que, pour gouverner son peuple avec piété et justice, le roi n'avait qu'à suivre l'exemple que lui avait donné cette auguste princesse.

Après ce discours, le greffier du Parlement donna lecture d'un édit rendu par le roi contre les blasphémateurs et d'une déclaration par laquelle M. le Prince était reconnu innocent de toutes les accusations portées contre lui.

Alors, le chancelier ordonna que les portes fussent ouvertes et qu'on laissât entrer le peuple ; et quand la foule se fut rassasiée de voir le roi, Sa Majesté monta en carrosse pour retourner au Palais-Royal, avec tout son cortége, au milieu d'applaudissements toujours croissants, au bruit des canons de la Bastille et de ceux de la ville.

Les cris de joie durèrent toute la journée et se prolongèrent fort avant dans la nuit. Toutes les fenêtres étaient éclairées, des feux étaient allumés sur toutes les places, dans toutes les rues ;

et la foule y circulait plus bruyante et plus animée qu'en plein jour.

En voyant défiler de ma fenêtre la magnifique cavalcade dont j'ai donné le détail, je n'avais pas aperçu M. le Prince ; mais je pensais que, malgré toute l'attention que j'avais mise à le chercher, j'avais pu ne pas le remarquer et je désirais de tout mon cœur qu'il en fût ainsi. Adrienne me disait qu'elle croyait l'avoir reconnu près de M. de Conti ; mais quand M. de Trémonts revint du palais, où il était allé, comme la plupart des gentilshommes alors présents à Paris, il nous dit que chacun s'était étonné de ne pas avoir vu Son Altesse venir rendre hommage au roi immédiatement après le duc d'Orléans.

On avait cependant attribué cette absence à ce que M. le Prince ignorait sans doute que son innocence dût être proclamée devant cette illustre assemblée, et que, se trouvant sous le poids d'accusations aussi graves que fausses, il n'avait pas cru devoir se présenter devant son souverain. Mais les jours suivants, M. le Prince ne revint pas, et bientôt on apprit qu'il avait quitté Paris dans la nuit du 7 au 8, c'est-à-dire peu d'heures avant la déclaration de la majorité du roi, et tout de suite on supposa qu'il s'était éloigné pour ne pas lui prêter serment de fidélité.

M. le Prince alla d'abord à Trie, pour voir M. de Longueville, qui, vieux et cassé, ne parut pas prendre beaucoup de part à ses ressentiments ni à ses projets. Il revint à Essonnes, où il trouva les ducs de Nemours et de la Rochefoucauld, ses zélés partisans ; puis il s'arrêta tout un jour à Angerville-la-Rivière, pour y attendre un message du duc d'Orléans, qui s'était chargé de le raccommoder avec la cour. Un accident arrivé au courrier de Son Altesse Royale l'empêcha de rejoindre M. le Prince à Angerville, comme la chose avait été convenue. Monseigneur partit le lendemain pour Bourges, où M. de Croissy alla le trouver de la part de la reine et du nouveau ministre, M. de Châteauneuf, pour lui dire que s'il consentait à se tenir tranquille en Guyenne jusqu'à la convocation des états généraux, on lui donnerait de bons quartiers pour ses troupes. Mais M. le Prince n'a pas grande confiance aux promesses de la reine et il n'aime pas M. de Châteauneuf ; aussi, MM. de la Rochefoucauld et de Nemours lui ayant conseillé de ne pas croire à ces paroles, il continua sa route jusqu'à Montrond, où était alors Mme de Longueville.

Je ne sais quels motifs fit valoir la duchesse ; mais elle décida son frère à laisser partir sans réponse l'envoyé de Sa Majesté. Mme la Princesse et le duc d'Enghien restèrent à Montrond ; M. de Conti et Mme de Longueville allèrent à Bourges, et M. le Prince se rendit à Bordeaux avec MM. de Nemours et de la Rochefoucauld. Il y fut reçu avec une allégresse incomparable, car l'esprit de rébellion n'était pas éteint parmi les Bordelais, et, pour leur complaire, il en chassa le premier président, qui était tout dévoué au roi.

Ces nouvelles, qui nous arrivèrent par la rumeur publique, m'effrayèrent beaucoup et me causèrent un grand chagrin. J'avais compris la révolte de Mme de Longueville et de Mme la princesse Clémence, et, sans pouvoir l'excuser complétement, je me disait qu'elle était dirigée, non pas contre la régente, mais contre le cardinal Mazarin, qui avait abusé de son autorité en faisant arrêter les princes et en les retenant prisonniers sans qu'aucun jugement eût été rendu contre eux. Mais cette fois, rien de pareil n'avait eu lieu : les princes étaient libres et M. de Condé avait été reconnu innocent de toutes les imputations de ses ennemis. Il pouvait leur garder rancune et se sentir blessé de ce que le roi eût trop facilement accueilli leurs calomnies ; mais il y a loin de là à une révolte ouverte contre son souverain.

Quoique ces bruits prissent chaque jour plus de consistance, je ne voulais pas encore y ajouter foi, quand une lettre écrite par le secrétaire de M. le Prince vint m'enlever les doutes auxquels je m'arrêtais avec tant de complaisance. Cette lettre, adressée à

M. de Trémonts, l'invitait à se rendre au poste que lui assignait son grade de capitaine au régiment de Condé. Elle ajoutait que Son Altesse, ayant besoin du dévouement de tous ses amis, comptait en particulier sur celui du comte de Trémonts, à qui elle avait voué la plus haute estime.

On ne peut se figurer la consternation dans laquelle nous jeta cette missive. Mon cousin et moi, nous devons tout aux bontés de M. le Prince, et Adrienne lui est fort attachée, en souvenir de Mme la Princesse, sa mère; mais nous sentions tous les trois qu'il n'y a ni reconnaissance ni affection qui puissent délier un gentilhomme de la fidélité qu'il doit au roi. Nous n'osions nous parler, et nous nous demandions, à part nous, quelle réponse il convenait de faire à M. le Prince. J'avoue qu'après y avoir un peu réfléchi, je me dis que les officiers de Son Altesse n'avaient pas le droit de juger de ses griefs contre la cour, et que leur devoir se bornait à lui obéir, puisqu'il est leur chef.

Le premier moment de surprise passé, je me hasardai à faire connaître cette opinion à mes chers amis. M. de Trémonts se récria, et me dit même assez sévèrement qu'il ne reconnaissait point en moi la fille du vicomte son oncle, dont on lui avait vanté tant de fois le désintéressement et la loyauté.

— Quel est donc votre avis, mon cousin? lui demandai-je avec un peu d'émotion; car je devinais ce qu'il allait me répondre.

— Mon avis, dit-il, est de renvoyer à monseigneur le brevet qu'il m'a donné, et de lui dire que je ne puis rien accepter d'un prince qui s'unit aux étrangers pour faire la guerre à son pays.

Je ne trouvai pas un mot à répliquer, et je me mis à pleurer en silence.

— Ne voyez-vous pas, monsieur le comte, dit Adrienne en m'embrassant, combien vous faites de peine à cette pauvre enfant?

— C'est bien malgré moi, madame, reprit M. de Trémonts; mais vous-même, croyez-vous qu'il y ait quelque autre réponse à faire à l'ordre que je reçois ? Parlez, je vous en prie, ajouta-t-il en voyant l'hésitation d'Adrienne. J'ai déjà remarqué que vous êtes de bon conseil, et je ne suis pas de ces maris qui s'imaginent avoir toujours raison.

— Monsieur le comte, dit Adrienne, vous êtes meilleur juge que moi dans les questions qui touchent à l'honneur d'un gentilhomme ; mais il me semble que cet honneur ne serait pas compromis, si vous alliez rejoindre votre régiment, puisque vous ne savez encore que par ouï-dire quelles sont les intentions de M. le Prince. Je ne voudrais pour rien au monde vous voir tirer l'épée contre la France et contre le roi ; mais je ne voudrais pas non plus vous voir offenser Son Altesse, en lui supposant des sentiments qui ne sont peut-être pas les siens.

— C'est ce que je voulais dire, monsieur, repris-je aussitôt. Je pense absolument comme Adrienne ; seulement elle s'est expliquée mieux que moi.

— S'il en est ainsi, ma cousine, pardonnez-moi de vous avoir si brusquement répondu. Vous me pardonnez, n'est-ce pas ? insista-t-il en me prenant la main, et vous continuerez de me regarder comme votre père et votre ami ?

— Il le faut bien, lui dis-je, vous m'avez grondée comme si j'étais votre fille.

— J'avais tort, je le répète. Votre avis est bon, mesdames, et je le suivrai.

M. de Trémonts partit le lendemain, bien décidé à revenir, dès qu'il ne pourrait plus remplir ses devoirs envers M. le Prince sans manquer à ses devoirs envers le roi. Son absence nous attrista beaucoup ; cependant, au bout de quelques jours, nous étions contentes de la voir se prolonger, parce que cela nous faisait penser que monseigneur avait encore une fois été calomnié par ses ennemis et par ses envieux.

On disait bien que Mme la Princesse, le duc d'Enghien et Mme de Longueville avaient rejoint M. le Prince à Bordeaux ; que le gouverneur de Brouage, qui tenait toute la côte depuis la

Rochelle jusqu'à Royan, s'était déclaré pour lui ; que le duc de Richelieu lui amenait des troupes de la Saintonge et de l'Aunis ; que le comte de Marchain venait le retrouver avec plusieurs régiments de l'armée de Catalogne ; enfin, qu'il avait envoyé un agent à la cour de Madrid pour se ménager l'alliance des Espagnols. On disait tout cela, et bien d'autres choses encore ; mais Adrienne et moi nous ne voulions rien croire.

Le roi était parti pour Fontainebleau le 27 septembre, et le 2 octobre il quitta cette ville avec la reine, le duc d'Anjou, les ministres et la cour. On pensait qu'il marchait vers la frontière du Nord, où les ennemis avaient pris plusieurs places ; mais on apprit qu'il se dirigeait vers le Berry, après avoir donné au comte d'Harcourt le commandement de l'armée de Guyenne.

Cette nouvelle, qui nous fut annoncée par une personne digne de foi, ne nous permettait guère de continuer à douter du malheur que nous craignions. J'étais donc bien triste, quand un soir, longtemps après avoir quitté Adrienne, j'entendis ouvrir la porte de la rue ; et je reconnus les pas de M. de Trémonts dans le vestibule et sur l'escalier. Je passai le reste de la nuit sans dormir ; je ne savais que trop ce que signifiait son retour ; mais je ne me sentais pas le courage d'aller m'en assurer.

Il faisait jour quand Adrienne entra doucement dans ma chambre ; elle me trouva les yeux gonflés par les larmes et par l'insomnie.

— Je sais tout, lui dis-je. M. de Trémonts est revenu....

— Oui, il est revenu, me répondit-elle ; les troupes de Son Altesse et celles du roi se sont mesurées devant Cognac. Mais on espère que la guerre sera bientôt terminée. Ne vous désolez donc pas, Marguerite ; tout cela finira mieux que vous ne le pensez.

— Mon cousin a-t-il vu M. le Prince ? demandai-je.

— Oui, c'est à monseigneur lui-même qu'il a remis son brevet.

— Oh! je vois d'ici quel regard irrité a dû lui jeter Son Altesse.

— Vous ne vous trompez pas, Marguerite. Mais votre cousin a soutenu ce regard, et tout aussitôt la physionomie de monseigneur s'est adoucie. « Allez donc, monsieur de Trémonts, a-t-il dit avec tristesse; je vous regrette, mais je ne puis vous blâmer. »

— Je n'attendais pas moins d'un si noble prince. Il n'est qu'égaré; il reconnaîtra bientôt son erreur.

— Je le pense comme vous, me dit Adrienne, heureuse de me voir un peu consolée. Maintenant voulez-vous que je vous apprenne une autre nouvelle, aussi positive que la première? Mazarin est rentré en France avec une armée qu'il amène au secours du roi. On ne sait si la reine lui a envoyé l'ordre de revenir; mais il a passé à Hui, à Dinant, et il est à Sedan, où M. de Fabert l'a reçu à merveille.

Le retour du cardinal me réjouit. Je pensai que M. le Prince aurait un motif de continuer la guerre, et que ce ne serait plus au roi qu'il la ferait, mais à un ministre chassé par le Parlement et par les ordonnances de la reine. J'étais à peine levée, qu'on vint nous dire que le Parlement s'assemblait pour lancer un nouveau décret contre Mazarin. Ce décret, bientôt connu, déclarait le cardinal ennemi de la France, perturbateur du repos public. Il enjoignait en outre à chacun de lui courre sus, et promettait une somme énorme à celui qui le livrerait mort ou vif.

Il est vrai que M. le Prince, M. de Conti, Mme de Longueville, les ducs de Nemours et de la Rochefoucauld, ont aussi été déclarés criminels de lèse-majesté; mais le Parlement est mille fois plus acharné contre le cardinal que contre les princes rebelles, et l'on vient de mettre de nouveau à l'encan les meubles et la bibliothèque de Son Eminence. Le roi a écrit au Parlement de ne point se préoccuper de Mazarin, attendu qu'il ne rentre en France qu'avec de bonnes intentions; mais cette lettre n'a produit aucun effet.

Toutefois, les décrets rendus contre le cardinal n'ont pas arrêté sa marche ; il est arrivé à Poitiers le 30 janvier, dans le carrosse du roi ; car Sa Majesté a voulu aller elle-même à sa rencontre.

Voilà qui change toute la face des choses, ainsi que je l'ai supposé, dès que j'ai appris le retour de Son Eminence. Le duc d'Orléans, qui n'avait pas encore osé se déclarer pour les princes, vient de signer avec eux un traité contre Mazarin, et Mademoiselle a promis d'user de toute son influence en faveur du parti qu'embrasse son père.

Mademoiselle, dit-on, songe toujours à épouser le roi, et elle espère y réussir en se rendant redoutable à la cour et au cardinal. M. le Prince lui a adressé, par le comte de Fiesque, la lettre suivante :

« Mademoiselle,

« J'apprends avec la plus grande joie du monde les bontés que vous avez pour moi. Je souhaiterais avec passion pouvoir vous donner des preuves de ma reconnaissance. J'ai prié M. le comte de Fiesque de vous témoigner l'envie que j'ai, par mes services, de mériter la continuation de vos bonnes grâces. Je vous supplie d'avoir créance à ce qu'il vous dira de ma part, et d'être persuadée que personne n'est avec plus de respect, Mademoiselle, votre très-humble serviteur.

« Louis DE BOURBON. »

Mademoiselle répondit qu'elle servirait de son mieux M. le Prince, et qu'elle le verrait avec plaisir s'occuper de ses intérêts. Cette princesse ne tarda pas à prouver que ses promesses étaient sincères. La cour, ayant appris que Monsieur venait de se déclarer contre le cardinal et que le Parlement lançait des décrets contre Son Eminence, résolut de revenir à Paris. M. de Turenne le conseilla fortement au roi, à la reine, au cardinal, et s'engagea à les y ramener.

Le voyage se fit paisiblement jusqu'à Blois ; mais alors le roi fut averti que le duc de Nemours, entré en France à la tête d'un corps espagnol, voulait se joindre au duc de Beaufort, et mener ces troupes réunies contre l'armée royale. Pour empêcher cette jonction, il importait de pouvoir compter sur Orléans, dont Monsieur est le seigneur particulier, et les autorités de cette ville répondirent qu'ils suivraient le parti de Son Altesse Royale.

Les amis des princes pressèrent Monsieur de se rendre à Orléans; mais Monsieur, qui ne se décide pas facilement à quelque coup d'éclat, se plaignit fort d'être obligé de se prononcer en cette occasion. Mademoiselle, dont le caractère est aussi aventureux que celui de son père est indécis, lui offrit d'aller elle-même à Orléans, et sa proposition fut acceptée.

Mademoiselle invita Mmes de Fiesque et de Frontenac à l'accompagner. MM. de Fiesque et de Rohan, un lieutenant, deux exempts, six gardes et six Suisses, complétèrent son escorte.

En sortant de Chartres, la princesse rencontra M. de Beaufort, qui venait au-devant d'elle, puis un corps de cavalerie appartenant à Monsieur. A la tête de cette troupe, Mademoiselle arrêta un courrier envoyé par la ville d'Orléans à Monsieur, pour lui dire que le roi approchait de cette place, et qu'il y envoyait d'avance son conseil.

Mademoiselle continua sa route en toute hâte. Elle trouva à Toury le duc de Nemours, qui la remercia de ce qu'elle faisait pour M. le Prince, et qui voulut désormais qu'on tînt devant elle les conseils de guerre. Dans le premier de ces conseils, on avisa aux moyens d'empêcher l'armée royale de passer la Loire. C'était la seule recommandation que l'intrépide princesse eût reçue de son père, et elle tenait beaucoup à prouver à Monsieur qu'elle était digne de sa confiance.

M. de Flamarin, qui, par l'ordre de Monsieur, avait précédé Mademoiselle à Orléans, vint à sa rencontre jusqu'à Artenay. Il apportait de mauvaises nouvelles : les magistrats de la ville, ayant à choisir entre le roi et Mademoiselle, se trouvaient fort embarrassés ; car ils ne voulaient pas se rendre coupables de rébellion envers Sa Majesté. Ils faisaient donc supplier Son Altesse de s'arrêter à Artenay jusqu'à ce que le roi fût passé, et lui assuraient qu'alors ils la recevraient avec tous les honneurs qu'ils lui devaient.

Mais Mademoiselle ne se souciait point de renoncer à une expédition si bien commencée ; elle laissa une partie de ses troupes en arrière, et, ne prenant avec elle que les cavaliers les mieux montés, elle courut vers Orléans. Elle apprit, avant d'y arriver, que messieurs de la ville étaient décidés à lui fermer leurs portes, et il y eut même des gens qui lui assurèrent que le roi était maître de la place. Plusieurs des gentilshommes qui l'accompagnaient l'engagèrent, dans l'intérêt de sa sûreté, à ne pas aller plus avant.

— Bah ! répondit-elle, si je tombe entre les mains de Sa Majesté, je trouverai des gens qui parlent la même langue que moi et qui me traiteront, quoique prisonnière, avec tous les égards dus à ma naissance.

Comme elle approchait de la ville, elle y dépêcha M. de Pradines, qui revint aussitôt vers elle, chargé par les magistrats de la supplier de ne pas se présenter devant Orléans, dont ils seraient forcés de lui refuser l'entrée, le chancelier et le conseil du roi étant à une autre porte de la ville.

— S'il en est ainsi, dit la princesse, nous n'avons pas de temps à perdre.

Quand Mademoiselle arriva à la porte Bannière, elle la trouva fermée ; elle se nomma, mais on n'ouvrit point, et elle attendit dans une hôtellerie voisine que le gouverneur de la place donnât l'ordre de l'y faire entrer. Le gouverneur ne se décida pas ; seulement, pour calmer l'impatience de Mademoiselle, il lui envoya des confitures. Mais Mademoiselle, après avoir attendu trois heures, alla se promener sur les fossés, où elle fut reconnue par des bourgeois et des gens du peuple, qui la saluèrent en criant :

— Vivent le roi et le duc d'Orléans ! Vive Mademoiselle ! Point de Mazarin !

— Mes amis, leur dit-elle, allez à l'hôtel de ville, et faites-moi ouvrir la porte.

Ces gens s'éloignèrent pour lui obéir, et elle continua sa promenade. La garde d'une seconde porte, l'ayant aperçue, prit les armes pour lui faire honneur. Elle appela le capitaine et lui commanda de la laisser entrer ; mais il répondit qu'il n'avait pas les clefs.

— En ce cas, brisez la porte, dit-elle. Je vous l'ordonne, moi qui suis la fille de votre maître.

Cet ordre étant demeuré inutile, Mademoiselle se fâcha ; elle commença de menacer ; et comme ses dames s'en étonnaient, elle leur dit qu'un astrologue lui avait prédit qu'elle réussirait ce jour-là dans tout ce qu'elle entreprendrait, et qu'elle accomplirait des choses extraordinaires.

— Vous voyez donc bien, ajouta-t-elle, que j'entrerai dans la ville, quand je devrais en rompre les portes ou en escalader les murailles.

Un peu plus loin, Mademoiselle rencontra des bateliers et leur demanda s'ils pourraient la mener jusqu'à la porte de Faux, qu'on n'avait peut-être pas fait garder, parce qu'elle donne sur l'eau. Ces gens répondirent que la porte Bruslée, qui était plus proche, pourrait facilement être enfoncée.

— Vite donc, mes amis ! leur dit-elle, en leur faisant distribuer de l'argent.

Les bateliers se mirent à la besogne ; Mademoiselle les regardait du haut d'une petite éminence ; et quand on vint lui dire que la chose était presque faite, elle se rendit à cette porte, en se servant de deux barques comme d'un pont et en gravissant, à l'aide d'une échelle rompue, le talus qui était fort escarpé. Elle renvoya alors sa suite, afin de prouver aux magistrats et au peuple qu'elle entrait dans leur ville avec toute confiance.

La porte était gardée ; mais les gardes, reconnaissant la princesse et voyant travailler les bateliers d'un côté, les bourgeois de l'autre, n'essayèrent pas de les en empêcher. Dès qu'il y eut une brèche assez grande pour que Mademoiselle pût y passer, son valet de chambre la souleva; car cette brèche était entre les deux énormes barres qui soutenaient la porte; le capitaine du poste tira à lui la princesse, le tambour battit, et les cris : « Vive le roi ! vivent les princes ! point de Mazarin ! » s'élevèrent de tous côtés.

Deux hommes du peuple apportèrent une chaise de bois, y firent asseoir Mademoiselle et la portèrent au milieu d'une foule que son courage avait charmée. Mais Mademoiselle s'ennuya bientôt de ce triomphe, et dit qu'elle voulait marcher. Ses dames la rejoignirent alors, quelques gardes de la ville accoururent pour l'escorter, et bientôt le gouverneur parut avec les magistrats.

— Messieurs, leur dit-elle, voyant leur embarras, comme je suis fort impatiente de ma nature, j'ai trouvé le temps si long devant la porte Bannière, que j'ai voulu faire le tour de la ville pour me distraire. J'ai trouvé ouverte la porte Bruslée, et je suis entrée. Vous devez en être bien aises; car vous n'aurez à craindre aucun reproche du roi pour le passé. Quant à l'avenir, je m'en charge. Quand des personnes de ma qualité sont dans un lieu, elles répondent de tout, et je dois commander ici avec d'autant plus de raison que la ville est à Monsieur.

— Mademoiselle, répondirent les magistrats, nous allions de ce pas ouvrir les portes à Votre Altesse.

Mademoiselle se rendit au palais et prit dès lors le commandement de la place. Le lendemain, elle se montra dans toute la ville, et y fut saluée par des acclamations sans fin.

M. de Beaufort et le duc de Nemours vinrent la trouver, et devant elle ces deux princes eurent une si terrible altercation, qu'ils mirent l'épée à la main. Mademoiselle ne parvint à les apaiser qu'avec beaucoup de peine; mais enfin elle y parvint, et elle leur donna l'ordre de marcher contre l'armée du roi.

Aussitôt après son entrée à Orléans, la princesse en avait donné avis à Monsieur, qui lui répondit en ces termes :

« Ma fille, vous pouvez penser la joie que j'ai eue de l'action que vous venez de faire : vous m'avez sauvé Orléans et assuré Paris. C'est une joie publique, et tout le monde dit que votre action est digne de la petite-fille de Henri le Grand. Je ne doutais pas de votre cœur ; mais, en cette action, j'ai vu que vous avez encore plus de prudence que de cœur. Je vous dirai encore que je suis ravi de ce que vous avez fait, autant pour l'amour de vous que pour l'amour de moi. »

Quinze jours après, Mademoiselle reçut une autre lettre qui ne lui fut pas moins agréable. C'était M. le Prince qui lui annonçait son arrivée à l'armée commandée par MM. de Beaufort et de Nemours, et qui la félicitait d'être entrée à Orléans, malgré tous les obstacles.

XXII.

Le prince de Condé contre Turenne. — Le portrait de M. le Prince. — Bataille du faubourg Saint-Antoine. — Marguerite entre au couvent.

M. le Prince était arrivé presque seul à l'armée commandée par M. de Beaufort; mais la présence de Son Altesse vaut mieux que les plus gros bataillons.

Le 7 avril, ce grand général, ayant appris que l'armée mazarine (c'est ainsi qu'il nomme les troupes du roi) s'était séparée en plusieurs quartiers, tomba sur elle si vivement, qu'il enleva trois régiments de dragons, puis le quartier du maréchal d'Hocquincourt, et ne s'arrêta que devant la forte position et la belle défense de M. de Turenne.

La cour était à Gien, quand ce combat fut livré. On donna l'ordre de faire promptement filer les équipages sur Saint-Fargeau, puis sur Auxerre, Joigny, Sens et Montereau. Cet ordre fut exécuté avec tant de trouble et tant d'embarras, que, sans le vicomte de Turenne, M. le Prince se fût certainement rendu maître de la personne du roi.

Cette occasion étant perdue, M. le Prince laissa le commandement de son armée à MM. de Tavannes et de Clinchamp, et s'en vint à Paris avec les ducs de Beaufort, de Nemours et de la Rochefoucauld. Ils se rendirent ensemble au Parlement, et ils déclarèrent que si le cardinal s'éloignait de la France et si ses créatures quittaient la cour, ils mettraient aussitôt bas les armes; car ils étaient et voulaient être toujours les fidèles serviteurs du roi.

Le Parlement applaudit à cette déclaration; le peuple salua les princes par de grands cris d'allégresse. N'est-ce donc pas assez pour les absoudre? Je répondrais volontiers : Oui; mais M. de Trémonts dit qu'il n'y a pas d'excuse possible pour ceux qui allument la guerre civile, et ma conscience est de son avis.

La cour n'est pas entrée à Paris; elle a fait un détour et s'est rendue à Saint-Germain; mais elle manque de tout et ne peut rien se procurer, parce que les Parisiens ont coupé les ponts.

Mademoiselle, en passant à Etampes pour revenir à Paris, demanda à voir l'armée des princes en bataille; M. de Turenne en eut avis, et, faisant marcher promptement ses troupes, il tomba sur le faubourg d'Etampes, le força, et battit un corps de cavalerie d'élite, appartenant à M. le Prince.

Ce succès réjouit la cour, et l'on décida de mettre le siége devant Etampes; mais le duc de Lorraine arriva avec de nouvelles troupes et empêcha la prise de la ville.

M. le Prince alla au-devant de Mademoiselle avec tous ses amis et ses partisans. Dès qu'il aperçut la princesse, il mit pied à terre pour la saluer. Elle le fit monter dans son carrosse et fut reçue comme en triomphe par une foule immense, qui l'accompagna jusqu'au Luxembourg.

Le duc de Lorraine, après avoir fait lever le siége d'Etampes, alla camper entre la Seine et la Marne, au delà de Charenton. M. de Turenne se disposait à l'y attaquer, lorsque ce prince, qui ne possède plus rien que sa petite armée, avec laquelle il s'est mis à la solde des Espagnols, lui envoya proposer un accommodement. M. de Turenne répondit que si le duc voulait livrer le pont de bateaux qu'il avait établi et s'engager à quitter la France, il ne serait point inquiété. M. de Lorraine hésita d'abord, puis, ne voyant pas paraître le secours qu'il attendait, il consentit à tout ce qu'exigeait le général français. A peine s'était-il éloigné, que six mille hommes arrivèrent pour le soutenir; mais il était trop tard.

M. le Prince reprit alors le commandement de ses troupes et résolut de se poster avec elles à Charenton, abandonné par le duc de Lorraine. Le roi avait fait venir le maréchal de la Ferté avec dix mille hommes, pour les joindre à ceux de M. de Turenne, et s'était retiré à Saint-Denis, suivi de toute sa cour. M. le Prince s'attendait donc à être attaqué, et il tenait à s'emparer de cette position, d'où il comptait braver tous les efforts de M. de Turenne.

Le cardinal, pour donner à M. de la Ferté le temps d'arriver, avait entamé des négociations avec M. le Prince, et celui-ci, moins habile politique que Son Eminence, s'était laissé prendre à ce semblant de bonne volonté.

Monseigneur passa la Seine à Saint-Cloud, traversa le bois de Boulogne, et voulut entrer à Paris par la porte de la Conférence; mais comme on lui refusa le passage, il se vit forcé de faire le tour de la ville. Pendant qu'il pressait la marche de ses troupes, M. de Turenne, qui seul peut lutter avec M. le Prince, ne demeura pas inactif. Les ténèbres couvrirent ses mouvements, et il atteignit, vers le petit jour, l'arrière-garde de Son Altesse au faubourg Saint-Martin.

M. le Prince, reconnaissant qu'il lui serait impossible de gagner Charenton, s'arrêta au faubourg Saint-Antoine, où se trouvaient quelques retranchements élevés pour empêcher les maraudeurs d'aller piller le faubourg. Monseigneur s'empara de la barrière, utilisa et fortifia ces retranchements, logea ses mousquetaires dans les maisons voisines, où il fit ouvrir des meurtrières, plaça sa cavalerie de manière à se couvrir autant que possible, et, sûr d'avoir fait tout ce qu'il pouvait faire, il attendit l'armée royale.

M. de Turenne est un grand homme de guerre ; il reconnut, à la manière dont M. le Prince s'était retranché, qu'on ne le forcerait qu'en répandant beaucoup de sang. Il résolut donc d'attendre, pour l'attaquer, que le maréchal de la Ferté fût prêt à soutenir les troupes royales. Il le fit dire au cardinal ; mais Son Eminence, qui avait conduit le roi sur les hauteurs de Charonne pour voir le combat, envoya à M. de Turenne l'ordre d'attaquer sans aucun délai.

Tous ces mouvements de troupes avaient eu lieu pendant la nuit du 1er au 2 juillet ; et comme ces troupes n'avaient pas traversé Paris, le sommeil de ses habitants n'avait point été troublé. Mais depuis quelques jours, chacun savait qu'une action décisive ne pouvait manquer d'avoir lieu, et tous les esprits étaient dans l'attente.

Quant à moi, je vivrais cent ans, que je me rappellerais toujours cette nuit-là. J'avais été triste toute la journée ; j'avais le cœur si serré, qu'à chaque instant les larmes me venaient aux yeux, sans qu'il me fût possible de dire pourquoi. Adrienne n'était pas beaucoup plus gaie que moi, parce qu'elle voyait son mari mécontent et préoccupé. Elle l'avait interrogé plusieurs fois sur la cause de son ennui ; mais il avait éludé ses questions, en lui disant qu'il n'avait rien et qu'il se portait à merveille. Ce jour-là donc, à l'heure du dîner, M. de Trémonts se mit à table avec nous ; mais il ne mangea pas, et il nous avoua que tout ce qu'il entendait dire lui ôtait l'appétit.

— Mon ami, lui dit Adrienne, ce ne sont pas seulement les nouvelles que vous apprenez qui vous troublent et vous chagrinent ; c'est l'inaction à laquelle vous êtes condamné.

Le comte releva la tête et lui tendit la main.

— Je savais bien que vous me compreniez, répondit-il avec reconnaissance.

— Le roi a besoin de tous ses serviteurs, reprit Adrienne, en s'efforçant de dominer son émotion. Allez donc, Etienne, lui offrir votre épée. C'est le devoir d'un gentilhomme.

— Oh ! merci ! merci ! s'écria M. de Trémonts, en serrant

Adrienne contre son cœur. Je rends grâce à Dieu de m'avoir donné une si noble femme, et j'espère qu'il me protégera, pour que je puisse vous respecter et vous aimer longtemps.

En disant ces mots, il était si attendri, que sa voix était toute tremblante.

Mais, retrouvant soudain sa bonne humeur, il ajouta, d'un ton jovial :

— Donnez-moi à manger, Adrienne ; servez-moi à boire, ma cousine ; il faut que je prenne des forces ; car la tâche sera rude.

Il acheva son repas en quelques minutes ; il appela son valet et lui donna l'ordre de préparer pour le soir son cheval et ses armes. Il pouvait être trois heures, quand il frappa à ma porte.

— Que faisiez-vous donc, ma cousine ? me demanda-t-il, en me voyant descendre d'une table sur laquelle j'étais grimpée.

Je voulais lui répondre ; les sanglots me coupèrent la parole, et je ne pus que lui montrer le beau portrait de M. le Prince, devant lequel je venais d'attacher un rideau de satin.

— Vous aussi, ma cousine, vous avez un noble cœur, me dit le comte, en me baisant la main. Je pars tranquille ; s'il m'arrive malheur, vous consolerez Adrienne.... Vous resterez son amie, sa sœur, son enfant chérie.... Vous ne la quitterez jamais.... Vous me le promettez, Marguerite ?

— Je vous le promets, mon cousin, lui répondis-je.

Adrienne, qui entrait alors, m'embrassa en pleurant. Le comte nous dit adieu et s'enfuit, pour ne pas pleurer avec nous. Adrienne courut à la fenêtre ouverte et suivit son mari des yeux aussi longtemps qu'elle put l'apercevoir ; puis elle revint vers moi, et ses larmes coulèrent en abondance.

Notre soirée se passa bien tristement ; mais je crois que j'étais encore plus affligée qu'Adrienne. J'ai peut-être tort ; chacun sent sa peine, et celle des autres n'est qu'un songe ; mais au chagrin réel que j'éprouvais de voir partir M. de Trémonts se joignait je ne sais quel remords et quelle confusion. Il me semblait que j'étais solidaire de la révolte de M. le Prince, et qu'Adrienne pouvait jusqu'à un certain point me reprocher les dangers qu'allait courir son cher Etienne. Je n'avais en rien poussé M. le Prince à la rébellion ; comment d'ailleurs l'aurais-je fait, moi qui ne suis qu'une pauvre orpheline recueillie par sa bonté ? Mais je lui ai voué un si profond respect, un attachement si sincère, que je rougis de ses erreurs, comme un enfant rougit des fautes de son père.

Il était tard quand la comtesse me quitta pour essayer de prendre un peu de repos. Je ne pensais pas encore à me coucher, j'étais trop agitée pour compter sur le sommeil. Je me mis à genoux, et je priai pour mon cousin, pour Adrienne, pour M. le Prince, enfin pour Mme de Longueville, que j'ai depuis des années l'habitude de nommer chaque soir devant Dieu. Je priai pour Mme la Princesse, et je me dis qu'elle était bien heureuse de n'être plus de ce monde, où l'on voit de si étranges et si terribles choses. Peu à peu ma prière se changea en rêverie ; je repassai dans mon esprit ma vie tout entière, si calme, si pure, si heureuse à l'ombre du cloître, si agitée, si inquiète, si peu recueillie dans les palais des grands, et je m'écriai :

— Seigneur mon Dieu ! il est donc bien vrai que tout n'est que vanité....

En ce moment, je crus entendre au loin le son de la trompette : je prêtai plus attentivement l'oreille, et les notes d'une marche guerrière m'arrivèrent distinctement à travers le silence de la nuit. C'étaient les troupes de M. le Prince qui passaient par le Cours, et qui faisaient en dehors des murs le tour de la ville, dont on n'avait pas voulu leur ouvrir les portes. J'ignorais ce détail ; mais je devinai, d'après ce que j'avais appris dans la journée, que Son Altesse se préparait au combat. Involontairement je levai les yeux vers le portrait de mon protecteur, et, en le voyant caché, je sentis mon cœur se serrer, comme si je n'avais pas moi-même voilé ce noble et fier visage.

— Mon Dieu ! dis-je en joignant les mains, je n'ose vous demander de le rendre victorieux ; mais protégez-le, sauvez-le, je vous en conjure. O mon Dieu ! si vous m'exaucez, et si vous sauvez aussi mon cousin, je vous obéirai. J'écouterai votre voix que je refuse d'entendre ; je dirai adieu à tout ce que j'aime, et j'irai vous servir dans le saint asile où vous m'appelez.

Cette promesse faite, le calme rentra dans mon âme ; et comme, depuis le mariage d'Adrienne, la douce vie que je menais m'empêchait de songer au couvent, et que je me reprochais presque chaque jour cet oubli de ma vocation, je me dis que le Seigneur daignerait sans doute me manifester sa volonté par les événements de cette bataille. Si Etienne était tué, je resterais avec Adrienne, je l'avais promis et je le promettais encore ; s'il revenait sain et sauf, j'étais libre de demeurer auprès de mon amie ou de me retirer dans un cloître ; mais si mon protecteur et mon seul parent échappaient tous les deux à la mort, je ne devais plus vivre que pour le Dieu qui les aurait sauvés.

Je récitai tranquillement mon chapelet ; je me couchai et je m'endormis d'un bon sommeil, dont je fus tirée, au point du jour, par le tumulte qui se faisait dans la rue et par le bruit lointain de la fusillade et du canon.

Je me levai aussitôt, pour aller retrouver Adrienne. Elle revenait de la messe ; elle avait appris, chemin faisant, que la bataille était engagée au bout du faubourg Saint-Antoine, entre M. le Prince et M. de Turenne, et un gentilhomme du parti de Condé lui avait dit qu'il allait chez le duc d'Orléans pour le supplier de faire ouvrir les portes de la ville aux renforts que M. le Prince attendait.

Monsieur répondit (nous l'apprîmes plus tard) qu'il ne pouvait sortir de chez lui, parce qu'il était malade ; mais Mademoiselle, dévouée de tout cœur à M. le Prince, offrit à son père de le remplacer, et l'offre fut agréée. Mademoiselle courut à l'hôtel de ville, munie d'une lettre de Son Altesse, qui ordonnait qu'on obéît à la princesse comme à Monsieur lui-même.

Mademoiselle demanda qu'on fît prendre les armes aux bourgeois, qu'on envoyât du secours à M. le Prince, et qu'on laissât le passage libre à son armée, de la porte Saint-Honoré à la porte Saint-Antoine. Le gouverneur de Paris, le prévôt des marchands et les autres magistrats dirent qu'il fallait en délibérer.

— Hâtez-vous donc, messieurs, reprit Mademoiselle ; car M. le Prince est en grand danger ; et ce serait, croyez-moi, une douleur et une honte éternelles pour la ville de Paris, s'il venait à périr sous ses murs, faute d'avoir été secouru. D'ailleurs, ajouta-t-elle, si M. le Prince est défait, Mazarin sera le maître, et il mettra tout à feu et à sang, pour se venger des Parisiens qui l'ont proscrit. Ainsi votre honneur et votre intérêt sont d'accord pour vous conseiller ce que je vous demande.

Cette harangue décida le maréchal de l'Hôpital et messieurs de l'hôtel de ville. Mademoiselle envoya aussitôt annoncer cette nouvelle à M. le Prince, et elle voulut aller elle-même du côté du combat, pour voir comment les choses se passaient. Le maréchal, qui se disposait à l'accompagner, fut menacé par la foule, comme partisan de Mazarin, et fut obligé de rentrer à l'hôtel de ville. En se dirigeant vers la porte Saint-Antoine, Mademoiselle rencontra plusieurs de ses amis cruellement blessés : le duc de la Rochefoucauld, conduit par le jeune prince de Marsillac, son fils, avait les yeux hors des orbites, une balle lui étant entrée par l'œil droit et sortie par l'œil gauche ; M. de Guitaut avait reçu un coup de mousquet au travers du corps ; M. de la Roche-Gaillard, atteint à la tête, paraissait mourant, et plusieurs autres gentilshommes étaient morts.

Mademoiselle, navrée de douleur, malgré tout son courage, s'arrêta près de la Bastille, dans la maison d'un maître des comptes, pour y attendre des nouvelles du combat. Ce fut M. le Prince lui-même qui lui en apporta. Il était couvert de poussière et de sang ; il tenait à la main son épée, toute rouge et toute ébréchée.

— Ah ! Mademoiselle, s'écria-t-il, tous mes amis sont morts, et je ne suis pas même blessé ! Excusez-moi, Mademoiselle, je suis au désespoir, et il faut que je pleure sur tant de noble sang versé pour ma querelle.

La princesse le laissa pleurer ; puis elle s'efforça de le calmer, en lui disant que la plupart de ceux qu'il croyait perdus n'étaient pas blessés mortellement, et qu'elle pouvait le lui assurer. Elle lui proposa ensuite de rentrer dans la ville ; mais il répondit qu'il ne voulait pas fuir devant les Mazarins ; et, après avoir remercié Mademoiselle de toute l'amitié qu'elle lui témoignait, il retourna au combat.

M. de Turenne avait attaqué les retranchements de l'armée rebelle et il venait d'enlever la barrière Saint-Antoine, à la tête de dix mille hommes. M. le Prince n'en avait guère que cinq mille ; mais il s'élança à la rencontre de M. de Turenne et le rejeta hors de la barrière. Ce général revint à la charge, et le combat recommença plus terrible. Les deux plus grands hommes de guerre qu'il y ait au monde, se trouvant face à face, firent des merveilles d'audace et de valeur. Pendant qu'ils luttaient ainsi, on vint dire à M. le Prince que la grande barricade de Picpus était forcée ; il prit cent mousquetaires, rallia quelques officiers, courut à cette barrière et l'enleva, malgré les efforts de quatre régiments.

Mademoiselle, entendant redoubler la fusillade, monta sur les tours de la Bastille, pour étudier les mouvements de l'ennemi ; elle le vit se préparer à une troisième attaque, et elle en fit aussitôt prévenir M. le Prince, qui lui fit dire, en la remerciant, qu'il comptait toujours sur elle.

Le gouverneur de la Bastille, M. de Louvière, fils du conseiller Broussel, n'est pas des amis de la cour. Mademoiselle lui demanda s'il comptait se déclarer pour M. le Prince ; il répondit qu'il ferait ce que lui ordonnerait le duc d'Orléans. Mademoiselle lui montra les pleins pouvoirs qu'elle avait reçus de son père, et elle fit pointer contre l'armée royale les canons de la forteresse.

M. le Prince reçut la troisième attaque de M. de Turenne avec la même intrépidité que les deux premières ; mais M. de la Ferté arrivait avec des troupes fraîches ; et pour résister à des forces si supérieures, il eût fallu être plus qu'un héros. M. le Prince allait donc être écrasé, quand Mademoiselle, ordonnant qu'on mît le feu aux canons de la Bastille, foudroya les colonnes royalistes. En même temps la porte Saint-Antoine s'ouvrit, et

M. le Prince, protégé par cette pluie de fer qui s'abattait sur ses ennemis, put opérer sa retraite.

Le cardinal, entendant tonner la Bastille, crut que le feu de la forteresse était dirigé contre les rebelles ; un gentilhomme qui se trouvait là dit que peut-être on tirait parce que Mademoiselle était à la Bastille.

— Si Mademoiselle est à la Bastille, répondit le maréchal de Villeroi, soyez sûr que c'est elle qui tire sur nos gens.

Peu d'instants après, Mazarin, reconnaissant que le maréchal ne s'était pas trompé, dit que Mademoiselle venait de tuer son mari. En effet, je ne crois pas que jamais le roi, qu'elle désire tant épouser, puisse oublier ce qu'elle a fait en ce jour.

Je n'essaie pas de dire tout ce que nous avons souffert, Adrienne et moi, pendant ce long et terrible combat : il y a des choses qu'on ne peut exprimer et qu'il faut avoir éprouvées pour les comprendre ; mais je souhaite que Dieu épargne à tout le monde les angoisses que nous avons ressenties.

Le canon avait cessé de se faire entendre depuis une heure, quand on frappa à notre porte. C'était un gentilhomme de l'armée du roi qui venait apprendre à Mme de Trémonts que son mari était sans blessure. Quel poids de moins sur nos cœurs ! Je crois bien qu'il ne restait plus de place pour l'inquiétude dans celui d'Adrienne ; mais elle est habituée à deviner tout ce qui se passe dans le mien.

— Allons nous promener un peu du côté du Luxembourg, me dit-elle vers le soir. Nous y rencontrerons certainement quelque seigneur de notre connaissance, à qui nous pourrons demander des nouvelles.

Je la suivis avec joie, quoique je fusse toute tremblante. Plusieurs carrosses passèrent devant nous si rapidement, qu'il nous fut impossible de reconnaître personne. Chacun avait hâte de complimenter Mademoiselle, à qui l'armée de Condé doit son salut. Nous allions nous retirer, quand j'aperçus M. le Prince lui-même. Il était à cheval, entouré de ceux de ses amis que la mort avait épargnés.

Il nous vit, mit pied à terre, et, s'approchant de nous, il salua d'abord la comtesse, puis il me dit :

— Vous avez encore prié pour moi, mademoiselle de Trémonts. Aussi, quoique je n'aie jamais vu plus rude bataille, je n'ai pas reçu la moindre égratignure. Mais je ne sais s'il faut que je vous remercie ; car mes plus fidèles amis sont tombés à mes côtés.

— Que Dieu vous garde toujours, monseigneur ! répondis-je en m'inclinant.

Il nous fit un profond salut, et, comme on l'attendait, il remonta lestement à cheval.

Mon sort est fixé : dès que M. de Trémonts sera revenu, je partirai pour le couvent. Je quitterai avec beaucoup de peine ma bonne Adrienne et la douce liberté dont je jouis auprès d'elle ; mais si je n'avais rien à regretter, où serait le mérite, où serait le sacrifice ? Je ne dois plus hésiter un instant, puisque Dieu a daigné me faire connaître sa volonté en préservant deux existences qui me sont si chères. Il m'est venu tout à l'heure à l'esprit qu'il y a peut-être de ma part beaucoup de présomption à croire que, dans cette grande et meurtrière bataille, Dieu ait daigné songer à moi, pauvre atome, dont l'avenir est si peu de chose en présence des grands intérêts qui s'agitent. Mais j'ai bien vite éloigné cette pensée, qui me rendrait mes incertitudes. N'est-ce pas le Seigneur lui-même qui nous assure qu'il nourrit les oiseaux du ciel, et que sa main paternelle prend plaisir à vêtir magnifiquement les lis des champs ?

Je me suis couchée la joie dans l'âme ; il me semblait être déjà dans cette sainte maison où s'est passée mon enfance, et où rien n'aurait pu me manquer, si Dieu eût permis, comme je l'espérais autrefois, que Mlle de Fierval se décidât à y entrer avec moi. Mais Adrienne est forte, elle fera son salut dans le monde aussi bien que dans le cloître, et elle édifiera tous ceux qui la connaîtront.

A minuit, j'ai été réveillée par le bruit du marteau de la grande porte ; j'ai ouvert ma fenêtre, et une voix bien connue m'a dit :

— C'est moi, ma cousine, dormez, je vous en prie.

— Êtes-vous donc blessé, monsieur le comte ? demandai-je, en voyant qu'il s'appuyait sur son valet.

— Ce n'est rien, ma cousine, une contusion à l'épaule, pas davantage.

Je m'habillai promptement, et je descendis.

— On nous avait assuré que vous étiez sain et sauf, mon cousin, lui dis-je en l'embrassant.

— Chut! me répondit Adrienne. C'est une heureuse blessure. Elle n'offre aucun danger, et elle forcera M. de Trémonts à ne pas nous quitter de sitôt.

— Puisqu'il en est ainsi, repris-je, vous me permettrez, ma cousine, et vous aussi, monsieur le comte, de partir demain pour quelque temps. Je désire beaucoup aller voir ma bonne mère Marie des Anges.

Ma voix tremblait sans doute ; Adrienne attacha sur moi ses beaux yeux pleins d'inquiétude, et tout aussitôt j'y vis briller des larmes.

— Reviendrez-vous, Marguerite ? me demanda-t-elle à voix basse.

— Dieu le sait, répondis-je en lui serrant la main.

— Que sa volonté soit faite! murmura-t-elle tristement.

— Si vous êtes pressée de faire ce voyage, ma cousine, dit M. de Trémonts, qui ne nous avait pas entendues, ni Adrienne ni moi ne pourrons vous accompagner.

— Vous me donnerez votre bonne vieille gouvernante, mon cousin, répliquai-je ; car je voudrais partir demain. Hors de Paris, tout est tranquille, nous ne serons nullement inquiétées.

— Vous ferez donc comme il vous plaira, ma cousine, reprit le comte. Plus tôt vous partirez, plus tôt nous vous reverrons.

Adrienne devint toute pâle ; moi, je me sentis rougir, et, leur souhaitant bonne nuit à tous deux, je remontai dans ma chambre, bien contente de la manière dont avait tourné cet entretien. Je m'effrayais tant d'annoncer ma résolution à ma chère Adrienne ; voici qu'elle l'a devinée et qu'elle n'a point essayé de la combattre. Merci, mon Dieu ! vous m'épargnez une lutte dans laquelle ma faiblesse eût peut-être succombé.

Adieu donc, Adrienne, mon amie, ma sœur !... Que toutes les bénédictions du ciel descendent sur vous, dont les bons soins et les sages conseils m'ont préservée des entraînements du monde et des écarts de la vanité ! Adieu ! Soyez heureuse, et pensez quelquefois à votre Marguerite, qui ne vous oubliera jamais.

———

Le manuscrit de Mlle de Trémonts finissait là ; mais plusieurs lettres y étaient jointes. Quelques-unes avaient été tant de fois relues, que le papier en était usé et les caractères indéchiffrables. Comme je cherchais surtout celles qui me paraîtraient compléter le mieux l'histoire de la Fronde commencée par Marguerite, je n'en ai transcrit que les deux suivantes :

De notre monastère de Nancy, ce 20 mars 1654.

« Ma chère cousine,

« Depuis que j'ai prononcé mes vœux, je suis si heureuse, qu'il me semble être déjà dans le paradis. C'est une grande grâce que le bon Dieu me fait, et je reconnais du fond de mon âme que j'en suis tout à fait indigne. Mais c'est bien un peu à vous aussi que je dois ce bonheur. D'abord, je vous ai vue ; puis vous m'avez apporté de si bonnes nouvelles....

« La paix est donc presque faite, c'est-à-dire que le roi n'a plus d'autre ennemi que M. le Prince ? C'est trop, c'est beaucoup trop encore ; mais puisque Mme de Longueville a fait sa soumission ; puisque M. le prince de Conti va épouser Mlle Maria Martinozzi, nièce du cardinal, tous deux travailleront à réconcilier avec la cour leur noble et illustre frère.

« Quand vous êtes venue assister à ma profession, je n'avais pas encore reçu de réponse aux lettres que notre mère Marie des Anges m'avait conseillé d'adresser à Leurs Altesses ; mais ces réponses ne se sont pas fait attendre longtemps. Celle de M. le Prince est courte, mais elle respire la grande bonté, l'intérêt et l'attachement dont il m'a donné tant de preuves. Quant à celle de Mme de Longueville, je la garde pour vous la montrer. Elle a été écrite au couvent des Filles de Sainte-Marie, de Moulins, où notre chère duchesse a passé quelque temps auprès de Mme de Montmorency, sa tante. C'est là que Dieu a éclairé son esprit et touché son cœur ; il l'a fait d'une manière si puissante et si complète, que jamais, c'est elle-même qui me le dit, elle ne croira pouvoir assez expier la part qu'elle a prise à la guerre civile et le malheur qu'elle a eu de sacrifier tant d'années de sa vie aux faux plaisirs et aux vaines grandeurs.

« Que Dieu daigne inspirer de pareils sentiments à M. le Prince, mon protecteur ! Qu'il continue de vous bénir, vous, ma bien-aimée cousine, votre mari, vos enfants, et je n'aurai plus rien à désirer. »

De notre monastère de Nancy, 5 février 1660.

« Ma chère cousine,

« Aujourd'hui même, j'ai reçu le portrait que vous m'avez renvoyé et la lettre que vous m'avez fait remettre par M. de Lissey, votre parent. Avant d'ouvrir cette lettre, mille fois la bienvenue, j'ai deviné le grand événement qu'elle allait m'apprendre, et je me suis écriée : « M. le Prince s'est soumis.... Il est rentré en France.... Le roi lui a pardonné.... » Et sans songer à remercier M. de Lissey, j'ai couru vers notre mère, je me suis jetée à son cou dans un transport de joie, qu'elle a compris et qu'elle a excusé, avec la bonté que vous lui connaissez.

« Elle a rompu le cachet de votre lettre, et elle me l'a remise, en me disant de la lire ; car elle voyait mon impatience, la digne et vénérable mère ! Merci des détails que vous me donnez, ma chère et bonne Adrienne ! La paix est faite avec les Espagnols, et le roi Louis XIV, notre gracieux souverain, va épouser l'infante Marie-Thérèse, nièce d'Anne d'Autriche. Quoi qu'on ait dit et qu'on ait fait contre lui, le cardinal est un grand homme, puisqu'il a mené à bien une si longue et si difficile négociation. Je l'aime pour avoir conclu cette paix ; j'aime don Luiz de Haro, pour avoir si noblement défendu les intérêts de M. le Prince, son allié ; j'aime la reine, pour avoir éloigné tout le monde et même Mademoiselle, au moment où monseigneur devait paraître humble et repentant devant Leurs Majestés. Tout est fini, tout s'est bien passé; j'en rends grâce à Dieu, et je le prie de recevoir l'âme de M. le duc d'Orléans, que vous me dites être trépassé à Blois, il y a trois jours.

« Le portrait de M. le Prince est déjà placé dans notre réfectoire, au milieu de ceux des bienfaiteurs de notre maison, puisque vous n'avez pas voulu, malgré mes prières, accepter la dot qu'il m'a constituée. En le regardant, à l'heure du dîner, je me suis rappelé le jour où, le cœur navré de douleur et d'inquiétude, j'ai couvert d'un voile ces traits que la reconnaissance m'avait rendus si chers. Des larmes me sont venues aux yeux ; mais c'étaient des larmes de joie, et je disais tout bas : Mon Dieu ! vous êtes bon, et vos miséricordes sont infinies....

« Puisque M. le Prince est rentré en grâce, M. de Trémonts pourra désormais le servir ; et je serais bien étonnée, s'il avait besoin de se rappeler au souvenir de Son Altesse. Je souhaite à mon cousin et à vous, ma chère Adrienne, toutes les joies et toutes les prospérités de ce monde, parce que je sais que vous en ferez un bon usage ; et si vous jugez utile que j'écrive à monseigneur, je vous prie de croire que je suis tout à votre disposition.

« Notre mère Marie des Anges ne change pas, malgré son grand âge ; mais elle me charge de vous dire qu'elle a quatre-vingt-quatorze ans, et qu'elle serait bien heureuse de vous voir encore une fois. Vous viendrez pour elle, ma cousine ; un peu aussi pour moi, s'il vous plaît ; et vous amènerez mon filleul, afin que la bénédiction de notre sainte mère lui porte bonheur.

« A bientôt donc, Adrienne, ma cousine et mon amie. Venez, je vous attends. »

FIN

TABLE.

	PAGES.
INTRODUCTION.	7
I. — Marguerite de Trémonts. — Souvenirs d'enfance. — Départ du couvent. — Mlle de Fierval.	13
II. — La famille de Condé. — Voiture. — La duchesse d'Enghien. — Mme de Longueville et Mme de Montbazon.	31
III. — Bataille de Rocroi. — Marguerite à Chantilly. — Les Carmélites de la rue Saint-Jacques. — L'hôtel de Rambouillet. — Pierre Corneille. — Bataille de Fribourg. — Portrait d'Anne d'Autriche.	48
IV. — Maladie de Marguerite. — Dévouement de Mlle de Fierval. — Prise de Philipsbourg. — Mort de la reine d'Espagne. — La duchesse d'Enghien et Mademoiselle. — Exploits de Turenne. — Bataille de Nordlingue. — Anne d'Autriche et le Parlement.	65
V. — La princesse Marie de Gonzague, reine de Pologne. — Retour du prince de Condé à Paris. — Nouvelles de l'armée de Flandre. — Mme de Longueville à Munster. — Prise de Dunkerque. — Mort de M. le Prince.	81
VI. — Le duc d'Enghien devenu prince de Condé. — Dot de Marguerite. — Le comte d'Harcourt en Catalogne. — Départ de M. le Prince. — Mme de Longueville rentre en France. — Mauvaises nouvelles. — Les nièces de Mazarin. — Maladie du roi. — Retour des petits-maîtres.	98
VII. — La reine d'Angleterre à la cour de France. — Troubles à Paris. — Le château de Chantilly. — Évasion du duc de Beaufort. — Le Parlement. — Voyage de M. le Prince à la cour. — Piété d'Anne d'Autriche. — Bataille de Lens.	112
VIII. — Un *Te Deum* à Notre-Dame. — Arrestation de Broussel. — Les barricades. — Le coadjuteur de Retz. — Le chancelier Séguier. — Le Parlement au Palais-Royal. — La reine est forcée de rendre Broussel.	132
IX. — Fin de la campagne de Flandre. — La cour à Ruel. — Députations du Parlement. — M. le Prince et Mme de Longueville. — Le portrait de Marguerite. — Affaire des tabourets. — Un cadeau royal.	150

PAGES.

X. — Le gâteau des Rois. — Fuite de la cour à Saint-Germain. — Lettre du roi au Parlement. — Décret contre le cardinal. — Mazarins et Frondeurs. — Le prince de Conti et le duc de Longueville rentrent à Paris. 167

XI. — Les généraux de la Fronde. — Mazarinades. — Charles de Paris. — Combats entre les Royalistes et les Parisiens. — Députations du Parlement. — Réponse de la reine. 184

XII. — Mort du roi d'Angleterre Charles Ier. — Conférences de Ruel. — Prétentions des généraux frondeurs. — Soumission des rebelles. — Popularité du duc de Beaufort. 199

XIII. — M. de Beaufort et les Mazarins. — Le prince de Galles. — La reine de Pologne. — La duchesse de Chevreuse. — Rentrée du roi à Paris. — Une soirée à l'hôtel de Condé. 213

XIV. — Marguerite est demandée en mariage. — Huit jours de retraite au couvent. — Une fête à l'hôtel de ville. 231

XV. — M. le Prince et le cardinal Mazarin. — Menées séditieuses des Frondeurs. — Tentative d'assassinat sur le prince de Condé. — Première communion du roi. — Pressentiments. 246

XVI. — Arrestation des princes de la maison de Condé. — Joie du peuple. — Fuite de Mme de Longueville. — La princesse Palatine. . 261

XVII. — Mme de Longueville en Normandie. — La duchesse de Bouillon et sa fille. — Turenne et les Espagnols. — Les princesses quittent Chantilly. — Requête au Parlement. 280

XVIII. — Marguerite à Stenay. — Siége de Guise. — Révolte des Bordelais. — Anne d'Autriche et la princesse de Condé. — Succès de Turenne. — Frayeur des Parisiens. — Translation des princes au Havre. — Mort de Mme la Princesse douairière. 297

XIX. — Le Parlement demande la liberté des princes. — Le duc d'Orléans et Mademoiselle. — Départ du cardinal. — Troubles à Paris. — Le roi dort.... — Délivrance des princes. — Lettre de Son Éminence à la reine. 315

XX. — Entrevue de Marguerite et des princes. — Le comte Étienne de Trémonts. — Divisions entre la reine et le duc d'Orléans. — Mariage de Mlle de Fierval. — Marguerite quitte l'hôtel de Condé. — Retraite de M. le Prince à Saint-Maur. — Le roi l'accuse devant le Parlement. — Séance du 21 août. 332

XXI. — Majorité du roi. — M. le Prince part pour Bordeaux. — Guerre civile. — Retour du cardinal. — Mademoiselle à Orléans. . 350

XXII. — Le prince de Condé contre Turenne. — Le portrait de M. le Prince. — Bataille du faubourg Saint-Antoine. — Marguerite entre au couvent. 368

FIN DE LA TABLE.

Rouen. — Imprimerie MÉGARD et Cie, rue Saint-Hilaire, 136.

www.ingramcontent.com/pod-product-compliance
Lightning Source LLC
Chambersburg PA
CBHW060616170426
43201CB00009B/1035